子どもと青少年のための
マインドフルネス
&
アクセプタンス

新世代の認知／行動療法実践ガイド

ローリー・A・グレコ／スティーブン・C・ヘイズ ｜編著
武藤 崇 ｜監修
伊藤義徳／石川信一／三田村 仰 ｜監訳
小川真弓 ｜訳

明石書店

Acceptance & Mindfulness Treatments for Children and Adolescents: A Practitioner's Guide
Copyright © 2008 edited by Laurie A. Greco, Ph.D., and Steven C. Hayes, Ph.D.
and New Harbinger Publications, 5674 Shattuck Avenue, Oakland, California 94609.
Japanese translation rights arranged with New Harbinger Publications
through Japan UNI Agency, Inc., Tokyo.

我が人生の子どもたち——キャメロン・マイケル，マディソン・リリー，タイラー・ジョージ——に捧ぐ　　L.A.G.

いつか自分が身につけるであろうマインドフルネス・スキルを，今は私たちに教えてくれている私の大事な息子——スティーブン・ジョセフ・ピストレロ＝ヘイズに捧ぐ　　S.C.H.

読者の皆さんへ

ようこそ New Harbinger Publications へ。New Harbinger では、アクセプタンス＆コミットメント・セラピー（ACT）とその応用に関する書籍を専門に出版しています。New Harbinger は、専門家を含む幅広い読者のために良質で調査の行き届いた書籍を出版することにより、長年にわたり高い評価を受けてきました。

すでに刊行されている ACT に関する書籍（ACT シリーズ）の多くは、マインドフルネスとアクセプタンスに基づく介入について成人のクライエントを対象とする形で書かれたものです。本書は待望の子どものクライエントを対象としたものであり、同様の手法をいかに子どもと青少年に適用するかについて論じた初の書籍になっています。子どもと青少年を対象とした行動療法においては、彼らの年齢に合わせて受容（アクセプタンス）と変化のバランスをどうとるのが理想的かつ効果的なのでしょうか。そのバランスを探る試みはまだ始まったばかりです。また、アクセプタンスとマインドフルネスの手法を対象の年齢にどのように合わせていくかも大きな課題ではありますが、本書では全章にわたって、この課題を乗り越えるための例を豊富に掲載しています。

本書は読みやすさを大切に、不必要な専門用語を取り除き、多くの人にとって手にとりやすいようにまとめられています。本書では、読者の皆さんが個人や家族で、また学校や医療現場で、子どもと青少年にアクセプタンスとマインドフルネスの介入を適用することを念頭に置いています。また本書は、子どもに関わる幅広い領域の中でも、子どもの不安・うつ・慢性疼痛といった主要な問題に焦点を当てています。特に、本書のもつきわめて有意義な特徴としては、アクセプタンスとマインドフルネスの手法をペアレント・トレーニング、随伴性マネジメント、スキル・トレーニングといった子どもと青少年のための実証的な裏づけのある既存の介入法といかにして統合する

かについて論じている点が挙げられます。すべての章に，細部にこだわった充実した内容が盛り込まれており，事例と実践的な提言も豊富に紹介されているので，読者の皆さんがご自身の実践や研究の中にアクセプタンスとマインドフルネスの手法を取り入れるうえできっと役に立つことでしょう。

　子どもと青少年を対象にこうした手法を活用する際，最大の課題となるのは，どうすればこれらの概念を実際に子どもや青少年に伝えることができるかということです。読者の皆さんは，本書を読み進める際「一つのことにマインドフルに」や「有効性」といった大人に対して使うような用語が，「集中しつづける」や「うまくいくことをする」といったシンプルでわかりやすい，子ども向けの言葉に置き換えられている箇所に出会うことでしょう。このように，大人向けの言葉をどのように子ども向けに置き換えるかといった方法について書かれていることにも，おそらく読者の皆さんには興味をもってもらえることと思います。なかには成人のクライエントであっても，アクセプタンスとマインドフルネスのアプローチで用いられる若干わかりにくい言葉や概念に関して困難を覚える人もいることでしょう。実際，普段，成人を相手にしている読者の方であれば，そういった場合に，本書で書かれているような「子ども向けの言葉」を積極的に代用するようになるかもしれません。そして本書では，アクセプタンスとマインドフルネスの手法に関わる「価値」という用語を「人生で一番大事で素敵なこと」と言い換えていますが，そこに本書のすべてが表現されていると言えるでしょう。つまり，本書は，子どもたちが批判的なマインド（頭）と楽しく関わり，人生で本当に大切で素敵なことに目を向けられるようにするための方法について書かれたものなのです。

　New Harbinger は，科学的かつ臨床に基づいた書籍を出版することに全力を注いでいますが，その一環として，スティーブン・C・ヘイズ博士，ゲオルグ・H・アイファート博士，ジョン・P・フォーサイス博士がACTシリーズの監修を行っています。我々はACTシリーズの編者としてNew Harbinger が出版するすべての本に目を通し，必要に応じて意見を出したり助言をしたりして，それぞれの本の内容，深さ，視野に関して丁重に提案を行っています。ACTとは明らかに反するような，根拠の薄い主張があれば著者にそれ

を知らせ，出版される書籍がより我々の方針（以下を参照）に合致したものになり，提示されるテーマのすべてが確実にACTのルーツに忠実であるように（他のモデルや手法をACTとして通用させるのではなく）するための改善に努めています。

ACTシリーズでの方針は以下の通りです。

- そう主張するにふさわしい適切なデータを備えていること。
- 理論的な一貫性があること。つまり，執筆段階で進展しているACTのモデルとその根底にある行動原理に合致していること。
- 未解決の実証的な問題に読者を方向づける内容であること。
- すでに出版された書籍と不必要に重複していない内容であること。
- 専門用語や厳密さに対して不必要にこだわらず，ACTをオープンで使いやすいものに保っていること。
- 読者にとって何が大切であるかを常に意識した内容であること。
- この分野のさらなる発展を後押しするものであること。
- 実践につながるような形で情報を提供していること。

これらのガイドラインには，広くACTのコミュニティで共有される価値が反映されています。本書に盛り込まれた内容もこうしたガイドラインを反映したものであり，読者の皆さんはそれに沿った情報に触れることになるでしょう。これらは，人間の苦しみを緩和する能力を実践家が高めるべく，専門家にとって本当に有益な情報をきちんと伝えていくためのものです。そうした情報は，創造的な実践家をより適切なアプローチについての開発・適用・改良のプロセスへと導くことでしょう。読者の皆さんには，本書をそのようなプロセスへの招待状だと思っていただければ幸いです。

スティーブン・C・ヘイズ
ゲオルグ・H・アイファート
ジョン・P・フォーサイス

子どもと青少年のためのマインドフルネス＆アクセプタンス

*

目次

読者の皆さんへ　004

I
アセスメントと治療に関わる全般的な課題

第1章　子どものためのアクセプタンスとマインドフルネス……014
そのときは今

子どもと成人それぞれを対象とした場合に「共通する課題」　015
科学的概念と前科学的概念／プロセスへの焦点／治療関係

子どもを対象とした場合の「固有の課題」　018
確立すべきものを切り崩してしまうこと／「私のする通りにではなく，私の言うようにしなさい」／自分がわかっていないことを相手に要求する／マインドフルな文化を創造する／技術的な問題

本書の目的と構成　026

第2章　子どもと青少年のための第3世代の行動療法………030
進展・課題・展望

子どもと青少年へのアクセプタンスとマインドフルネス——概観　032
アクセプタンス＆コミットメント・セラピー（ACT）／弁証法的行動療法（DBT）／マインドフルネス・ストレス低減法（MBSR）／マインドフルネス認知療法（MBCT）／さまざまなモデルの類似と相違

マインドフルネス，アクセプタンス，そして子育て　047
その他の理論モデル

その他の課題　052
介入効果の測定／アクセプタンスとマインドフルネスを既存のセラピーに組み込む

結論——今後の展開　053

第3章　子どものアクセプタンスとマインドフルネスのプロセスに関するアセスメント ……… 061

子どものマインドフルネスとアクセプタンスを研究する理由　061
人の歩まぬ道──「プロセスとしての認知」対「内容としての認知」　062
マインドフルネスの概念化　064
マインドフルネスとアクセプタンスのプロセスを評価する　067
成人を対象とした測定尺度　068
マインドフルな気づき／体験の回避／活動の方向づけ／感情調節／心理的柔軟性／価値に沿った活動
子どもと青少年を対象とした評価尺度　076
アクセプタンスとマインドフルネス／心理的非柔軟性／活動の方向づけ
子育ての文脈におけるマインドフルネスとアセスメント　080
小児科を受診する子どものマインドフルネスとアクセプタンス　082
現在進行中の研究──新たな評価尺度と方法論　083
結　論　084

II
特定の集団への適用

第4章　マインドフルネスによる不安の治療 ……… 092
子どものためのマインドフルネス認知療法

子どものマインドフルネス　093
マインドフルネスの定義／マインドフルネスとメンタルヘルス／注意と不安／認知理論とマインドフルネス認知療法／MBCT-C の初期の評価
MBCT から MBCT-C への移行　097
発達に合わせた修正／構造的・論理的修正
MBCT-C の目標と方略　101
思考・感情・身体感覚に気づく／ホームワークの重要性／マインドフルネスの妨害要因
今この瞬間にマインドフルネスを実践する　106

五感を通したマインドフルネスの習得　108
呼吸へのマインドフルネス／身体へのマインドフルネス／マインドフルに食べる／マインドフルに聞く／マインドフルに見る／マインドフルに触れる／マインドフルに嗅ぐ

結　論　123

第5章　小児慢性疼痛のための　アクセプタンス＆コミットメント・セラピー　127

小児慢性疼痛　127
エビデンスに基づく治療／行動医学的アプローチの導入

疼痛行動の行動的アセスメント　133
家族の体験を認証する／情報を提供する／治療中の機能的アセスメント／重要なACTプロセスを同定する／フィードバックを与え，治療目標を明確化する／小児疼痛に対するACTによる介入／価値への取り組み――焦点を転換する／「絶望から始めよう」――解き放とう／アクセプタンスと脱フュージョン／マインドフルネスと価値に基づくエクスポージャー／親への働きかけ

結　論　157

第6章　ボーダーラインの特徴のある青少年のための　弁証法的行動療法　161

DBTの概要　162
アクセプタンスに基づくその他の治療法との違い

青少年と家族のためにDBTを改良する際の問題　164
診断の問題／発達の問題／文脈の問題

青少年と家族のためのDBTに特異的な方略　167
コミットメント方略／家族に働きかけるための方略／スタイル方略／スキル・トレーニング

弁証法を教える　173

青少年にアクセプタンスとマインドフルネスを教える　175
認証／苦悩耐性／マインドフルネス

結　論　192

第7章 学齢期の子どものための マインドフルネス・ストレス低減プログラム……195

年齢に合わせた改良　197
「静かなところ」──導入と解釈／子どものための MBSR ──コースの概要／クラス6──具体例／その他のエクササイズと実践演習

研究結果　215
ベースラインの機能における子どもと親の違い／MBSR 前後の変化／変化の潜在的媒介要因の分析

子どもと親に同時にマインドフルネスを教える　219

教室でマインドフルネスを教える　222

結　論　223

第8章 子どもの外在化障害のための アクセプタンス＆コミットメント・セラピー……227

認知への行動的なアプローチ──関係フレーム理論　229
関係フレームづけの作用──行動の非柔軟性

外在化障害のある子どもへの ACT　236
機能分析／親への ACT ／子どもへの ACT

結　論　256

第9章 青少年のアクセプタンスとボディーイメージ，健康……262

青少年における摂食と体重に関する問題　263
想定される発症経路

ACT の概要　265
言語の病

青少年への適用　267
LIFE エクササイズ

ACT ヘルス・プログラムの概要　269
プログラムの形式と目標

ACT ヘルス・プログラムの介入法　270
心理教育とヘルスプロモーション／「絶望から始めよう」──無駄な抵抗はやめよう／脱フュージョン──言語を格下げする技術／マインドフルネスとエクスポージャー／価値の同定と明確化／自慈心と赦し

結　論　294

III
アクセプタンスとマインドフルネスをより大きな社会的文脈へ組み込む

第10章 マインドフル・ペアレンティング……300
帰納的な探索過程
視点の問題　304
マインドフルネス瞑想と効果的なペアレンティング　306
行動的ペアレント・トレーニングでは不十分な場合　308
瞑想と親の視点の再構築　311
臨床過程――マインドフルネス，NRT，BPT　314
結　論　321

第11章 小児プライマリーケアにアクセプタンス＆コミットメント・セラピーを組み込む……327
ACTの概要　328
小児プライマリーケア　329
　プライマリーケアの使命
行動医療サービスをプライマリーケアに取り入れる際の問題　331
プライマリーケアのための行動医療モデルとACT　332
PCBHモデルに取り組み，ACT-PC手法を用いるための指針　335
　エビデンスに基づくケアを必要に応じて患者に提供する／コンサルタントの役割を担う／集団健康モデルでの実践
患者と家族のためのACT-PCコンサルテーション・サービス　342
　幅広く適用できる教材を開発する／携帯できる教材を開発する／15分ルールに合致する教材を開発する／わかりやすい資料を作成する／個人とグループで利用できる資料を作成する／実施可能な手段を用いてACTの概念を測定する
ACT-PC集団健康プログラム　354
　小児肥満の予防
結　論　359

第12章 学校でのアクセプタンス推進に行動コンサルタントが果たす役割 …………… 362

学校文脈での配慮　363
全体的で完全で完璧なスタンス　365
安全行動をとる／困難な状況で安全行動をやめる——文脈を設定する／目的を定め，ふたたび目標とつながる／教師とコンサルタントの安全行動にしばし立ち戻る／安心感を育むうえでコンサルタントが果たす役割
現在の教育的文脈を認める　384
教師との効果的な連携
結　論　392

新たなフェーズのための「福袋」——監修者あとがきにかえて　396
索　引　398

I

アセスメントと治療に関わる全般的な課題

第1章
子どものための
アクセプタンスとマインドフルネス
そのときは今

スティーブン・C・ヘイズ
ローリー・A・グレコ

　新たな領域の出現に心躍らせるときが来た。我々はこの15年間にわたって，いわゆる第3世代の認知的・行動的な心理療法（Hayes, 2004）であるアクセプタンス&コミットメント・セラピー（acceptance and commitment therapy：以下，ACT, Hayes, Strosahl, & Wilson, 1999），弁証法的行動療法（dialectical behavior therapy：以下，DBT, Linehan, Armstrong, Suarez, Allmon, & Heard, 1991 ; Linehan, Heard, & Armstrong, 1993），マインドフルネス認知療法（mindfulness-based cognitive therapy：以下，MBCT, Segal, Williams, & Teasdale, 2002），マインドフルネス・ストレス低減法（mindfulness-based stress reduction：以下，MBSR, Kabat-Zinn, 1994）などが根づいていくのを目の当たりにしてきた。これらの技法では，私的出来事（思考・感情・身体感覚などの内的体験）についての扱い方が伝統的な認知療法とは異なっている。本書で取り上げるようなアクセプタンスに基づく心理療法では，思考や感情における内容・頻度・形態を直接的に標的としたり，変化させようとしたりはしない。代わって，その機能を変化させることで，それらの内的な出来事が行動に及ぼす影響を弱めさせようとするのである。
　昨今ではこうした動向がさらに進み，これらの技法が子どもと青少年，お

よびその家族に適用されるようになってきている。成人を対象としたアクセプタンスとマインドフルネスを基にした介入については，すでに，この数年間で幅広いエビデンスと共にさまざまな文献が公刊されている（Germer, Siegel, & Fulton, 2005；Hayes, Follette, & Linehan, 2004 など）。しかし，子どもを対象にこれらの技法を幅広く適用することに関しては，本書が初の試みである。子どもを対象としたアクセプタンスとマインドフルネスの取り組みはまだ始まったばかりなのである。第3世代のアプローチの有効性は，成人におけるさまざまな臨床的な障害に関しては実証されている（Baer, 2003；Grossman, Neimann, Schmidt, & Walach, 2004；Hayes, Luoma, Bond, Masuda, & Lillis, 2006；Hayes, Masuda, Bissett, Luoma, & Guerrero, 2004）。一方，児童期や思春期を対象とした行動療法としては，最近になってようやく，アクセプタンスと変化のバランスをとることの有効性と，その理想的な方法論が検討されるようになってきた。子どもを対象としたこの領域では，そういった調査研究がまだ始まったばかりというだけではなく，実は，成人を含めてマインドフルネスとアクセプタンスに関する分野そのものが，これから解決すべきさまざまな実践的・科学的・概念的・戦略的・哲学的な課題にいま取り組もうとしているところなのである。

子どもと成人それぞれを対象とした場合に「共通する課題」

　子どもを対象とした領域における課題の中には，成人を対象とした領域での臨床家や科学者と共有されている部分がある。第3世代の認知行動療法の出現と急速な発展によって，実証的な臨床科学は，「実証性に乏しい」と見なされてきた領域や自然主義的なアプローチに立つ臨床家や科学者がこれまで踏み込めなかった領域へと足を踏み入れつつある。現在，アクセプタンス，マインドフルネス，価値，スピリチュアリティ，慈しみ，赦し，といったテーマがクローズアップされている。これまでと異なり，セラピーの内容以上に，そのプロセスが重要視され，クライエントとセラピストの関係性が，治療要素としてふたたび注目されるようになってきた。このように，前科学的な概念，治療過程，治療関係へと焦点を拡大し，見直しを行っていくこと

が必要である。これは，我々がこの分野を開拓していくうえでの実証的かつ臨床的な課題であり，数年をかけて克服すべき課題である。

■科学的概念と前科学的概念

アクセプタンスとマインドフルネスは，スピリチュアルと宗教の伝統から生まれた。神秘主義的な性格をもつ主要な宗教はいずれも，アクセプタンスとマインドフルネスを含んでおり，それは東洋の伝統において最も顕著であり，重んじられてきた。これら伝統の中心に西洋の科学を導入するのは難しい。東洋の伝統である仏教やタオイズム（道教）といったものは，前科学的なシステムであり，それらの概念自体，科学的なものではない。そのような前科学的概念の一部を取り出して，科学で通用するような理論と技法を生み出すという目的で援用することは，ほとんど冒瀆のようにも思える。しかし，それが必要とされているのだ。なかには仏教を科学的に定義してしまえばよいという考えもある。しかし，仏教全体を科学的に定義することなどは，科学自体の定義を修正し直さない限り不可能である。そして，それはあまりにも多くの代償を伴うものである。

マインドフルネスの定義の問題からは，そういった課題の存在がはっきりと見てとれる。MBSRとは，瞑想やヨガなどの東洋的な実践方法を慢性の疼痛や疾患の治療に初めて取り入れたプログラムである。MBSRは，世界中のクリニックで実施されており，ストレスや心身愁訴を含めたさまざまな問題に効果が示されている (Grossman et al., 2004)。MBSRの創始者であるJon Kabat-Zinnはマインドフルネスを次のように定義している。マインドフルネスとは「ある特定の方法でものごとに注意を向けることである。すなわち，意図的に，今この瞬間に，価値判断することなしに，注意を向けることである」(Kabat-Zinn, 1994, p. 4)。また，DBTで概念化されているマインドフルネスには次の一連のスキルが組み込まれている。そのスキルとは「今この瞬間に，効果的なやり方で，判断（ジャッジ）することなく現実を観察し，記述し，現実に参加するといった意図的なプロセスである」(Dimidjian & Linehan, 2003, p. 230)。また，Alan Marlattはマインドフルネスを「現在の体験へと瞬間ごとに，完全に注意を向けること」と定義している (Marlatt & Kristeller, 1999, p. 68)。

Langerはマインドフルネスを「現在に積極的に関わりながら，新しいことに気づき，文脈に対して敏感になっているような，柔軟な心（mind）の状態」と説明している。さらに，Langerは，マインドフルネスをマインドレスネスとも区別している。マインドレスネスとは「現在の行動に注目するのではなく，過去の行動に注目して活動してしまい，（中略）　ただ一つの硬直したものの見方にこだわり，ものごとを知るためのもっと別の方法があることを忘れてしまっている」状態である（Langer, 2000, p. 220）。また，Bishopら（2004, p. 232）はマインドフルネスを次の2つの要素から定義している。①「今この瞬間を体験しつづけるための，注意の自己調整――これによって人は，今この瞬間の心理的な出来事に対して認識を高めることができる」。②「今この瞬間の体験に対しての，ある特殊な方向づけ――この方向づけは，好奇心，寛大さ，アクセプタンスを特徴としている」。

　実は，ここで挙げたようなマインドフルネスのさまざまな定義は，分析のレベルがそれぞれ異なっている。各々の定義はマインドフルネスを，心理的なプロセスとして，何らかの成果として，テクニックとして，もしくは，一般的なやり方としてなど，多種多様に捉えているのである（Hayes & Wilson, 2003）。こういった定義の中に含まれる用語は基本的に，それ自体は専門用語ではない。たとえそれらの用語が専門用語として使われる場合があっても，そうした用語の使用には議論の余地があり，意見の不一致が生じるものである。このように定義の難しい用語は他にいくらでもあり，「注意」「目的」「意図」「今この瞬間」「体験」「心の状態」「心理的な出来事」「思考」「感情」「判断しないこと」「寛大な態度」などにもあてはまる。これらの用語について議論すれば，その一つひとつが長い年月を要することになるだろう。しかしながら，我々には，マインドフルネスを現代の科学的な観点から概念化する必要があるのである。そして，その際には，検証可能な理論を土台に一つひとつすべての用語を十分に定義し，研究を行うことが重要である（Hayes, 2002）。これに関しては，すでにいくつか提案がなされているものの（Fletcher & Hayes, 2005），本書でこれから示すように，まだ意見の一致には至っていない段階である。

■ プロセスへの焦点

　変化のプロセスに焦点を当てることは，実証的な臨床科学の観点に合っているようにも見えるが，同時にその前途は多難である。米食品医薬品局は，薬物療法の効果検証のための基準を設けている。心理社会的な介入法では，この30年間，その基準に従い，明確に定義された介入パッケージのランダム化比較試験を非常に重視してきた。また，そのアプローチは変化のプロセスに十分焦点を当てるようなものではなかった。しかし，媒介分析（Longmore & Worrell, 2007）や要素分析（Dimidjian et al., 2006）などによってそのプロセスが検証されはじめると，悩ましい現実に直面したのである。すなわち，最も確立されている伝統的な認知行動療法（cognitive behavioral therapies; CBT）において，重要だと仮定されていたはずの変化のプロセスが，実際にはそれらの研究結果からは支持されなかったのである。幸いにも，そういった事態は，第3世代のCBTにはあてはまらないようだが（Hayes et al., 2006などを参照），少なくとも，実証的な臨床科学の分野では，ボトムアップを重視してのプロセス志向というものがまだ十分に浸透していないのが現状である。

■ 治療関係

　治療関係についても，上述と同じような問題が認められる。治療同盟が治療効果と相関することは以前から知られていた（Horvath, 2001を参照）。一方で，治療関係をいかにして向上させるかについては，まだあまり明らかにされていない（Pierson & Hayes, 2007）。このようにクライエントとセラピストの関係性についての実験的な研究が遅れてしまっていることには理由がある。それは治療関係というものの定義や評価，概念化，そして修正が難しいからである。単に治療関係の重要性を主張するだけではこの問題を解消することはできない。

子どもを対象とした場合の「固有の課題」

　アクセプタンスとマインドフルネスを子どもの臨床に取り入れようとしたとき，臨床家や研究者は多くの課題に直面する。それらの課題の多くは，そ

の対象とする集団のもつ固有の特徴に由来している。明らかな困難の一つに，アクセプタンスとマインドフルネスに関して，いかにして年齢に応じた方法で測定するかということがある。この問題については，後のいくつかの章で直接扱っていくことにする。同時に，読者の皆さんは，後の章を読むなかで，これに関するもっと微妙な問題の存在について考えることもあるだろう。網羅的というには及ばないが，ここでは，子どもと思春期の臨床に関連する概念的・実践的な課題と問題を指摘していくことにしよう。

■ 確立すべきものを切り崩してしまうこと

　マインドフルネスとアクセプタンスは，ある種の言語ルールないしは思考様式のもつ優位性を切り崩すものである。普通，人間は問題を解決しようとする際，ものごとを合理的に捉え，未来に焦点を当て，ものごとを判断（ジャッジ）するような心の状態になる。一方，そういった人間の思考のもつ特徴とは，まさにマインドフルネスという作業が弱めようとしている対象に他ならない。通常の思考のプロセスでは，ものごとを判断したり，困難な思考や感情を回避したりといったことを引き起こすが，それこそがアクセプタンスの作業が挑もうとする対象なのである。

　子どもは成長に伴ってますます言語を用いるようになり，それによって自分自身の体験や社会・言語的コミュニティ（親・教師・仲間・きょうだいなど）内での相互作用とそのコミュニティとの相互作用を通して，明に暗にルールを導き出すようになる。彼らは，将来について考え，自らの行動から生じる結果を考慮し，分析や判断により，ものごとの特徴を比較対照することを学習しなければならない。多くのルールそのもの，そして，ルールに従っての行動は，学齢期の子どもにとって適応的かつ，なくてはならないものである。だからこそ，子どもを対象としたアクセプタンスとマインドフルネスについては，ある種の葛藤が生じるわけである。たとえば，子どもの発達にとって，問題解決スキル，ルールの生成，ルールに沿った行動は，重要な存在であり，子どもがさまざまな状況にうまく適応していくために不可欠な存在である。そうであるならば，我々は子どもに対し，言語ルールに柔軟に反応させることを，いったいいつ，どのように教えればよいのだろうか。

「言葉を気楽に受け止めること」を子どもに教えるということは，特に子どもが言語と言語能力を獲得する初期の発達段階にある場合では，どのような影響をもたらすのだろうか。

　こうした問いへの答えはまだ明らかにはなっていない。しかし，アクセプタンスとマインドフルネスに基づく技法を実施するにあたって，それらの問いを避けて通るべきではないだろう。むしろ，これらの問いがきっかけとなって，アクセプタンスとマインドフルネスについての理解が深まり，有用な理論が構築される可能性もある。言語的なコントロールを確立しながらも，それを切り崩すうえでの最適なバランスを知るには，まずは思考そのものの働きについて，理解を深める必要があるだろう。禅の公案に「狗子仏性（犬にも仏性があるのでしょうか？）」というものがある。その答えが「ある」であっても「ない」であっても，その答えを聞いた人は考え込むことになる。マインドフルネスの目的は，認知的なコントロールを排除することではない。言葉をもたない生き物こそ，気づきとマインドフルネスの一番の手本である，と言いたいわけではないのである。むしろ，人間にとっては，人間以外の動物や乳幼児の意識に通じるような特徴をもった，新たな思考形式を学ぶことが役立つだろう。つまり，「マインドフルネスや気づき」と「典型的な形での分析的思考」とのバランスをとることが重要なのである。このバランスをとるためには，心の状態（ないしは，思考のモード）をより良い文脈的コントロールの下に置くような，子ども向けの技法を開発しなければならない。それがうまくいったなら，アクセプタンスとマインドフルネスのトレーニングによって葛藤なく子どもの行動レパートリーを拡大できるはずである。つまり，子どもが言語を介して世界と交流する際のさまざまに異なるスタイルの間で，対立を生じさせずにすむのである。ただし，そのような最適なバランスを見いだすためには，マインドフルネスそのものについてさらに理解を深める必要がある。それゆえ，子どもを対象としたマインドフルネスの領域は，今のところは，成人を対象とする臨床家や研究者が切り開いた道を進むことになるかもしれないが，やがてはマインドフルネスの理論に関して，この分野を先導するような役割を果たしていくものと期待できる。

第1章　子どものためのアクセプタンスとマインドフルネス

■「私のする通りにではなく，私の言うようにしなさい」

　我々の社会で人は，時にはっきりと，また時に暗に「深く傷つくのは良くないことだ」と教え込まれている。西洋の文化では，感情を表に出すとたいていの場合，たしなめられる。また，大人が自分ではどうやったらよいかわからないようなことを，子どもに対してやらせようとすることがよくある。「泣きやまないとお仕置きするよ」という親の言葉は，機能的にみれば，次のようなことを子どもに言っているのと同じである。「おまえが動揺しているのを見ると，私の方まで動揺してしまう。私には自分でそれをコントロールできない。私がそうならないように，おまえが自分で自分の動揺をコントロールしなさい」と。そのような状況に置かれた子どもたちは，「自分たちには感情の回避とコントロールが必要である」とのメッセージを内在化させ，感情を抑え，静かに黙っておくことを学ぶ。しかし残念なことに，その子どもたちは，大人になった後でも，実際に彼らの親たちが子どもへの要求を通してうまくやっていたほどには，感情の回避や排除をうまくできるようにはならない。我々は自分が大人になってみて，これまでの人生を振り返りながらこんなことを考える。「弱くても傷ついてもかまわない，どんなにつらい体験をしても目を背ける必要はない，苦しんでいるのは自分一人じゃない」。そんなことを子どものときに（直接的であれ，大人を手本としてであれ）教えてもらえていたらよかったのにと思うのである。

　それでは「感情のコントロール」という対処方略を支持するような文化の中で，アクセプタンスとマインドフルネスという対処方略を取り入れると何が起きるのであろうか。そうした文化にアクセプタンスとマインドフルネスを取り入れると，子どもは必然的に，周囲の大人の大半が知らないような健全なふるまい方を学ぶだろう。しかし，この導入が適切に行われない場合，子どもは大人から矛盾したメッセージを受け取ることになる。つまり，ある大人からは感情を素直に表に出すよう勧められ，また別の大人からは感情を抑制するよう求められるのである。これこそが，子どもと青少年の臨床を行ううえで，成人の臨床や治療関係というものが切っても切れない一つの理由である。子どもに対する臨床においては，家庭，学校，近隣，地域社会といった幅広い社会的背景を考慮に入れることが不可欠である。そして，でき

ればそれらの背景に働きかけることが望ましい。これをどのようにして進めていくかということが大きな課題なのである。我々はこの課題に対して，治療関係への焦点というものが足掛かりになると考えている。我々セラピストにとって重要なことは，セラピスト自身もまた深く苦しむことがあるということを認め，そのうえで，そういった心理的な苦痛に対してのアクセプタンスとマインドフルネスのモデルをセラピスト自身が示すことである。さもなければ，我々セラピストまでもがまた「私のする通りにではなく，私の言うようにしなさい」という悪い見本を示すことになってしまう。

■自分がわかっていないことを相手に要求する

アクセプタンスとマインドフルネスのアセスメントについては研究が進みつつあり，現在，成人（Baer, Smith, & Allen, 2004；Hayes, Strosahl, et al., 2004 など）や学齢期の子ども（Greco, Lambert, & Baer, in press など。本書の第3章を参照）を対象とした尺度が幅広く開発されている。自己報告式のマインドフルネスの評価尺度（Baer, Smith, Hopkins, Krietemeyer, & Toney, 2006）には改善すべき点がまだ多くあり，特に子どもを対象とする場合，彼らは文字が読めなかったり，内的な体験を正確に報告できなかったりといったことがあるため，改善すべき点はいっそう多くなる。しかし同時に，自己報告による方法に頼らないとすれば，どのようにして幼い子どものアクセプタンスとマインドフルネスを測定できるかについては，はっきりした答えが得られていない。

この測定上の問題に取り組んでいくこともまた，アクセプタンスとマインドフルネスに関わる他の課題と同じく，成人と子どもとを含めたこの分野全体にとって重要な契機となるだろう。つまり，我々は子どもを対象とすることをきっかけに，マインドフルネスを適切にアセスメントする方法に関して，この分野全体の視野を広げていくだろう。ごく幼い子どもに対し，彼らの心的な状態に関しての報告を求めることは限界がある。したがって，自己報告のみに頼るこれまでのやり方からは脱却しなければならない。この分野ではまだ，マインドフルネスを行動面から評価する方法が開発されていない。これからはそういった行動面からの測定方法を開発していく必要がある。神経生理学的な技術を用いて行われた幼い子どものマインドフルネスのアセスメ

ントに，信頼性と有用性があるかについても検討する必要があるだろう。そういった疑問をもつことは，アクセプタンスとマインドフルネスに関しての生物学的な基礎についての理解を深めることにつながるだろう。

　子どものアセスメントに関わる課題は，我々がさまざまなレベルの分析に目を向けていくことにもつながる。たとえば，親と子，教師と生徒といった関係性の文脈の中で，マインドフルネスをいかに評価するか，ということを我々は考えていく必要がある。マインドフルな子育てやマインドフルな教育というものが，行動的にみて実際にどのようなものであるかを考えていく必要がある。アクセプタンスとマインドフルネスを教室へ，そしてさらに広いコミュニティへと導入しようと思うなら，アクセプタンスとマインドフルネスがどのようなものであるかを定義し，より広い社会的文脈においてそれを評価するベストな方法を見きわめなければならない。こういった課題については，「自慈心*」「赦し」「生きるうえでの活力」「価値に沿った活動」など，重要な構成概念を子どもに対して評価する際に，繰り返し触れることになるだろう。

■マインドフルな文化を創造する

　成人を対象としたアクセプタンスとマインドフルネスは，その元をたどればスピリチュアルや宗教的伝統といった起源に行きつく。アクセプタンスとマインドフルネスについての実証的な検討は，臨床的な問題に対する関心から始まり，今やその起源を超えた広がりを見せている。子どものためのアクセプタンスとマインドフルネスについての検討も同じプロセスをたどっている。もし，アクセプタンスとマインドフルネスというものを子どもの疼痛や不安，うつに適用できたならば，子どもが抱える問題の予防にこれらを適用できる日もきっと近いだろう。そうなればまもなく，これらの技法をどう

訳注＊　本書では，self-compassion を「自らへの慈しみ」もしくは「自慈心」と訳出した。特に後者は self-esteem が「自尊心」と訳されることに対応しており，自尊心が社会からの評価の蓄積によって形づくられるのに対し，自慈心は自他の評価に関わりなく，自分自身と向き合う姿勢を意味している（参考：伊藤義徳「自己への慈しみ self-compassion」社団法人日本心理学会編『心理学ワールド』50 号刊行記念出版，社団法人日本心理学会，2011 年，pp.300-305）。

やって学校（第9, 12章）や家庭（第10章）に導入するかという研究が始められることだろう。やがてメディアのもつ役割にも注目が集まるだろう。要するに，我々がどこから手をつけるかにかかわらず，最後に目指すべきは，どうすればもっとマインドフルな文化を創造できるかということなのである。それぞれは有機的に関連し合っているものであり，我々はアクセプタンスとマインドフルネスに関する技法や課題について，特定のクリニックの内だけに留めておくわけにはいかない。同じことが成人を対象とした場合にもあてはまるが，どういうわけか大人を対象とする場合には，子どもを対象とする場合では考えられないほどアクセプタンスとマインドフルネスに関する文化的な問題は，脇へと追いやられてしまうようである。

　文化への焦点は，子どもに対するアクセプタンスとマインドフルネスの刺激的な側面の一つである。文化というものは操作することもマネジメントすることも難しいが，一方ではどのような心理療法も（たとえ，どれほど広く用いられているものであれ）かなわないほどの影響力をもっている。こうした課題はかつてから存在しているが，むしろ現代では，実証的な臨床科学であれば，文化に変化を及ぼすだけの影響力を間違いなくもっているだろう。仏教の指導者が学校で瞑想を推奨するというのも一つのやり方ではあるが，西洋の文化において，そういったことを公立学校に導入すれば，あらゆるクレームを受けることは免れない。まったく別のやり方として，主要な学術団体が学校で瞑想を推奨するという方法もある。それができれば，文化に影響を与え，マインドフルな文化が実現に近づく可能性は一気に高まる。文化の中で，臨床科学は重要な役割と発言力をもつのである。そうした発言がなされることで，スピリチュアリティの問題から健康や福祉，教育といった問題に至るまで，議論はいっそう広がっていく。このように考えていくと，文化の変容という広大な地平は，今はまだ見えなくとも，徐々にその姿を明らかにするだろう。

■技術的な問題

　介入法の統合　成人に対するアクセプタンスとマインドフルネスによる介入法の多くは，それ単体でも成り立ってはいるが（Kabat-Zinn, 1994 など），総

合的なモデルにおける一技法として，伝統的な行動療法の中にはっきりと位置づけられてもいる（Hayes et al., 1999 など）。特に子どもを対象とした臨床においては，アクセプタンスとマインドフルネスの技法は，明らかに，すでに子どもを対象として存在する他の介入法の中に統合して扱う必要がある。すでにこうした動きは始まっており，アクセプタンスとマインドフルネスは，ペアレント・トレーニング，随伴性マネジメント，スキル・トレーニングといったものと組み合わされて，子どもと青少年向けに実施されている。こうした動きは成人を対象とするプログラムにも認められ，アクセプタンスとマインドフルネスをすでに存在する介入法の中に導入する際には，理論と介入技法のさらなる統合を目指していく必要がある。

　新たな介入の様式　子どもの臨床に取り組むことで，臨床家や研究者は介入における新たな様式へと挑戦することになるだろう。アクセプタンスとマインドフルネスには，遊びや物語などといった，子ども向けにこれらをトレーニングするための方法がすでに開発されている。そうした子どもに対する臨床に革新が起こってくることで，実証的な臨床科学に携わる人々は，テレビゲームや描画，歌，演劇などといった新たな介入の様式にも取り組みはじめるだろう。もはやこれは空想ではない。マインドフルな文化を創造するには，そういった様式も活用できるというわけである。

　対象集団と技法　アクセプタンスとマインドフルネスの適用範囲は，幅広いと考えられている。それゆえ，これらの技法が，どの対象集団に適し，またどの対象集団には適さないのかという問題について，研究者や臨床家は概して十分な議論を行ってこなかった。我々が子どもの臨床に取り組んでいくことは，この問いに臨床的かつ実証的な焦点を当てることへとつながるだろう。子どもの臨床に関しては，顕著で見過ごせないいくつかの課題がある。たとえば，行為障害のある子どもは，心理的な苦痛への対処の仕方が，社会的な引きこもりの子どものそれとは大きく異なっている。行為障害のある子どもは，権威者にたてついたり，個人的な責任を回避したり，重要な社会的慣習やルールをことあるごとに破ったり，という方法をとるかもしれない。

それとは対照的に，社会的引きこもりの子どもは，周囲に合わせたり生活上重要な大人から賛同を得たりするために，自分にとって重要な価値を歪めてしまうかもしれない。たとえ，それぞれの子どもに対して同じようにマインドフルネスとアクセプタンスの技法を適用した場合であっても，そこで問題が生じてくるのだ。つまり，言語的なコントロールを切り崩す一方で，どのように言語的なコントロールを確立していくかという，最適なバランスをめぐる課題に直面する。我々が，これらの課題を克服したあかつきには，我々は，いっそうマインドフルネスとアクセプタンスについての理解を深めることができるだろう。

本書の目的と構成

　本書はマインドフルネスとアクセプタンスの子どもと青少年への適用を念頭に置き，一人ひとりの子ども，家庭，学校，医療現場のそれぞれに焦点を当てていく。第Ⅰ部ではその概要を示す。第2章では，子どもを対象として開発と検証が進められているアクセプタンスとマインドフルネスの技法の詳細を解説し，第3章では子どもを対象としたプロセスのアセスメントと密接に関わる課題について考察する。これら冒頭の章では，それ以降の章に関わる技術的・知識的な文脈を提示する。

　第Ⅱ部では，さまざまな対象集団に対するアクセプタンスとマインドフルネスの適用を検討する。たとえば，不安に対するMBCT，小児疼痛に対するACT，境界性パーソナリティ障害の特徴のある思春期の青少年に対するDBT，小学4～6年生の子どもとその親に対するMBSR，子どもの外在化障害に対するACT，思春期女子のボディーイメージと健康に適用する場合のアクセプタンスの技法などである。アクセプタンスとマインドフルネスのアプローチが適用できる対象は，到底ここで挙げたものだけには留まらない。本書は網羅的であることを目指してはいない。むしろ，さまざまな実例を豊富に提示することによって，起こりうる困難とそれに取り組むうえで効果があった各種の調整方法について，学生や臨床家，そして研究者に意識させ，アクセプタンスとマインドフルネスの技法を実行に移してもらえるようにす

ることが，我々の狙いなのである。

　第Ⅲ部では，アクセプタンスとマインドフルネスをペアレント・トレーニング・プログラムやプライマリーケア，学校などの新たな状況や文脈へと拡大する方法を検討する。その目的は第Ⅱ部と同じく，読者が自分の研究や実践に合わせてこれらの技法をスムーズに修正できるように，内容と実例を十分に示すことにある。より広い社会的・文化的な文脈へと焦点を広げ，すでにアクセプタンスとマインドフルネスの技法を用いている研究者や臨床家が，さらに大きな変化を目指していけるよう後押しできれば幸いである。

　最後に，本書は現在進行中の取り組みをまとめることを目的としている。本書の各章が，何らかの答えではなく，むしろ新たな問いを生み出すことを我々は期待しているのだ。それは，新たな領域が今ここで生まれようとしている，そんな刺激的な時代の到来を意味しているだろう。この領域での取り組みは，子どもとその世話をする大人たち，そして，やがて大人になる人々のニーズを満たすために，アクセプタンスとマインドフルネスをいかに創造的に用いるか，ということを明らかにしつつある。本書はきっと，読者にもそのような心躍る感覚をもたらすことだろう。

引用文献

Baer, R. A. (2003). Mindfulness training as a clinical intervention: A conceptual and empirical review. *Clinical Psychology: Science and Practice,* 10, 125-143.

Baer, R. A., Smith, G. T., & Allen, K. B. (2004). Assessment of mindfulness by self-report: The Kentucky Inventory of Mindfulness Skills. *Assessment*, 11, 191-206.

Baer, R. A., Smith, G. T., Hopkins, J., Krietemeyer, J., & Toney, L. (2006). Using self-report assessment methods to explore facets of mindfulness. *Assessment,* 13, 27-45.

Bishop, S. R., Lau, M., Shapiro, S., Carlson, L., Anderson, N. D., Carmody, J., et al. (2004). Mindfulness: A proposed operational definition. *Clinical Psychology: Science and Practice*, 11(3), 230-241.

Dimidjian, S. D., Hollon, S. D., Dobson, K. S., Schmaling, K. B., Kohlenberg, R. J., Addis, M. E., et al. (2006). Randomized trial of behavioral activation, cognitive therapy, and antidepressant medication in the acute treatment of adults with major depression. *Journal of Consulting and Clinical Psychology*, 74(4), 658-670.

Dimidjian, S. D., & Linehan, M. M. (2003). Mindfulness practice. In W. O'Donohue, J. Fisher,

& S. Hayes (Eds.), *Cognitive behavior therapy: Applying empirically supported techniques in your practice* (pp. 229-237). New York: Wiley.

Fletcher, L., & Hayes, S. C. (2005). Relational frame theory, acceptance and commitment therapy, and a functional analytic definition of mindfulness. *Journal of Rational Emotive and Cognitive Behavioral Therapy*, 23, 315-336.

Germer, C. K., Siegel, R. D., & Fulton, P. R. (Eds.). (2005). *Mindfulness and psychotherapy*. New York: Guilford.

Greco, L. A., Lambert, W., & Baer, R. A. (2008). Psychological inflexibility in childhood and adolescence: Development and evaluation of the Avoidance and Fusion Questionnaire for Youth. *Psychological Assessment*, 20, 93-102.

Grossman, P., Neimann, L., Schmidt, S., & Walach, H. (2004). Mindfulness-based stress reduction and health benefits: A meta-analysis. *Journal of Psychosomatic Research*, 57, 35-43.

Hayes, S. C. (2002). Buddhism and acceptance and commitment therapy. *Cognitive and Behavioral Practice*, 9, 58-66.

Hayes, S. C. (2004). Acceptance and commitment therapy, relational frame theory, and the third wave of behavioral and cognitive therapies. *Behavior Therapy*, 35, 639-665.

Hayes, S. C., Follette, V. M., & Linehan, M. M. (Eds.). (2004). *Mindfulness and acceptance: Expanding the cognitive behavioral tradition*. New York: Guilford.（S. C. ヘイズ，V. M. フォレット，M. M. リネハン編著『マインドフルネス＆アクセプタンス——認知行動療法の新次元』春木豊監修，武藤崇・伊藤義徳・杉浦義典監訳，ブレーン出版，2005年）

Hayes, S. C., Luoma, J., Bond, F., Masuda, A., & Lillis, J. (2006). Acceptance and commitment therapy: Model, processes, and outcomes. *Behaviour Research and Therapy*, 44, 1-25.

Hayes, S. C., Masuda, A., Bissett, R., Luoma, J., & Guerrero, L. F. (2004). DBT, FAP, and ACT: How empirically oriented are the new behavior therapy technologies? *Behavior Therapy*, 35, 35-54.

Hayes, S. C., Strosahl, K. D., & Wilson, K. G. (1999). *Acceptance and commitment therapy: An experiential approach to behavior change*. New York: Guilford.

Hayes, S. C., Strosahl, K. D., Wilson, K. G., Bissett, R. T., Pistorello, J., Toarmino, D., et al. (2004). Measuring experiential avoidance: A preliminary test of a working model. *The Psychological Record*, 54, 553-578.

Hayes, S. C., & Wilson, K. G. (2003). Mindfulness: Method and process. *Clinical Psychology: Science and Practice*, 10, 161-165.

Horvath, A. O. (2001). The alliance. *Psychotherapy: Theory, Research, Practice, Training*, 38, 365-372.

Kabat-Zinn, J. (1994). *Wherever you go, there you are: Mindfulness meditation in everyday life*. New York: Hyperion.（ジョン・カバットジン『マインドフルネスを始めたいあなたへ——毎日の生活でできる瞑想』田中麻里監訳，松丸さとみ訳，星和書店，2012年）

Langer, E. J. (2000). Mindful learning. *Current Directions in Psychological Science*, 9, 220-223.

Linehan, M. M., Armstrong, H. E., Suarez, A., Allmon, D., & Heard, H. L. (1991).Cognitive-behavioral treatment of chronically parasuicidal borderline patients. *Archives of General Psychiatry*, 48, 1060-1064.

Linehan, M. M., Heard, H. L., & Armstrong, H. E. (1993). Naturalistic follow-up of a behavioral treatment for chronically parasuicidal borderline patients. *Archives of General Psychiatry*, 50, 971-974.

Longmore, R. J., & Worrell, M. (2007). Do we need to challenge thoughts in cognitive behavior therapy? *Clinical Psychology Review*, 27, 173-187.

Marlatt, G. A., & Kristeller, J. L. (1999). Mindfulness and meditation. In W. R. Miller (Ed.), *Integrating spirituality into treatment* (pp. 67-84). Washington, DC: American Psychological Association.

Pierson, H., & Hayes, S. C. (2007). Using acceptance and commitment therapy to empower the therapeutic relationship. In P. Gilbert & R. Leahy (Eds.), *The therapeutic relationship in cognitive behavior therapy* (pp. 205-228). London: Routledge.

Segal, Z. V., Williams, J. M. G., & Teasdale, J. D. (2002). *Mindfulness-based cognitive therapy for depression: A new approach to preventing relapse.* New York: Guilford.（Z. V. シーガル，J. M. ウィリアムズ，J. D. ティーズデール『マインドフルネス認知療法――うつを予防する新しいアプローチ』越川房子監訳，北大路書房，2007年）

第2章
子どもと青少年のための第3世代の行動療法
進展・課題・展望

カレン・M・オブライエン
クリスティーナ・M・ラーソン
エイミー・R・マレル

　Jon Kabat-Zinn は，マインドフルネス・ストレス低減プログラムの創始者であり，マインドフルネスを西洋の医学と医療に導入することに寄与した。Kabat-Zinn によれば，マインドフルネスとは「ある特定の方法でものごとに注意を向けることである。すなわち，意図的に，今この瞬間に，価値判断することなしに，注意を向けることである」(Kabat-Zinn, 1994, p. 4)。言い換えれば，マインドフルネスとは，たとえそれがきわめて不快で苦痛な瞬間であっても今ここに留まり，価値判断を下さずにいることを意味する。最近の心理療法には，不快や苦痛に対処するための一つの方法として，このマインドフルネスを取り入れているものが多い。マインドフルネスを取り入れた心理療法に関する Ruth Baer（2006）の近著には，Kabat-Zinn のマインドフルネス・ストレス低減法（MBSR；Kabat-Zinn, 1982, 1990）から始まり，アクセプタンス&コミットメント・セラピー（ACT；Hayes, Strosahl, & Wilson, 1999），弁証法的行動療法（DBT；Linehan, 1993），マインドフルネス認知療法（MBCT；Segal, Williams, & Teasdale, 2002）に関する論考が含まれている。Hayes, Follette, & Linehan（2004）によるマインドフルネスとアクセプタンスに関する文献では，

この他に，機能分析心理療法（FAP：Kohlenberg & Tsai, 1991）や統合的カップル行動療法（Christensen, Jacobson, & Babcock, 1995）も取り上げられている。Kabat-ZinnのMBSRを除けば，これらの介入法はすべて第3世代の行動療法に分類される（Hayes, 2004）。
　第1世代の行動療法は，基礎となる行動の原理を臨床的な問題に適用することに重点を置いていた。第2世代の行動療法では，認知を視野に入れ，問題のある思考の除去ないし置き換えによる行動変容を目指した（Hayes, Follette, et al., 2004）。第3世代の行動療法は，機能分析，スキルの構築，直接的なシェイピングを含む行動療法の基本となる技法を改めて強調し（Hayes, Masuda, Bissett, Luoma, & Guererro, 2004），思考や感情における内容ではなく，その文脈を変化させることで行動変容を引き起こすことに焦点を当てている。第3世代の行動療法をひとくくりに論じるのは難しいが，Hayesらによれば第3世代の行動療法の多くは，マインドフルネスの技法だけでなく，アクセプタンス，脱フュージョン，弁証法，価値などの技法も組み入れている（Hayes, Masuda, et al., 2004）。これらの技法が目指すところは，問題となっている思考や感情の変容ではなく，むしろ，それを文字通りの真実としてではなく，単なる私的体験として捉え，あるがままに受け入れることにある。その意味でアクセプタンスは変化を引き起こすものではあるが，そこでの変化は，伝統的な認知行動療法に見られるものとはいくぶんか異なっている。つまり，クライエントが変容させるのは自らの思考の内容ではなく，自分自身と思考との関係性なのである。DBTにおいては，アクセプタンスと変化とのバランスを慎重にとることが弁証法的な観点から重要視されており（Linehan, 1993），そういったバランスをとることは第3世代の心理療法すべてに共通する特徴でもある。人は，アクセプタンスと変化のバランスをとり，自らの思考を思考として受け入れられるようになると，それによって自身と思考との関係を変化させ，価値ある方向に進めるだけの柔軟性を手に入れられる。
　第3世代の行動療法は，現在，最も新しい心理療法である。一方，そこで取り入れられているマインドフルネスとアクセプタンスの概念自体は，実は決して新しいものではない。それらの概念は，Jon Kabat-Zinnによって西洋の医療や健康の世界に持ち込まれるまで，ずっとスピリチュアルな実践の

領域の中に留まっていた。マインドフルネス瞑想は，2500年以上も前から仏教徒によって実践されてきているのである（Kabat-Zinn, 2003）。それに比べマインドフルネスについての実証研究が始まったのは，比較的最近になってからのことである。第3世代の行動療法に対しては，それらが実証主義を放棄しているという批判があるが（Corrigan, 2001），そういった批判に対してはHayesらがFAP，DBT，ACTに関する過去5年間に実施された42の効果研究を引用し，これまでの実証的な文献を精査することで回答を行っている（Hayes, Masuda, et al., 2004）。それ以降も，成人に対するマインドフルネスに基づく介入法に関しては，その効果を実証的に支持する研究がかなりの数まで積み上げられてきている。

　本書が明らかにしているように，子どもと青少年を対象とした第3世代の行動療法はますます支持される方向にある。この章では，子どもと青少年に合わせて第3世代のアプローチを最適化するための方法について解説する。またこの章では，いくつかの技法について，それを裏づけるエビデンスを概観し，検討すべき課題や第3世代の心理療法が子どもの心理療法の主流となりうるという今後の展望について述べる。

子どもと青少年へのアクセプタンスとマインドフルネス──概観

　子ども・青少年とマインドフルネスには，ある意味で密接な関係がある。仏教における「初心」という考え方は，素直さ，受容，学習への意欲といったまさにマインドフルネスのもつ性質を表したものである（Goodman, 2005；Kabat-Zinn, 1990）。初心者は学習することに熱心であり，斜に構えたところがない。彼らは，大人が失ってしまったかに見える好奇心をもっており，新しい考えや体験を比較的柔軟に受け入れるものである（Goodman, 2005）。大人と比較した場合，子どもと青少年は人生という旅の初心者だと言える。セラピストも初心を忘れなければ，初心者である子どもの心を理解し，彼らのもつ世界へとスムーズに入っていくことができるだろう（Goodman, 2005）。そういった意味で，アクセプタンスとマインドフルネスは子どもと青少年に対する臨床に特に適したものであると考えられる。

マインドフルネスに基づく介入法を支持する人々は，初心という概念を表立って取り上げるか否かにかかわらず，それらの手法が子どもと青少年に適用可能であることに気づきはじめている。たとえば，ACTやその他の第3世代のアプローチは，体験的エクササイズとメタファーを使用するという点で，子どもに特に適した介入法となっている（Greco, Blackledge, Coyne, & Ehrenreich, 2005；Murrell, Coyne, & Wilson, 2004）。たとえ抽象的で子どもには理解が難しいような概念であっても，体験を通して彼らもそういった概念を理解することができるのである。また，子どもは言葉のもつ文字通りの意味にとらわれすぎないため，比喩的な表現の使用も彼らには合っているのである。実際，子どもは成人ほど長く人生を生きていないため，効果的でない行動レパートリーを発展させ，それに関連した精神病理を発現する機会が成人よりも少ない。その意味で，彼らは成人以上にマインドフルネスに親和的な特徴をもっていると言えるだろう（Greco et al., 2005）。

■アクセプタンス&コミットメント・セラピー (ACT)

ACTは「機能的文脈主義」という科学哲学に基づいている（Hayes et al., 1999）。この機能的文脈主義において実践家は，ある行動について分析する際，その行動の文脈と機能に注目する。また，ACTは「関係フレーム理論」（RFT；Hayes, Barnes-Holmes, & Roche, 2001）という言語や認知に関する理論に基づいているため，ACTの実践家は社会-言語的文脈に対し，特に注意を払っている。そして，いわゆる「異常」や「症状」といわれるような現象に縛られることなく，特に言語を伴ったより全般的な心理的プロセスに焦点を当てる。ACTでは，そうした哲学的・理論的なルーツを踏まえて，人間の抱える心理的な苦しみは，心理的柔軟性を失わせるような言語的なプロセスによって引き起こされると考えるのである。したがって，ACTの目標はその心理的柔軟性を高めることにあり，そのためにクライエントが今ここでの瞬間に触れ，自らの価値に沿って活動できるよう，メタファーやパラドクス，体験的エクササイズを通じて支援を行う（Hayes et al., 1999）。

マインドフルネス，アクセプタンス，そして ACT

　ACT は第 3 世代の行動療法の一つであり，ACT では，マインドフルネスとアクセプタンスのトレーニングを行動変容のプロセスへと統合させている (Baer & Krietemeyer, 2006)。その際，マインドフルネスとアクセプタンスの介入は，行動変容を促し，クライエントが価値を置く人生の方向へと進めるように活用されるのである。ACT の観点から問題行動を検討する際に重要なのは，「体験の回避」というアクセプタンスとは正反対の行動に焦点を当てることである。体験の回避とは「特定の体験（身体感覚・感情・思考・記憶・行動特性など）と接触しつづけることを避け，それらの出来事やそれが起こる状況の形態や頻度を変えようと手段を講じる際に生じる現象である」(Hayes, Wilson, Gifford, Follette, & Strosahl, 1996, p. 1154)。要するに体験の回避とは，コントロールや調整が利かないような私的出来事が起こったときに，その出来事を受け入れることができないでいることを意味する。ちなみに，この体験の回避は，成人においても (Hayes et al., 1996) 子どもにおいても (Greco, Lambert, & Baer, 2008)，さまざまな適応上の問題と関連している。

　そういったわけで，ACT では望ましくない私的体験に対する回避を弱めることの重要性を強調する。ACT の目標は人が「心理的柔軟性」を高めることにあり，そのためには人は自らの体験を進んで受け入れ，今この瞬間に存在する思考や感情をあるがままに受容しなければならない。そこで必要となるのが，思考や感情，感覚を変化させたり回避したりしようとはせず，ただそれに気づくというマインドフルネスなのである。その意味で，マインドフルネスはアクセプタンスを促進するための手段であると言える (Hayes, Follette, et al., 2004)。ACT ではよく，マインドフルネスの技法を，クライエントが自らの世界に気づき，それを直接的に体験するための助けとして用いる。広い意味でいえば，マインドフルネスとは，ACT の 6 つのプロセスのうち 4 つ（アクセプタンス，脱フュージョン，文脈としての自己，今この瞬間との接触）をひとまとめにしたものだとも言える (Hayes, Masuda, et al., 2004)。さらに，アクセプタンスとマインドフルネスは，心理的柔軟性を高め，価値に沿った生き方を促すものでもある。ACT の介入にあたっては，一人ひとりのクライエントに合わせた形でエクササイズ，メタファー，活動についての課題を用い

ることを通じて，アクセプタンスとマインドフルネスが促進されるのである。

成人から子どもへ

概念的な研究および実証的な研究によれば，子どもの発達段階に合わせて適切な形でACTを子ども向けのものへと作り替えることが可能である（Greco et al., 2005；Murrell et al., 2004；Murrell & Scherbarth, 2006など）。近年，子どもを対象としたACTはさまざまな集団や状況で用いられるようになってきた（これらの詳細は第5, 8, 9, 11, 12章を参照）。子どもを対象としたACTも成人を対象としたACTと同じく，言語プロセスから生じる行動の柔軟性の欠如とそれがもたらす行動の頑なさが，価値に沿って生きることをどれほど妨げとなるかに焦点を当てる。

子どもが体験する苦痛や苦悩は，成人が体験するそれとほとんど違いはない。しかし，子どもが体験する苦痛や苦悩のもつ形態とそれが生じる文脈に関しては，特別な配慮を要する。ACTは機能的文脈主義の哲学に深く根ざすものであり，セラピーの対象が成人か子どもかにかかわらず，問題行動についての機能分析をセラピーにおける最初のステップとしている。とりわけ，子どもを対象とする場合には，子どもの否定的な行動をその親が不用意に強化してしまわないよう気をつけることが必要である。つまり，家庭が子どもの問題行動の文脈として機能することがあるため，家族とその役割に注意を払う必要があるのである。このような機能分析は子どもの臨床においては特に重要であり，問題に対しての親子の認識の違いについても浮き彫りにする効果がある。さらに子どもの親は，子どもがポジティブな行動変化を起こすためには，子どもにとってのネガティブな体験も大切であることを理解する必要がある。

クライエントの積極的な参加を求めるACTでは，初めのうち，子どもの親は，ACTはあまりに複雑であるとか，子どもには理解できないなどと感じることがあるかもしれない。そうした親の反応は，一部には，ACTが成人のもつ直感に反するからであると考えられる。その一方で，実際のACTにおける体験的エクササイズやメタファーといったやり方についていえば，それらはすでに教育の現場で用いられているようなやり方とよく似ている。

その意味で ACT は，子どもに対して特に適しているだろう。一方，ACT の介入の仕方は，子どもが日常接する環境（学校など）のように，子どもに何かを直接的に教えたり，指示したりするようなものではなく，セラピストは介入における意思決定にも子どもが積極的に関与するよう促す。介入への子どもの積極的な参加とそこから生じる「当事者意識」を促進するには，子どもの発達に合わせたわかりやすい説明と双方向的なエクササイズを使いながら，子どもが ACT の考え方を理解できるよう手助けすることが必要である。臨床家は特にそのことを意識しておかなくてはならない。

子どもは 8 歳までには言語的な知識を活用する能力を獲得し，シンボルを使ってものごとを表現できるようになる（Devany, Hayes, & Nelson, 1986；Lipkens, Hayes, & Hayes, 1993）。9 歳から 15 歳までの間には，子どもはさらに抽象的な思考ができるようになり，16 歳から 18 歳までには，仮説や推論といった思考が可能になる。つまり人は，このような早い段階から，マインドフルネスに関連する複雑な観念を理解する能力を身につけるのである。思考や感情と切り離された「自己の感覚」といった比較的複雑な概念についてさえ，年齢に合った方法を用いさえすれば，子どもにもそれを理解させることが可能である。子どもに対してよく使われるアクセプタンスとマインドフルネスに特に的を絞った技法としては，「井戸の中のラバ」のメタファーや「小川を流れる葉っぱ」のエクササイズがある（詳細は Hayes et al., 1999 を参照）。

子どもと青少年を対象とした ACT は，さまざまな領域においてその適用に成功している（Murrell & Scherbarth, 2006）。青少年を対象とした ACT は，学校を中退するリスクのある青少年（Moore et al., 2003），疼痛をもつ小児患者（Greco, Blomquist, Acra, & Mouton, 2008；Wicksell, Dahl, Magnusson, & Olsson, 2005），リスクの高い性的行動をとる思春期女子（Metzler, Biglan, Noell, Ary, & Ochs, 2000），拒食症のある思春期女子（Heffner, Sperry, Eifert, & Detweiler, 2002）において，その介入の効果が実証的に支持されている。学校を中退するリスクのある青少年に対する ACT では，介入を行ったことで彼らが懲罰通達書を受け取る頻度が減少し，出席率が上昇した（Moore et al., 2003）。小児疼痛の患者に対する ACT では，介入によって登校頻度が増し，生活の質（QOL）も向上した（Greco et al., 2008；Wicksell et al., 2005）。小規模なランダム化比較試験では，ACT

の手法を介入の一要素として用いることで,思春期の女子が,安全な性的行動に関する意思決定スキルをより学習しやすくなることが明らかになった(Metzler et al., 2000)。また,ACTは有効ではないコントロール方略に焦点を当てるため,神経性無食欲症に対する介入にも特に適しているということがHeffnerら(2002)の症例研究から明らかにされている。

　ACTに関する研究の中には,ACTの介入効果を検討するものだけでなく,ACTの手法に深く関わる課題について検討した研究もある。たとえば,いくつかの研究は,子どもを対象にする場合に,字義通りの教示をするよりもACTでよく使われるようなメタファーを用いる方が効果的であることを裏づけるような実証的な検討を行っている(Heffner, Greco, & Eifert, 2003)。今後ACTの介入要素の有効性を検討する研究が実施されていくことで,さまざまなエクササイズや技法がもつ独自の役割やその他のメリットについても明らかになるだろう。子どもと青少年を対象として新たに生まれた介入法の大半にあてはまることであるが,青少年を対象としたACTの有効性に関する実証的な評価については,まだまだ検討の余地がある。とはいえ,これまでの研究結果は,子どもを対象としたACTの効果について十分期待をもたせるようなものであり,ACTが発達段階に沿った魅力的な介入モデルとして,今後さまざまな子どもの対象に対して用いられるだろうことが示唆されている。

■ 弁証法的行動療法(DBT)

　DBT(Linehan, 1993)は弁証法的な世界観に基づく介入法である。その目標は,弁証法的にアクセプタンスと変化のバランスをとることにあり,クライエントは変化を目指すと同時に自分自身を受け容れることを学ぶ。DBTは,境界性パーソナリティ障害(BPD)があり自殺傾向のある成人女性への介入のために開発されたもので,その介入効果としてすぐれたエビデンスを備えている(Robins & Chapman, 2004など)。DBTにおいては生物社会学的理論の立場から,BPDを生物学的要因と社会的要因の双方がパーソナリティに影響を及ぼした結果であると捉えている。

アクセプタンス，マインドフルネス，そしてDBT

　先に述べたように，成人を対象とした標準的なDBTでは，その核に弁証法があり，その介入では注意深くアクセプタンスと変化のバランスをとる（Linehan, 1993）。生物社会学的理論によればBPDは，感情調節不全をもたらす生物学的素因とその人を認証しない社会的環境の組み合わせによって生じる。そのため，DBTのセラピストは，アクセプタンスを通じてクライエントに対し認証を与えるよう努める。この枠組みにおけるアクセプタンスの意味は，以前は受容できなかった思考・感情・行動を特定の文脈の中では妥当なものであると認める能力のことを指す。

　DBTにおいてマインドフルネスは，ものごとを極端に捉えて苦しむクライエントに対して教えられる中核的なスキルである。また，青少年向けのDBTで教えられるスキルはマインドフルネスに限らず，ほかにも苦悩耐性スキル，感情調節スキル，人間関係有効性スキルがある。しかし，特にマインドフルネス・スキルは，他のスキルを高めるための土台となるようなスキルである（Wagner, Rathus, & Miller, 2006）。BPDのある人であっても，判断（ジャッジ）を交えることなく今この瞬間に注意を向けられるようになることで，感情に振り回されて衝動的に振る舞うのではなく，その感情をよく観察し，その感情にラベルをつけることができるようになる。このプロセスを通してクライエントは，苦痛な感情への耐性や感情を調節する能力を養い，他者の感情についても判断を交えずに観察してラベルをつけられるようになり，結果的に他者とも効果的に関われるようになるのである（Wagner et al., 2006）。

　DBTでは，マインドフルネスは，宗教や神秘主義的な意味合いを取り去られ，代わって，クライエントの焦点を今この瞬間の真実に合わせるためのものとして概念化されている（Wagner et al., 2006）。DBTにおいてマインドフルネスは，3つの心の状態という考え方でクライエントに教えられる。その3つとは「合理的な心」「感情的な心」「賢明な心」である。賢明な心とは合理的な心と感情的な心を統合したものであり，今この瞬間に対してマインドフルになる能力を意味する。マインドフルネスのスキルをさらに細分化したものが「すること」スキル（"what" skill）と「やり方」スキル（"how" skill）である。これらのスキルはわかりやすく定義されており，クライエントの改善

に向けた標的とされている（スキルの詳しい説明は第6章を参照）。

「すること」スキルはマインドフルネスの機能を定義したものであり，「観察する」「描写する」「参加する」からなる。「やり方」スキルはマインドフルネスの手法の指針となるものであり，「判断を下さない」「一つのことにマインドフルになる」「効果的である」ことが含まれる。「すること」スキルに関していえば，「観察する」ためには自分自身の思考・感情・行動を変化させようとはせずに，それをよく見てみる必要がある。「描写する」というのは，思考・感情・行動に判断を下さずにラベルをつけることである。「参加する」ためには，自意識をもたずに今この瞬間に全面的に関与しなければならない。

成人から子どもへ──青少年を対象とした弁証法的行動療法（DBT-A）

Rathus & Miller（2000）によれば，青少年と家族における中核となる弁証法としては，親の寛容さと権威，病的な行動に対する健常化と健常な行動に対する疾病化，自律を求めることと依存を促すことのバランスが挙げられる。自殺の傾向がある青少年の家庭では，これらの弁証法的なジレンマを統合し，解消する必要がある（Rathus & Miller, 2002）。そういった理由から，青少年とその家族に適合させたDBT-A（Miller, Rathus, Linehan, Wetzler, & Leigh, 1997）が開発され，検証されてきた。

青少年とその家族を対象にDBTを改良するにあたっては，診断，発達，文脈といった課題に突き当たる（本書の第6章参照）。診断に関わる課題とは，つまるところBPDの診断を未成年者に下すことの是非である。また，発達に関わる課題に関しては，プログラムの構造にいくつかの修正がなされている。そこには，介入期間の短縮，クライエントに教えるスキルの絞り込み，使う言葉の簡略化，トレーニング・グループへの家族の参加，家族セッションの追加，必要に応じた資料の配付，介入の第1段階を終えた青少年がグループで体験を共有するための任意のフォローアップ・グループ（いわゆる「卒業生グループ」）の追加などが挙げられる（Miller et al., 1997）。文脈的な課題とは，青少年が置かれた家庭環境や学校環境という文脈を臨床家や研究者が意識的に検討すべきという課題である。

青少年に適した形で，弁証法，アクセプタンス，そしてマインドフルネスの概念を教えるためには，臨床家が青少年の生活に関連したストーリーやメタファー，具体例を用いることが肝心である。マインドフルネスのスキルの種類によっては，青少年にとって特に習得しやすいものもある。たとえば，思考や感情を観察するといった抽象的な作業は青少年にとっても難しいものかもしれない。しかし，彼らにとって日常的な，他者に対する思考や感情を記述する体験は，この観察のスキルをより容易なものとするだろう（本書の第6章を参照）。DBT-Aの「すること」スキルも「やり方」スキルも，後者のスキルについてのネーミングを青少年向けに変更したことを除いて，内容自体は成人向けのプログラムと変わりはない（Miller, Rathus, & Linehan, 2006）。「やり方」スキルに関しては，成人向けDBTでの「非判断的に」という言い回しをDBT-Aでは「決めつけないで」と変更している。これは，良し悪しを評価せずに自らの体験に注意を向けることを意味する。また成人向けDBTでの「一つのことにマインドフルに」は，DBT-Aでは「集中しつづけよう」と言い換えている。これは，一度に一つの体験に注意を集中することを意味する。さらに成人向けDBTにおける「効果的に」は，DBT-Aでは「うまくいくことをしよう」と言い換えている。これは，現実の状況という文脈で適切かつ実践的に行動することを意味する。

　DBT-Aの有効性については，それを裏づけるだけのエビデンスが示されている。自殺傾向のある青少年を対象としたDBT-Aについての研究が，入院病棟（Katz, Cox, Gunasekara, & Miller, 2004），児童福祉施設（Sunseri, 2004），外来クリニック（Miller, Wyman, Huppert, Glassman, & Rathus, 2000；Rathus & Miller, 2002；Woodberry & Popenoe, 2008）などのさまざまな現場で実施されている。反抗挑戦性障害と診断された青少年に対するDBT-Aの適用も成功しており（Nelson-Gray et al., 2006），親と子どもの両方による報告から，症状の外在化・内在化の減少に加えて，ポジティブな行動の増加が示されている。したがってDBT-Aは，行動の外在化や自殺念慮に苦しむ人を含むさまざまな青少年集団に対し，効果が期待できるアプローチであると考えられる。DBT-Aによってもたらされる変化のメカニズムを究明するには，介入要素についての研究が有用であろう。また，本書においても特に，アクセプタンスとマイン

ドフルネスをトレーニングすることが介入効果としてどのような影響力をもつのかについて情報を補っていきたい。

■ **マインドフルネス・ストレス低減法 (MBSR)**

本章の冒頭で述べたように，Jon Kabat-Zinn の MBSR プログラムは，マインドフルネス実践を西洋の医学と医療の世界に導入するうえで貢献している。彼が 1979 年にマサチューセッツ大学医学部にストレス低減クリニックを創設して以来，17,000 人以上の人々が 8 週間の MBSR プログラムを修了している（医学・医療・社会のためのマインドフルネスセンター ［Center for Mindfulness in Medicine, Health Care, and Society］の公式ウェブサイト www.umassmed.edu/cfm/mbsr/ を参照）。多くの研究から，MBSR はストレスや不安を抱える人だけでなく慢性疼痛や慢性疾患をもつ人にとっても，心身両面の症状の軽減に効果があることが示されている。

アクセプタンス，マインドフルネス，そして MBSR

ACT や DBT がマインドフルネスをさまざまな介入要素の一つとして取り上げているのに対し，MBSR ではマインドフルネスそれ自体を介入法として概念化している。アクセプタンスの役割についてもことさらに取り上げられているわけではなく，MBSR のセッションの焦点はあくまでマインドフルネス瞑想を実践し，そのスキルを磨き上げることに絞られており，家庭でのマインドフルネスの実践も推奨されている。何よりも MBSR の実践者に関しては，彼ら自身がマインドフルネス瞑想を熱心に行い，経験を積んでおくことが必要とされている。Kabat-Zinn (2003) は，セラピスト自身が，マインドフルネスのスキルを磨き定期的に実践しなければ，マインドフルネスのスキルを効果的に教えることはできないとしている。

成人から子どもへ

ザルツマンとゴールディンは MBSR を子どもの学校現場に適用させるため，彼らの年齢に合った言い回しをすることと，マインドフルネス・エクササイズを楽しく魅力的なものにすることの重要性を強調している（本書の第

7章を参照）。たとえば，ザルツマンの「静かなところ」というエクササイズでは，子どもの発達段階に合わせてセラピストがガイドしながら演習を行うことで，上記の2つの目的を満たしている。その他にも，食べ物という子どもにとって具体的でわかりやすいものを利用した「マインドフルに食べる」エクササイズや，視覚的なイメージやそれぞれの子どもに関する実際例を豊富に取り入れ，子ども向けにした「思考のパレード」エクササイズなどがある。成人に比べると子どもは集中力を欠きやすい。そこで「海藻になる」エクササイズは，子どもたちが自らの身体の動きや身体感覚に対してマインドフルに意識を集中させるのに適している。ザルツマンとゴールディンによる学齢期の子ども向けのMBSRプログラムに関しては，本書の第7章でさらに詳しく説明することにする。

　成人に対するMBSRの実践は，本章で紹介しているその他のマインドフルネスに基づく介入法の開発に先立って行われてきたが，より若年者に合わせたMBSRの改良についてはまだ研究が始まったばかりである。比較的よく適応している小学4〜6年生の子どもたちとその親を対象として，ザルツマンとゴールディンは現在2つの子ども向けMBSRの研究を行っている。そこから得られた予備な結果によれば，対象者における注意力，気分，慈しみ，マインドフルネスの向上が示唆されている（本書の第7章を参照）。また，子ども向けのMBSRは胃食道逆流症のある7歳女子（Ott, 2002）や不眠症と物質乱用障害のある青少年（Bootzin & Stevens, 2005）など，リスクの高い若年集団に対する介入にも有効性が示されている。最後に，Wall（2005）はボストンの公立中学校で太極拳とMBSRの併用を行っている。参加した生徒の主観報告からは，介入によって落ち着きとリラクセーションが増しただけでなく，睡眠とセルフケアの点も改善されたことが示されている。若年集団に合わせてのMBSRの開発と実践は，MBSRが成人を対象に効果的な介入法として確立していることから考えても（Kabat-Zinn, 2003），妥当な試みであるだろう。今後の研究によって，子どもと青少年に適した具体的な介入プログラムの枠組みが示され，若年集団に対するMBSRの有効性の検討が進むことと期待される。

■マインドフルネス認知療法（MBCT）

　MBCT は成人のうつ病の再発を予防するために開発されたものであり，うつ病の認知行動療法（CBT）と MBSR の介入要素（Kabat-Zinn, 1990）の統合を土台に構成されている。ただし，MBSR は幅広い対象に適用されるのに対し，MBCT はもともと，成人の患者集団における大うつ病の再発防止のために開発されたものである。

アクセプタンス，マインドフルネス，そして MBCT

　MBCT が焦点を当てるのは，アクセプタンスに基づくその他のアプローチと同じく，思考内容を変容させることではない。代わって MBCT では，CBT と MBSR における思考への気づきと思考との関係性の変化を促すという特徴を受け継ぎ，それらの統合を行っている（Segal, Teasdale, & Williams, 2004）。このような MBCT の焦点は，その用語こそ使われてはいないものの，ACT におけるアクセプタンスの考えと類似している。つまり，思考を変化させるのではなく，それを観察して受け入れるのである。MBCT においてマインドフルネスは，大うつ病エピソードの再発と再燃の予防に適した方法として概念化されている（Segal et al., 2004）。ネガティブな思考・感情・身体感覚にマインドフルに気づくことによって，うつ病に伴う自動的で反すうされる思考プロセスを断ち切ることができるのだ。マインドフルネスの技法はこのように，うつ病エピソードの再発と再燃につながりやすい自動的で非機能的な思考プロセスを打破する手段として有用なのである。

成人から子どもへ

　子どものためのマインドフルネス認知療法（MBCT-C）は，成人を対象とした MBCT の集団プログラムをもとに作られたものである（詳細は第 4 章を参照）。もともとの MBCT はうつ病を対象としたものであったが，うつ病と不安障害は反すうという共通の要素をもっていると考えられるため，本書で取り上げる MBCT-C では，マインドフルネスの要素を子どもの不安に対する介入法として用いている（Semple, 2006 も参照）。MBCT-C では，子どもは単なる「小さな大人」ではないことを念頭に置き，子どもの発達に合わせた修正

が行われている。具体的には，MBCT-C は，うつ病の介入に用いられる成人向けの MBCT とは以下の3つの点で異なっている（Semple & Miller, 2006）。

　MBCT-C と MBCT における第1の違いは，前者が，子どもの発達途上の記憶力や注意力に配慮している点にある。成人向けの MBCT プログラムが週に2時間のセッションを8週間にわたって行うのに対し，第4章で取り上げる MBCT-C プログラムでは長時間のセッションによって子どもの注意力が低下しないようにするために，週に 90 分のセッションを 12 週間にわたって実施する。成人向けの MBCT で行う瞑想に関しても，MBCT-C では，MBCT より 20 〜 40 分短い，1回3〜5分の瞑想を1回のセッション内で繰り返し行う。

　第2の違いは，成人と子どもの言語能力もしくは認知的な能力の違いに関連するものである。成人を対象とした臨床では，象徴的で論理的な思考などの言語能力が活用される。一方，子どもを対象とした場合では言葉の流暢さや抽象的な推論，概念化の能力に限りがある。したがって，子どもにマインドフルネスを教えるには，具体的な身体感覚（視覚・聴覚・触覚・味覚・嗅覚など）や知覚に焦点を合わせた体験的な学習エクササイズを取り入れる必要がある（Semple & Miller, 2006）。MBCT-C では子どもの活動レベルや注意を維持するために，感覚活動，静座瞑想，ボディスキャン，視覚化，描画や作文などのエクササイズが，セッションの中で実施される。

　子どもに関わるいずれの介入にもあてはまることであるが，MBCT-C では，子どもを，その家族をも含めたより大きなシステムの一部として捉える。したがって，MBCT-C と MBCT における第3の違いは，前者が介入プロセスに不可欠な部分として彼らの親を含める点である。MBCT-C では，親に，子どもが家庭でエクササイズを実践するための支援者としての役割を与え，さらにプログラム開始前のオリエンテーリング・セッションと，プログラム終了時の振り返りセッションへの参加の機会を提供する。MBCT-C のプログラムではそのようにして，開始から終了まで親が積極的に関与する仕組みになっているのである。

　MBCT-C に関する研究はまだ始まったばかりではあるが，不安をもつ子どもへの介入に MBCT-C が有効であることがすでに示唆されている。臨床的

に重大なレベルの不安症状がある7～12歳の子どもを対象としたMBCT-Cにおいては，障害の内在化や外在化の軽減だけでなく彼らの学習機能の改善も確認されている（Semple, 2006；Semple, Lee, & Miller, 2004；Semple, Reid, & Miller, 2005）。それらの結果は全体として，不安をもつ子どもに対してマインドフルネスに基づくトレーニング・プログラムが有効であることを裏づけている。MBCT-Cに関する今後の研究の方向性としては，やはり，子どものマインドフルネスと不安との関連に焦点を当てたものが期待される。また，今後の研究によって，MBCT-Cとマインドフルネス技法を，子どものその他の疾患に適用できる可能性が明らかになることも考えられる。

■さまざまなモデルの類似と相違

　その介入法の理論的方向性が異なる場合には特に言えることであるが，ほとんどの場合，複数の心理的介入法においてそれらの介入手続きは一致しないものである。本章で取り上げるアクセプタンスとマインドフルネスに基づくさまざまな介入法にも，介入セッションの形式だけでなく，セッションにおける各回の時間や期間，集中度に大きな違いがある。親・青少年・子どもを対象としたACT，DBT-A，MBCT-C，MBSRの各介入技法は，アクセプタンスとマインドフルネスを基本とする共通点を除けば，重要な点で異なっている。

　まずACTとDBT-Aはいずれも理論を重視したアプローチであるが，それぞれ大きく異なった理論に基づいている。ACTは「関係フレーム理論」（Hayes et al., 2001）という，言語と認知に関する理論を基にしている。たとえば，ACTの技法が一般的に標的としている「体験の回避」は，言語と認知に由来する自然な現象として理論化された構成概念である。もし人間に言語的・認知的な能力がなければ，人は「私はいつも不安だ」「両親が怖い」「私は決して幸せにはなれない」などと自分自身に語りかけることはできないだろう。また，過去を思い出したり，将来を心配したりすることもできない。そういったわけで，ACTにおいては関係フレーム理論という観点から，アクセプタンスとマインドフルネスに基づく介入の使用が裏づけられている。アクセプタンスとマインドフルネスは，現在に意識を向けることで自分自身

を思考から切り離すためのものなのである。一方，DBT はパーソナリティについての生物社会学的理論に基づいている。この理論では，個人のもつパーソナリティを生物学的要因と社会的要因の結果として概念化する。境界性パーソナリティというものは，この理論的枠組みからは，生物学的な基盤のある感情調節の問題と不認証な社会環境による結果であると見なされるのである。

 ACT と DBT ではその理論に違いはあるものの，それらの介入におけるアクセプタンスとマインドフルネスという土台自体は共通している。たとえば，Chapman, Gratz, & Brown（2005）は，体験の回避が青少年の自傷行為の背景にある第 1 のメカニズムであると主張している。体験の回避という概念自体は理論的には ACT と関連するものであるが，Chapman ら（2005）によれば ACT と DBT は共にアクセプタンスとマインドフルネスを焦点としていることから，どちらも適切な介入形態であるとしている。もし ACT と DBT の双方が青少年の自傷行為に対する効果的な介入法であるならば，研究者はそれらの介入法を，アクセプタンスとマインドフルネスの伝統をもたない心理療法と比較するだけでなく，両者の間でも比較する必要がある。本章で繰り返し述べているように，介入による変化にアクセプタンスとマインドフルネスがどのような役割を果たすのかを明らかにするためには，入念な要素研究が必要なのである。

 マインドフルネスは重要な技法ではあるものの，ACT と DBT はその技法のみで成り立っているわけではなく，土台となる理論を基にその他の幅広い技法やスキルも組み込んでいる。対照的に，MBSR と MBCT においては，マインドフルネスが主要な構成要素となっている。MBSR と MBCT を効果的な介入法として確立することは，アクセプタンスとマインドフルネスが介入の成功を左右するという説をさらに裏づけることになるだろう。先に述べたように，MBSR と MBCT については，その提供者自身がマインドフルネスへの熱意と経験のある実践者でなければならない。それとは異なり，ACT と DBT の実践家には，マインドフルネス瞑想の経験を積むことが必ずしも求められるわけではないという違いもある。

マインドフルネス，アクセプタンス，そして子育て

　青少年に対するアクセプタンスとマインドフルネスの介入を成功させるためには，彼らの親にも介入に関与してもらう必要がある。マインドフルな子育てに関する文献には描写的なものも理論的なものもあり（Coyne & Wilson, 2004；Dumas, 2005；Greco & Eifert, 2004；Kabat-Zinn & Kabat-Zinn, 1997），実証研究に関する文献も出版されている（Singh et al., 2006；Singh et al., 2007；Blackledge & Hayes, 2006）。マインドフルな子育てに関する文献の先駆けはおそらく Kabat-Zinn & Kabat-Zinn（1997）の著書であり，子育ての文脈におけるマインドフルネスの定義と実践の検討を通じての実証研究の基礎となっている。Kabat-Zinn & Kabat-Zinn（1997）にとって，マインドフルな子育てとは，対立することのない親子関係の構築を意味するものではない。むしろ，マインドフルな子育てとは，子どもの目に見える行動と主観的な体験に対しての「瞬間ごとの気づき」を意味している。Kabat-Zinn & Kabat-Zinn（1997）は，マインドフルな子育ての基本として，自律性の尊重・共感・アクセプタンスの3つを挙げている。

　第1に，親は子どもの主権を尊重しなければならない。しかしこのことは，親が子どものしたいようにさせるという意味ではない。むしろ，これは親が子どもの「真の自己」の尊厳に敬意を払うことを意味する。Kabat-Zinn & Kabat-Zinn（1997）は，そうした子どもの自律性を仏教でいう「仏性」，すなわち自己の真の本性になぞらえている。親は子どもを変えようとするのではなく，ありのままの子どもを認めてそれを尊重するべきであり，それが子どもの自律性を重んじるということなのである。また，そうした自律性の尊重は，それが難しい瞬間にこそ子どもの真の自己について親がマインドフルになることによって果たされる。たとえば，親は青少年の反抗を押さえ込みたいという自らの欲求に従うのではなく，その機会を活用して，青少年がもてあましている力を正しく理解し，青少年の体験と奮闘に対してマインドフルになるべきなのである。

　それが困難な瞬間にも子どもの自律性を尊重するためには，親は共感する力を育む必要がある。つまり，親は子どもの視点からものごとを見るように

しなければならない。子どもが転んで膝をすりむいたようなときには，親は自然と子どもに共感を抱くものである。ところが，子どもが泣き叫んだり物を投げつけたりするようなときには，親は共感を抱くことが難しくなる（Kabat-Zinn & Kabat-Zinn, 1997）。同じく，子どもの希望や意見が親のそれとかみ合わない場合も，親が共感をもって子どもに接するのは難しいだろう。したがって，親が子に共感を抱くためには，親が今この瞬間に対して意識的に注意を向けられるようになる必要がある。親は自らの思考や感情と子どもの今現在の体験とを切り離さなければならないのである（Kabat-Zinn & Kabat-Zinn, 1997）。

　アクセプタンスは自律性を尊重することと共感を示すことの両方に，密接に関わっている。子どもの自律性を尊重し，子どもに共感を示すことができる親は，子どもの真の自己，その子どものもつ独自の希望・思考・感情・ものの見方に対して，身をもってアクセプタンスを示している。自律性の尊重・共感・アクセプタンスは，マインドフルな子育ての基礎をなしているのである。

■その他の理論モデル

　Dumas（2005）は，マインドフルネスに基づくペアレント・トレーニングを提唱している。Dumas（2005）の提唱するそうしたペアレント・トレーニングの背景には，きわめて反抗的な行動を変容させるためには伝統的な行動的ペアレント・トレーニング・プログラムでは不十分であることが多いという事実と，さらに Kabat-Zinn & Kabat-Zinn（1997）による研究からの影響がある。Dumas のモデルは，その前提として，変化させるべききわめて反抗的な行動は自動化された行動であると捉えている。彼の考えによれば，この自動的な行動すなわちマインドレスな行動は，家庭内で生じるきわめて破壊的で問題のある行動パターンの原因である（Dumas, 2005）。この論文が書かれた時点でモデルの有効性に関する実証的な研究結果は示されてはいないものの，Dumas 自身はモデルの大枠を示し，家族の文脈の中で自動性を軽減させるためのセラピストの3つの方略を紹介している。それら3つの方略とは，「促すような傾聴」「距離を置くこと」「動機づけされたアクションプラン」

である。

　「促すような傾聴」では，クライエントに対してのみならず，クライエントの発言や感情をめぐるセラピスト自身の反応に対しても，判断（ジャッジ）することのないスタンスをとることが求められる（Dumas, 2005）。促すような傾聴には2つの狙いがある。1つ目は，批判や価値判断をすることなく，またアドバイスを与えることもなく，親が示す心配ごとに耳を傾けることである。2つ目は，親が自己批判や価値判断をやめられるよう，実例を示して手助けすることである。また，セラピストは親に対して「距離を置く」ように勧めることもあり，言い換えれば，親がいかなるときにも自らの思考や感情を，親自身がそのとき選択した行動から切り離すことができるよう支援するのである。親はこのようにして，自らの目に見える行動と子どもとの交流を，思考や感情によってコントロールしないようにすることを学ぶのである。

　「動機づけされたアクションプラン（Motivated Action Plans；MAP）」とは，動機づけと活動との間のギャップを埋めることを目的とした行動的な方略である（Dumas, 2005）。子どもとの関係性を改善しようという親の動機づけは，必ずしもその目標に沿った活動を直に導くわけではない。親がその目標を達成する可能性を高めるためには，その状況で用いる行動的な方略を親が前もって具体的に決めておくことが必要である（Dumas, 2005）。そのような具体的なプラン，すなわちMAPが立てられていれば，その事前に計画された対処法によって，親は困難な状況にもマインドフルに対処できるようになる（Dumas, 2005）。これはすなわち，普段は自動化されている（マインドレスな）行動をとってしまうような状況で，あえてマインドフルに行動するように努めることを意味する。たとえば，「次に子どもがかんしゃくを起こしたときには，私はカッとする代わりにその場を静かに離れて，しばらくソファーに座っていよう」というMAPを作成する親もいるだろう（Dumas, 2005）。

　Coyne & Wilson（2004）は，子育てがうまくいっていない場合にマインドフルネスを実践することの意義について，異なる理論的根拠を示している。具体的に言えば，Coyne & Wilson（2004）は，認知的フュージョンがどのようにして非適応的な子育てパターンを引き起こすのかということと，そのパターンを打破するうえでマインドフルネスとアクセプタンスがどのように役立つ

かということを論じている。「認知的フュージョン」とは，人が思考の内容を文字通りに受け取って反応するときに生じるものである（Hayes et al., 1999）。「私はだめな親だ」と思っている親は，あたかもその思考が文字通りの真実であるかのように反応し，その思考を取り除くために行動する傾向がある。そういった行動には，Patterson（1982）が「高圧的な家族プロセス」と見なしたものと同じように，子どもの勝手な行動を黙認したり，もしくは逆に，言うことを聞かせようとする行動をエスカレートさせたりすることが含まれるかもしれない（Coyne & Wilson, 2004）。このような場合，親は子どもが今この瞬間に体験していることに注意を向けてマインドフルになるのではなく，自分自身の失敗に関する思考に注意を向けて反応していると言える。

　親は子どもの体験をマインドフルに受け入れ，親自身の思考から「脱フュージョン」する（切り離す）ことができてはじめて，子どもの苦悩に対してより適応的に対処できるようになる。ACTはこの脱フュージョンを達成するための枠組みなのである。たとえば，ACTにおける体験的エクササイズとメタファーは，思考が単なる思考にすぎず，文字通りの真実ではないことを親が知るうえで助けとなるだろう。さらに，ACTは親に対し，親自身の価値を探求するよう促すことによって，彼らが脱フュージョンという困難な作業に取り組むうえでの動機づけを高める（Coyne & Wilson, 2004）。またマインドフルな子育てが親自身にとってなぜ重要なのかがわかれば，彼らはマインドフルな子育てを実践しやすくなるだろう。

　Greco & Eifert（2004）は，親と青少年との間の対立に対する既存の行動的介入法にACTを組み入れることを提案している。彼らがまず主張するのは，家庭内の対立には体験の回避が重要な役割を果たしているということである。親も青少年も苦痛な体験を回避するために，短期的には苦痛を和らげるが，家族の一員としての長期的な価値には沿わないようなその場しのぎの行動をとってしまうのはよくあることである。マインドフルネスと脱フュージョンを継続的に実践することは，苦痛な思考や感情に対するアクセプタンスを促進する効果があり，大きな対立が起こった際に役立つものである。親と青少年が彼ら自身の思考や価値判断をあっさりと受け流し，今この瞬間にマインドフルになることができれば，お互いに適切な態度で相手に接し，彼ら自身

の価値に沿って活動することができるようになる。

　最後に，テネシー大学ペアレンティング・クリニックでは，ウォーラーらがマインドフルネスの技法を行動的ペアレント・トレーニングおよびナラティブ再構築セラピーと統合している。ウォーラーらの予備的な研究結果によれば，介入により親のマインドフルネスの向上と子どもの問題行動の減少が確認され，今後に期待できる成果が示されている（本書の第10章を参照）。ウォーラーのペアレンティング・クリニックでの介入手続きは，Baer（2003），Bishop ら（2004），Kabat-Zinn（1994）が概説するマインドフルネス実践を含め，Dumas（2005）の理論的研究と Singh ら（2004, 2007）の実証的研究の影響を受けている。

　Singh らは，重度の重複障害のある患者の親ではない養育者に対するマインドフルネス・トレーニングで効果を上げ，その後，自閉症のある子どもの親のためのマインドフルネス・トレーニングについて 2 つの実証研究を行っている。最初の研究（2004）とフォローアップの研究（2007）のいずれにおいても，一連のマインドフルネス・トレーニングに参加した母親は子育てのスキルと親子の交流への満足度が向上し，さらにマインドフルネス・スキルの使用が増え，ストレスを感じることが減ったと報告した。また子どもたちの攻撃的な行動は減少し，社会的スキルが向上した。それと同じく，最近の 2 つの研究（Blackledge & Hayes, 2006；Minor, Carlson, Mackenzie, Zernicke, & Jones, 2006）からは，慢性の疾患や障害のある子どもの親に対して，ACT と MBSR の実施が有効であることが裏づけられた。

　まとめると，理論的・経験的・実証的な研究結果のいずれもが，親に対するマインドフルネス・トレーニングの有用性と有効性を示している。青少年に対する介入の成功がその親のサポートの有無にかかっていることを考えると，この事実は特に期待できるものである。マインドフルネスに基づく介入が青少年にもその親にも効果があることが明らかになれば，我々は，子どもと青少年に対する心理学的介入がはらむ問題に対しても効果的に取り組んでいけるだろう。

その他の課題

　子どもと青少年に対するアクセプタンスとマインドフルネスに基づく介入に彼らの親を効果的に巻き込むこと以外にも，子どもと青少年に対する心理学的介入についてはまだ課題が残されている。特に注目すべき課題としては，介入効果の測定に関わる問題，およびアクセプタンスとマインドフルネスに基づく介入と子ども・青少年に対する既存の介入法との折り合いをどうつけるかという問題がある。

■介入効果の測定

　もし介入効果を測定するための尺度が介入法ごとに異なっていたならば，介入効果の比較に関する議論を十分に行うことは難しい。子どもに対するアクセプタンスに基づく介入法とマインドフルネスに基づく介入法とでは，当然のことながらそれぞれ異なる測定尺度が必要になる。さらに困ったことに，対象が子どもと青少年であることによる特有の問題が，このことをさらに複雑にしている。たとえば，幼児を対象に使用できる自己報告式の尺度が存在しないため，幼児を対象にした測定は非常に限られたものになる。そうした尺度が存在しない理由の一つに，幼児が行う報告には，その信頼性に能力的な個人差があることが挙げられる。そうした自己報告における明らかな信頼性の低さもあって，当人以外の他者（親や教師など）から得られる情報の方がより有用だろうと考えられている。親はさまざまな時間と状況に応じた子どもの行動についてよく知っているという点で，重要な情報源と見なされることが多い。また，専門家が最初に出会うのもたいていの場合，子どもの親である。しかし一方では，親の報告に誤りがないわけではない。親自身の抱える精神疾患や夫婦間の不和，ストレス，家庭以外の社会的サポートの有無によって，親による報告が不正確になることもあるだろう（Kazdin, 1994）。結論として，子どもを対象とした介入法の測定に関しては，複数の情報源（子ども，親，教師，同級生など）から情報を集めることが，信頼の置ける評価を行ううえでの一つの方法だと言える。

また，アクセプタンスやマインドフルネスなどといった構成概念を評価するといった意味での困難も，測定に関わる問題として挙げられる。たとえば，ACTの介入目標は心理的柔軟性の向上と価値に沿った活動の増加であって，症状の除去ではない。それゆえ，ACTの介入効果の評価には，症状の評価（抑うつや不安の症状の軽減など）以外のものが必要である。つまり，心理的柔軟性という測定の難しい概念を評価しなければならないという難問が横たわっている（詳しくは本書の第3章を参照）。

■アクセプタンスとマインドフルネスを既存のセラピーに組み込む
　アクセプタンスとマインドフルネスに基づく介入法は，実証的に支持されているCBTに根ざしている。したがって，青少年に対する既存のCBTとまったく相容れないというようなものではない。とはいえ，アクセプタンスとマインドフルネスに基づく介入法は，既存のCBTとは異なり，思考の内容ではなく思考の文脈の変容を試みるものでもある。この内容から文脈への焦点の転換は，理論的に導き出されたものであり，研究によってもその妥当性が裏づけられている。したがって，アクセプタンスとマインドフルネスの要素を既存の心理療法に付け加えることは，既存の認知行動療法のもつ効果を向上させうるものであると我々は考えている。そうした我々の主張を検証するためには，アクセプタンスとマインドフルネスの技法とその他の技法について，それらの技法のもつ相対的な影響力を検討する研究が必要である。そこで我々には，やはりアクセプタンスとマインドフルネスに基づく介入法に関しての要素研究を行っていくことが必要なのである。

結論——今後の展開

　本章とこれ以降の章で述べるように，アクセプタンスとマインドフルネスの技法は青少年に関わるさまざまな文脈において種々の工夫を凝らし適用されてきた。たとえば，子どもを対象とした最近の心理療法では，苦痛に関連した思考や感情を変化させるのではなく受け容れることに焦点を当てるため，メタファーや物語が用いられている。また，最近ではマインドフルネスのエ

クササイズを教室内で導入されたり，10代の子どもにも馴染みやすいよう内容をCDに入れて，ホームワークとして与えられたりしている。アクセプタンスとマインドフルネスは，スピリチュアルと宗教の伝統の中で長きにわたり実践されていた。一方，教育や医療などの文脈では，アクセプタンスとマインドフルネスは比較的目新しい存在である。そのような新たな文脈にアクセプタンスとマインドフルネスを導入するにあたっては，今後の方向性について留意すべき課題も挙げられる。

　今後取り組むべき課題の一つは，アクセプタンスとマインドフルネスという技法が特に奏功しやすい集団があるかどうかの検討である。この問いに答えるためには，関連する臨床のプロセスと結果における変数を同定するための入念な研究を行う必要がある。そのような実証的な研究の重要性について考えるにあたっては，次のような例を挙げることができるだろう。それは，特に思春期初期におけるアクセプタンスの有用性に関する議論である。たとえば，思春期初期のある少女は自分自身に夢中になっていて，想像上の観衆の前から距離をとることができず，彼女が抱える自らの容姿についての悩みが，実は友人関係の悩みの根本であることにも気づくことはできないのだから，アクセプタンスは無効であると，ある臨床家は言うかもしれない。ところが別の臨床家は同じ少女について，彼女は自身の悩みにも自分に注意を向ける他者との関係にもきちんと気づいているのだから，彼女は自らの悩みを全体的に受け入れることができるのだ，と言うかもしれない。理論上は，それらの主張のどちらかが正しいと結論づけることはできず，その少女が自身の苦悩を受容できるかどうかは実際のデータからしか判断できない。やがて，似たような状況において，アクセプタンスに基づくアプローチがこの集団に効果があるかどうかが，データによって証明されるであろう。

　実際のデータに注目することはことさらに重要ではあるが，アクセプタンスとマインドフルネスに基づくアプローチを行う際に，さまざまな創意工夫を行うことはそれと同じくらいに重要である。特に，青少年に対してこのアプローチを実施する際には，実施者はそのことを常に心に留めておく必要があるだろう。本書の多くの章は，臨床家による創意工夫と新しいアイディアから生まれたものである。しかし本書の執筆者のそうした挑戦は，しばしば

適切な評価を受けることなく，アクセプタンスとマインドフルネスに基づくアプローチは青少年には通用しないと言われつづけてきた。それにもかかわらず，幸いにして我々は今この瞬間に留まり，全身全霊で体験と向き合い，そして，価値に沿ってここまで進んでくることができた。本書の読者が，アクセプタンスとマインドフルネスに基づく心理療法をここからさらに前進させ，大きな変化を生み出してもらえれば幸いである。

引用文献

Baer, R. A. (2003). Mindfulness training as a clinical intervention: A conceptual and empirical review. *Clinical Psychology: Science and Practice*, 10(2), 125-143.

Baer, R. A. (Ed.). (2006). *Mindfulness-based treatment approaches: A clinician's guide*. San Diego, CA: Elsevier.

Baer, R. A., & Krietemeyer, J. (2006). Overview of mindfulness- and acceptance-based treatment approaches. In R. A. Baer (Ed.), *Mindfulness-based treatment approaches: A clinician's guide* (pp. 3-27). San Diego, CA: Elsevier.

Bishop, S. R., Lau, M., Shapiro, S., Carlson, L., Anderson, N. D., Carmody, J., et al. (2004). Mindfulness: A proposed operational definition. *Clinical Psychology: Science and Practice*, 11(3), 230-241.

Blackledge, J. T., & Hayes, S. C. (2006). Using acceptance and commitment training in the support of parents of children diagnosed with autism. *Child and Family Behavior Therapy*, 28, 1-18.

Bootzin, R. R., & Stevens, S. J. (2005). Adolescents, substance abuse, and the treatment of insomnia and daytime sleepiness. *Clinical Psychology Review*, 25, 629-644.

Center for Mindfulness in Medicine, Health Care, and Society. Retrieved June 26, 2007, from www.umassmed.edu/cfm/mbsr/.

Chapman, A. L., Gratz, K. L., & Brown, M. Z. (2005). Solving the puzzle of deliberate self-harm: The experiential avoidance model. *Behaviour Research and Therapy*, 44, 371-394.

Christensen, A., Jacobson, N. S., & Babcock, J. C. (1995). Integrative behavioral couple therapy. In N. S. Jacobson & A. S. Gurman (Eds.), *Clinical handbook of couples therapy* (pp. 31-64). New York: Guilford.

Corrigan, P. W. (2001). Getting ahead of the data: A threat to some behavior therapies. *Behavior Therapist*, 24, 189-193.

Coyne, L. W., & Wilson, K. G. (2004). The role of cognitive fusion in impaired parenting: An RFT analysis. *International Journal of Psychology and Psychological Therapy*, 4, 469-486.

Devany, J. M., Hayes, S. C., & Nelson, E. O. (1986). Equivalence class formation in language-able and language-disabled children. *Journal of the Experimental Analysis of Behavior*, 56, 243-257.

Dumas, J. E. (2005). Mindfulness-based parent training: Strategies to lessen the grip of automaticity in families with disruptive children. *Journal of Clinical Child and Adolescent Psychology*, 34, 779-791.

Goodman, T. A. (2005). Working with children: Beginner's mind. In C. K. Germer, R. D. Siegel, & P. R. Fulton (Eds.), *Mindfulness and psychotherapy* (pp. 197-219). New York: Guilford.

Greco, L. A., Blackledge, J. T., Coyne, L. W., & Ehrenreich, J. (2005). Integrating acceptance and mindfulness into treatments for child and adolescent anxiety disorders: Acceptance and commitment therapy as an example. In S. M. Orsillo & L. Roemer (Eds.), *Acceptance and mindfulness-based approaches to anxiety: Conceptualization and treatment* (pp. 301-322). New York: Springer Science.

Greco, L. A., Blomquist, K. K., Acra, S., & Mouton, D. (2008). Acceptance and commitment therapy for adolescents with functional abdominal pain: Results of a pilot investigation. Manuscript submitted for publication.

Greco, L. A., & Eifert, G. H. (2004). Treating parent-adolescent conflict: Is acceptance the missing link for an integrative family therapy? *Cognitive and Behavioral Practice*, 11, 305-314.

Greco, L. A., Lambert, W., & Baer, R. A. (2008). Psychological inflexibility in childhood and adolescence: Development and evaluation of the Avoidance and Fusion Questionnaire for Youth. *Psychological Assessment*, 20, 93-102.

Hayes, S. C. (2004). Acceptance and commitment therapy, relational frame theory, and the third wave of behavior therapy. *Behavior Therapy,* 35, 639-665.

Hayes, S. C., Barnes-Holmes, D., & Roche, B. (2001). *Relational frame theory: A post- Skinnerian account of human language and cognition.* New York: Kluwer/Plenum.

Hayes, S. C., Follette, V. M., & Linehan, M. M. (Eds.). (2004). *Mindfulness and acceptance: Expanding the cognitive behavioral tradition.* New York: Guilford. (S. C. ヘイズ, V. M. フォレット, M. M. リネハン編著『マインドフルネス&アクセプタンス――認知行動療法の新次元』春木豊監修, 武藤崇・伊藤義徳・杉浦義典監訳, ブレーン出版, 2005年)

Hayes, S. C., Masuda, A., Bissett, R., Luoma, J., & Guererro, L. F. (2004). DBT, FAP, and ACT: How empirically oriented are the new behavior therapy technologies. *Behavior Therapy*, 35, 35-54.

Hayes, S. C., Strosahl, K. D., & Wilson, K. G. (1999). *Acceptance and commitment therapy: An experiential approach to behavior change.* New York: Guilford.

Hayes, S. C., Wilson, K. G., Gifford, E. V., Follette, V. M., & Strosahl, K. D. (1996). Experiential avoidance and behavioral disorders: A functional dimensional approach to diagnosis and treatment. *Journal of Consulting and Clinical Psychology*, 64, 1152-1168.

Heffner, M., Greco, L. A., & Eifert, G. H. (2003). Pretend you are a turtle: Children's responses to metaphorical versus literal relaxation instructions. *Child and Family Behavior Therapy*, 25, 19-33.

Heffner, M., Sperry, J., Eifert, G. H., & Detweiler, M. (2002). Acceptance and commitment therapy in the treatment of an adolescent female with anorexia nervosa: A case example. *Cognitive and Behavioral Practice*, 9, 232-236.

Kabat-Zinn, J. (1982). An outpatient program in behavioral medicine for chronic pain patients based on the practice of mindfulness meditation: Theoretical considerations and preliminary results. *General Hospital Psychiatry*, 4, 33-47.

Kabat-Zinn, J. (1990). *Full catastrophe living: Using the wisdom of your body and mind to face stress, pain, and illness*. New York: Delacorte. (J. カバットジン『マインドフルネスストレス低減法』春木豊訳，北大路書房，2007 年)

Kabat-Zinn, J. (1994). *Wherever you go, there you are: Mindfulness meditation in everyday life*. New York: Hyperion. (ジョン・カバットジン『マインドフルネスを始めたいあなたへ──毎日の生活でできる瞑想』田中麻里監訳，松丸さとみ訳，星和書店，2012 年)

Kabat-Zinn, J. (2003). Mindfulness-based interventions in context: Past, present, and future. *Clinical Psychology: Science and Practice*, 10, 144-156.

Kabat-Zinn, J., & Kabat-Zinn, M. (1997). *Everyday blessings: The inner work of mindful parenting*. New York: Hyperion.

Katz, L. Y., Cox, B. J., Gunasekara, S., & Miller, A. L. (2004). Feasibility of applying dialectical behavior therapy to suicidal adolescent inpatients. *Journal of the American Academy of Child and Adolescent Psychiatry*, 43, 276-282.

Kazdin, A. E. (1994). Informant variability in the assessment of childhood depression. In W. M. Reynolds & H. Johnston (Eds.), *Handbook of depression in children and adolescents* (pp. 249-271). New York: Plenum.

Kohlenberg, R. J., & Tsai, M. (1991). *Functional analytic psychotherapy: Creative intense and curative therapeutic relationships*. New York: Plenum. (R. J. コーレンバーグ，M. サイ『機能分析心理療法──徹底的行動主義の果て，精神分析と行動療法の架け橋』大河内浩人監訳，金剛出版，2007 年)

Linehan, M. M. (1993). *Cognitive-behavioral treatment of borderline personality disorder*. New York: Guilford. (マーシャ・M・リネハン『境界性パーソナリティ障害の弁証法的行動療法──DBT による BPD の治療』大野裕監訳，岩坂彰ほか訳，誠信書房，2007 年)

Lipkens, G., Hayes, S. C., & Hayes, L. J. (1993). Longitudinal study of derived stimulus relations in an infant. *Journal of Experimental Child Psychology*, 56, 201-239.

Metzler, C. W., Biglan, A., Noell, J., Ary, D. V., & Ochs, L. (2000). A randomized controlled trial of a behavioral intervention to reduce high-risk sexual behavior among adolescents in STD clinics. *Behavior Therapy*, 31, 27-54.

Miller, A. L., Rathus, J. H., & Linehan, M. M. (2006). *Dialectic behavior therapy with suicidal adolescents*. New York: Guilford.（A. L. ミラー，J. H. レイサス，M. M. リネハン『弁証法的行動療法――思春期患者のための自殺予防マニュアル』高橋祥友訳，金剛出版，2008 年）

Miller, A. L., Rathus, J. H., Linehan, M. M., Wetzler, S., & Leigh, E. (1997). Dialectic behavior therapy adapted for suicidal adolescents. *Journal of Practical Psychiatry and Behavioral Health*, 3, 78-86.

Miller, A. L., Wyman, S. E., Huppert, J. D., Glassman, S. L., & Rathus, J. H. (2000). Analysis of behavioral skills utilized by suicidal adolescents receiving dialectical behavioral therapy. *Cognitive and Behavioral Practice*, 7, 183-187.

Minor, H. G., Carlson, L. E., Mackenzie, M. J., Zernicke, K., & Jones, L. (2006). Evaluation of a mindfulness-based stress reduction (MBSR) program for caregivers of children with chronic conditions. *Social Work in Health Care*, 43, 91-109.

Moore, D., Wilson, K. G., Wilson, D. M., Murrell, A. R., Roberts, M., Merwin, R., et al. (2003, May). Treating at-risk youth with an in-school acceptance and commitment training program. Paper presented at the meeting of the Association for Behavior Analysis, San Francisco, CA.

Murrell, A. R., Coyne, L. W., & Wilson, K. G. (2004). ACT with children, adolescents, and their parents. In S. C. Hayes & K. D. Strosahl (Eds.), *A practical guide to acceptance and commitment therapy* (pp. 249-273). New York: Springer.

Murrell, A. R., & Scherbarth, A. J. (2006). State of the research and literature address: ACT with children, adolescents, and parents. *International Journal of Behavioral Consultation and Therapy*, 2, 531-543.

Nelson-Gray, R. O., Keane, S. P., Hurst, R. M., Mitchell, J. T., Warburton, J. B., Chok, J. T., et al. (2006). A modified DBT skills training program for oppositional defiant adolescents: Promising preliminary findings. *Behaviour Research and Therapy*, 44, 1811-1820.

Ott, M. J. (2002). Mindfulness meditation in pediatric clinical practice. *Pediatric Nursing*, 28, 487-490.

Patterson, G. R. (1982). *A social learning approach*. Vol. 3: Coercive family process. Eugene, OR: Castalia.

Rathus, J. H., & Miller, A. L. (2000). DBT for adolescents: Dialectical dilemmas and secondary treatment targets. *Cognitive and Behavioral Practice*, 7, 425-434.

Rathus, J. H., & Miller, A. L. (2002). Dialectical behavior therapy adapted for suicidal adolescents. *Suicidal and Life-Threatening Behavior*, 32, 146-157.

Robins, C. J., & Chapman, A. L. (2004). Dialectical behavior therapy: Current status, recent developments, and future directions. *Journal of Personality Disorders*, 18, 73-89.

Segal, Z. V., Teasdale, J. D., & Williams, M. G. (2004). Mindfulness-based cognitive therapy: Theoretical rationale and empirical status. In S. C. Hayes, V. M. Follette, & M. M. Linehan

(Eds.), *Mindfulness and acceptance: Expanding the cognitive-behavioral tradition* (pp. 45-65). New York: Guilford.（S. C. ヘイズ，V. M. フォレット，M. M. リネハン編著『マインドフルネス&アクセプタンス——認知行動療法の新次元』春木豊監修，武藤崇・伊藤義徳・杉浦義典監訳，ブレーン出版，2005 年）

Segal, Z. V., Williams, J. M. G., & Teasdale, J. D. (2002). *Mindfulness-based cognitive therapy for depression*. New York: Guilford.（Z. V. シーガル，J. M. ウィリアムズ，J. D. ティーズデール『マインドフルネス認知療法——うつを予防する新しいアプローチ』越川房子監訳，北大路書房，2007 年）

Semple, R. J. (2006). Mindfulness-based cognitive therapy for children: A randomized group psychotherapy trial developed to enhance attention and reduce anxiety (Doctoral dissertation, Columbia University, 2005). *Dissertation Abstracts International*, 66, 5105.

Semple, R. J., Lee, J., & Miller, L. F. (2004). Mindfulness-based cognitive therapy for children: A treatment model for childhood anxiety and depression. Manuscript in preparation.

Semple, R. J., & Miller, L. F. (2006). Mindfulness-based cognitive therapy for children. In R. A. Baer (Ed.), *Mindfulness-based treatment approaches: Clinician's guide to evidence base and applications* (pp. 143-166). San Diego, CA: Elsevier.

Semple, R. J., Reid, E. F. G., & Miller, L. F. (2005). Treating anxiety with mindfulness:An open trial of mindfulness training for anxious children. *Journal of Cognitive Psychotherapy: An International Quarterly*, 19, 379-392.

Singh, N. N., Lancioni, G. E., Winton, A. S. W., Fisher, B. C., Wahler, R. G., McAleavey, K., et al. (2006). Mindful parenting decreases aggression, noncompliance, and selfinjury in children with autism. *Journal of Emotional and Behavioral Disorders*, 14, 169-177.

Singh, N. N., Lancioni, G. E., Winton, A. S. W., Singh, J., Curtis, W. J., Wahler, R. G., et al. (2007). Mindful parenting decreases aggression and increases social behavior in children with developmental disabilities. *Behavior Modification,* 31, 749-771.

Singh, N. N., Lancioni, G. E., Winton, A. S. W., Wahler, R. G., Singh, J., & Sage, M. (2004). Mindful caregiving increases happiness among individuals with profound multiple disabilities. *Research in Developmental Disabilities*, 25, 207-218.

Sunseri, P. A. (2004). Preliminary outcomes on the use of dialectical behavior therapy to reduce hospitalization among adolescents in residential care. *Residential Treatment for Children and Youth*, 21, 59-76.

Wagner, E. E., Rathus, J. H., & Miller, A. L. (2006). Mindfulness in dialectical behavior therapy (DBT) for adolescents. In R. A. Baer (Ed.), *Mindfulness-based treatment approaches: Clinician's guide to evidence base and applications* (pp. 167-189). San Diego, CA: Elsevier.

Wall, R. B. (2005). Tai chi and mindfulness-based stress reduction in a Boston public middle school. *Journal of Pediatric Health Care*, 19, 230-237.

Wicksell, R. K., Dahl, J., Magnusson, B., & Olsson, G. L. (2005). Using acceptance and commitment therapy in the rehabilitation of an adolescent female with chronic pain: A case example. *Cognitive and Behavioral Practice*, 12, 415-423.

Woodberry, K. A., & Popenoe, E. J. (2008). Implementing dialectical behavior therapy with adolescents and their families in a community outpatient clinic. *Cognitive and Behavioral Practice*, 15, 277-286.

第**3**章
子どものアクセプタンスとマインドフルネスのプロセスに関するアセスメント

リサ・W・コイン
ダニエル・シェロン
ジル・T・エーレンレイク

　体験の回避，マインドフルネス，アクセプタンスといった構成要素を正確に記述・評価することは，発達精神病理学のモデルを改良し，子どもと青少年向けのより効果的な心理社会的介入を開発するうえで重要である。介入前のベースライン，セラピーのプロセス，そして介入効果を記述するうえで，マインドフルネスやアクセプタンスをしっかりとアセスメントしておくことは必須である。そこで本章では，なぜマインドフルネスとアクセプタンスが，介入効果という観点のみならず，介入のプロセスという観点からも重要視されるべきなのかについて順を追って論じ，これらの概念についても解説する。そして，それらを評価するために広く用いられている成人と子どもに対する評価尺度を取り上げ，研究と実践における課題と展望を論じる。

子どものマインドフルネスとアクセプタンスを研究する理由

　認知行動的アプローチは，成人を対象とした介入研究の中心を占めており，過去20年にわたり子どもと青少年のアセスメントと介入にも影響を及ぼし

てきた。それらの豊富な実証研究によって，不安，うつ，行為障害，その他の多くの問題を含む子どものさまざまな障害に対する認知行動的アプローチの有用性が注目されている (Lonigan, Elbert, & Johnson, 1998)。一方でこの認知行動的アプローチにはさらなる発展の余地も残されている。比較的最近の研究では，そうした介入がどういった対象に，どのように効果をもたらすのかについて，包括的に評価すべきことが強調されているが (Kazdin & Nock, 2003)，特に成人を対象とした研究と比べ，子どもを対象とした研究ではそういった検討が遅れている。そうした知識の溝を埋めるべく，理論的な一貫性があり，実証的に裏づけられたより適切なアセスメント法と介入法の開発が，我々には必要なのである。

近年，マインドフルネスとアクセプタンスは実証的な方法によって研究がなされるようになってきた。アクセプタンスとマインドフルネスに基づく心理療法には，アクセプタンス＆コミットメント・セラピー (ACT；Hayes, Strosahl, & Wilson, 1999)，マインドフルネス認知療法 (MBCT；Segal, Williams, & Teasdale, 2002)，弁証法的行動療法 (DBT；Linehan, 1987, 1993) などがある。そのように最近になって，マインドフルネスとアクセプタンスに基づくアプローチが実証的な研究の中へと流入してきた理由には，一つには精神病理学の領域において認知過程のもつ役割を明らかにしようという近年の流れがある。さらに，マインドフルネスとアクセプタンスに基づくアプローチが実証的に検討されていくことは，結果的に，子どもを対象とした効果的な心理社会的介入に関する新たな知見を得るきっかけにもなっている。

人の歩まぬ道――「プロセスとしての認知」対「内容としての認知」

古くから，目に見える行動の生起には，認知が重要な役割を果たしているという考え方がある。しかし，いわゆる「第3世代」の行動療法では，人が考えている認知の内容よりも人が自らの考えをどう捉えるかという認知のプロセスの方に関心を寄せられる。研究者によってはこれに関して，認知療法が効果をもつのは，認知の内容を変化させるからではなく人と認知との関係性を変化させるからであると捉えている (Segal, Teasdale, & Williams, 2004)。同様

に，現代の行動理論では，認知の内容そのものではなく認知のプロセスに焦点を当てることで，認知のもつ役割の解明に取り組みはじめている（Bouton, Mineka, & Barlow, 2001；Hayes, Wilson, Gifford, Follette, & Strosahl, 1996；Segal et al., 2004；Orsillo, Roemer, Block-Lerner, & Tull, 2004）。

最近では，望ましくない内的な心理的体験に関する修正，抑制，逃避，回避を意図的に試みる「体験の回避」の概念が研究の焦点となっている（Hayes et al. 1999；Hayes et al. 1996）。体験の回避という概念は特定の理論的パラダイムだけに結びついているわけではないが，本章では体験の回避の定義として，Hayes らによる ACT の観点からの行動的な定義（Hayes et al., 1999）を用いることにする。ACT の観点からすれば，体験の回避とは，その機能によって定義されるものであり，思考の抑制，感情の回避，不快な内的感覚や生理的感覚からの気逸らしなど，望ましくない体験に伴うあらゆる文脈からの回避を意味する。そのような体験に対する回避という対処方略は，広汎かつ頑固に，また長期にわたって用いられるものであるが，結局のところ効果的でないどころか，恐怖の強さを増強させることすらある（Wegner, 1994；Wenzlaff, Wegner, & Klein, 1991 など）。そして，この体験の回避は柔軟性のない限定的な反応を特徴とする非適応的なプロセスであり，精神衛生上の問題と生活の質（QOL）の低さに関連することが，さまざまな研究から指摘されている。

そもそも体験の回避はどのようなときに問題になるのだろうか。分離不安のある7歳のベサニーを例に考えてみよう。ベサニーは親が外出することを恐れ，また寂しがり，親が離れていくことを必死に阻止しようとする。ヒトの子どもは動物と異なり，言葉を使って過去や未来をあれこれ考えることができる。親がベサニーに対し，後で外出することを話すとき，ベサニーの中には実際に親がその場を離れたかのような心理状態が生じる。すなわち，ベサニーはその話を聞くだけで，不安，筋緊張，親が二度と戻ってこないかもしれないといったイメージを体験する。その体験は，親と一緒にキッチンテーブルに座って宿題を見ていたり，本を読んでいたり，またはリビングルームのソファーで寄り添っていたりするときでさえも，現在の状況に関わりなくベサニーの中に生じることになる。こうしたことが生じる理由は，現実に起こった親との分離と単に語られた分離とが，ベサニーのマインドに

よって言語で表象され，双方向的に関係づけられるからである。実際には，ベサニーにとって特に不安を喚起しやすい文脈もあるだろう。それでもベサニーが回避しようとしているのは，現実ないしは想像上の親との分離と結びついた思考・感情・生理的感覚が生じるすべての状況なのであり，その状況にはただ単にその話を聞かされるという状況までが含まれる。彼女にとって親との分離は破局的なものと見なされているのだ。

　ここで挙げたような状況以外にも，ベサニーにとって回避する「べき」状況は急激に増加するだろう。彼女は，学校でかんしゃくを起こす，ベッドに入りたがらない，安心感をたえず求める，親にしがみつく，友だちと遊びに行ったり誕生日パーティーに参加したりするのを拒むというように，親との分離を避けるための行動をとるようになる。ベサニーのそういった体験の回避は非常に幅広いものであり，多くの領域で著しい障害を引き起こす。そして不幸にもベサニーによる回避の試みは，その対象が想像上のものであれ現実のものであれ，常にその試み自体が彼女の親との分離と強く結びついている。それゆえ，私的出来事である「分離」を抑制したり回避したりしようとする対処法は，結局のところ失敗に終わるわけである。

マインドフルネスの概念化

　マインドフルネスとアクセプタンスは体験の回避に代わる，人に活力を与えるようなプロセスである。Hayes ら（Hayes & Wilson, 2003；Hayes & Shenk, 2004）によれば，マインドフルネスとは何世紀も前から東洋における瞑想の伝統の中で発達してきたものであり，未だ十分な定義がなされているものではない。しかし，マインドフルネスの定義に関しては研究者の間でいくらかの違いはあるものの，一般的には，今この瞬間の自らの体験に対し，判断や身構えることなしに注意を向ける意識状態のことを指す（Baer, 2003；Hayes & Wilson, 2003；Hayes & Shenk, 2004；Shapiro, Carlson, Astin, & Freedman, 2006）。マインドフルネスの定義については，実験に基づく厳密で操作的な定義の検討がなされており，そこでもやはり，気づきと注意の概念が重要と見なされている。つまり，マインドフルネスは，私的体験から距離をおく能力として概念化す

図3-1　アクセプタンス&コミットメント・セラピー（ACT）における
　　　　マインドフルネス，アクセプタンス，行動変化のプロセス

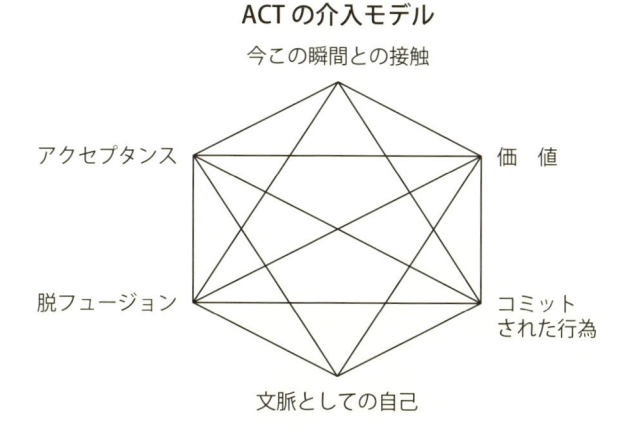

ACTの介入モデル

　　　　　　　今この瞬間との接触

アクセプタンス　　　　　　　　　価　値

脱フュージョン　　　　　　　　　コミット
　　　　　　　　　　　　　　　　された行為

　　　　　　　文脈としての自己

ることができる（Hayes et al., 1999；Segal et al., 2004）。それは目的ないしは意図をもった思考であり，マインドフルであることは内的体験に対するオープンな心とウィリングネスを生み出す（Shapiro et al., 2006）。感情に対するアクセプタンスは，自らについての気づきや自慈心と同様にきわめて重要な概念である。マインドフルネスに基づくアプローチの中には，マインドフルネスそのもの自体を重視して最終目標に位置づけるアプローチがある一方，体験をマインドフルに認識することで価値に沿った活動や目標を追求できるようになることを重視する立場もある。

　なかでもマインドフルネスとアクセプタンスのプロセスを理論的に最も洗練させたものが，アクセプタンス&コミットメント・セラピー（ACT；Hayes et al., 1999；Hayes, Luoma, Bond, Masuda, & Lillis, 2006）である。Hayesら（2006）によれば，ACTは①マインドフルネスとアクセプタンスのプロセス，②コミットメントと行動変化のプロセスという2つの領域から構成され，さらに2つの領域は8つの中核的な要素によって構成されている（図3-1を参照）。

　アクセプタンスとマインドフルネスのプロセスには，アクセプタンス，脱フュージョン，今この瞬間との接触，文脈としての自己が含まれており，いずれも体験の回避をその標的としている。たとえば，「アクセプタンス」は

私的出来事を変化させようとするのではなく，積極的にそれに注意を向けることである。ACTのパラダイムではアクセプタンスはそれ自体が目標ではなく，価値に沿った活動をするうえでの手段なのである。「脱フュージョン」すなわち「マインドフルネス」は，望ましくない私的出来事の内容ではなく，その機能を変化させるべくその出来事に向き合うことを意味する。脱フュージョンの技法の例としては，判断を下す（ジャッジする）ことなく思考をモニタリングする，思考を文字通りの真実として捉えるのではなく単なる思考として認識するなどがある。「今この瞬間との接触」は，評価をすることなく随伴性と接触することを意味する。「文脈としての自己」は，体験の内容と過度に同化したりそれに固執したりせずに，安定した視点ないし文脈として自己を体験するようにクライエントを支援する一連の介入技法とされている。これらのプロセスの目標は，回避されてきた私的出来事が存在する文脈下での心理的柔軟性を獲得することである。したがって，マインドフルネスとアクセプタンスの測定においては，心理的柔軟性を測定することも重要なのである。

　マインドフルネスとアクセプタンスに基づくプロセスはどれも，価値に沿った活動の促進を目的としている。「価値づけ」は行動変容のための方略として概念化されているが，価値とは何かを考えるのもまた重要なことである。「価値づけ」とは，有意義で望ましい結果へとつながる，目的をもった活動のことである。人は価値には決してたどり着くことができない。その意味で，価値は目標や最終地点のことではない。自身の価値に沿って活動するというのは，それ自体が根本的に強化的なことなのである（Wilson & Murrell, 2004）。したがって，幅広い領域で個々人の価値をアセスメントすることが大切である。加えて，人は多かれ少なかれ，自身の価値に向かってまっすぐに，また効果的に前進していくことができる。それゆえ，その人が今備えているスキルとこれから獲得しうる新たなスキルによって，どこまで価値に向かっていけるかと共に，私的出来事を回避しようという試みがどのように価値づけを妨げるかをアセスメントする必要もある。

マインドフルネスとアクセプタンスのプロセスを評価する

　マインドフルネスやアクセプタンスといった概念はそもそも複雑な概念であるため，必然的に，これらの概念についての定量的なアセスメントは困難を極めることになる。成人用・子ども用それぞれの評価尺度を整理するべく，Ciarrochi は体験の回避の評価尺度を大きく 3 つのカテゴリーに分類している。その 3 つとは，自己報告式尺度，行動尺度（不快な刺激から目を背けるまでの潜時など），そして Ciarrochi のいう「間接的な自己報告尺度」である（Ciarrochi & Blackledge, 2006；Ciarrochi, 私信）。最後のカテゴリーには，帰属スタイル尺度を応用して，心理的柔軟性の程度を測定するという方法も含まれる（Fresco, Williams, & Nugent, 2006）。

　子どもと青少年におけるアクセプタンスとマインドフルネスのアセスメントに関する研究は，現時点ではまだ発展途上である。現在，研究者らは青少年のマインドフルネスの程度を測定する方法を模索している。次の節では，青少年におけるアクセプタンス，マインドフルネス，および関連する概念の測定尺度について論じる。まずはじめに，成人を対象とする，気づき，回避，フュージョン，活動の方向づけといったマインドフルネスとアクセプタンスを評価する既存の測定尺度を簡単に紹介する。そこで取り上げる構成概念は，いずれもマインドフルネスに関する理論に基づくものであり（Baer, 2003；Brown & Ryan, 2003 を参照），何らかの心理学的なデータによって裏づけられる概念である。そのうえで次節では，子どもと青少年におけるマインドフルネスとアクセプタンスのアセスメントについての最近の展開を論じる。また子育てという文脈の中でのマインドフルネスとアクセプタンスを理解するため，研究者が開発を行ってきた手法についても論じる。そういったことは子育てという文脈の中でのマインドフルネスをよりよく理解するうえで有効であろう。最後に，糖尿病や慢性疼痛を抱える青少年を含む子どものマインドフルネスを評価している最近の研究を紹介する。表 3-1 は，この節で論じるすべての測定尺度についての要約と，測定法としての特徴をまとめたものである。

表3-1　マインドフルネスと

尺度の名称，開発者	
アクセプタンスと活動質問票（AAQ），Hayes et al., 2004	
感情コントロール尺度（ACS），Williams, Chambless, & Ahrens, 1997	
青少年向け回避とフュージョン質問票（AFQ-Y），Greco, Murrell, & Coyne, 2005	
子ども向けアクセプタンスとマインドフルネス尺度（CAMM），Greco & Baer, 2006	
子ども・青少年向け糖尿病へのアクセプタンスと活動尺度（DAAS），Greco & Hart, 2005	
感情調節の障害尺度（DERS），Gratz & Roemer, 2004	
ケンタッキー・マインドフルネス・スキル調査票（KIMS），Baer, Smith, & Allen, 2004	
マインドフルネス注意・意識尺度（MAAS），Brown & Ryan, 2003	
青少年向けマインドフルな思考と活動尺度（MTASA），West, Sbraga, & Poole, 2007	
親向けアクセプタンスと活動質問票（PAAQ），Ehrenreich & Cheron, 2005	
苦痛への心理的非柔軟性尺度（PIPS），Wicksell, Renofalt, Olsson, Bond, & Melin, 2007	
目標への努力評価尺度（PSA），Emmons, 1986	
価値についての質問票（PVQ），Blackledge & Ciarrochi, 2006a	
社会的価値調査票（SVS），Blackledge & Ciarrochi, 2006b	
価値に沿った生き方質問票（VLQ），Wilson & Groom, 2002	

注：A＝成人，C＝子ども，Ad＝青少年，*＝データなし

成人を対象とした測定尺度

　子どもと青少年におけるマインドフルネスの測定尺度の開発に関しては，成人を対象とする実証的な尺度開発が大きく貢献してきた。そこで，ここでは成人を対象としたいくつかの尺度について，厳選した中からいくつかを挙げ，それぞれを簡単に紹介したい。

■ マインドフルな気づき

　マインドフルネスとは基本的に，どのような形であれ体験に対して，判断を下したり，それを変化させようとしたりすることなく，今この瞬間に意識を向けることを意味する（例：Baer, Smith, & Allen, 2004；Brown & Ryan, 2003；Hayes & Wilson, 2003）。マインドフルネスの概念とその実践に関しての起源は東洋思

アクセプタンスの尺度一覧

対象	項目数	再検査信頼性（r）	内的整合性（α）	妥当性
A	9	0.64	0.70	良好
A	42	0.78	0.93 〜 0.94	良好
C, Ad	17	*	0.90 〜 0.93	良好
C, Ad	25	*	0.84	良好
C, Ad	42	*	*	良好
A	36	0.88	0.93	良好
A	39	0.65 〜 0.86	0.79 〜 0.91	良好
A	15	*	0.82 〜 0.87	良好
Ad	32	*	0.63 〜 0.85	*
C, Ad	15	0.68，0.74	0.64 〜 0.65	良好
A	16	*	0.75 〜 0.90	良好
A	15（8領域）	*	0.73 〜 0.77	*
Ad, A	9（9領域）	*	*	*
Ad, A	9（3領域）	*	*	*
Ad, A	2（10領域）	0.75 〜 0.90	0.75	*

想の中にある。そして，マインドフルネスは西洋の心理学と医学的介入の中で応用がなされてきた。一般的にマインドフルネスのスキルは，次に示すような自己報告式の尺度によって評価される。

マインドフルネス注意・意識尺度（MAAS；Brown & Ryan, 2003）　MAAS は，マインドフルネスに関する文献とその専門家の経験を批判的に吟味することで開発された自己報告式の尺度である。MAAS では，各種の体験（例：「その感覚が十分強くなってはじめて，自分の身体的な緊張や不快感に気がつくようなことが多い」）について 6 件法のリッカート尺度を用いて回答者に評定させる。MAAS は各項目 1 〜 6 点で，すべての項目得点の平均得点を算出して得点化する。高得点であるほど，よりマインドフルネスの程度が強いことを意味し，これは「経時的なマインドフル状態の頻度の個人差」を示しているとされる（Brown & Ryan, 2003）。各項目にはさまざまなマインドフルネスに関する

体験が記述されており、回答者はそれらがどの程度自分にあてはまるかを評定する。MAASは、7つの研究参加者群の計1,492名を対象に尺度としての検討がなされており、その際の研究参加者の年齢は18 ～ 77歳（平均22.5歳）であった。また参加者のほとんどが白人であった。この研究の結果、MAASにおけるクロンバックのα係数は0.82 ～ 0.87であり、良好な内的整合性が示された。さらに、相関分析の結果、すでに標準化されている各種の尺度得点との関連から、良好な収束的妥当性と拡散的妥当性が示されている。

ケンタッキー・マインドフルネス・スキル調査票（KIMS；Baer et al., 2004）

KIMSは、成人を対象にマインドフルネスを構成する4つの要素（観察する、記述する、気づきをもって行動する、判断をせずに受け容れる）を評価するために作成された39項目からなる自己報告式の質問紙である。KIMSは、5件法のリッカート尺度によって、質問項目がどの程度自分にあてはまるかを回答者に評定させるものである。回答者が各項目の内容（例：「自分の感情と考えが自分の行動にどのように影響しているかに注意を払っている」「自分の体験に対して、どれほど価値があるか、またはないかを判断している」）にあてはまる度合いが高いほど高得点を示す。KIMS全体での得点が高いことは、それだけマインドフルネス・スキルのレベルが高いことを意味する。KIMSの内的整合性は良好であることが示されている（α=0.79 ～ 0.91）。また再検査信頼性のために得られた相関係数は0.65 ～ 0.86の間であった。MAASとの関係としては、KIMSは、気づきに関する下位尺度とMAASとで高い相関があることが示されている。また、KIMSは情動知能の尺度と有意な正の相関を示し（Trait Meta-Mood Scale；Salovey, Mayer, Goldman, Turvey, & Palfai, 1995）、かつ体験の回避や心理的症状との間に有意な負の相関を示したことから、収束的妥当性の高さが示されている。

■ 体験の回避

「体験の回避」とは、望ましくない心理的な体験を変化させたり、コントロールや最小化をしようとしたりする試みであるが、人はしばしばこの体験の回避に依存しすぎてしまうことがある（Hayes et al., 1999）。「心理的な受容

（アクセプタンス）」とは，体験の回避と正反対の概念であり，すなわち思考や感情，生理的感覚を評価せずに進んで受け入れること（ウィリングネス）を意味する。自らの心理的な体験に対し，判断することなく思いやりのある姿勢で向き合うことで，人は自らの価値に沿った目標に対し効果的に前進できるようになる（Hayes et al., 2006 を参照）。そうした体験の回避や価値に沿った活動といったものについてもマインドフルネスの場合と同じく，自己報告を通じてアセスメントされることが多い。

アクセプタンスと活動質問票（AAQ：Hayes et al., 2004） AAQ および AAQ-2 は，体験の回避や不活動（例：価値に沿った活動ができないこと）を測定するべく，何度も改訂を繰り返して構成されたものである。AAQ には複数のバリエーションがあるが，いずれについても7件法のリッカート尺度で評点される。初期の AAQ は，計49項目から構成されていたが，その後の標準化の作業の結果（Hayes et al., 2004），1因子9項目へと改訂された。AAQ は，体験の回避を評価するものであり，高得点ほど体験の回避の傾向が強く，低得点ほどアクセプタンスと活動の傾向が強いことを意味する。

　AAQ は，平均20.2歳の参加者1,349名を対象に妥当性の検討がなされている。9項目版 AAQ の内的整合性は0.70であり，再検査信頼性は，4ヵ月間でおよそ0.64であった。AAQ の収束的妥当性に関しては，ホワイト・ベアー思考抑制尺度（WBSI；Wegner & Zanakos, 1994）といった類似の性質をもつ尺度をはじめ，ベックうつ病調査票（BDI；Beck, Rush, Shaw, & Emory, 1979），ベック不安調査票（BAI；Beck, Epstein, Brown, & Steer, 1988），生活の質調査票（QoL；Frisch, 1992）など，AAQ との相関が考えられる尺度との間で検討がなされている。その結果，AAQ は思考抑制の尺度（WBSI）と高い相関を示したことなどから（$r = 0.44 \sim 0.50$；Hayes et al., 2004；Bond & Bunce, 2003），その妥当性が示されている。また AAQ については，思考抑制（思考抑制調査票，TCQ；Wells & Davies, 1994），回避的コーピング（例：コーピング法調査票，WOC；Folkman & Lazarus, 1988），うつと不安（BDI, BAI など），トラウマ的ストレス（例：トラウマ兆候尺度，TSI；Briere, 1995），生活の質（例：QoL），健康全般（一般健康調査票12項目版，GHQ-12；Goldberg, 1978）を評価する尺度との相関も確

認されている。このことは，回避行動についての独自の観点を示す体験の回避というものが，さまざまな概念をまたがる中核的なプロセスとして存在している可能性を示唆している（さらなる議論は Hayes et al., 2004 を参照）。

■活動の方向づけ

「活動の方向づけ」とは，その人自身がもつ目標を意識し，それに向かって前進することを意味する。厳密な意味では，「目標への努力」というものはマインドフルネスの構成要素ではない。しかしながら，目標への努力というものは，確実にマインドフルネスと関連する概念であり，価値に沿って前進するうえでの効力感をアセスメントする際にも有用である。

目標への努力評価尺度（PSA；Emmons, 1986） PSA は個々人のもつ目標（外的な目標と内的な目標）に対しての動機づけを評価する尺度であり，外的な動機づけと内的な動機づけに関連した，個人の目標への努力が得点化される（Sheldon & Kasser, 1995, 1998, 2001 を参照）。この尺度は，マインドフルネスに関する研究としては，個々人のもつ目標と主観的な幸福感との関係を実証的に評価するうえで役立つと考えられる（Ciarrochi & Bilich, 2006）。回答者は，各質問項目で挙げられた目標を自分自身がどの程度追求しているかを 8 件法のリッカート尺度で評定する。PSA の標準化に関するデータは現在のところごく限られているが，クロンバックの α 係数が 0.73 〜 0.77 という適切な値であり内的整合性があることが確認されている（Sheldon & Kasser, 2001 を参照）。

■感情調節

「感情調節」とは，感情への気づきと，不快な感情を体験した際にも効果的に振る舞う能力のことであり，アクセプタンスの概念とも関連している（Gratz & Roemer, 2004 を参照）。それとは逆に「感情の調節不全」とは，不快な感情をマネジメントしようとする効果的ではない試みのことであり，ある種の伝統においては精神病理を構成する中核的な要素であるとされている（Linehan, 1993 など）。

感情調節の障害尺度（DERS；Gratz & Roemer, 2004） DERSは，感情調節に関わる臨床的に重要な問題を記述した36項目からなる自己報告式尺度である。DERSの各項目は，感情調節における4つの次元を評価する内容になっている。その4つの次元とは，①感情への気づきと理解（例：「自分の気持ちが自分自身でよくわからない」「自分の気持ちに対して意識を向けている［逆転項目］」），②感情へのアクセプタンス（例：「カッとなったときに，そんな自分を恥ずかしく思う」），③ネガティブな感情をもったときでも，衝動的な行動を抑え目標に沿って行動する能力（例：「カッとなってしまうと，気持ちを静めるために自分自身にできることは何もない」），④効果的と考えられる感情調節の方略をとること（例：「カッとなってしまうと，他のことを考えるのが難しい」「カッとなると，コントロールを失ってしまう」）である。回答者は各項目について，どの程度自分にあてはまるかを5件法のリッカート尺度で評価するように求められる。DERSの高得点ほど感情調節の問題が深刻であることを意味する。

因子分析の結果，DERSは6因子構造であり，6つの下位尺度から構成されると考えることができる（Gratz & Roemer, 2004）。6つの下位尺度はそれぞれ，感情反応の非アクセプタンス，目標に沿わない活動，衝動コントロールの困難，感情への気づきの欠如，感情調節方略への限られたアクセス，感情の不明瞭さである。DERSは平均23.10歳の心理学科の学生357名を対象とした調査から，内的整合性の高さ（$\alpha = 0.93$）が示されている（Gratz & Roemer, 2004）。さらに，21名の参加者から得たデータによって，4～8週間にわたる良好な再検査信頼性が示されている（$rI = 0.88, p < 0.01$）。また，感情調節をアセスメントするためのその他の尺度とDERSとを比較したところ，DERSは，行動的な結果と臨床的な問題について，付加的な説明を提供できる尺度であり，DERSのもつ妥当性が支持されている（Gratz & Roemer, 2004）。

感情コントロール尺度（ACS；Williams, Chambless, & Ahrens, 1997） ACSは42項目からなる尺度であり，感情のコントロールを失う不安を評価するのみならず，それらの感情への行動的反応も評価する尺度である。各項目は7件法のリッカート尺度で評価され，得点が高いほど感情反応への不安が大きいことを意味する。ACSは4つの下位尺度から構成されている。4つの下位尺度

は，それぞれ①怒りへの恐れ（例：「腹を立てたときに，後悔するようなことを口にするのではないかと気になる」），②うつへの恐れ（例：「落ち込むのが怖い――うつになって二度と立ち直れないかもしれないと不安になる」），③不安への恐れ（例：「気が立っているときに，大声でわめいたり，おかしなことを言ったりするのではないかと心配になる」），④ポジティブな感情への恐れ（例：「心から幸せなときには，逆に調子に乗りすぎてしまうかもしれない」）である。ACS 全体についての内的整合性は良好であるが（$\alpha = 0.93 \sim 0.94$；Williams et al., 1997），下位尺度ごとではばらつきがあることが示されており（$\alpha = 0.45 \sim 0.91$；Shapiro, 1995；Roemer, Salters, Raffa, & Orsillo, 2005），再検査信頼性については，全体でみて許容範囲である（$r = 0.78$）ことが確認されている（Williams et al., 1997）。妥当性については，神経症傾向の尺度との有意な正の相関によって良好であることが確認されている（Williams et al., 1997）。また妥当性に関しては，不安についての下位尺度単独よりも，その他の不安関連でない 3 つの下位尺度を用いる方が，実験的に誘発されたパニックの感覚に対する実験参加者の恐れをより予測できることが示されている（Roemer et al., 2005；Williams et al., 1997 を参照）。

■ 心理的柔軟性

「心理的非柔軟性」とは，非ウィリングネスとも言い換えられる。心理的非柔軟性は，その状況の随伴性に応じた幅広い行動レパートリーに取り組めないことであり，多くの精神疾患の中核をなすものである（Hayes et al., 2006）。他方で「心理的柔軟性」とは，強烈な心理的苦痛が存在する場合であっても，自らの価値に沿った活動に取り組める能力を意味しており，ACT における主要な介入目標とされている。

苦痛への心理的非柔軟性尺度（PIPS；Wicksell, Renofalt, Olsson, Bond, & Melin, 2007）
　現在開発が進められている PIPS は 16 項目からなる評価尺度であり，慢性疼痛を抱える成人を対象として，その苦痛の回避とフュージョンを評価するためのものである。現時点では PIPS の調査対象は成人集団に限定されているが，この評価尺度は内容的にもわかりやすいものであり，青少年はもちろん子どもを対象として用いることも可能であると考えられる。PIPS は，疼

痛の持続期間が 3 〜 600 ヵ月（平均 132 ヵ月）の患者 203 名を対象に検討が行われている。対象となった患者の年齢は 19 〜 70 歳（平均 45.5 歳）であった。因子分析の結果，回避（例：「痛みを理由にものごとを先延ばしにする」）とフュージョン（例：「痛みを引き起こす原因を理解するのは重要なことである」）からなる 2 因子解が得られた。また，PIPS における内的整合性は許容範囲であり，クロンバックの α 係数は 0.75 〜 0.90 であった。さらに，PIPS は，痛みの強度，痛みによる支障度，生活のコントロール度，感情的苦痛の程度に加え，心身の健康と生活の質（QOL）についてもその予測に大いに役立つことが，回帰分析から明らかになっている（Wicksell et al., 2007）。

■ **価値に沿った活動**

　マインドフルネス，感情調節，心理的柔軟性は，個々人にとって非常に大切なことを効果的に成し遂げていくうえで役立つ。その意味でこれらは重要な概念であると言える。価値づけとは，自らの人生において活気と有意義さを追求することである。人が，自らにとってかけがえのないものを効果的に追求できるようにすることも，ACT の重要な介入目標である。そうした価値に沿った活動をどの程度行っているかをアセスメントするための尺度も複数開発されている。

　価値に沿った生き方質問票（VLQ；Wilson & Groom, 2002）　VLQ は成人を対象に，人生の 10 の領域において各領域に関連する価値をアセスメントするために臨床場面で用いられる尺度である。回答者はまず，各領域の価値の重要度に点数をつけるように求められる。VLQ における 10 の領域とは，家族，結婚／恋人／親密な対人関係，子育て，友人関係，仕事，教育，レクリエーション，スピリチュアリティ，市民生活，身体的なセルフケアである。なお回答者は，VLQ で挙げられた 10 の領域すべてについて価値を置く必要はないとされる。回答者はまず重要度について評定した後，この数週間の自身の活動が，各領域における価値とどの程度一致していたかを評定するよう求められる（例：「まずは 1 〜 10 点で各領域の重要度について，あてはまる数字に丸をつけてください。できたら次に，この 2 週間でどれほどのエネルギーや努力を注ぎ

込んだかを,各領域について評価してください」)。VLQ については,大学生を対象とした研究から再検査信頼性が適切であることが確認されており($r=0.75$〜0.90),また内的整合性も許容範囲にあることが示されている($a=0.75$)。VLQ の開発者らによれば,VLQ を通してクライエントの価値をアセスメントし検討することは,彼らが逆境に立ち向かい価値に沿って歩むうえで有用である。ACT において,クライエントが直面する逆境とは,それ自体が人生における重要な要素であると見なされており,そうした逆境に対してアクセプタンスという姿勢で反応することが,人がマインドフルに振る舞ううえで重要とされる。また,人が複数の相反する価値によって葛藤状態に陥ったり,自身の価値に沿って活動することができない場合にも,各領域における自身の価値を理解することは重要な役割を果たすと考えられる(Greco & Eifert, 2004;Wilson & Murrell, 2004)。

子どもと青少年を対象とした評価尺度

　成人を対象としたマインドフルネスとアクセプタンスに関しては,信頼性と妥当性のある評価尺度を開発しようという取り組みが,これまで理論的にも実証的にもなされてきている。他方で,子どもと青少年を対象にしたマインドフルネスとアクセプタンスの測定方法についての取り組みは,まだ始まったばかりだといえる。成人を対象としたマインドフルネスの評価尺度は項目の内容があまりにも複雑であり,さらに幼少期や思春期に生じる発達的・神経学的な変化を考慮すると,多くの研究者・実践家からは,子どもを対象としたマインドフルネスとアクセプタンスの評価尺度の開発はいっそう困難を極めると受け取られることだろう(Dahl, 2004;Segalowitz & Davies, 2004)。それでもなお,子どもと青少年を対象に標準化された尺度は,その多くが成人を対象に標準化された尺度と同様の理論的基礎(つまり,気づき,回避,フュージョン,活動の方向づけという概念)に基づきながら開発がなされてきている。

第3章　子どものアクセプタンスとマインドフルネスのプロセスに関するアセスメント

■アクセプタンスとマインドフルネス

　マインドフルネスは子どもと青少年にとっても重要かつ有用なスキルとして概念化されている。最近では特に，子どもと青少年の発達に配慮したマインドフルネスの尺度を開発すべく，入念な改訂を行うことに特に重点が置かれている。

子ども向けアクセプタンスとマインドフルネス尺度（CAMM；Greco & Baer, 2006）

　CAMM は 25 項目の評価尺度で，子どもと青少年が内的な体験を観察したり（例：「自分の考えにじっくり注意を払う」），気づきをもって行動したり（例：「自分がしていることに意識を向けないまま，教室から教室へと移動する」[逆転項目]），判断をせずに内的な体験を受け入れたり（例：「自分がある種の考えを抱いていることについて，自分自身に対し腹が立つ」[逆転項目]）する程度を評価するためのものである。回答者は5件法のリッカート尺度を用いて，各項目が自分の体験にどの程度あてはまるかを評定する。逆転項目の得点を反転させた後，全項目を合計すると 0 ～ 100 点の間で得点が算出される。CAMM では，近年のマインドフルネスの定義を反映した注意，気づき，アクセプタンスといった核となる概念を扱っている。

　CAMM は MAAS や KIMS と同様に，マインドフルネスに関する総合的な評価尺度であり，得点が高いほどマインドフルネスとアクセプタンスの程度が強いことを示している。しかし CAMM は，その内容と言葉づかいからして，子どもに対してははるかに適しており，9 ～ 18 歳の子ども・青少年に対して用いられている。CAMM は，公立中学校の生徒 606 名（平均 12.8 歳）を対象に尺度としての検討が行われた。参加者のうち女子が 62％，白人が 81％であった。その結果，CAMM の内的整合性が良好であることが示された（$\alpha = 0.84$）。また併存的妥当性も確認され，CAMM は「青少年向け回避とフュージョン質問票（AFQ-Y）」（$r = -0.47$；Greco, Murrell, & Coyne, 2005）および認知的な抑制に関する尺度（WBSI）との間に負の相関が示されている（$r = -0.36$；Greco et al., 2007）。

青少年向けマインドフルな思考と活動尺度（MTASA；West, Sbraga, & Poole, 2007）
MTASAはマインドフルネスに関する専門家と協議し，またマインドフルネスに関する文献を批判的に吟味したうえで開発された。この尺度は，11～19歳の子どもと青少年におけるマインドフルな思考と活動を評価する32項目で構成されている。予備的な因子分析の結果からは，次の4つの因子が示されている。①健全な自己調整（「他人は私のことを病人だと言うかもしれない」），②能動的注意（例：「考えにしたがって行動する前に，まず計画を立てる」），③気づきと観察（例：「自分の身体を通して自分の気分を感じる」），④体験を受容する（例：「静かに座っているのも面白い」）。これら4つの下位尺度の存在からも，MTASAがマインドフルネスを複数の領域にまたがって理論的に構成していることがわかる。この尺度の開発者たちは，MTASAが若年者でも理解できるもので，かつ児童福祉施設や少年院にいて自主性を示しにくい青少年にも使用できるものになるよう，多大な努力を重ね開発を手がけてきた。11～19歳（平均15.7歳）の子ども・青少年163名を対象としたデータからは，MTASAの下位尺度の内的整合性は0.63～0.85であり，4年生程度の読解力があれば回答できることが示されている。

■ 心理的非柔軟性

AAQなどの成人向けの心理的柔軟性に関する評価尺度は，年長の青少年に対しては使用可能であるとも考えられる。しかしながら，幼い子どもがその項目の内容を理解するのは難しいだろう。そこで最近では，心理的非柔軟性という高いレベルでの体験の回避と認知的フュージョン（自らの思考に「はまり込む」こと）に特徴づけられる概念に関して，子ども向けの評価尺度を開発しようという取り組みが進められている。

青少年向け回避とフュージョン質問票（AFQ-Y；Greco, Murrell, & Coyne, 2005）
AFQ-Yは17項目からなる自己報告式の評価尺度である。AFQ-Yは，子どもと青少年を対象に心理的非柔軟性を測定するためのものであり，心理的非柔軟性とは，体験の回避（例：「嫌いな考えや感情を押しのける」），認知的フュージョン（例：「自分自身に関するネガティブな考えは，きっと真実にちがい

ない」），不快な感情に直面した際の効果的でない振る舞い（例：「悲しくなるようなことを考えていると，学校でうまくいかない」）の程度が高いことによって特徴づけられる。AFQ-Y の各項目は AAQ の項目をモデルにしており（Hayes et al., 2004），子どもと青少年に合わせた内容と文章表現へと改訂がなされた。またその際，主要な開発者からは独立した専門家が，これらの項目の作成と修正を支援した。各項目は 5 件法のリッカート尺度で評点され，得点が高いほど心理的非柔軟性が高いとされる。その後も尺度についての検討が行われ，心理的非柔軟性を表す 1 因子構造が確認されている。

Greco, Lambert, Baer（近刊）は，9～17 歳の子ども・青少年からなる 5 つの対象集団，計 1,369 名に対し AFQ-Y を実施した。参加者の内訳は女子が約 55％，白人が約 80％であった。その結果，AFQ-Y の内的整合性（α = 0.90 ～ 0.93）と収束的妥当性が良好であることが示された。また AFQ-Y 得点は，子どもが症状を内在化し，問題行動を外在化する程度を計る評価尺度と正の相関関係にあり，生活の質とは負の相関関係にあった。また，マインドフルネスおよびアクセプタンスの評価尺度と負の相関があり（r = -0.44 ～ -0.53，CAMM），思考抑制の評価尺度（WBSI）と正の相関があった（r = 0.55；Greco et al., 近刊を参照）。これらの結果から AFQ-Y の構成概念妥当性が裏づけられている。

■活動の方向づけ

VLQ に代わる価値に関する評価尺度が，価値についての質問票（PVQ）であり，この尺度は子どもと青少年に対する有用性が高いと考えられる。VLQ や PVQ によって個々人のもつ目標をどれくらい効果的に追求できているかをアセスメントすることは，ACT の介入モデルにおいては重要な介入プロセスと介入効果のアセスメントになると考えられる。

価値についての質問票（PVQ；Blackledge & Ciarrochi, 2006a）・**社会的価値調査票**（SVS；Blackledge & Ciarrochi, 2006b）　PVQ と SVS は目標への努力評価尺度を改良したものであり，この 2 つはいずれも価値の由来，重要度，コミットメントを評価する尺度である。PVQ は子ども・青少年と成人を対象に 9 の領

域について回答者の価値をアセスメントする。PVQ の 9 つの領域とは，家族関係，友人／社会的関係，カップル／恋愛関係，仕事／キャリア，教育／学校，レクリエーション／レジャー／スポーツ，スピリチュアリティ／宗教，地域社会／市民生活，健康である。回答者は各領域に関して自らが抱いている価値を挙げるよう指示される。回答者は 5 件法のリッカート尺度で，その価値は自分とどのような関係にあるか（例：「私がこれに価値を置くのは，そうしないと羞恥心や罪悪感，不安を感じるからです」「私がこれに価値を置くのは，そうすることで生活が向上し，さらに有意義で生き生きしたものになるからです」），どのようにして価値にうまくコミットしてきたか，その価値は個人的にどれほど重要なのか，自らの価値への忠実性の向上をどこまで望んでいるのか，ということを回答していく。さらにPVQ では，各項目の得点を集計することによって，回答者がそれらの価値に対し，内的もしくは外的な動機をもっているかどうかを判定することもできる。

　SVS は PVQ と構造的には似ているが，子ども・青少年や成人が，友人／社会的関係，家族関係，恋人との関係などを含めた，社会関係や対人関係に関する価値に向けて前進できるよう作成されたものである。各項目への反応の仕方は PVQ と同様であり，その結果として得られる情報には，対人的な交流に対する回答者の外在的ないしは内在的な動機づけが表れるようになっている。PVQ および SVS に関しては，現時点では標準化に関する正式なデータがまだ公表されていないが，現在発表予定のデータによれば，内的な項目の得点が高い青少年は喜びを感じることが多く悲しみを感じることが少ない。また一方で，外的な動機の多い青少年は敵意を感じやすいということが示唆されている（Ciarrochi & Bilich, 2006；Blackledge, personal communication, May 9, 2007）。

子育ての文脈におけるマインドフルネスとアセスメント

　親が自分の，そして子どもの困難な感情をどこまでマインドフルに受け容れることができるかは，子どもの感情的な発達と行動に対して肯定的な影響をもたらすと考えられる。したがって，親のマインドフルネスについても的確なアセスメントを行うことが，ケース・フォーミュレーションと効果的な

介入のために役立つだろう。

親向けアクセプタンスと活動質問票（PAAQ；Ehrenreich & Cheron, 2005）　PAAQは親のマインドフルネスを測定することを意図して開発された尺度であり，回答者である親は，子どもとの感情や活動に関する体験とそれらの体験に対する親自身の反応の仕方を振り返って回答する。PAAQ は AAQ（Hayes et al., 2004；Bond & Bunce, 2003）の項目を修正した 15 項目からなる評価尺度であり，子育ての中での体験の回避の度合いを測るものである。したがって，PAAQ の項目は子育てにおける体験を反映するように修正がなされており，たとえば AAQ における「何をするのが正しいのかがよくわからないときでも，自分自身の不安や心配や感情に対処することができる」という項目は，「何をするのが正しいのかがよくわからないときでも，子どもの不安や心配や感情に対処することができる」のように修正されている。親は各項目が自分にとってどの程度あてはまるかを 7 件法のリッカート尺度で評定する。逆転項目の得点を反転させ，すべての項目得点を合計して得点を算出する。予備的な因子分析の結果，PAAQ は不活動（例：「私は憂うつや不安を感じると，子どもが恐れや心配や感情に対処するのを助けてあげることができない」）と，非ウィリングネス（例：「子どもが憂うつや不安を感じるのは悪いことではない」）の 2 因子によって構成されることが示されている。

不活動の得点が高いことは，子どもの感情マネジメントに取り組むことに親が躊躇していることを意味する。また非ウィリングネスの得点が高いことは，親が自分自身や子どもの激しい感情体験に耐えることを回避したり，耐えられなかったりすることを意味している（Cheron, 2006）。PAAQ は現時点ではまだ，尺度としての検討が実施されているところで，6.0 〜 18.5 歳（平均 11.9 歳）の子どもと青少年の親 154 名を対象とした検討が行われており，参加者の内訳は，女性 59％，白人 80％であった。調査の結果，PAAQ の内的整合性（$\alpha = 0.64 \sim 0.65$）と再検査信頼性（$r = 0.68 \sim 0.74$）が適切であることが示された。さらに，PAAQ の収束的妥当性は，子どもの精神病理と行動問題の評価尺度（CBCL；Achenbach, 1991）および親の統制の所在尺度（PLOC；Campis, Lyman, & Prentice-Dunn, 1986）との正の相関によっても裏づけられた。加

えて，回帰分析の結果によれば，親の精神的症状の報告と親自身の体験の回避が一定である場合には，PAAQ は子どもの精神病理の分散を有意に予測することが示されている（Cheron, 2006）。

小児科を受診する子どものマインドフルネスとアクセプタンス

マインドフルネスに基づくアセスメントは，さまざまな臨床場面できわめて急速に取り入れられつつある。その結果，小児科を受診する子ども・青少年を含め，さまざまな子どもの個別のニーズに合わせたマインドフルネスの評価尺度の開発がさらに進んでいる。以下では，現時点で利用可能か，まもなく利用可能となる子どもと青少年を対象とした評価尺度を一部ではあるが紹介する。

子ども・青少年向け糖尿病へのアクセプタンスと活動尺度（DAAS；Greco & Hart, 2005） DAAS は，Ⅰ型糖尿病と診断された子どもの心理的柔軟性の程度を調べるために，小児科領域において現在用いられている 42 項目の評価尺度である。回答者は項目が自分にとってどの程度あてはまるかを 5 件法のリッカート尺度によって評定する。逆転項目の得点を反転し，全項目を合計することで得点を算出する。高得点はアクセプタンスと活動のレベルが高いことを意味する。DAAS の各項目は，アクセプタンス（例：「糖尿病があることについて，悲しみや不安を感じるのは悪いことではない」），体験の回避（「自分の病気から気を逸らすために，ビデオゲームをしたりインターネットをしたりする」），認知的フュージョン（例：「糖尿病に関する思考が実際に私を傷つけることがある」）といった構成概念を評価するものである。予備的なデータによれば，DAAS 得点は糖尿病に関連する生活の質（$r = 0.36$），服薬アドヒアランス（$r = 0.30$）と有意な正の相関，糖尿病に関連する不安（$r = -0.41$）および社会不安（$r = -0.36$；Ciarrochi and Bilich, 2006）と有意な負の相関を示している。

現在進行中の研究——新たな評価尺度と方法論

　アクセプタンスとマインドフルネスについての新たな測定方法として，観察に基づくコーディング・システムの開発が行われている。体験の回避やアクセプタンスという概念は，それぞれ機能的に定義されるような概念であるため，観察によりこれらをアセスメントしようという取り組みは困難を極める作業である。そうしたなか現段階で，体験の回避およびアクセプタンスとマインドフルネスについての行動的アセスメントをはじめ，2つの重要な研究が進められている。Coyne, Burke, & Davis（2006）は体験の回避とアクセプタンス，そしてウィリングネスについて，強迫性障害のある子どもを対象とした家族単位での認知行動療法の文脈で使用可能なコーディング・システムを開発している。具体的にはこのコーディング・システムは，親と子ども，セラピストの体験の回避／アクセプタンスはもちろん，親と子どもの介入やホームワークへの取り組み方のような動機づけに関する変数についても測定する。この取り組みはまだ始まったばかりではあるが，コーディング・システムの信頼性に関する最初の分析結果からは，このコーディング・システムのもつ将来性が示唆されている（Coyne et al., 2006）。

　同様に，Silvia & Coyne（2008）も現在，親子の交流におけるマインドフルネスの役割について検討を行っている。最近の研究では，体験の回避と親のネガティブな感情体験や効果的ではない子育てとの関連づけ（Berlin, Sato, Jastrowski, Woods, & Davies, 2006；Greco, Heffner, and Poe, 2005；Coyne, Burke, et al., 2006）や，マインドフルネスのプロセスと親（Blackledge & Hayes, 2006）と子ども（Singh et al., 2006）への介入による改善との関連づけが行われている。しかし現在のところ，これらのプロセスを親子の相互作用の中で行動的に観察するといった研究は行われていない。そこで，Silvia & Coyne は次の3つを目標とした研究を行っている。すなわち，①体験の回避が，親子の相互作用課題で観察される育児行動とどう関連しているかを調べること，②親のリスク状況と体験の回避との関係を探ること，③母親を簡単なマインドフルネス・エクササイズを行った群と対照群に無作為に割り当て，2つの群の育児行動を比較するこ

とである。現在そういったデータに関してはまだ収集中の段階ではあるが，行動観察という方法論は，子どもと接することが困難な状況で親が効果的な子育てのスキルを使う際，マインドフルネスが役立つのか，また役立つならばいかにして役立つのかを解明するのに有用と考えられる。

体験の回避とマインドフルネスのアセスメントを模索する方向性としては，ナラティブ分析も挙げられる。たとえばSchwartzman & Wahler（2006）は，ペアレント・トレーニングのプログラムに対する忠実性を向上させる手段として，自分の子どもと育児の難しさをめぐる親のナラティブにおける一貫性の増大について研究した。ナラティブの再構築には，意図的な注意やセルフ・モニタリングをはじめとするマインドフルネスの要素が含まれているため，一貫性の程度を評価することはアセスメントの有益な方法論となるだろう。一方，Coyne, Low, Miller, Seifer, & Dickstein（2006）は子どもへの同調と描写の指標を用いて，子どもに関する母親のマインドフルな気づきを評価した。概してこれらの指標は，子どもに対する母親の共感的な理解と，子どもの動機を描写し，子どもの行動を予測し，想定外の新たな情報に関しても子どもに対する捉え方の一つとして組み込んでいく母親の能力を予測する。子どもに対して同調したり描写したりすることの多い母親は，うつを報告することや子どもの行動上の問題を抱えることが少なく，子育て行動に関する感受性が高いことが明らかになっている（Coyne, Low, et al., 2006）。

結　論

マインドフルネスとアクセプタンスはもちろん，それに関連する体験の回避などのプロセスについても，これらの概念をアセスメントしようという試みはまだ始まったばかりである。しかし客観的で信頼性のある妥当な尺度の開発という試みは，行動上の明らかな成果におけるアクセプタンス関連のプロセスの重要性を確実にするうえで，欠かせないステップである。この領域の研究は現在，ささやかではあるが着実な進歩を遂げている。そして，今後の方向性としては，アセスメントの対象となる概念について，その構成要素の詳細な検討を行うこと，そして，それらと介入プロセスおよび結果との関

係を検討することなどが挙げられるだろう。

　アクセプタンス，マインドフルネス，そしてこれらに関連するプロセスのアセスメント法として最も多いのが自己報告式の尺度である。理想的には，これらの尺度は十分な特異度と時間の経過や介入の進捗に応じる感度を備えたものであることが望ましい。アクセプタンスと価値に沿った活動の増加に焦点を当てた介入においては，特にこのことがあてはまる。面接によるアセスメントという方法もさまざまな介入法の中で実施されてはいるが，臨床家が面接を通して個々に行ったり解釈したりするアセスメントは，その後の意思決定のための評価法という点では信頼性が低いかもしれない。より客観的にアセスメントを行うためには，柔軟かつマインドフルネスとアクセプタンスの機能的定義に沿った形での方法論が求められる。このような理由から，セラピーの文脈で利用可能な観察的コーディング・システムを開発することが，補足的なアセスメントのアプローチとして有望であると考えられる。また，生理的反応についてのアセスメントも，マインドフルな気づき，アクセプタンスの程度に加え，不快な内的刺激に関する体験の回避の程度を評価するうえで役立つだろう。

　まとめると，アクセプタンスとマインドフルネスのプロセスの評価は，困難ではあるがきわめて意義のある課題である。子どものそうしたプロセスを評価することによって，発達精神病理学に関する知識はもちろん，児童期と思春期の社会感情的・認知的プロセスに関する知識を集積することができる。また，発達を考慮した評価尺度の開発と実証的な妥当性の評価は，アクセプタンスとマインドフルネスに基づく子どもと青少年のための介入法に間違いなく影響を与えるものである。

引用文献

Achenbach, T. M. (1991). Integrative Guide to the 1991 CBCL/4-18, YSR, and TRF Profiles. Unpublished manuscript, University of Vermont, Burlington, Department of Psychology.
Baer, R. A. (2003). Mindfulness training as a clinical intervention: A conceptual and empirical review. *Clinical Psychology: Science and Practice*, 10, 125-143.
Baer, R. A., Smith, G. T., & Allen, K. B. (2004). Assessment of mindfulness by selfreport: The

Kentucky Inventory of Mindfulness Skills. *Assessment*, 11(3), 191-206.

Barlow, D. H., Craske, M. G., Cerny, J. A., & Klosko, J. S. (1989). Behavioral treatment of panic disorder. *Behavior Therapy*, 20, 261-282.

Beck, A. T., Epstein, N., Brown, G. K., & Steer, R. A. (1988). An inventory for measuring clinical anxiety: Psychometric properties. *Journal of Consulting and Clinical Psychology*, 56, 893-897.

Beck, A. T., Rush, A. J., Shaw, B. R., & Emery, G. (1979). *Cognitive therapy of depression*. New York: Guilford.（アーロン・T・ベック，A・ジョン・ラッシュ，ブライアン・F・ショウ，ゲアリィ・エメリィ『うつ病の認知療法』[新版] 坂野雄二監訳，神村栄一ほか訳，岩崎学術出版社，2007年）

Berlin, K. S., Sato, A. F., Jastrowski, K. E., Woods, D. W., & Davies, W. H. (2006, November). Effects of experiential avoidance on parenting practices and adolescent outcomes. Paper presented at the Association for Behavioral and Cognitive Therapies Annual Convention, Chicago.

Blackledge, J. T., & Ciarrochi, J. (2006a). *Personal Values Questionnaire*. Available from the first author at University of Wollongong, New South Wales, Australia.

Blackledge, J. T., & Ciarrochi, J. (2006b). *Social Values Survey*. Available from the first author at University of Wollongong, New South Wales, Australia.

Blackledge, J. T., & Hayes, S. C. (2006). Using acceptance and commitment training in the support of parents with children diagnosed with autism. *Child and FamilyBehavior Therapy*, 28, 1-18.

Bond, F. W., & Bunce, D. (2003). The role of acceptance and job control in mental health, job satisfaction, and work performance. *Journal of Applied Psychology*, 88, 1057-1067.

Bouton, M. E., Mineka, S., & Barlow, D. H. (2001). A modern learning theory perspective on the etiology of panic disorder. *Psychological Review*, 108, 2-32.

Briere, J. (1995). *Trauma symptom inventory professional manual*. Odessa, FL: Psychological Assessment Resources.

Brown, K., & Ryan, R. (2003). The benefits of being present: Mindfulness and its role in psychological well-being. *Journal of Personality and Social Psychology*, 84, 822-848.

Campis, L. K., Lyman, R. D., & Prentice-Dunn, S. (1986). The Parental Locus of Control Scale: Development and validation. *Journal of Clinical Child Psychology*, 15(3), 260-267.

Cheron, D. M. (2006, November). Assessing parental experiential avoidance: Preliminary psychometric data from the Parental Acceptance and Action Questionnaire (PAAQ).In panel discussion, "Experiential Avoidance and Mindfulness in Parenting," D. M. Cheron & J. T. Ehrenreich (Moderators). Presented at the 40th Annual Convention of the Association for Cognitive and Behavioral Therapies, Chicago.

Ciarrochi, J., & Bilich, L. (2006). Acceptance and commitment measures packet: Process measures of potential relevance to ACT. Retrieved February 11, 2007, from University of

Wollongong website, www.uow.edu.au/health/iimh/act_researchgroup/resources.html.

Ciarrochi, J., & Blackledge, J. (2006). Mindfulness-based emotional intelligence training: A new approach to reducing human suffering and promoting effectiveness. In J. Ciarrochi, J. Forgas, & J. Mayer. (Eds.), *Emotional intelligence in everyday life: A scientific inquiry* (2nd ed., pp. 206-228). New York: Psychology Press/Taylor & Francis.（ジョセフ・チャロキー，ジョセフ・P・フォーガス，ジョン・D・メイヤー編『エモーショナル・インテリジェンス──日常生活における情動知能の科学的研究』中里浩明ほか訳，ナカニシヤ出版，2005年）

Coyne, L. W., Burke, A., & Davis, E. (2006). *Observational coding manual: Assessing therapist, parent, and child behavioral and emotional avoidance in the context of exposurebased treatment.* Available from the first author at the Psychology Department, Suffolk University, Boston, MA.

Coyne, L. W., Burke, A., & Davis, E. (2008). *Emotion avoidance in families of young children with OCD.* Manuscript in preparation.

Coyne, L. W., Low, C. L., Miller, A. M., Seifer, R., & Dickstein, S. (2006). Mothers' empathic understanding of their toddlers: Associations with maternal depression and sensitivity. *Journal of Child and Family Studies*, 16, 483-497.

Dahl, R. (2004). Adolescent brain development: A period of vulnerabilities and opportunities. *Annals of the New York Academy of Science*s, 1021, 1-22.

Ehrenreich, J. T., & Cheron, D. M. (2005). Parental Acceptance and Action Questionnaire. Available from Daniel M. Cheron, Department of Psychology, Boston University.

Emmons, R. A. (1986). Personal strivings: An approach to personality and subjective well-being. *Journal of Personality and Social Psychology,* 51, 1058-1068.

Folkman, S., & Lazarus, R. S. (1988). *Ways of Coping Questionnaire Manual.* Palo Alto, CA: Mind Garden/Consulting Psychologists Press.

Fresco, D., Williams, N. L., & Nugent, N. R. (2006). Flexibility and negative affect: Examining the associations of explanatory flexibility and coping flexibility to each other and to depression and anxiety. *Cognitive Therapy and Research*, 30, 201-210.

Frisch, M. B. (1992). Use of the Quality of Life Inventory in problem assessment and treatment planning for cognitive therapy of depression. In A. Freeman & F. M. Dattilio (Eds.), *Comprehensive casebook of cognitive therapy* (pp. 27-52). New York: Plenum.

Goldberg, D. (1978). *Manual of the General Health Questionnaire.* Windsor, England: National Foundation for Educational Research.

Gratz, K. L., & Roemer, L. (2004). Multidimensional assessment of emotion regulation and dysregulation: Development, factor structure, and initial validation of the Difficulties in Emotion Regulation Scale. *Journal of Psychopathology and Behavioral Assessment*, 26(1), 41-54.

Greco, L. A., & Baer, R. A. (2006). Child Acceptance and Mindfulness Measure (CAMM). Available from the first author at Department of Psychology, University of Missouri, St.

Louis.

Greco, L. A., & Eifert, G. H. (2004). Treating parent-adolescent conflict: Is acceptance the missing link for an integrative family therapy? *Cognitive and Behavioral Practice*, 11, 305-314.

Greco, L., A., & Hart, T. A. (2005). Diabetes Acceptance and Action Scale for Children and Adolescents. Available from the first author at Department of Psychology, University of Missouri, St. Louis.

Greco, L. A., Heffner, M., & Poe, S. (2005). Maternal adjustment following preterm birth: Contributions of experiential avoidance. *Behavior Therapy*, 36, 177-184.

Greco, L. A., Lambert, W., & Baer, R. A. (in press). Psychological inflexibility in childhood and adolescence: Development and evaluation of the Avoidance and Fusion Questionnaire for Youth. *Psychological Assessment*.

Greco, L. A., Murrell, A. R., & Coyne, L. W. (2005). Avoidance and Fusion Questionnaire for Youth. Available from the first author at Department of Psychology, University of Missouri, St. Louis, and online at www.contextualpsychology.org.

Hayes, S. C., Luoma, J. B., Bond, F. W., Masuda, A., & Lillis, J. (2006). Acceptance and Commitment Therapy: Model processes and outcomes. *Behaviour Research and Therapy*, 44, 1-25.

Hayes, S. C., & Shenk, C. (2004). Operationalizing mindfulness without unnecessary attachments. *Clinical Psychology: Science and Practice*, 11, 249-254.

Hayes, S. C., Strosahl, K., & Wilson, K. G. (1999). *Acceptance and commitment therapy: An experiential approach to behavior change*. New York: Guilford.

Hayes, S. C., Strosahl, K. D., Wilson, K. G., Bissett, R. T., Pistorello, J., Toarmino, D., et al. (2004). Measuring experiential avoidance: A preliminary test of a working model. *The Psychological Record*, 54, 553-578.

Hayes, S. C., & Wilson, K. G. (2003). Mindfulness: Method and process. *Clinical Psychology: Science and Practice*, 10, 161-165.

Hayes, S. C., Wilson, K. G., Gifford, E. V., Follette, V. M., & Strosahl, K. (1996). Experiential avoidance and behavioral disorders: A functional dimensional approach to diagnosis and treatment. *Journal of Consulting and Clinical Psychology*, 64,1152-1168.

Kazdin, A. E., & Nock, M. K. (2003). Delineating mechanisms of change in child and adolescent therapy: Methodological issues and research recommendations. *Journal of Child Psychology and Psychiatry*, 44, 1116-1129.

Linehan, M. M. (1987). Dialectical behavioral therapy: A cognitive-behavioral approach to parasuicide. *Journal of Personality Disorders*, 1, 328-333.

Linehan, M. M. (1993). *Cognitive-behavioral treatment of borderline personality disorder*. New York: Guilford.（マーシャ・M・リネハン『境界性パーソナリティ障害の弁証法的行動療法――DBTによるBPDの介入』大野裕監訳，岩坂彰ほか訳，誠信書房，2007年）

Lonigan, C. J., Elbert, J. C., & Johnson, S. B. (1998). Empirically supported psychosocial interventions for children: An overview. *Journal of Clinical Child Psychology*, 27,138-145.

Orsillo, S. M., Roemer, L., Block-Lerner, J., & Tull, M. T. (2004). Acceptance, mindfulness, and cognitive-behavioral therapy: Comparisons, contrasts, and application to anxiety. In S. C. Hayes, V. M. Follette, & M. M. Linehan (Eds.), *Mindfulnes and acceptance: Expanding the cognitive-behavioral tradition* (pp. 66-95). New York: Guilford.（S. C. ヘイズ，V. M. フォレット，M. M. リネハン編著『マインドフルネス＆アクセプタンス——認知行動療法の新次元』春木豊監修，武藤崇ほか監修，ブレーン出版，2005年）

Roemer, L., Salters, K., Raffa, S. D., & Orsillo, S. M. (2005). Fear and avoidance of internal experiences in GAD: Preliminary tests of a conceptual model. *Cognitive Therapy and Research*, 29(1), 71-88.

Salovey, P., Mayer, J. D., Goldman, S. L., Turvey, C., & Palfai, T. P. (1995). Emotional attention, clarity, and repair: Exploring emotional intelligence using the Trait Meta- Mood Scale. In J. W. Pennebaker (Ed.), *Emotion Disclosure and Health* (pp. 125-154).Washington, DC: APA.

Schwartzman, M. P., & Wahler, R. (2006). Enhancing the impact of parent training through narrative restructuring. *Child and Family Behavior Therapy*, 28, 49-65.

Segal, Z. V., Teasdale, J. D., & Williams, M. G. (2004). Mindfulness-based cognitive therapy: Theoretical rationale and empirical status. In S. C. Hayes, V. M. Follette, & M. M. Linehan (Eds.), *Mindfulness and acceptance: Expanding the cognitive-behavioral tradition* (pp. 45-65). New York: Guilford.（S. C. ヘイズ，V. M. フォレット，M. M. リネハン編著『マインドフルネス＆アクセプタンス——認知行動療法の新次元』春木豊監修，武藤崇ほか監修，ブレーン出版，2005年）

Segal, Z. V., Williams, M. G., & Teasdale, J. D. (2002). *Mindfulness-based cognitive therapy for depression: A new approach to preventing relapse*. New York: Guilford.（Z. V. シーガル，J. M. ウィリアムズ，J. D. ティーズデール『マインドフルネス認知療法——うつを予防する新しいアプローチ』越川房子監訳，北大路書房，2007年）

Segalowitz, S. J., & Davies, P. L. (2004). Charting the maturation of the frontal lobe: An electrophysiological strategy. *Brain and Cognition*, 55, 116-133.

Shapiro, N. (1995). *An analogue of agoraphobic avoidance as attachment-related symptomatology*. Unpublished master's thesis, Department of Psychology, the American University, Washington, DC.

Shapiro, S. L., Carlson, L. E., Astin, J. A., & Freedman, B. (2006). Mechanisms of mindfulness. *Journal of Clinical Psychology*, 62, 373-386.

Sheldon, K. M., & Kasser, T. (1995). Coherence and congruence: Two aspects of personality integration. *Journal of Personality and Social Psychology*, 68, 531-543.

Sheldon, K. M., & Kasser, T. (1998). Pursuing personal goals: Skills enable progress but not all progress is beneficial. *Personality and Social Psychology Bulletin*, 24, 1319-1331.

Sheldon, K. M., & Kasser, T. (2001). Getting older, getting better? Personal strivings and psychological maturity across the life span. *Developmental Psychology*, 37(4), 491-501.

Silvia, K. A., & Coyne, L. C. (2008). *Experiential avoidance and mindfulness in parenting: Preliminary data from an experimental study*. Manuscript in preparation.

Singh, N. N., Lancioni, G. E., Winton, A. S. W., Fisher, B. C., Wahler, R. G., McAleavey, K., et al. (2006). Mindful parenting decreases aggression, noncompliance, and selfinjury in children with autism. *Journal of Emotional and Behavioral Disorders*, 14,169-177.

Wegner, D. M. (1994). Ironic processes of mental control. *Psychological Review*, 101, 34-52.

Wegner, D. M., & Zanakos, S. (1994). Chronic thought suppression. *Journal of Personality*, 62, 615-640.

Wells, A., & Davies, M. I. (1994). The Thought Control Questionnaire: A measure of individual differences in the control of unwanted thoughts. *Behaviour Research and Therapy*, 32, 871-878.

Wenzlaff, R. M., Wegner, D. M., & Klein, S. B. (1991). The role of thought suppression in the bonding of thought and mood. *Journal of Personality and Social Psychology*, 60, 500-508.

West, A. M., Sbraga, T. P., & Poole, D. A. (2007). *Measuring mindfulness in youth: Development of the Mindful Thinking and Action Scale for Adolescents*. Unpublished manuscript, Central Michigan University.

Wicksell, R. K., Renofalt, J., Olsson, G. L., Bond, F. W., & Melin, L. (2007). *Avoidance and fusion: Central components in pain related disability? Development and preliminary validation of the Psychological Inflexibility in Pain Scale*. Manuscript in preparation, Astrid Lindgren Children's Hospital, Karolinska University Hospital, Stockholm, Sweden.

Williams, K. E., Chambless, D. L., & Ahrens, A. (1997). Are emotions frightening? An extension of the fear of fear construct. *Behaviour Research and Therapy*, 35, 239-248.

Wilson, K. G., & Groom, J. (2002). The Valued Living Questionnaire. Available from the first author at the University of Mississippi.

Wilson, K. G., & Murrell, A. R. (2004). Values work in acceptance and commitment therapy: Setting a course for behavioral treatment. In S. C. Hayes, V. M. Follette, & M. M. Linehan (Eds.), *Mindfulness and acceptance: Expanding the cognitive-behavioral tradition* (pp. 120-151). New York: Guilford.（S. C. ヘイズ，V. M. フォレット，M. M. リネハン編著『マインドフルネス＆アクセプタンス——認知行動療法の新次元』春木豊監修，武藤崇ほか監修，ブレーン出版，2005年）

II
特定の集団への適用

第4章

マインドフルネスによる不安の治療
子どものためのマインドフルネス認知療法

ランディ・J・センプル
ジェニファー・リー

　不安障害は子どもに最もよく見られるメンタルヘルス上の問題である。小児不安障害の1年間の有病率は10%（Chavira, Stein, Bailey, & Stein, 2004）～20%（Shaffer, Fisher, Dulcan, & Davies, 1996）であり，男子よりも女子の方が罹患しやすい。子どもは発達段階に応じて特徴的な不安スペクトラム障害を発症する可能性がある一方で，発達段階にかかわらず広く発症する不安障害もある。たとえば，特定の恐怖症は幼い子どもにしばしば見られるのに対して，全般性不安障害，社交不安障害，パニック障害は小児期中期と思春期に多い（Barlow, 2002）。不安障害のある子どもと青少年の約半数に，うつ病などの二次的障害がある（U.S. Department of Health and Human Services, 1999）。しかも，これらの子どもは将来その他の疾患を発症するリスクが高い。全米罹病率調査のデータによれば，不安障害は大うつ病の最も一般的な前駆症状となっている（Kessler et al., 1996）。子どもの不安障害を治療せずにおくと，学業困難や社会的スキルの問題，物質乱用のリスクが高くなることも示されている。

子どものマインドフルネス

　成人を対象とした不安障害に対するマインドフルネスに基づくグループ介入が近年広まりつつある。しかし，心理療法研究の初期にはよくあることだが，子どものためのマインドフルネス療法についてはほとんど開発や評価がなされていない。マインドフルネスに基づく心理療法に関する臨床試験のうち，子どもを対象としたものはほんの数例あるのみで，その多くは，やはり成人の中核的な不安症状の軽減に対する効果を検討している（Baer, 2003 による展望論文を参照）。学齢期の子どもの不安障害の治療にマインドフルネス技法が有効であることが，臨床報告では示唆されているため（Goodman, 2005；Greco, Blackledge, Coyne, & Ehrenreich, 2005；Semple, Reid, & Miller, 2005），この集団に対するマインドフルネスに基づく介入を開発し，評価することは妥当だと思われる。本章では，子どものためのマインドフルネス認知療法（MBCT-C）の開発過程，構造，構成要素と，不安障害の 9 ～ 12 歳の子どもに対する全 12 回のセッションのグループ療法の概要を紹介する。まずマインドフルネスを定義してから，MBCT の理論的根拠と，子どもの不安治療におけるこのタイプの介入の有効性を裏づける研究を紹介する。

■ マインドフルネスの定義

　マインドフルネスの操作的定義についてはまだコンセンサスが得られていない。マインドフルネス実践の大半は，注意力を訓練する技法として概念化することができる。その他にも独自の定義がいくつもある（Bishop et al., 2004 による定義を参照）。我々がここで用いる定義では，マインドフルネスは「特定のやり方で，つまり，意図的に，今この瞬間に，価値判断をすることなしに，注意を向けること」（Kabat-Zinn, 1994, p. 4）を意味する。マインドフルネスとは，意図性，現在への焦点化，無評価的なアクセプタンスを含めた非常に特殊なタイプの注意のことである。マインドフルネスにおいては，対象が内的なもの（思考・感情・身体感覚など）であれ外的なもの（感覚器官を介して把握したもの）であれ，特定の対象に意識的に注意が向けられる。その結果，

マインドフルな注意が観察者と注意の対象との間に特異な関係を生じさせることにもなる。さらに，マインドフルネスは意識的な気づき，探求心，非執着，開放とも深く関連する。

■マインドフルネスとメンタルヘルス

　マインドフルネスによって不安を治療する我々のアプローチは，仏教心理学と認知理論の影響を受けている。仏教心理学では，苦しみの根本的な原因は明晰にものごとを見ないこと（無明）だとされる。我々自身の思考，誤った信念，現実離れした期待，飽くことなき欲望が，直接的な知覚を曇らせて歪めているのである。考えることは実際，問題でありこそすれ（世間でよく言われるように）解決策とはなり得ない。我々人間は不確かなものよりも親和性のあるものや意味のあることを好む。そのために我々は，「点同士を線で結んだ」体験の絵を作るのである。その際，過去についての誤った信念，現在についての非現実的な期待，将来についてのかなわぬ望み等に基づく点を加え，知覚した出来事は瞬間ごとに修正される。そうしてできた「瞬間の点」をすべてつなげると見覚えのある絵が現れ，体験に意味をもたせたいという我々の欲求が満たされる。しかし，この「点つなぎ絵」は現実を正確に表すものではない。

　我々はものごとを明晰には見ていない。だから苦しむのである。点をつないでできた歪んだ絵を通じて，我々は感情的苦痛を感じ，不適切な認知的解釈を加え，賢明ではない行動を選択する。たとえば，ほとんどの人は不快な体験を回避しなければ幸せにはなれないと信じている。そのような信念をもっていると，病気になったり，飛行機に乗り遅れたり，車が故障したり，ピクニックで雨に降られたりするたびに，不幸が生じることになる。こうした出来事が一つでも起こると，ふたたび幸福になるためにその出来事を躍起になって追い払おうとする。仏教徒の観点からすれば，病的な不安の発現とは，頭の中の点をすべてつないで自分だけの絵を作り，その絵が現実を正確に表していると錯覚しながら不幸に生きることである。しかし，今この瞬間の体験にマインドフルな注意を向ければ，どの点が架空のものでどの点が実在するのかを見分けられるようになる。

■注意と不安

　注意は多面的なプロセスであり，意識の中核的な構成要素である。注意は拡散／集中し，警戒／弛緩し，内界／外界に焦点を合わせ，移行／静止する。注意の問題はほとんどの不安障害の特徴とも重なる。たとえば，注意のシフト困難は強迫性障害に伴う反すうの性質の一つであり，集中困難（集中力の欠如）は全般性不安障害の症状である。特定の恐怖症には恐怖刺激に対する注意バイアスが伴い（Teasdale, 2004），注意の回避は外傷後ストレス障害患者に広く見られる。自己焦点的注意は社交不安をもつ子どもの特徴である。極論するなら，不安な自己観察者は，外界の出来事にはほとんど目を向けていないのである。

　過去や未来の出来事に対して過剰に注意を向けることも，子どもの不安障害によく見られる特徴である。マインドフルネス・トレーニングでは，注意を現在に留めておく練習をする。それが無視されつづけることによって，健全なはずの不安もコントロールが利かなくなり，深刻な機能不全を起こすに至る。今この瞬間にマインドフルな注意を向けることによって，子どもたちは「自動操縦状態」の慢性的な不安を抱えながら生きるのを止めることができるのである。今現在に生きることによって，たとえこの瞬間がすばらしいものでは全くないとしても対処が可能であることに気づくであろう。

　マインドフルネス実践と注意のあり方との直接的な関係を扱っている研究はごくわずかしかないが，この関係を成人（Semple, 1999；Valentine & Sweet, 1999）と子ども（Rani & Rao, 1996；Semple, 2005）において裏づける根拠はいくつかある。とはいえ，マインドフルネスに基づく介入が注意の障害に直接的な影響を及ぼすと言い切るためには，さらなる調査研究を要する。

■認知理論とマインドフルネス認知療法

　認知療法（CT）の第一の目的は，自動思考と非機能的態度に反映される患者の考え方を変化させることである（Beck, 1976）。CTは非適応的思考の内容を修正することによって変化をもたらすという説が，長年にわたり広く受け入れられてきた。Segal, Williams, & Teasdale（2002）は，CTの有効性はむしろ患者と患者自身の思考や感情との関係を変化させた結果であると提言した。

マインドフルネス認知療法（MBCT；Teasdale et al., 2000）は，「脱中心化」と呼ばれるメタ認知的視点の妥当性を経験の面から支持するものである。脱中心化とは，思考を（現実を証し立てるものとしてではなく）単なる思考として観察する能力のことであり，治療による変化の中核的な要素と見なされている。このように言うと，比較的簡単そうに感じられるかもしれないが，そうではない。今この瞬間に現実に起こっている出来事を明晰に見るというのは，実際にやってみると恐ろしく難しいことなのだ。

　MBCT は成人のうつ病の再発を予防する治療法として開発され，主にマインドフルネスストレス低減法（MBSR；Kabat-Zinn, 1994）に依拠している。MBSR と MBCT は，成人のマインドフルネス・トレーニングのための8週間にわたる集団プログラムである。この2つのプログラムは，マインドフルネス技法による直接的体験と，マインドフルネス実践を日常生活に組み込むことを重視している。どちらのプログラムでも，マインドフルネスを個人的に実践しつづけることを通してマインドフルネスへの理解を深めていくことが，インストラクターやセラピストに求められる。MBCT は，MBSR と同様のマインドフルネス・エクササイズを数多く行う一方，CT の要素も取り入れて，気分や行動に関する抑うつ的な認知による影響を患者が自覚できるよう支援する。MBSR も CT も，思考・感情・行動を観察して受け入れるスタンスをとる。子どものためのマインドフルネス認知療法（MBCT-C）は，MBCT を低年齢向けに作り替えたものである。

■ MBCT-C の初期の評価

　Semple, Reid, & Miller（2005）は，子どもに対するマインドフルネスに基づく介入の実現可能性と許容可能性を調べるために，6週間の予備研究を実施した。その結果，マインドフルネス・トレーニングは子どもにとって受け入れ可能なものであり，子どもに教えることができ，そして子どもの不安に対する介入法として期待できるものであるとの結論を得た。

　続いて，MBCT-C の最初のランダム化比較試験が行われた（Lee, 2006；Semple, 2005）。クリニックから紹介された9〜13歳の子ども25名がこれに参加した。女子が15人，男子は10人であった。全員が都市部の低所得家庭

の出身であり，少数派の人種／文化的背景をもつ者が大半を占めていた（ヒスパニック系15人，アフリカ系7人，白人3人）。このプログラムを修了したのは17人（68%）であった。全12回のセッションのうち10回に参加したことをもって修了とした（平均11.3回，標準偏差0.77）。その他5人はより散発的にセッションに参加していた（平均7.6回，標準偏差1.14；Lee, Semple, Rosa, & Miller, 2008）。子どもの行動チェックリスト（Child Behavior Checklist；CBCL）（Achenbach, 1991）の「注意の問題」尺度による評価から，注意の問題が有意に減少していることが示された。介入前に臨床的に高いレベルの不安を報告していた6人の子どもに対して，このプログラムは臨床的有効性があることが示された（Semple, 2005）。快復率（74%），治療維持率（84%），出席率（修了者で94%，ITTで78%）が高いことが，MBCT-Cの許容可能性と実用可能性を裏づける最初の証拠となった。

MBCTからMBCT-Cへの移行

　MBCT-Cは不安とうつを抱える子どものために開発された，全12回のセッションからなる集団療法である。**表4-1**（次ページ）に各セッションの要約を示した。成人のMBCTプログラム（Segal et al., 2002）を低年齢者向けに拡張するため，MBCT-Cでは年齢に合わせて多くの点を修正する必要があった。

■ 発達に合わせた修正

　子どもは注意力，抽象的な思考力，家族の関与の点で成人と異なるため，発達に合わせた修正が加えられている。

　注意力　子どもは成人に比べて注意力がまだ発達していない（Siegler, 1991）。したがって，セッションの時間を短く，回数を多くした方がよいと考えられる。成人向けのMBCTは1回2時間で全8回のセッションからなるが，MBCT-Cのセッションは1回90分で全12回である。同様の理由で，成人のためのマインドフルな呼吸と動きのエクササイズは，子ども向けに時間を短く，その代わり回数を多くするよう修正された。

表4-1　全12回のセッションプログラムの概要

セッション1	コミュニティを形成する。期待されることを明確にする。ホームワークの重要性を強調する。マインドフルネスへの動機づけを高める。朝起きて，マインドフルにほほ笑むエクササイズを行う。
セッション2	実践を妨げる障害について扱う。呼吸のマインドフルネスを導入する。レーズン・エクササイズを行う。
セッション3	思考・感情・身体感覚を区別する練習を行う。マインドフルな動き（ヨガのポーズ）を導入する。
セッション4	マインドフルに聞く練習。思考・感情・身体感覚に気づくための，受容的傾聴エクササイズ。ボディースキャンの導入。
セッション5	マインドフルに聞く練習（続き）。音で表現するエクササイズ。3分間呼吸空間エクササイズの導入。
セッション6	マインドフルに見る練習。自分が何を見ていないのかを知る。価値判断と記述を区別する練習。誘導イメージ・エクササイズ。
セッション7	マインドフルに見る練習（続き）。注意を向ける練習。目の錯覚を知るエクササイズ。マインドフルな動きエクササイズ（開花，高い木，蝶などのまねをする）。
セッション8	マインドフルに触れる練習。今ここにあるものと共に現在に留まるやり方を学ぶ。ボディースキャンのエクササイズ。
セッション9	マインドフルに嗅ぐ練習。価値判断と記述を区別する練習の続き。マインドフルな動き（ヨガのポーズ）。
セッション10	マインドフルに味わう練習。思考は事実ではないことを知るエクササイズ。マインドフルな動き（ヨガのポーズ）。
セッション11	日常生活でマインドフルネスを実践する。これまでのセッションを振り返る。マインドフルネスを通じて体験のアクセプタンスを統合する。
セッション12	マインドフルネスを日常生活へと般化する。プログラムでの私的出来事を共有し検討する。簡単な卒業式を行う。

ⓒ Elsevier, Inc., 2006. *Mindfulness-Based Treatment Approaches: Clinician's Guide to Evidence Base and Applications*, ed. R. A. Baer（San Diego, CA: Elsevier Academic Press, 2006, p. 157）より抜粋。修正および転載許可取得済。

多様な感覚を用いた学習　子どもは成人に比べて，抽象的な思考や言葉の流暢さに欠けている（Noshpitz & King, 1991）。それゆえ，介入への意欲を増すために，子ども向けのプログラムではよくストーリーやゲーム，遊びなどが用いられる（Gaines, 1997）。MBCT-C は，視覚，聴覚，触覚，味覚，嗅覚，運動感覚を通して子どもがマインドフルな体験をできるような，多様な感覚器を用いたエクササイズが取り入れられている。たとえば，絵を描く，音楽の鑑賞や創作をする，さまざまな物に触れる，さまざまな食べ物を味わう，さまざまな匂いを嗅ぐなどがある。これらのエクササイズでは，積極的に参加することと，内的・外的経験のいずれであろうとも一瞬一瞬の体験に注意を払いつつ，1種類の感覚でマインドフルネスに集中することが求められる。

家族の関与　子どもは成人よりも深く家族に組み込まれていることから，治療効果を高めるためには家族が関与することが望ましい（Kaslow & Racusin, 1994）。我々の初期の研究から，子どものプログラムに対する意欲は，親の関心および関与の程度と相関することがわかっている。親はオリエンテーション・セッションへの参加を勧められ，子どもがそれから数週間かけて学ぶマインドフルネスのエクササイズを，そこでいくつか体験する。親が家庭でのエクササイズに参加し，マインドフルなやり方で目的を追求し，話し，行動する，という形で子どもを支援する重要性をセラピストは強調する。親はプログラム全体を通じて，セラピストに質問をしたり対話をしたりするよう求められる。親が関与しやすいように，子どもはセッションが終わるたびにその資料を家庭に持ち帰る。これらの資料には，セッションの要約，自宅練習エクササイズの説明，マインドフルネス活動の記録用紙などがある。プログラムの終わりに，親はセラピストとの振り返りセッションに参加してマインドフルネスを実践し，MBCT-C エクササイズの疑似体験について共有して，子どもがマインドフルネス実践を続けることを支援する方法について話し合う。

■構造的・論理的修正

　子どもの発達に合わせた修正に加えて，子どもの臨床がはらむ実践的問題

に対処するために,MBCT-C では構造と論理の両面で修正を行う必要があった。

安心感を与えること　マインドフルネス介入のためには,安全で秘密が守られる治療環境を作る必要がある。さらに,指針と構造を求める子どものニーズにも応えなければならない。マインドフルな行動のための5つのルールを,最初のセッションで文書によって確認する。

1. グループのメンバーには思いやりのある親切な態度で接し,話しかける。
2. 他の人が話している間は静かにする。
3. グループでアイディアを共有したいときには手を挙げる。
4. マインドフルネスのエクササイズの間はおしゃべりをしない。
5. 活動に参加したくないときには「私の落ち着く場所(My Quiet Space)」で静かに座っている。

子どもがふたたびグループに合流したくなるまで静かに座っていられるよう,部屋の一隅に椅子を置き「私の落ち着く場所」を用意する。子どもが行動化を起こしたり,グループの邪魔をしたりするときには,「私の落ち着く場所」に座らせ,グループの活動にふたたび参加できる態勢を整えさせる。このスペースはタイムアウト法として使うためではなく,子ども一人ひとりに,プログラムにどのように参加するかを選ぶ自由を与えるために用意される。

クラスの規模・年齢層・形式　子どもに対しては,成人の場合よりも一人ひとりにさらに注意を払わなければならない。そのため MBCT-C のグループは,MBCT のように8～12人の参加者に1人のセラピストがつくのではなく,7～8人の子どもと2人のセラピストから構成される。今まで評価された年齢層(7～13歳)の中では,子どもたちの年齢差が2歳以内のグループは比較的まとまりやすいようである。MBSR や MBCT と同じく MBCT-C でも,グループ・ディスカッションは重要な要素である。何よりもまず子ど

もたちはお互いに体験を共有し合うことによって，自分の過去の記憶，現在の信念，価値判断，感情状態，将来への期待が，今この瞬間の体験に関する個人的解釈に影響を及ぼしていることを知るのである。

環境とセラピストの役割　標準的な教室環境と区別をつけるために，MBCT-Cではさまざまな工夫を行う。ドアの外の貼り紙には「マインドフルネス実施中」と書かれており，子どもたちは靴を脱いで中に入る。子どもとセラピストは車座に敷いた座布団に座る。この環境が子どもに示しているのは，セラピストも子どもも対等の立場で自己発見のプロセスに参加し，プロセスを推し進めるということである。出欠ボードには子どもの名前と同様にセラピストの名前も書かれているし，セラピストも「今ここにいる」シールを毎週獲得する。セラピストはプログラムのすべての活動に積極的に参加し，自宅練習用のエクササイズを毎週こなし，私的出来事をグループで共有する。

MBCT-Cの目標と方略

　子どもたちは，日常にある不安とその悪化や改善をもたらす要因に対してマインドフルになることを通して，不安に押しつぶされずにうまく付き合う力を養う。病的な不安は多くの場合，今ここに留まり，この瞬間に実際に起こっている出来事を明晰に見ることではなく，架空の点をつないだ絵の中で生きることから生じる。思考・感情・身体感覚に注意を向けること（特に呼吸へのマインドフルネス）は，明晰にものごとを見るために必要な時間，現在に留まることを助ける。体験に価値判断を下すことは苦悩の根源であり，体験そのものにとっては不必要なものであることがわかるようになる。初期の数セッションにおける目標は，子どもたちにマインドフルネスのオリエンテーションを行い，プログラムの特色を説明し，安全で安心できるグループ環境を作ることである。中核的なテーマとしては，思考・感情・身体感覚に気づく，価値判断と記述を区別する，五感をフルに使って今この瞬間への気づきを高めるなどがある。セラピストはこれに続くセッションで多感覚的注意トレーニング・エクササイズを行いながら，これらのテーマに繰り返し触

れる。マインドフルネス・スキルが養われてきたなら，日常生活へのマインドフルネスの活用と統合がセッションの目標として取り上げられる。

■思考・感情・身体感覚に気づく

　MBCT-C の第一の目標は，子どもが自分の思考・感情・身体感覚に対する気づきを高めるよう支援することである。子どもはエクササイズを繰り返し行ううちに，別個でありながら相互に関連しているこれらの現象が，どのように交流し，今この瞬間の出来事に関する自分の解釈にどのような影響を及ぼしているかについて，自分なりに理解を深めていく。たとえば，MBCT を改良したあるクラス内エクササイズでは，子どもに次の文章を読み聞かせる。

　　あなたが道を歩いていると，反対側の通りに知り合いがいました。あなたはほほ笑んで手を振ります。その人は気づかない様子で通り過ぎてしまいます。

　セラピストは，子どもたちにこのシナリオをできる限り鮮明にイメージし，自分の思考・感情・身体感覚を観察してそれをノートに記録し，自分の体験をグループで共有するよう促す。ある子どもは，その人はあいさつをしたくなかったのだという思考を表現し，困惑という感情を見いだして，顔がカッと熱くなるという身体感覚に気づいた。別の子どもは，その友だちは虫の居所が悪かったので自分を無視しようとしたのだという考えを抱いた。この男の子は怒りを覚え，鼓動が早くなり，胸が締め付けられる感じがした。セラピストは，自分の体験をグループのメンバーで共有する機会を与えながら，同じ文章を聞いてもそこから引き起こされる体験が子どもによって異なる理由を，子どもが理解できるように指導する機会を探る。子どもはこうした話し合いを通じて，自分に特有の思考・感情・身体感覚が日常の出来事の知覚を色どっていることに気づく。このエクササイズの第一の目標は，我々の体験は実際の出来事と自分なりの解釈とが合わさって作られていることを示すことにある。このように価値判断を加えた解釈が，それに続いて生じるその出来事への認知的・感情的・生理的・行動的反応に影響を及ぼすのである。

価値判断と記述は別物である　MBCT-C のもう一つの目標は，子どもが自分の体験を評価したり価値判断を下したりする自動的な習慣に陥らずに，今この瞬間に留まる能力を高めるよう支援することである。我々は概して，「良い」とか「ポジティブだ」などと判断される体験を増やし，「悪い」「ネガティブだ」と判断される体験を避けようとする。子どもが苦痛な思考・感情・身体感覚を体験したときには，その体験を「悪い」とラベリングしたり価値判断したりせずに，ただ観察するように促す。すると子どもは，思考・感情・身体感覚が，ありのままの現実や自己の根本的な側面ではなく，内的・外的出来事を解釈するために自分が身につけた条件付きアルゴリズムであることに気づく。思考が心の中を通り過ぎる一時的な出来事にすぎないことを知る。思考を単なる思考として受け止めることができるようになるのである。脱中心化を学ぶことによって，子どもは体験を受け入れつつ体験と同化しない態度を身につけると言える。

今この瞬間に気づく　MBCT-C は，子ども自身に過去や将来の思考に気をとられて時間を費やしていることを認識させるのに役に立つ。過去志向の思考は後悔，自責の念，罪悪感，羞恥心を伴うことが多い。未来志向の思考は，予期不安，心配，恐れを引き起こす。うつや不安のスキーマが形成されている子どもには，過去ないしは未来志向の思考から今この瞬間へと注意を向け直すことを学習させる。感覚に焦点を当てるエクササイズは，物思いにふけることで不安を回避する傾向に対処するものである。我々は注意の焦点を現在に当てるよう促すために，マインドフルな呼吸，マインドフルな歩行，ボディースキャン，ヨガの簡単なポーズといった MBSR と MBCT におけるマインドフルネスのトレーニング・エクササイズを修正して取り入れた。子どもはまずものごとを明晰に見てから，意識的な選択を行うことが可能な「選択ポイント」を探すことを学ぶ。これによって出来事に対して（反応するのではなく）マインドフルに対応する能力が生まれれば，結果を改善していくことができる。たとえば，母親のもっともな要求に応えることを意識的に選択する子どもは，ろくに考えずに反抗しようと決める子どもよりも望ましい結果を得る可能性が高いのである。

■ホームワークの重要性

　CBT や MBCT と同じく，MBCT-C でもホームワークは不可欠な要素である。Segal ら（2002）は練習を「毎日する」ことが重要であると強調している。マインドフルネスを毎日実践することは，子どもの動機づけを維持し，マインドフルネスを一貫した習慣にすること（自律化）を助け，マインドフルネスをさまざまな状況へと般化することを促進する。幸い子どもは繰り返しを好むものである。子どもは三目並べ（3×3のます目に○と×を並べるゲーム）の第 47 回戦に，第 1 回戦と同じように取り組むが，成人はたいていの場合，退屈したり興味を失ったりする。学齢期の子どもは宿題を出されることに慣れているので，MBCT-C で用いられる毎日の家庭用練習課題は，馴染みのある想定内の活動と言える。各セッション修了時に，5〜15 分でこなせる自宅練習用の短い体験的エクササイズが 2〜4 つ出される。子どもはほぼ毎日エクササイズを実践し，それを配付資料に記録する。セッションは毎回，先週の自宅練習エクササイズの振り返りに始まって，次週のエクササイズに関する話し合いで終わる。子どもが自動的な習慣をマインドフルな習慣に置き換えることを支援するうえで，新しいスキルを学んで練習するという毎日の繰り返しと，繰り返しに強い子どもの特徴が良い形で相互作用するのである。

■マインドフルネスの妨害要因

　子どもを対象とした臨床実践の中で，我々は通常のマインドフルネス実践を行う際によく見られる妨害要因を特定している（以下に概説する）。このような妨害要因について MBCT-C では，参加する子どもたちと第 2，第 3 セッションで，また必要に応じてそれ以降のセッションで話し合う。

　思い出すこと　子どもたちはたいていの場合，短いマインドフルネス・エクササイズを実践するのはたいして難しいことではないと感じるものである。妨害要因となるのは，それをするのを思い出すことである。そこで，マインドフルであることを毎日思い出す習慣を子どもに身につけさせるために，方略が必要となる。たとえば，紙製のスマイルマークを何枚か子どもに与えて，子どもがそれに色を塗り，家庭や学校で戦略的に配置するという方法が

ある。ある子どもは朝起きたときにマインドフルな呼吸法を練習することを思い出せるように，スマイルマークを寝室の天井に貼っている。別の子どもはマインドフルに歯を磨くためのリマインダーとして，スマイルマークのステッカーを洗面所の鏡に貼っている。さらにこの子どもは，学校でマインドフルネスを実践するためのリマインダーとして，ランドセルにも1枚貼っている。スマイルマークは，子どもがマインドフルネスを思い出すのに役立つような場所ならどこに配置してもよい。

根気よく続けること　子どもたちに根気が大切だと話すことは，どうしても必要になる。小さな努力の積み重ねによってマインドフルネスがどのように高められるのか，非適応的な古い習慣を変えていくことがセッションの合間にする毎日の練習といかに直接的に関わっているのかということを，セラピストは説明する。我々はこのプロセスをガーデニングにたとえる。土作りをして種をまき，芽が出たら水をやって肥料を与える。そして，結果が出るのを辛抱強く待つのである。それと同様に，一瞬一瞬をマインドフルな態度で，根気よくエクササイズに参加するよう子どもたちを励ます。子どもたちは，努力の成果はすぐに表れるものではなく継続的な実践の結果として表れ，マインドフルネス本来の効果は時間をかけて涵養されるものであることを，直接的な体験を通じて学ぶのである。

ごほうび　心理療法を受ける成人の大半とは違って，子どもは通常，自発的にセッションに参加するわけではないので，ちょっとしたごほうびが参加への関心を高めるのに役立つ。セッションに参加し，自宅練習エクササイズをこなすたびに，子どもたちはカラフルなシールをもらう。また，12週間のプログラムの間，「私のマインドフルネスブック」と呼ばれる自分だけの本を作成し，それを飾り付ける。この私のマインドフルネスブックに，セッションの記録，毎週のセッションのまとめ，自宅練習用のワークシート，詩，物語，絵を保存する。プログラムが修了したら子どもが自宅に持ち帰ることができるように，我々は普段，安価な3穴バインダーを用いてこの本を作ることにしている。

教える側にも練習が必要！　水に入らなければ泳げるようにはならない
バイオリンについて知るべきことが書かれた本を片端から読んで，バイオリンの演奏をマスターする人などいない。マインドフルネス体験は本を読んだり教室で教わったりして身につくものではないため，クライエントがプラスの効果を得るには，MBCT-C の理論的側面を伝えるだけでは不十分である。はっきり言って，マインドフルネスを自ら実践していないセラピストには，このプログラムを使って苦しんでいるクライエントをどこまで助けられるかという点で限界があるだろう。セラピスト自身のマインドフルになる能力が，アクセプタンスと変化の方略を統合しようとするクライエントの努力を促進するのである（Lau & McMain, 2005；Segal et al., 2002）。次節では，強い不安を感じる子どもに対して，グループセッションの際にマインドフルネスをどのように用いるかの例を示す。

今この瞬間にマインドフルネスを実践する

9 歳のトレーシーは少し恥ずかしがり屋で引っ込み思案なところがあるが，普段は陽気な子どもだった。ある朝，トレーシーは興奮し，動揺しているように見えた。心配で怖いと訴えるのだった。彼女の動揺は部屋にいる誰の目にも見てとれた。何が問題なのかはまだわからなかったが，他の子どもたちは彼女に手をさしのべて，なぐさめようとした。トレーシーは最初は口ごもっていたが，涙ながらに自分の苦しみについて話した。昨日の夜，トレーシーは父親と一緒に，ある男が自分の子どもを殺すという内容の映画を観に行った。トレーシーの父親は映画を観ながら，無神経にも，悪い子はこういう目に遭うというようなことを口にした。トレーシーは普段，父親ととても仲が良かった。だがそれは何の役にも立たず，彼女は一晩中，父親に殺される鮮明な悪夢にうなされた。

悪夢の名残は翌朝にも影響した。トレーシーは起床して服を着替え，朝食を食べようとしたが，その間ずっと激しい恐怖を感じていたことをグループの前で語った。動悸と吐き気，息切れ，ほてりがあったという。トレーシーは今まで自分が行ったありとあらゆる「悪いこと」をずっと反すうしてい

た。どのくらい傷ついたら死ぬのか，死んだ後はどうなるのかという鮮明なイメージが，頭の中を駆けめぐった。実際の体験とは似ても似つかない恐ろしい点つなぎ絵を，トレーシーが作り出したことは明らかであった。その恐怖はリアルではあったが，彼女は自分の心の中だけにある出来事に怯えていたのである。

　トレーシーの恐怖の記述はとても真に迫っていたので，それを聞いて動揺しはじめる子どももいた。しかし，その子どもたちに恐怖を抱かせるような現実や実体験はどこにもなかった。実際に，その部屋は先週と同じように，クリニックの中のいつもの居心地の良いグループ・セラピールームであった。7人の子どもと2人の大人が車座になって座布団に座っていた。外では日の光が輝き，大人たちは用事で走り回り，子どもたちは遊んでいた。たしかに，現実の脅威は一つも見あたらなかった。

　すると年長の子どもが立ち上がって，「マインドフルネスのベル」のところに行った。マインドフルな呼吸法を実践したくなったらいつでも，このベルを鳴らしてよいことになっていた。子どもたちは姿勢を正して，脚を組み，座布団に座り直した。トレーシーは姿勢に意識を移しながら，握りこぶしを開いていった。彼女はとても集中した面持ちで，思考・感情・身体感覚を押しのけずに観察することに必死に取り組んでいる様子だった。トレーシーが腹部での呼吸に意識を向けると，呼吸がゆるやかになった。さらに集中するために手を腹の上に乗せると，息を吸うたびに腹がゆるやかにふくらみ，息を吐くとゆっくりへこむことについてマインドフルになることができた。トレーシーは少しずつリラックスしていった。

　その後のトレーシーは別人のようだった。映画は単なる映画であって現実ではないことを思い出したのである。不安をかき立てる思考やイメージへのこだわりこそが，苦しみを引き起こす原因であることを思い出したのだろう。脱中心化することによって，思考を単なる思考として，感情を単なる感情として，身体感覚を単なる身体感覚として捉えたにちがいない。たとえ短い時間でも脱中心化すること，つまり思考・感情・身体感覚との関係を変化させる方法を見つけることは，深遠な経験たりうる。脱中心化するその瞬間に，我々は想起し……明晰に見るのである。マインドフルネスのその瞬間に，

トレーシーは思い出した。自分の呼吸（それはとても単純な活動である）にマインドフルになることで，彼女は現在に立ち戻った。そして，他の子どもたちと一緒に残りの活動に参加できたのである。MBCT-C プログラム全般にわたって，子どもたちは不安などの厄介な感情と，別のやり方で関わることを学ぶ。これは，五感を通してマインドフルネスを高めるエクササイズ（詳細は以下を参照）等を含む，通常のマインドフルネス実践を通じてなされるのである。

五感を通したマインドフルネスの習得

　第1セッションが終わるまでに，子どもたちは多くの新しい考え方に触れる。マインドフルになる練習を展開し維持するには，子どもたち一人ひとりがそうするための個人的な理由を見いださなければならない。その理由は子どもたちの日々の生活の中で見つかるだろう。記憶や期待，価値判断が点つなぎ絵に加えられないとき，当たり前の経験が変化を見せる。各エクササイズの紹介と実践後のやりとりを通して，セラピストがマインドフルネスを具体的に伝えることは重要である。セラピストは室内の落ち着きの度合いに注意を払い，子どもの持てる注意力を超えることがないようにしなければならない。これはどの活動にもあてはまる。セラピストがあまりにも長い間，場を制御していると，どのようなマインドフルネス実践も退屈なものになる。過度に制御することは，自由選択を明確に強調する姿勢に反することにもなる。その他の基本的なガイドラインは以下の通りである。

- 指示や説明は簡潔にする。言い過ぎるよりも言い足りない方がましである。
- 実際の体験に焦点を当てた記述を促し，体験についての分析的解釈は控えさせる。
- 実際の体験の記述が，評価，価値判断，反すう，分析，別の体験との比較とは異なるということに気づく機会を作る。
- 事細かな説明を与えるよりも，好奇心や探求心，アクセプタンスの姿勢

を伝授する。
- 批判や価値判断を避けることによって，アクセプタンスを促進する。
- 特定の子どもをあてて答えさせるのではなく，皆の参加を促す。
- 自由回答式の質問をする。質問の例には以下のようなものがある。
 「このエクササイズについて意見のある人はいますか？」
 「普段の歩き方との違いに気づいた人はいますか？」
 「マインドフルに聞く体験について話したい人はいますか？」
 「レーズンを食べたときに気持ちが飛んでいってしまっていたなんて，実に面白いですね。自分がそうしていることに気づいた後に，何が起こりましたか？」
 「そういう思考はだれか他の人の体験を変化させましたか？」

■呼吸へのマインドフルネス

　マインドフルな呼吸はマインドフルネス実践の入り口であり，一番の基本でもある。人間は呼吸をせずには生きていけないため，呼吸はマインドフルネスの格好の対象となる。呼吸へのマインドフルネスは少なくとも1セッションで2回は実践され，他のエクササイズにも要素として組み込まれている。我々は「マインドフルな3つの呼吸」と呼んでいる簡単なエクササイズから始めることにしている。その後の各セッションでは，このエクササイズを徐々に長くしていく（3回の呼吸を1ブロックとし，ブロックの合間に「休む」間を設ける）。さらに長いエクササイズ「3分間呼吸空間法」をセッション5で導入する。

　セラピストは，座ったまま最低でも5分間維持できる無理のない姿勢を子どもが見つけられるよう援助する。どこにどのように座るのかは各人が選んでよい。我々のグループの子どもたちの大半は，床に車座になって座ることを選ぶ。普段我々は固い座布団の上に脚を組んで座るが，低い椅子に座ったり，マットの上に横たわったりする方が好きな子どももいる。マインドフルネスのエクササイズで目を閉じたくない子どもは，無理にそうする必要はない。その代わりに我々は「半眼」（焦点を定めずに下方を見る）を勧める。

マインドフルな3つの呼吸　このエクササイズをガイドするために，最初は言葉による教示が用いられる。その後のセッションでは，言葉による教示は最小限にとどめる。鼻孔ではなく腹での呼吸に注意を向ける方が，たいていの子どもにとってやりやすい。とはいえ，子どもたちはどちらを選んでもかまわない。子どもがどちらかを選択したら，エクササイズの間はそれを続けさせる。我々はマインドフルな呼吸法を「腹式呼吸」のエクササイズと呼んでいる。子どもは成人と比べて自然と横隔膜で呼吸していることが多く，腹式呼吸の概念を理解しやすいようである。注意を集中する助けとして，片手を腹部に置くこともある。マインドフルな呼吸法に入る際には次のような言葉をかける。

　呼吸に注意を向けてみましょう。鼻での呼吸に集中してみるとよいでしょう。体の中に冷たい空気が入ってきて，少し温かくなって出ていくことに気づきます。あるいはお腹での呼吸に集中してもよいでしょう。空気が体に出たり入ったりするたびに，お腹がふくらんだりへこんだりするのを感じます。できる限り呼吸に意識を集中していましょう。空気が出たり入ったりするのをただ観察します。心がさまよい出ても大丈夫です。ただ，吸う息と吐く息に注意を戻せばよいのです。息を吸って，吐きます。自然と心がさまよい出て，考えの中に埋もれてしまうでしょう。それでも大丈夫です。それは心がしていることにすぎません。あなたの仕事は，注意が逸れていると気づくたびに，注意をそっと呼吸に戻すことです。「よく気づいたね」と自分に声をかけて，呼吸の観察を続けましょう。

3分間呼吸空間法　最近行われた MBCT-C の統制試験（Lee, 2006）の中で，多くの子どもが「3分間呼吸空間法」をマインドフルネスの活動で一番好きだと評価している。3分間呼吸空間法は，MBCT で用いられる3ステップのエクササイズである（Segal et al., 2002, p. 184 を参照）。3つのステップ——気づき（Awareness）・集中（Gathering）・拡大（Expanding）——を子どもが学習するにつれて，静かにマイペースでエクササイズを行うようになる。3つの頭文字を合わせた「AGE」は，幼い子どもが各ステップを覚えるのに役に立つ。

「気づき」は意識的に注意の姿勢をとることによって，今この瞬間に自分自身を位置づけることから始まる。子どもたちはこの第1ステップで，思考・感情・身体感覚をそれぞれ別個のものとして観察することを通して，今この瞬間に気づきを向けることを学ぶ。この段階を「身調べ」と呼ぶこともある。リラクセーションを促したり体験を何らかの形で変化させたりすることなく，ただ思考・感情・身体感覚をあるがままに認識するのである。「集中」段階では，呼吸に注意を向け直して，伝統的な呼吸集中瞑想へと移行する。はじめのうちは，こうした状態を1，2分だけ維持させる。最後の「拡大」段階では，注意を拡大して全身，感覚，姿勢，顔の表情などを意識することが求められる。さらに注意を拡大して，部屋にいる他の人たちの存在とその人たちに対する自分の位置を意識するよう促してもよい。

　我々は最初のうちは，この活動をその名の通り3分間持続するように勧める。その後，10分程度まで時間を延ばすことも可能である。我々の経験では，9～12歳の子どもが集中力を維持できるのは，通常は10分間が限界である。もちろん，子どもによって個人差はある。一般的に年長の子どもは，幼い子どもよりも長時間静かに座っていることができる。集中が切れるのが早い子どももいるので，セラピスト自身がマインドフルネス実践の準備をするためのプレセッションに子どもを参加させてもよいだろう。15～20分間セラピストと一緒に静かに座っていられる子どもも少数ながら存在する。

■身体へのマインドフルネス

　人はだれしも生涯を通じて一つの身体で生きる。思考はたびたび過去や未来にさまようが，身体は今現在に生きている。身体にマインドフルになることは，自身を現在につなぎ止める一つの方法である。我々は，MBSRとMBCTで用いられるものと同じようなボディースキャンのエクササイズの短縮版とヨガのポーズを実践する。その他にも，子どもたちへの適用を念頭に，いくつかの動きのエクササイズがMBCT-Cに加えられている。これらのエクササイズでは，身体感覚を価値判断するためではなく観察する練習をするために注意を内側に向ける。たとえば，ある日のボディースキャン・エクササイズでかゆみを感じると訴えた子どもには，掻かずにいたときに観察され

II 特定の集団への適用

た思考・感情・身体感覚を記述させることがある。

- 体のどこにかゆみを感じましたか。
- それはどのような感じでしたか。
- それはどのくらいの強さでしたか。
- かゆみの感覚と共に思考が生じましたか。
- 思考が多少なりとも感覚を変化させるかどうかを観察しましたか。
- かゆみに関する思考にとらわれたという感覚（感情反応）はありましたか。
- それらの感覚はかゆみの感覚に影響を及ぼしましたか。
- 体を動かしたり，掻いたりしたいという衝動はありましたか。
- かゆみを感じながら座っているという体験を言葉で表現することはできますか。
- 掻くことなくかゆみは消えましたか。

　プログラムの初期に，我々はマインドフルな注意を高めることは可能であることを示唆する。手始めに，輪になって座り，水を半分入れた紙コップを子どもから子どもへとマインドフルに渡すワークを行う。最初の時点では，水をこぼさないようにするという目標は，注意の課題としてはさほど難しくはない。2巡目にはコップに水を8分目ほどまで注ぐので，水をこぼさずに隣の子どもにコップを渡すためにはより注意を要する。3巡目にはほとんど満杯にして，コップを渡す前に照明を消す。すると子どもは，高度な協調運動に最大限の注意を払う体験をする。水をこぼしたらどうなるのだろうか？　クスクス笑いが起こり，少し水に濡れたところで，傷つく者はだれもいない。

　20〜30分も座っていると多くの子どもは落ち着きがなくなる。マインドフルな動きのエクササイズは，活動的になる機会を子どもたちに提供する。簡単なヨガのエクササイズを行う際には，子どもの自然な遊び心が表に出るように促す。たとえば，「猫と牛」と呼ばれるポーズをとるとき，「ニャーオ」「モー」といった鳴き真似を加えることでマインドフルな体の動きを増大させる。また，蓄積されたエネルギーのはけ口になるのと同時に，注意力

を育むエクササイズもある。子どもたちはこのエクササイズのために2人1組になる。一方の子どもが「リーダー」になり，もう一方がリーダーの動きにできるだけ合わせる。動きは速かったり遅かったり，なめらかだったりぎくしゃくしたり，リズミカルだったりランダムだったりする。2人の子どもができる限りお互いの動きを真似ることが課題である。リーダーが激しい動きをどんどん繰り出すにつれて，部屋の雰囲気は陽気さを増す。2人目の子どもが無理なペースを要求されて必死でついていこうとすると，2人ともクスクス笑い出す。2人1組で行う楽しいエクササイズには，「見えないボール」エクササイズもある。2人の子どもが任意のサイズ・重さ・色の，目に見えないボールを選ぶ。この目に見えないボールを好きなだけすばやく，あるいはゆっくり投げて，キャッチする。子どもたちはボールを投げ合いながら，自分と相手の動きに注意を向ける。あたかもボールが実際にそこにあるように，明晰に見るように努める。もちろん，ボールを落とさないようにすることが，このエクササイズをマインドフルネス課題たらしめると言える。

■マインドフルに食べる

　人がどれほど頻繁に自動操縦で機能しているかを意識するのに，食べるという活動は特に有益である。マインドフルにレーズンを食べる「レーズン・エクササイズ」（Semple, 2005 を修正）は，ゆっくりと意識的に注意を向けて行動することで日常の体験に新しい方法で関わることを子どもに教えるものである。レーズン・エクササイズは，特別な方法（意図的に，今この瞬間に，価値判断をしない方法）で注意を払うことによって，体験の質が実際にどのように変化するかを明示してくれる。それにより，マインドフルネスへの体験的理解を深めることが狙いである。臨床家ははじめに子どもにマインドフルな姿勢をとらせ，子どもたち一人ひとりにレーズンを数粒ずつ配り，次のような言葉をかける。

　これを手に取ってください。これを生まれて初めて目にする火星人に説明しなければならないつもりで，じっくり眺めてみましょう。これを見るときに紛れ込んでくる思考や古いイメージに，なるべく気づくようにしてくださ

い。それらがただの思考であることに気づき，それからあなたの注意をふたたびこの対象に向けます。色に着目しましょう。表面はどのように見えますか？ でこぼこしていますか，それともなめらかですか？ 乾いていますか？ しっとりしていますか？ 目と指を使って調べてください。柔らかいですか？ それとも硬いですか？ 溝にはパターンがありますか？ どの部分でも手触りは同じですか？ 重さはどれくらいですか？ 何か匂いはしますか？ 目や指や鼻を使って調べましょう。手の中にあるものに注意を向けていますか？ 準備ができたら，それを口に入れてみましょう。舌を使って調べます。舌の上で転がすと，口の中の場所によって味や感触が違いますか？ それを食べることを考えると，口の中で唾液が出てきますか？ 噛む前に何を味わっていますか？ 匂い？ 音？ 口の中に入れているうちに触感が変わりますか？ できる限りこのものから注意を離さずに，自分の思考も観察してください。あなたの思考はこれを飲み込んでもう一つ食べることを心待ちにしていますか？ あるいは口の中の感覚に注意を向けていますか？ そっと噛んでみてください。風味を味わいましょう。内側の食感は外側とは違いますか？ しっとり感や風味に違いはありますか？ すべての感触に注意を向けながら，ゆっくり噛みしめてください。噛んでいるうちに，喉へと滑り落ちていくのを感じます。それからずっと下まで行って，お腹に入ります。口の中の感覚にまた注意を向けましょう。今，口の中に別の味や風味がありますか？ まだ自分の思考と感情に注意を向けつづけていますか？ 数分前に比べて，自分の体がきっかりレーズン1個分重くなっているのを，感じることができますか？

■マインドフルに聞く

音は聞く人にとって異なる意味をもち，一つひとつの音が今この瞬間にしか存在しない。音はさまざまな感情反応を引き起こし，その反応は過去の経験，スキーマ，認知的解釈と関わっている。子犬を飼っている子どもが犬の吠える声を聞いたなら，その子どもはほほ笑み，自分のペットを思い出して幸せな気分になるだろう。しかし，飼っている子犬が最近死んでしまった子どもが同じ声を聞いたなら，その子どもは涙を流して，かわいがってい

たペットの死を悼むだろう。マインドフルに聞くエクササイズを行うことで，子どもは私的な「フィルター」への気づきを高め，特定の音に自分が付与する意味と感情がどのように関わっているのかということを，より深く理解する。耳から入る音と自分が出す音の両方を探究することを通して，子どもたちはより思考・感情・身体感覚を区別するスキルを向上させる。

耳から入る音

音楽はマインドフルに聴くことを教えるために容易に利用できる手段である。あるクラス内エクササイズでは，子どもたちはヨガマットの上に横たわり，さまざまなジャンルの音楽（ポップ，ロック，クラシック，ニューエイジ，カントリー・ウェスタンなど）の曲の一節（30〜60秒）を聴く。子どもたちがあまり聴いたことがないような世界各地の音楽を盛り込むことで，自動操縦状態を解除するプロセスを促進することができる。部屋の中にあるものが目に入って気が散ることのないように，明かりを暗くして音楽に注意を集中できるようにする。子どもたちの注意が耳から入る音へと，そしてそれをマインドフルに聴くことへと向かうように促す。マインドフルに聴くとき，音は音程，トーン，ボリュームのパターンとして体験される。音楽を聴きながら，生じてくる思考やイメージ，感情，身体感覚が何であれ注意を向ける。注意が逸れるたびに，子どもたちはそのことにただ気づいて，音を聴くことにそっと注意を向け直す。

それぞれの曲の一節を聴いた後で，自分のノートにイメージ，思考・感情・身体感覚を記録する。これに続くグループ・ディスカッションでその記録を共有する。たとえば，バラードを聴いて結婚式を（思考ないしはイメージの形で）連想したと言う子どもがいる。その子どもは楽しくなって（感情），気がつくとつま先でゆっくりとリズムを刻んでいた（身体感覚）。一方，同じ曲を聴いて葬式のイメージを思い浮かべたという子どももいた。その子どもはなんだか悲しくなって，全身が重たく感じられた。子どもたちは同じ音楽についての異なる体験を話し合うことを通じて，生活を作り上げているさまざまな出来事を体験するやり方に，価値判断や解釈がどれほど深い影響を及ぼしているのかを知る。マインドフルに聴くことは，「心のおしゃべり」に

ついて,そして聴いた音をどのように意味づけるかを決めている思考について,気づきを高めるのに役に立つ。

自分が出す音

　次のセッションで,子どもたちは作曲家と指揮者になって自分たちの音楽を作る機会をもつ。「オーケストラの指揮者」は交代で務め,指揮者以外の子どもは演奏する楽器を選ぶ。楽器の例としては,トライアングル,タンバリン,ドラム,ホルン,マラカスなどがある。このエクササイズのために高価な楽器を購入する必要はない。あらゆる音が音楽になることを学べるだろう。たとえば,2つの積み木から軽やかな打楽器の背景音が生まれる。水を半分まで入れたボトルは,水が動く心地よい音を生み出す。枕のドラムはボンゴのような面白い音がする。指揮者は自分たちだけのコンサートを盛り上げるために,さまざまな音(歌声や拍手など)を試してみるよう勧められる。

　指揮者に指名された子どもは独自の曲を作り出すために,演奏家(他の子どもたち)一人ひとりに対して,特定の順序で特定の楽器を演奏するよう指示を出す。その瞬間に感じたことを表現した1〜2分の曲を作るというのが,唯一の指示である。曲ができたら,子どもたちは自分の曲にタイトルをつけ,その音楽と関連する思考・感情・身体感覚を書き出す。指揮者の役割は子どもたちが持ち回りで務め,全員がさまざまな楽器を演奏する機会をもつ。グループ・ディスカッションでは,子どもたちの体験と曲のタイトルについて話し合う。たとえば,ある子どもは指揮をしたときにむしゃくしゃしていたので,楽器をできるだけ大きな音で一斉に鳴らすよう演奏家たちに指示して,耳障りな曲を作った。別の子どもは幸せな気分だったので,高くてソフトなトーンの楽器を選んで自分の曲を作った。耳から入る音のエクササイズの場合と同様に,自分が出す音はその人独自の思考やイメージ,感情,身体感覚を喚起する。怒りを感じていた指揮者役の子どもは,自分の曲に「ケンカ」というタイトルをつけた。その曲を一緒に作りながら聴いていた別の子どもは,そこから「陽気でエネルギッシュな感じ」というまったく異なる体験をする。その子はこの曲に「お祭り」というタイトルをつけたのである。それから子どもたちは同じ曲に異なる印象を抱くことについて話し合う。セラピ

ストは的を射た質問をすることで,ある重要なテーマを強化する機会を作る。それは,客観的な刺激（音）とその意味に関する解釈から,感情が生じるというものである。

　関連する自宅練習エクササイズでは,子どもたちは自分を取り巻く環境の音をもっと気をつけて聴くことを求められる。たとえば,学校から家まで歩く途中で鳥の声を耳にして足を止めたというように,「心地よい音」だと感じた出来事を記述する。子どもたちは音を聴いているときに生じる思考（「春が来た。外で遊ぶのにいい季節だ」など）,感情（喜び,幸福感など）,身体感覚（ほほ笑み,軽やかでエネルギッシュな感覚など）に気づく。あらゆる体験に自ら進んで注意を払っているときにはじめて,マインドフルネスは「機能する」のである。したがって,ゴミ収集車の音で目が覚めたというように,子どもたちが「不快な音」だと感じた出来事も記述する。この音はさまざまな思考（「トラックが行ってしまえばまた眠れるのにと思った」など）,感情（いら立ちや怒りなど）,身体感覚（歯ぎしり,こぶしを握るなど）を引き起こす。これらのエクササイズを実践することで,子どもたちは普段耳にする音に結びついた思考とその思考が体験に及ぼす影響について,もっと意識するようになる。音を快／不快で価値判断する代わりに,信念や期待,欲望を体験に交えることなくごみ収集車の音（圧縮機がゴミをすりつぶす音やブレーキがきしむ音など）をマインドフルに聴く練習をする。音を「快」ないしは「不快」なものとして定義することに力を注がなくなると,体験が変化するのである。

■マインドフルに見る

　人はいつの間にか一定の方法でものごとを見ることに慣れてしまう。美しいバラの咲く花壇,壮大な夕日,すばらしい山並み,愛くるしい子猫を見ることを好む。そして,見苦しい工場,おぞましいヘビ,汚らしいゴミの山を見ることを嫌う。我々はほとんど意識せずにある種のイメージを特定の形容詞と結びつけ,一瞥しただけでほぼ瞬時に価値判断を下す。移り変わりが激しく,ペースが早く,科学技術に動かされている現代社会では,周囲のものを見るためにペースを落とすことはほとんどできない。自分が何を見ているのかを判断することなく,ある対象を固有の形,色,サイズ,特徴からなる

集合体として見ることが、一体どれだけ頻繁にあるだろうか。マインドフルに意識しながら見るという実践は、歪みのある短絡的なレンズを、あるがままに明晰に見ることのできるレンズと取り替えることにつながる。マインドフルに見るということは、目にするものをただあるがままに注意深く観察し、受け容れることである。

我々を取り巻く環境の中にどんなにすばらしい有益な事柄があったとしても、それに注意を向けないだけで完全に見落としてしまう。自分は「何もかも」見ていて、何一つ見落としていないという信念をもって、プログラムに臨む子どももいる。毎日使っていて馴染みのある自分の持ち物を記述するように言うと、ほとんどの子どもはその対象を正確かつ詳細に記述できると答えるだろう。マインドフルに見るエクササイズの一つに、自分が日常的に使っている物を記憶を頼りに描くというものがある。テレビ、電話、ゲーム機、お気に入りのペン、ランドセル、ベッド、目覚まし時計などがよく選ばれる。子どもたちは絵を家に持ち帰って実物と見比べ、絵の中で位置が違っていたり、歪んでいたり、見落としていたりする箇所をすべて修正する。次回のグループ・ディスカッションで、子どもたちは「新しく修正を加えた」絵を互いに見せ合い、このエクササイズから学んだことについて検討する。大半の子どもは、自分が完全に見落としていた細部があまりにも多いことや、位置関係や実際の形や色が、記憶していたものと実物ではどれほど異なっているかに驚く。絵を描いてみると、マインドフルに見ることを実践していないときに、自分がいかに自動操縦状態で活動しているかということがわかる。

自宅練習エクササイズのために、子どもたちは自分を取り巻くさまざまな環境——家庭、学校、公園、スクールバス——についてもっとマインドフルになり、観察して気づいたことを書きとめるよう指示される。子どもが「今まで○○に気づかなかった」と報告するとき、その子は意識的にマインドフルネスを高めてものごとを見ることを選択していると言える。毎日座っている椅子の形を、今まで一度も気にとめたことがなかった子どもがいる。自分の寝室にある絨毯がどのような模様なのか、知らなかった子どももいる。ある子どもは、教室の後ろにかかっている世界地図を今まで一度も見たことがなかった。目を向ける行為を実際に繰り返すことで、人は見ることを学ぶ。

見るという行為を通じて，我々は身の回りの驚くべき世界を再発見するのである。

マインドフルに見るエクササイズには，さまざまな目の錯覚を利用したものもある。たとえば，絵を1枚ずつ子どもに見せて，見た物をノートに書かせる。「若い女性とおばあさん」のだまし絵を見せると，若い女性の横顔が見えるという子どももいれば，おばあさんの顔が見えるという子どももいる。一通り済んだら，ふたたび絵を1枚ずつ見ながら話し合う。たいていの子どもは，指摘されない限りもう一つのイメージを見ることができない。絵をじっと見て，注意をあるイメージから別のイメージに意識的に転換するように子どもたちを促す。このようにすると，子どもは2つのイメージを同時に見るのは不可能であることにも気づく。目に見えるのは，直接注意を向ける対象として自分が選んだイメージなのである。体験との関わり方は自分で決めているのだということを，子どもは文字通り目の当たりにする。今この瞬間にマインドフルになる練習をすることによって，子どもは自動操縦状態から抜け出す自由を体験する。

■マインドフルに触れる

触覚は生きるうえで欠かせないものである。新生児はある意味で，身体的接触を通じて母親と絆を結んでいる。子どもは成長に応じて，触覚を通じて周囲の世界に関して多くのことを探究し，学んでいく。子どもは接触を繰り返しながら，日々体験する数々の感覚を分類し，推測することを学ぶ。ストーブやカタツムリのように，熱かったりねばねばしていたりするものを避けることを学習する。ふわふわした子猫やシルクのスカーフのように，柔らかかったりなめらかだったりするものに惹かれる感覚を学習する。ある対象を快ないしは不快なものとして判断した瞬間，我々はその対象に注意を払わなくなる。そのため，さらに大きな気づきとマインドフルネスを生活の中にもたらす機会を失うことになる。自分の着ている物の，さまざまな布地の風合いや体に触れる感触をマインドフルに意識する機会が，我々にはどのくらいあるだろうか。むき出しの肌にあたる陽光や風の感触に，どのくらい注意を払っているだろうか。

マインドフルに触れることを学ぶために，子どもたちはラベルを付けたり価値判断したりせずに，触感に気づく練習をする。あるエクササイズでは，我々はさまざまな物——松ぼっくり，すべすべした石，紙やすり，ヘアブラシ，ベルベットの布きれ，ゴム製のおもちゃ——を集める。見慣れないものであればあるほどよい。軽石の重さは見かけとは大きく異なる。触覚に焦点を絞るとき，軽石の重みと見かけとの驚くべきギャップは，記述と価値判断との違いを明確化するのに役立つ。

1人の子どもに目隠しをし，手のひらにある物を置く。目隠しをされた子どもは触覚だけを頼りにそれが何であるかを探る。子どもには，その物を言葉で記述し，名前を付けたり価値判断したりしないよう声をかける。他の子どもたちは「観察者」なので，その物を見ることはできるが触れることはできない。観察者は，記述が価値判断になっているときにそれに気づく手助けをする。目隠しをされた子どもが「気持ち悪い」「手触りがイヤ」「手触りがいい」などと反応したら，観察者はその言葉は記述ではなくむしろ個人的な価値判断であることをフィードバックする。価値判断せずに記述することが困難な場合には，観察者が質問をして助け船を出すとよい。その物は柔らかいか硬いか，ざらざらしているかなめらかか，熱いか冷たいか，湿っているか乾いているか，重いか軽いか，ふわふわしているかチクチクしているかといったことを尋ねるのである。また，観察者は対象の色などに関して視覚を介して得た知識を，共通理解に役立てることもできる。子どもたちは順番にこの役を務め，それぞれ異なる物にマインドフルに触れる練習を全員ができるようにする。このエクササイズは記述と価値判断の区別を助けるともに，一つの感覚モードだけでは対象や出来事に関して完全な情報を得ることができないという事実を強化する効果もある。

関連する自宅練習エクササイズとして，家庭にあるさまざまな物に対してもっとマインドフルになってみるよう子どもたちを促す。これらの物に子どもたちはこれまで何度も触れてきているはずだが，その質感，形，サイズ，温度，重さ等についてまるで初めて触れたかのようにマインドフルに探究することができる。たとえば，ある子どもは白いコットンのボールにマインドフルに触れ，それを軽くて丸くて柔らかく，触り心地が良くてふわふわし

ていると記述する。彼女は一つひとつの思考を記述と価値判断とに分類する。そうすることで，記述と価値判断を区別する練習をさらに進めることができる。彼女はコットンのボールに触れながら，さらに自分の思考・感情・身体感覚の観察を続ける。自分が飼っている柔らかくてふわふわした白い犬を連想していることに気づき，リラックスして幸せな気持ちになっていることを自覚する。通常，コットンのボールは幸せな気分を与えるものとして知られたものではないため，思考にはそのような形で体験に影響を及ぼす力があることを子どもは学習する。全体的に見れば，マインドフルに触れるエクササイズは，触覚に全面的に注意を向け，触覚から生じる思考を観察し，そしてそれらのことを価値判断を抜きに行う機会をもたらす。こうして人はものごとを明晰に見るようになるのである。

■マインドフルに嗅ぐ

　嗅覚は，最も初期に発達する感覚と言える。これは生存に欠かせない感覚であり，体に良い食べ物と有害な食べ物を区別するのに役に立つ。赤ん坊は十分に発達した嗅覚をもって生まれるが，匂いを識別する能力は一般的に年齢と共に低下する。おそらくは嗅覚が感情をつかさどる脳領域（扁桃体と視床下部）と関連していることに起因して，感情価を伴う記憶が嗅覚をきっかけに蘇ることがよくある。焼きたてのパンの匂いは家庭の台所を思い起こさせる。ある種の香水は知人のあの人を思い出させる。その香水の匂いは，あるがままに体験されているのではなく，特定の人物に関する思考と感情を引き起こしている。記憶にとらわれているとき，人は今この瞬間にマインドフルにはなっていないのである。マインドフルに匂いを嗅ぐエクササイズは子どもたちには難しいが，それは匂いという感覚の記述が非常に難しいことに起因する。我々はたいていの場合，「刈り取ったばかりの草のような匂い」「チョコレートみたいな匂い」などというように，ある匂いを別の匂いになぞらえることによって記述する。匂いを嗅ぐ行為と何の匂いかを判断するプロセスは2つの異なる活動だということが，マインドフルに匂いを嗅ぐエクササイズの本質的なメッセージである。自動操縦状態ではなしえない他の活動と同様に，マインドフルに匂いを嗅ぐことで実体験が変化することもある。

セラピストはセッションが始まる前に，挽いたコーヒー豆，酢を含ませたコットン，香水，花，シナモンの枝，ショウガ，ディル，クローブ，カンファー（樟脳），アロマ入りの石けんやローションなど，いくつかの香りのサンプルを選んでおく。特に強い匂いに対しては，子どもたちはすぐに価値判断を示すものなので，記述する言葉を見つけるために多少手を貸す必要があるかもしれない。プラスチックのフィルムケースなど，匂いが漏れない容器に各アイテムを一定量入れる。短時間ならジッパー付きのポリ袋を使ってもよいが，毎回セッションが始まる前に新調する必要がある。

一度に一つの匂いをグループ内で順番に嗅いでいく。子どもは各自その匂いを嗅ぎ，一言でその匂いを記述し，匂いに関連する思考・感情・身体感覚をノートに書きとめる。風船ガムの匂いをただ嗅ぐことと，その匂いの魅力を価値判断することを区別するのは，幼い子どもには難しい。話し合いの中で，体験に関する価値判断は体験そのものとは別であることを強調していく。

マインドフルに嗅ぐための自宅練習エクササイズは，家庭の食卓で容易に実行することができる。このエクササイズを自宅で行い，観察結果を記録しておくよう子どもに促す。このエクササイズの準備として，以下のような指示を子どもたちに与えるとよい。

　おうちで食事をとるときに，マインドフルに匂いを嗅ぐエクササイズを毎回やるようにしましょう。夕食の前に少し時間をとって，自分の皿にあるさまざまな食べ物の匂いをマインドフルに嗅ぎます。以前は気づかなかった匂いにはどのようなものがありますか？　その匂いを頭の中でどのように記述していますか？　目の前にあるさまざまな食べ物の匂いをマインドフルに嗅いだとき，どのような身体感覚が感じられますか？　食事を始めたら，引きつづき匂いに注意を集中してください。それぞれの食べ物について，匂いや味がどのように異なり，なおかつ一つにまとまっているかということに，注意を向けましょう。気づいたことをマインドフルネス・ノートに書きとめましょう。

結　論

　人生には苦しみがつきものである。都合の悪い出来事が重なって厄介な事態に陥ることもある。ストレスがたまるとき，不安に満ちているときなど，つらいときというのはいつか必ず訪れるものである。この現実を回避しようとしても無駄であり，さらなる不安を生み出すだけである。避けがたい人生の栄枯盛衰に対処するもう一つの戦略は，あらゆる体験をマインドフルに受け入れることである。マインドフルネスは人生の難局のさなかにあっても幸せでいる機会をもたらす可能性を秘めているのである。

　子どもはMBCT-Cプログラムの中で，破滅的なシナリオを頭の中で作り上げることが不安を悪化させるということを学ぶ。体験を価値判断することは体験そのものとは異なるということを知る。価値判断を下す思考によって困難な体験の苦痛が増すということを学ぶ。信念や期待，欲望を自分だけの点つなぎ絵に組み込んで，今この瞬間の体験を歪めていることがいかに多いかということを，もっと意識するようになる。子どもたちが思考をただの思考として，感情をただの感情として，身体感覚をただの身体感覚として体験するための土台を提供するのが，我々の役目である。子どもたちはマインドフルネスの練習を通じて，人生の一瞬一瞬に選択ポイントがあることを知る。マインドフルであることは，自分と周りの人々にとって最善の選択ポイントを認識するのに役に立つ。そして，明晰にものごとを見ることで，子どもは自分の生きる道を選択する自由を得る。

　最終セッションでは，子どもたち全員に，「犬が教えてくれること」という資料を配る。犬は現在に焦点を合わせており，失望をすぐに忘れることができ，未来を思い煩うことなく，楽しく熱心に他者と交わり，生涯を喜びに満ちたものとして体験する。子どもにとってマインドフルネスは，これと同じような気づきと熱意と共感的な喜びをもって自分の人生に関わるための手段となる。だが，どの子どもも（そして成人も）苦心するのは，マインドフルネスは教えられて身につくものではなく，それが個人的な体験とたゆまぬ練習を通じて学びうるものであるという点である。

メンタルヘルスの専門家は，マインドフルネスがメンタルヘルスのあらゆる問題を解決する万能薬ではないことを頭に入れておく必要がある。マインドフルネスに基づくアプローチを用いた臨床介入の有効性に関してはエビデンスが次々と上がっているものの（Baer, 2003），マインドフルネスとは何か，どのような技法や実践がマインドフルネスの向上を助けるのか，あるいは，マインドフルネス技法の実践から期待される成果はどのようなものかということに関して，一貫した研究結果はほとんど得られていない。マインドフルネスに基づく心理療法と薬物療法ないしは併用療法を比較した研究も，発表されていないのである。とはいえ，マインドフルネスに基づく心理療法と抗不安薬による薬物療法を併用することについては，明白な禁忌はない。

　注意とは，自分を取り巻く世界を意識的に体験するメカニズムであり，我々一人ひとりの現実の創造を導く水路である。最も簡単に言えば，マインドフルネスの練習は注意のトレーニングである。注意を払っていないというだけで，我々はあまりにも自分を制限してしまっている。マインドレスな状態にあるとき，我々は誤った信念にとらわれ，現実についてのあやふやな期待を抱き，そこに達成不可能な望みを付け加える。マインドフルネスは知覚の扉を浄め，クライエントの人生だけでなく我々自身の人生も豊かにするための手段となる。ものごとのあるがままの姿，つまり無限を見る体験が，心理学的健康として従来見なされているものをはるかに超えた，恩恵に溢れた心的状態に帰着するとしても，驚くべきことではない。

引用文献

Achenbach, T. M. (1991). *Manual for the Child Behavior Checklist: Ages 4-18 and 1991 profile.* University of Vermont, Department of Psychiatry, Burlington, VT.

Baer, R. A. (2003). Mindfulness training as a clinical intervention: A conceptual and empirical review. *Clinical Psychology: Science and Practice,* 10, 125-143.

Barlow, D. H. (2002). *Anxiety and its disorders: The nature and treatment of anxiety and panic* (2nd ed.). New York: Guilford.

Beck, A. T. (1976). *Cognitive therapy and the emotional disorders.* New York: International Universities Press. (アーロン・T・ベック『認知療法――精神療法の新しい発展』大野裕訳，岩崎学術出版社，1990年)

Bishop, S. R., Lau, M., Shapiro, S., Carlson, L., Anderson, N. D., Carmody, J., et al. (2004). Mindfulness: A proposed operational definition. *Clinical Psychology: Science and Practice*, 11, 230-241.

Chavira, D. A., Stein, M. B., Bailey, K., & Stein, M. T. (2004). Child anxiety in primary care: Prevalent but untreated. *Depression and Anxiety*, 20, 155-164.

Gaines, R. (1997). Key issues in the interpersonal treatment of children. *The Review of Interpersonal Psychoanalysis*, 2, 1-5.

Goodman, T. A. (2005). Working with children: Beginner's mind. In C. K. Germer, R. D. Siegel, & Paul R. Fulton (Eds.), *Mindfulness and psychotherapy* (pp. 197-219). New York: Guilford.

Greco, L. A., Blackledge, J. T., Coyne, L. W., & Ehrenreich, J. (2005). Integrating acceptance and mindfulness into treatments for child and adolescent anxiety disorders: Acceptance and commitment therapy as an example. In S. M. Orsillo & L. Roemer (Eds.), *Acceptance and mindfulness-based approaches to anxiety: Conceptualization and treatment* (pp. 301-322). New York: Springer Science.

Kabat-Zinn, J. (1994). *Wherever you go, there you are: Mindfulness meditation for everyday life*. New York: Hyperion. (ジョン・カバットジン『マインドフルネスを始めたいあなたへ──毎日の生活でできる瞑想』田中麻里監訳，松丸さとみ訳，星和書店，2012 年)

Kaslow, N. J., & Racusin, G. R. (1994). Family therapy for depression in young people. In W. M. Reynolds & H. F. Johnston (Eds.), *Handbook of depression in children and adolescents: Issues in clinical child psychology* (pp. 345-363). New York: Plenum.

Kessler, R. C., Nelson, C. B., McGonagle, K. A., Liu, J., Swart, M., & Blazer, D. G. (1996). Comorbidity of DSM-III-R major depressive disorder in the general population: Results from the US National Comorbidity Survey. *British Journal of Psychiatry*, 168, 17-30.

Lau, M. A., & McMain, S. F. (2005). Integrating mindfulness meditation with cognitive and behavioural therapies: The challenge of combining acceptance- and changebased strategies. *Canadian Journal of Psychiatry. Revue Canadienne de Psychiatrie*, 50 (13), 863-869.

Lee, J. (2006). *Mindfulness-based cognitive therapy for children: Feasibility, acceptability, and effectiveness of a controlled clinical trial*. Unpublished doctoral dissertation, Columbia University, Teachers College, New York.

Lee, J., Semple, R. J., Rosa, D., & Miller, L. (2008). Mindfulness-based cognitive therapy for children: Results of a pilot study. *Journal of Cognitive Psychotherapy*, 22 (1), 15-28.

Noshpitz, J. D., & King, R. A. (1991). *Pathways of growth: Essentials of child psychiatry: Vol. 1. Normal development; Vol. 2. Psychopathology*. New York: John Wiley.

Rani, N. J., & Rao, P. V. K. (1996). Meditation and attention regulation. *Journal of Indian Psychology*, 14, 26-30.

Segal, Z. V., Williams, J. M. G., & Teasdale, J. D. (2002). *Mindfulness-based cognitive therapy for depression: A new approach to preventing relapse*. New York: Guilford. (Z. V. シーガル，J. M.

ウィリアムズ, J. D. ティーズデール『マインドフルネス認知療法——うつを予防する新しいアプローチ』越川房子監訳, 北大路書房, 2007 年)

Semple, R. J. (1999). *Enhancing the quality of attention: A comparative assessment of concentrative meditation and progressive relaxation.* Unpublished master's thesis, University of Auckland, New Zealand.

Semple, R. J. (2005). *Mindfulness-based cognitive therapy for children: A randomized group psychotherapy trial developed to enhance attention and reduce anxiety.* Unpublished doctoral dissertation, Columbia University, New York.

Semple, R. J., Reid, E. F. G., & Miller, L. F. (2005). Treating anxiety with mindfulness: An open trial of mindfulness training for anxious children. *Journal of Cognitive Psychotherapy: An International Quarterly,* 19, 387-400.

Shaffer, D., Fisher, P., Dulcan, M. K., & Davies, M. (1996). The NIMH diagnostic interview schedule for children version 2.3 (DISC-2.3): Description, acceptability, prevalence rates, and performance in the MECA study. *Journal of the American Academy of Child and Adolescent Psychiatry,* 35, 865-877.

Siegler, R. S. (1991). *Children's thinking* (2nd ed.). Upper Saddle River, NJ: Prentice-Hall.（ロバート・S・シーグラー『子どもの思考』無藤隆ほか訳, 誠信書房, 1992 年)

Teasdale, J. D. (2004). Mindfulness-based cognitive therapy. In J. Yiend (Ed.), *Cognition, emotion and psychopathology: Theoretical, empirical and clinical directions* (pp. 270-289). New York: Cambridge University Press.

Teasdale, J. D., Segal, Z. V., Williams, J. M. G., Ridgeway, V. A., Soulsby, J. M., & Lau, M. A. (2000). Prevention of relapse/recurrence in major depression by mindfulnessbased cognitive therapy. *Journal of Consulting and Clinical Psychology,* 68, 615-623.

U.S. Department of Health and Human Services. (1999). *Mental health: A report of the Surgeon General.* Rockville, MD: U.S. Department of Health and Human Services, Substance Abuse, and Mental Health Services Administration, National Institutes of Health, National Institute of Mental Health.

Valentine, E. R., & Sweet, P. L. G. (1999). Meditation and attention: A comparison of the effects of concentrative and mindfulness meditation on sustained attention. *Mental Health, Religion and Culture,* 2, 59-70.

第5章
小児慢性疼痛のための アクセプタンス&コミットメント・ セラピー

リカード・K・ウィックセル

ローリー・A・グレコ

　本章では，慢性ないしは反復性の疼痛とそれに伴う障害を抱える青少年のための治療アプローチとして，アクセプタンス&コミットメント・セラピー（ACT；Hayes, Strosahl, & Wilson, 1999）を紹介する。まず，慢性疼痛症候群の概要と，エビデンスに基づく小児慢性疼痛の既存の治療法の概要を述べる。そして，ACT を小児医療の行動医学的アプローチの一環と位置づけ，ACT に沿った行動アセスメントと ACT の手法を，小児疼痛の患者とその家族に特有の心理社会的問題に合わせて修正するための提案を行う。最後に，小児疼痛に焦点を当てた臨床実践と実証研究に ACT を組み込むための今後の方向性を示したい。

小児慢性疼痛

　国際疼痛学会（IASP）によれば，疼痛は「実際に何らかの組織損傷が起こったとき，またはその可能性があるときに生じる，不快な感覚や不快な感情体験」であると定義される（Merskey & ISAP, 1979）。頭痛，腹痛，筋骨格痛

などの慢性ないしは反復性の（つまり，3ヵ月以上持続するか繰り返す）疼痛症候群は子どもと青少年に広く見られ，有病率は 15 〜 32％である（El-Metwally, Salminen, Auvinen, Kautiainen, & Mikkelsson, 2004）。慢性疼痛を抱える青少年 1 人あたりの平均コストは，1 年で約 8,000 ポンド（13,800 米ドル）にのぼる（Sleed, Eccleston, Beecham, Knapp, & Jordan, 2005）。小児慢性疼痛は感情障害（不安やうつ）を併発することが多く，活動制限，不登校，学業困難，友人関係の問題を伴う（Greco, Freeman, & Dufton, 2006；Palermo, 2000）。さらに，小児疼痛の患者の一部は初回評価後の数ヵ月ないしは数年にもわたって，著しい能力障害や機能障害を呈する（Brattberg, 2004；Palermo, 2000）。

慢性疼痛症候群の理解は大幅に進んできているとはいえ，原因不明の長期的な疼痛に悩まされている患者が依然として相当な割合を占めている。つまり，慢性疼痛のある子どもの大部分は，明らかな疾患もなく，報告される症状の根底に代謝的・生化学的・構造的な異常の証拠もないまま，疼痛の持続や再発のエピソードを体験しているのである（「疼痛症候群」「特発性疼痛」「原因不明の疼痛」と呼ばれることが多い）。しかし，医学的所見に関係なく，子どもは自分の疼痛を組織損傷の結果として体験するため（侵害受容入力），医師から「どこも悪くないよ」など素っ気ないフィードバックを与えられたとしたら，認証されていない感じを受け取るであろう。特発性疼痛は鎮痛剤やその他の薬物による治療に反応しないことが多い。さらに，疼痛症状とそれに付随する能力障害が子どもとその家族に不安や欲求不満，絶望感を引き起こすこともある。

子どもと親の苦痛は，不確実さに耐えるウィリングネスの欠如と相まって，過剰な治療を求めたりコストのかかる医療を受けたりすることに拍車をかける可能性がある。なかには医療提供者から普通の活動を再開するように勧められても，日常的機能の顕著な障害を示しつづける子どももいる。子どもが主観的に疼痛を感じ，家族がその原因を探ることが続いた末に，「私（あるいは私の子ども）はどこが悪いのだろう？」「医師にはなぜこれがわからないのだろう？」などといった問いの答えを得ようとして，過剰な医学的治療に耐え忍ぶ子どももいれば，「この痛みが消えるまではまともな生活を送ることはできない」という信念にとらわれる若者もいる。親もこの考えを強化し，

さらに親自身が「子どもの診断を見つけなければならない。子どもがよくなるまで私たちの生活は後回しにしよう」という信念に強くしがみつくこともある。

医学的検査によって苦痛の器質的原因に関する理解が明らかとなったり、長期的な症状についての明確なアドバイスが得られたりしないような場合には、家族がますます苦悩して、医療システムへの不信感を募らせることもよくある。医療提供者の側でも、臨床像が捉えにくくて標準的な医療に反応しにくい患者に関わる際には、絶望感やフラストレーションを感じることがある。それゆえ、特発性疼痛をもつ子どもの効果的な治療には、多くの場合、行動医療のコンサルタントや臨床家が欠かせないのである。

■エビデンスに基づく治療

慢性疼痛症候群の有病率の高さ、経済的負担、個人的な苦痛の強さのどの点から見ても、若い患者とその家族のための、機能改善と障害軽減を目的とした効果的な治療アプローチの開発は急務の課題である。急性疼痛の治療とは対照的に、慢性疼痛の緩和には薬物療法という方略は機能せず、患者の機能と生活の質を高める効果がほとんどないことが多い。したがって、通常最適な治療とされるのは、医師とメンタルヘルスの専門家の他に、ナース・プラクティショナー*や理学療法士を（必要に応じて）加えた、学際的チーム・アプローチである。

頭痛（Holden, Deichmann, & Levy, 1999 など）、反復性腹痛（Janicke & Finney, 1999 など）、特発性筋骨格痛（Eccleston, Malleson, Clinch, Connell, & Sourbut, 2003 など）、疾患関連疼痛（Walco, Sterling, Conte, & Engel, 1999 など）をはじめとするさまざまな疾患を呈する青少年の慢性疼痛をケアするうえで、認知行動療法（CBT）が特に有望であることを示唆する研究がある。慢性疼痛のための CBT は、教育、リラクセーション、バイオフィードバック、オペラント技法、スキル・トレーニング、目標設定（Turk, Meichenbaum, & Genest, 1983）など多様な技法を盛り込

訳注＊　上級看護師資格の一つ。修士レベルで、診断・処方などができる。日本ではまだ制度化されていない。

んだ、広域スペクトラム療法である**。伝統的に、CBT における慢性疼痛管理の第一目標は、疼痛と精神的苦痛を軽減して全般的機能を高め、身体的・社会的活動を促進することにある。

行動と認知の歴史の中で、疼痛をコントロールする試みがかえって疼痛と障害の悪化を招きかねないのに対して、疼痛の受容は身体的・感情的機能の向上につながることを示すエビデンスが増えつつある（Hayes, Bissett, et al., 1999；McCracken & Eccleston, 2003）。成人（Dahl, Wilson, & Nilsson, 2004；McCracken, Mackichan, & Eccleston, 2007；McCracken, Vowles, & Eccleston, 2004；Wicksell, Ahlqvist, Bring, Melin, & Olsson, 2008 など），児童期・青年期（Greco, Blomquist, Acra, & Moulton, 2008；Wicksell, Melin, Ahlqvist, Lekander, & Olsson, 2008；Wicksell, Melin, & Olsson, 2007 など）の双方で，ACT のようなアクセプタンスに基づくアプローチによる慢性疼痛治療の有効性を支持する実証研究が多数示されている。何と言っても，ACT をはじめとするアクセプタンスに基づく心理療法は，疼痛や思考・感情・身体感覚などのネガティブに評価された私的出来事を体験することへのウィリングネス（つまり、疼痛のアクセプタンス）を強調するという点で、伝統的な CBT とは異なっている。ACT におけるアクセプタンスとは、身体的・感情的苦痛をコントロールするという，無益で時に破壊をももたらす努力を放棄し，代わりに変化に開かれた意味ある生活に真摯に取り組むことを意味する。ACT では症状の緩和を一義的な目標としない。かりに症状が緩和されたとしてもそれは治療の一時的な副産物であって，意味ある生活を作り出す能力に影響を及ぼすものとは見なされないのである。

ACT は，心理的柔軟性すなわち「意識的な人間存在として今この瞬間に十分に接触し、価値ある結果をもたらすかどうかに基づいて行動を変化させたり、維持したりする能力」（Hayes, Luoma, Bond, Masuda, & Lillis, 2006, p.7）を高めるために、アクセプタンスとマインドフルネスの介入を用いる。また、認知的フュージョンや体験の回避など、価値に沿った行動をとる能力を妨げがちな臨床関連プロセスを弱めるためにも，そうした ACT の介入手法が用いら

訳注** 広域スペクトラムとは薬理学用語で「さまざまな病原体に効果のある」という意味。ここでは，多様な原因で生じる慢性疼痛全般に効果を発揮しうることを表現している。

れる。Hayes らによれば「認知的フュージョン」とは，私的出来事の内容に固執して，その体験が文字通りの真実であるかのように反応する傾向のことである。文脈によっては，認知的フュージョンから，体験の回避という役に立たない次元，すなわち，私的体験を回避，管理，コントロールしようとする試みが生じる（Hayes et al., 2006）。その定義に従うなら，漸次的な筋肉のリラクセーション，イメージ法，認知的再体制化などの疼痛管理方略は，内的体験を管理ないしはコントロールする試みを表しており，体験の回避の一例と見なしうるのである。

■行動医学的アプローチの導入

痛みの感覚が十分に理解されることも，効果的に治療されることもない場合には，行動医学的アプローチは特に重要である。そのような場面で欠かせないことは，症状から適応的な機能，あるいは生活の質（QOL）へと焦点を移すことであるが，それはいずれも ACT で強調されていることである（Robinson, Wicksell, & Olsson, 2004）。標準的な医療は，それぞれに異なる痛みや障害の主観的体験に重要な役割を果たす心理社会的要因には，効果的に対処することができない。そもそも，具体的な薬物処方と結びつけることができるような特定可能な疾患や器質的原因は存在しないため，医学的介入だけでは不十分である。行動医学的アプローチでは器質的要因が考慮される一方で，誘発刺激，疼痛行動，強化的結果の間の相互作用が強調され，アセスメント，事例概念化，治療計画の指針として用いられる。

「真の」行動医学的アプローチとは，疼痛症候群のタイプ（腹痛，頭痛，筋骨格痛など）に応じてうまく編成された治療チームによって成り立ち，それは医師，ナース・プラクティショナー，メンタルヘルスの専門家，（必要に応じて）生理学者などから構成される。理想を言えば，治療チームのメンバーは，疼痛と障害の起源，治療の最終目的，それぞれの患者に最も効果の高そうな介入について基本的な考え方を共有していることが望ましい。ACT に関する治療チームの教育と学際的チーム・アプローチの補助資料としては，ロビンソンが論じる方略（本書の第 11 章を参照）が特に役に立つだろう。

我々の経験では，ACT の原則を踏まえた統合的な行動医学的アプローチ

は，慢性ないしは反復性の疼痛を抱える小児患者にとって，機能回復のための効果的な治療法であると言える。このアプローチの根底にあるのは3つの中核的な前提である。①体験の回避，すなわち慢性ないしは反復性の身体的・感情的苦痛を避けようとする試みは，長期的な能力不全や精神的苦痛の可能性を著しく高める。②慢性疼痛集団の臨床ではエクスポージャーが中心となる。③疼痛管理と症状軽減は，症状に対する持続的でポジティブな効果が得られにくいため，アクセプタンスと適応的機能の方が優先される。しかも，疼痛の軽減と機能回復との明白な因果関係はないようである。

　我々がそれぞれ小児疼痛患者の臨床に着手しはじめた頃，さっそく潜伏していたジレンマが顕在化した。小児患者に対するエクスポージャー療法は，症状の緩和が生じない場合には抵抗に遭うことが多いのである。その点，個人的な価値を強調するという点で，ACT は我々の患者に適しているように思われた。動機づけを高めて困難なエクスポージャー・エクササイズを推し進めるために，この価値を用いることができるからである。本章で取り上げる臨床モデルが依拠したのは，ACT の原則の他に，特発性疼痛と疼痛関連障害の効果的治療に関する前提であった。

- 原因不明の慢性疼痛（特発性疼痛）は非常に不快ではあるが，危険なものではない。疼痛の知覚は，治療を要する末梢的病態生理学的プロセスから生じるのではなく，不適切な中央処理システム（誤警報）から生じる。
- そうした不快な私的出来事の回避は，疼痛を引き起こしかねない重要な活動の回避につながり，それが生活の障害をもたらす。価値ある活動に従事しないことが，しだいに有害な影響をもたらすようになる。
- 誤警報を引き起こす活動の回避によって，しだいに疼痛の閾値が下がり，刺激への過度な警戒や疼痛感覚の増大をもたらす。
- 疼痛や精神的苦痛の回避は価値ある活動の減少を導く。それが疼痛関連障害の発現の中核であり，治療の第一の標的となる。
- 慢性疼痛と精神的苦痛を抱えている人は，ネガティブな私的出来事（疼痛，不安，悲しみ，恐れなど）があってもなくても，活力に満ちた生活を

送ることができる。
- 心理的柔軟性が高まると，行動レパートリーが広く柔軟になる。ACTでは，価値に方向づけられた行動と生きる活力を特徴とした，幅広い行動レパートリーの育成が強調される。

行動医療サービスに対する医療者の基本的な考え方の紹介に続いて，小児疼痛患者とその家族に対する行動的アセスメントの方法について以下に概観する。

疼痛行動の行動的アセスメント

ACT の介入を開始する前に，医療機関の頻回な受診，不登校，学業困難，友人関係の問題，緊張した家族関係，活動の制限，社会的引きこもり，座位行動の多さといった形で表れやすい疼痛関連の障害の機能を同定するために，我々は基本的な行動原理を用いる。行動分析は，疼痛と障害との関連性を理解する枠組みとして役に立つ (Fordyce, 1976)。学習理論に基づけば，苦痛な体験の回避は短期的には苦痛の軽減をもたらす。この強化的効果は急性疼痛には適しているが，慢性疼痛ではそれと同等の持続的な症状改善をもたらすことはない。慢性疼痛の患者にとって，身体的・感情的不快感をただちに緩和することが目標である場合，回避行動は短期的には「機能的」である。しかし，長期的に見れば，嫌悪的な私的出来事の回避は生活を狭め，能力を妨げるような影響を及ぼすことが多い。

臨床家が子どもの疼痛症状の範囲を特定する質問をすることもあるが，アセスメントの第一の目的は，子どもと家族が疼痛エピソードにどのように反応するか，その行動反応が価値に基づく生活と生きる活力をどのように妨げているのかを見きわめることにある。それゆえ，初期評価セッションでは以下のことを目標とする。①身体的・感情的苦痛に関する子どもの主観的体験を認証し，ノーマライズする。②子どもの疼痛疾患に関する教育を行う。③疼痛関連行動の機能を特定する。④ ACT の臨床過程（認知的フュージョンと体験の回避）の観点から，疼痛関連行動の概念化を始める。⑤ ACT アプローチ

の目標を紹介し,「痛みのモンスター」がその醜い頭をもたげたときにも機能しつづける人生を創り出すことを学ぶよう強調する。

■ 家族の体験を認証する

我々のもとを訪れる家族の大半は防衛的で非認証的な感情を抱いており,我が子がひどい痛みを抱えていることを医療関係者はだれ一人として信じてくれないと訴える。治療者が効果を発揮するために欠かせない最初のステップは,家族を治療に参加させ,家族がおそらく初めて話を聴いてもらえる機会とすることである。臨床家はその際に子どもの疼痛体験を認証してノーマライズする必要があるが,一方で,その不快な苦痛を完全に除去ないしは治癒する確実な方法はないだろうという点も強調するべきである。臨床家は次のような言葉をかけることができる。「そうだね,君の言う通りだね。君の痛みはたしかに本物だし,おかしいなんてちっとも思わない。実際,まるでこの大きな,醜い痛みのモンスターに生活をすっかり乗っ取られたみたいで,すごく怖いよね。それに,この痛みのモンスターをコントロールするのは大変だったんだよね。今までの体験からして,どうやったらうまくいくと思う？ 痛みのモンスターはまだここにいるのかな？」

確かに,子どもとその家族は疼痛の除去に懸命に取り組み,疼痛の原因や治癒を求めて経済的・生活的リソースの多くを費やしてきたが,それも無駄だった。痛みはまだそこにあり,家庭生活は混乱している。初回アセスメントで臨床家は次のようにたずねる。

　　痛みのない生活が実現するという保証が実際にはないとしたら,君はどうする？ どれほど懸命に努力しても,すぐに,はっきりと効き目のある解決法は,医療の場にもその他の場所にもおそらくないことを,君はたぶんその体験からうすうす感じているんじゃないかな。君は本当に必死で努力してきた。でも,まだ痛みはまだそこにある。そこで,今ここですぐにどちらか一方を選ばなければならないとしたら,君はどちらを選ぶ？ （痛みがあるとして）痛みを抱えながら自分の人生をまっとうに生きるか,痛みが完全に消えるまで人生をお預けにしておくか。自分の体験を拠り所にして考えてみよ

う。いつもしていることを続けたら，今から5年後，君の生活はどうなっているかな？　君はまだ痛みを抱えているのかな？　自分の人生を生きているか，それとも痛みの原因を探し求めたり，痛みを取り除こうとしたりしているのかな？　それは君が心から望むような人生，君が（あるいはあなたの子どもが）自ら選択したいと望む人生なのかな？

■情報を提供する

　痛みの教育は「問題」を見直すうえで重要な部分であり，我々はそれを通じて疼痛管理を重視する基礎疾患モデルから，症状の軽減よりも生きる活力を優先するアクセプタンス・モデルへと移行する。子どもの家族が一貫したメッセージを受け取るようにするためには，学際的な行動医学アプローチを踏まえて，子どもの医療チームや紹介先の医師と歩調を合わせて取り組む必要がある。子どもの具体的な痛みの訴えによって教育の内容は若干異なるが，ほとんどの子どもに対して強調すべきいくつかのポイントがある。

　　君の痛みはとてもリアルで，とても大きいものだね。私たちはそれを少しも否定しないよ。でも幸い（と言うのも変だけど），医学的検査の結果から見たら，どうやら君の症状は危険なものではなく，生命を奪うようなこともないようだ。痛くて嫌になるよね？　もちろんそうだと思う。君はその生き証人だものね。でも，危険じゃないというのは悪くはないことだよ。要するに，動き回ったり，本当に楽しいことや自分がやりたいことをしたりしても，体に害はないってことなんだから。そうすることは決して楽じゃないと思うよ。痛みのモンスターが君を引き留めるときは特にそうだ。でも，これから一緒にそれに取り組んでいきたいと思うのは，たとえ痛みのモンスターがいたとしても，自分が心から望む人生を作り出せるようになるってことなんだ。そういうの（つまり，あなたの価値，夢，人生）どうかな？

■治療中の機能的アセスメント

　初回のアセスメントから治療過程の全体にわたって，（実験的機能分析とは対照的な）記述的な機能分析を実施することを我々は勧める。臨床家はその

際に次のことを見きわめる。①先行事象（A）：臨床関連行動を引き起こしたりそれに移行したりする状況・体験・出来事。②臨床関連行動（B）：治療の過程で標的となりうるもの。③結果（C）：結果として生じる体験と出来事であり，臨床関連行動を維持する役割を果たすもの。ACTのアプローチを用いるのであれば，嫌悪的な私的出来事（疼痛症候群を含む）と先行条件として機能する状況を概念化することは，たいていの場合は有用である。身体的・感情的苦痛に対する子どもと親の反応（苦痛そのものではなく）は，疼痛関連の障害をもたらす臨床関連行動として概念化される。最後に，結果として生じる子どもと親の私的出来事，価値づけられた領域における機能のレベル，他者からの反応は，臨床関連行動をとることの短期的・長期的結果であると見なされる。

　疼痛行動の機能分析を実施するうえでABCを特定する方法は数多くある。臨床家は最初に，疼痛と疼痛関連行動のトポグラフィー（形態）と文脈の特徴を同定するだろう。疼痛は通常どのような状況で起こっているか（A）。疼痛エピソードの前ないしはその最中に，どのようなタイプの思考や感情を体験するか（A）。臨床家はこのようにして問題行動や，子どもが痛みをコントロールしようとするやり方を同定する。次に，疼痛が生じたとき，子どもや親が実際にどのような行動をとるか（B）。「この痛みは耐えがたい」という思考に子どもはどのように対処するか（B）。最後に，臨床家は子どもと親に対して，臨床的に重要な行動をとった後で何が起こるかを報告させる。ACTにおいて個人の価値とは，子どもと親が追求しようとする望ましい長期的な結果（C）を反映する。それゆえ，疼痛行動の結果を検討するときには，さまざまな領域（家族，友人，学校，遊び，恋愛など）にわたる子どもの価値について質問する必要がある。疼痛を管理ないしは維持しようとする試みは，意義ある生活領域を妨げているか（C）。ACTの観点からすれば，「問題」はたいていの場合，次のように概念化することができる。子どもが身体的ないしは感情的な苦痛を感じるとき（A），それらの症状を管理ないしはコントロールしようとする子どもの試みは（B），疼痛関連の障害を持続させ，価値づけられた人生の方向性や目標（C）から子どもを引き離すような，逆説的効果をもつ。

■ 重要な ACT プロセスを同定する

初回や治療過程全般にわたって行われるアセスメントを通じて，我々はクライエントの生活とセラピールームにおける認知的フュージョンと体験の回避の例を探す。子どもと保護者がフュージョンしている私的出来事と，その出来事をどのように回避，管理，コントロールしているかを同定するための質問をする。機能分析を実施する際に，子どもが「自分にはどこか悪いところがあるにちがいない。この痛みがある限り，私は幸せな生活を送ることができない」などの思考とフュージョンしていることに臨床家が気づくこともある。体験の回避の例も機能分析によって見つかるだろう。たとえば，将来

表 5-1 疼痛行動を維持する変数を同定するための機能分析の例

先行事象 （外的および内的なもの）	臨床関連行動	結　果
腰痛／「どこか悪いところがあるに違いない」という思考／「医師は自分が何をしているのかわかっていない」という思考／欲求不満や不安といった感情	医療サービスを求める／緊急治療室を受診する／悪いところを見つけるために侵襲的な医学的処置を受ける／子どもは学校を，親は仕事を休んで，診察を受けに行く／子どもは活動を制限する	**短期的な結果**：少なくとも何かをすることによる不安の低減／父親や医療スタッフからの関心の獲得 **長期的な結果**：腰痛が続くことによる欲求不満と不安の増加／医療システムに対する不信感／学校の勉強の遅れ／孤立と体を動かさないことに起因するうつ状態の悪化／子どもの面倒を見るために父親が休暇をとる
友人からパーティーに招待された／将来の疼痛に関する予期・恐れ／胃の痛み／「痛みのせいで早々に退散する羽目になったら，バツが悪いだろう」という思考	誘いを断る／家にいて，ベッドの中で一人でテレビを観る	**短期的な結果**：予期と恐れの緩和／胃の痛みが和らぐ／バツの悪い思いをする可能性の回避 **長期的な結果**：友人と一緒に過ごす機会を失う／友人に誘われる頻度が減る
偏頭痛（ズキズキした強い痛み）と光や音への過敏／「この痛みは耐えがたいので，今日一日をやり過ごすすべはない」という思考／悲しい感情／睡眠不足による疲労	保健室に行く／頭痛薬を飲む／症状が続くので母親に電話する／子どもは家に帰って休む	**短期的な結果**：母親が仕事を途中で切り上げて，子どもを学校に迎えに行く／ズキズキする痛みの消失／不快な思考が消える **長期的な結果**：子どもの面倒を見るために母親が仕事を休むことが増える。子どもはたびたび学校を休むので勉強が遅れる／落第して補習の量が増えるため，ソフトボールの試合に出られず，友人と一緒に過ごすことができなくなる

の疼痛を見越して日常的な活動を制限したり，学校がある日は保健室に連日通ったり，社交的な誘いを断ったりすることによって，子どもはあたかも自分の思考が文字通りの真実であるかのように反応することがある。小児疼痛に対する ACT のアプローチが標的とするのは，生活の質と価値に基づく生き方を妨げるような，有効でない回避行動である。他の機能（例：保護者の関心を引く）を有しているような場合でも，大半の疼痛関連行動はそのように概念化できることに注意する必要がある。ACT の事例概念化を円滑に行うために用いられる一般的な先行事象・行動・結果を**表 5-1** に挙げる。

■フィードバックを与え，治療目標を明確化する

　フィードバックを与え，治療目標について話し合う際には，まず家族の体験を認証することから始める。青少年の多くは疼痛自体を対処不可能なものとして体験している。したがって，疼痛体験がどれほどつらかったかや，疼痛を管理しようという試みの結果としてどれだけ重要な活動を犠牲にしてきたかを臨床家が理解していることを，明確に伝える必要がある。また，状況を改善するために何をしたらよいのかわからないという，いら立ちや不安にも対処しなければならない。子ども，保護者，他に協働している医療関係者らと話をするときのポイントは，できるだけ率直に，専門用語を使わずに治療目的を説明することである。病歴について話し合うと，たいていは次のような結論に至る。すなわち，①痛みを管理しようとする試みが障害をもたらした，②持続的な改善が見られないままにさまざまな介入が試みられてきた，③機能の向上が重要な治療目標である，といったものである。治療の標的は，疼痛体験から，疼痛があるときでも意義ある生活を作り出すことへ移行する。臨床家は家族にコミットする姿勢を示し，自分は，価値づけられた有意義な生活を子どもが作り出すよう支援することを第一の目標にした擁護者であると紹介する。

　この時点で，我々は子どもと保護者に対して，治療に対する行き詰まりを感じているかどうかを尋ねることもある。答えがイエスであるのなら，疼痛体験を認証するだけでなく，疼痛を軽減して正常な機能を回復するプランを持たずに（たいていの場合はますます）機能不全に陥ることへのフラストレー

ションも認証する必要がある。何をしたらよいかわからない，という子どもと家族の気持ちを認証することによって，臨床家は，身体的・感情的苦痛にアプローチするための，今までとは根本的に異なる方法を取り入れるための扉を開く。これは，症状の軽減から生き生きとした生活を作り出すための徹底的アクセプタンスへと，視点を転換することについて話し合うための入口である。

■小児疼痛に対するACTによる介入

　以下で説明するACTの介入は，小児疼痛患者の臨床で我々が中心的に取り組んできたものである。読みやすさと目的を整理するために，各種の中核的な臨床手法を別個に紹介していく。ただし，これらの手法は通常，独立して用いられるのではなく，適宜組み合わせて用いられるという点に注意を喚起したい。これは，ACTの臨床的プロセスの大部分またはすべてがどのセッションでも標的とされることを踏まえると，それほど意外なことではないだろう。そのため，本章で紹介する介入の順序は，効果的な治療を提供するうえで考えられる流れの一つにすぎないことを断っておく。

■価値への取り組み──焦点を転換する

　初回の治療セッションでは，ACTアプローチの目標をふたたび取り上げ，次の２つを区別する。①いかなる犠牲を払おうとも疼痛のコントロールに取り組むことと，②疼痛があるときにも意義ある人生を送ることである。臨床家としての我々の目標は，家族が後者を行うことを力づけることである。ACTの見地からすれば，価値は選択された人生の方向性を表しており，具体的な目標のように固定的ないし絶対的な意味で達成できるものではない（ただし，価値づけられた方向へ進むために，具体的な目標を設定することはある）。我々はクライエントの動機づけを高め，治療の流れを確立するために，価値への取り組みを早い段階でプログラムに導入する。症状の軽減がもたらされるかどうかもわからない困難なエクスポージャーという課題を進めていくうえでも，価値への取り組みは欠かせない。先に述べたように，ACTは症状軽減が最終目標ではないという点で，他の行動療法とは異なる。とはいえ，

クライエントに対して，痛みを感じるために痛みに向き合うよう指示するわけではない。そうではなくて，実行しないことの代償が大きく，人生がさまざまな意味でつまらなくなるような場合に，痛みと向き合うことも含めたコミットメントを勧めるのである。このようにして，価値への取り組みは，必ずしも症状が軽減されるとは限らないような苦痛なエクスポージャー療法に意義をもたせるのである（Dahl et al., 2004；Robinson et al., 2004 など）。

　価値ある領域の特定は治療開始時から進められるが，価値の明確化はセラピー（ひいては人生の）全体にわたって継続するプロセスと言える。臨床家は治療を開始するにあたって，価値づけられた人生がどれほど制約なく可能性にあふれた世界であるかについて，子どもと語り合う。子ども向けにはそれを簡略化して，たとえば何も書かれていない黒板を前に，子どもにもっとやりたいことは何かを尋ねることから始める。患者はたいていの場合，価値づけられた人生が不可能な「理由」や「ストーリー」を挙げるであろう（「痛みがあるせいで楽しいことができない」「痛みを取り除かなければならない」「痛みがあるから，まともな生活を送るのはとうてい無理だ」など）。

　ここで我々は，すかさず子どもに脱フュージョンする言葉を投げかける（「君のマインドがまたそこに行ってしまったら，君が言う『幸せな生活』ってやつを送ることはできないね」「不可能ではないにしてもかなり大変そうだという思考を，君は抱いているんだね」など）。臨床家は異議を唱えたり内容に立ち入ったりせずに，価値を見いだす過程で浮上する理由やストーリー，ルールをすべて書きとめて，それは我々のおしゃべりなマインドがしていることだと指摘するだけである。そして価値とのつながりを保ち，現実を一時留保するように子どもに勧めるのである。「さあ，ちょっとしたエクササイズとして，痛みをテーブルからすっかり拭き取ってみよう。痛みがない世界での生活はどのようなものだい？　君が世界を取り仕切っていて，痛みの邪魔が入らないとしたら，君は何をすることを選ぶだろうか？　君の手と足を使って，何をしているかな？」。臨床家はこの時点で，痛みのモンスターを紹介したり，あるいは再度取り上げてもよい。

　セラピスト　この前会ったとき，君は今，自分が望んでいるような生活を

送っていないように見えたね。
子ども はい，最悪です。つらいことばかりです。
セラピスト 痛みを追い払うためにいろいろとやってみたのに，どれもみな十分な効果が得られなかったんだね。まだ痛みはあるのかな。
子ども はい。何をしてもダメです。鍼治療はしばらく効き目がありましたが，今はもう効きません。
セラピスト 行き詰まっているようだね。ありとあらゆることを試したのに，何も効果がなかったんだね。
子ども そうです。
セラピスト そして多くの時間を犠牲にしてきた。君は生活の大半を，楽しむことや本当の自分がしたいことじゃなく，痛みの管理に費やしてきたものね。
子ども 本当，その通りです。僕はこんなこと望んでなんかいません。
セラピスト いや本当に，最悪だよね。まるで君と君が心から大切にしたいこととの間に，大きな痛みのモンスターが立ちはだかっているみたいだね。今日はそのことについて話してみよう。君と君の価値──君が心から大切に思っていること──について，僕はもっと知りたいんだ。君の人生で一番大事なことをね。それは大切で素敵なことのはず。君が楽しめることは何か，一緒にいて楽しい人たちはだれか，君が今，そして将来夢見ているのは何か，そういうことを，もっと教えてほしいんだ。いいかな？
子ども わかりました。つらくなりそうですが。今すぐにできないことはたくさんあります。したくないわけではなくて，できないんです。
セラピスト このエクササイズがかなりつらいときもあるというのは，僕にもわかるよ。君は「僕にはそんなことできない」とか，「もし自分が何もできなかったらがっかりしちゃうから，自分の価値について話したくない」という考えを持つかもしれないね。でももし，君のマインドがそういう思考をもたらすのなら，ただそれに気づこう。そしてこんなふうに言ってみよう，「別の考え方もある」と。そして，自分のマインドが何と言っているのか──つまり，君がどのような考えをもっていて，内心ではどん

なふうに感じているのか——について，僕に教えることができる。不快感があったら，小さな痛みのモンスターが肩に乗って，ぺちゃくちゃしゃべっていると考えてみたらいい。［臨床家は子どもに，痛みのモンスターの絵を黒板に描かせてもよい。］君のマインドはいつもこんなふうに君をいじめたり，威張り散らしたり，バカにしたりしているの？

子ども ときどき。試験勉強をするときなんか特に。「試験に落ちたらどうしよう」って考えて，「自分は他の子たちよりも頭が悪い」ってなります。そういうこと？

セラピスト そう。まさにそれだよ。君のマインドはそういうふうに君につらい思いをさせるんだね。まさに，君がどこに行こうともついて回る，小さな痛みのモンスターだね。僕のマインドだって似たようなものだよ。時には僕の尻を蹴飛ばし，とんでもないことや人を傷つけるようなことを言う。そこで，こういうのはどう？　僕たちのマインドがおしゃべりを始めて，僕たちがこのエクササイズをできない理由や，幸せな生活を送ることができない理由を持ち出してきたら，マインドが言うことにただ目を向けるだけにするんだ。それは，痛みのモンスターと一緒に座って，話を聞くということ。でも，必ずしも痛みのモンスターが言う通りにする必要はないよ。その代わりに，たとえ痛みのモンスターが邪魔をして，うまくいきっこないとか何とか言ってきたとしても，君にとっての価値を書き出すことを続けるんだ。だんだん，自分がしたいことが頭に浮かんでくるようになるよ。痛みのモンスターにとうてい無理だと言われても，君の夢や強く望んでいることについて話し合おうじゃないか。どう？　やってみたい気がする？

子ども はい，やってみます。

治療の初期には，子どもは自分にとっての「価値」を，具体的な目標の観点から描写することが多い。臨床家はそのような場合には，それらの活動に意義があるのはなぜなのか——その子どもにとって何がそれを特別にしているのか——について尋ねることで，子どもが価値を見いだすのを助けることができる。価値を特定するプロセスのはじめの頃には，若者らは自分にとっ

ての価値は何なのかがわからないとか，自分の理想は今の生活とあまりにもかけ離れている，などと口にすることがある。そのような反応は必ずといっていいほど，体験の回避の例である。決して得られないとか，達成できないという信念とフュージョンしているときには特に，何かを心から大切にすることは怖いものである。このとき青少年の言語報告は，達成できそうにないことを大切に思う（「価値づけする」）ことで生じる不安や悲しみを，回避する機能を有しているのである。そのような場合，もし痛みが消えたら何をすることを選ぶか，という質問を子どもにしてもよい。また，臨床家は患者に対して，いろいろな点で今とは違い，目標や夢を抱いていた幼い頃を思い出すよう促すこともある。子どもは自分の人生における意義ある瞬間——自分が何をしていたか，他にだれかそこにいたか，その瞬間を特別なものにしていたのは何か——を描写することができる。ここで，脱フュージョンやマインドフルネス・ワークを導入し，いろいろな形で価値を明確化するプロセスを妨げかねない苦痛な体験の受容を促すことが有効な場合もある。

　小児疼痛患者の臨床において価値への取り組みの目的は，治療を開始する際の目標設定を超えたものである。ACTの価値づけは，それ自体が苦痛な私的出来事（思考・感情・記憶など）へのエクスポージャーを進めるプロセスであり，自分の人生（過去の失敗についての思考，将来拒絶されることへの不安，不公平感，「無駄に費やした人生」における絶望と悲しみの感情など）をありのままに評価すれば，このような体験は避けがたいものである。価値づけられた領域と，有意義な生活を送ることを妨げる障害を改めて考えてみることで，患者は不快な思考や感情の他に，物理的環境の問題（嫌悪的な私的出来事を引き起こす可能性もある）に対してもエクスポージャーを受けるのである。脱フュージョンおよびマインドフルネス実践とあわせて，これらの嫌悪的な体験へのエクスポージャーを繰り返すことは，セラピールームの内外で価値への取り組みに腰を据えて向き合うウィリングネスを高める。

■「絶望から始めよう」——解き放とう

　「絶望から始めよう」とは，痛みをコントロールする試み（非ウィリングネス）から，生き生きとした人生を創造するために苦痛の体験を徹底的に受

け入れる試み（ウィリングネス）へと，文脈を転換するプロセスのことである（Hayes et al., 1999）。次の3つの重要な質問に焦点を当てると，子どもと保護者が痛みをコントロールしようとする努力の問題が浮かび上がってくる。それは「あなたがしたいことは何ですか？」「あなたは何を試みてきましたか？」「それは（疼痛の緩和の観点と，価値づけられた人生の創造という両方の観点からみて）短期的・長期的にはどのような効果がありましたか？」というものである。「絶望から始めよう」のプロセスによって，患者は問題改善に向けた現在の努力の有効性と直接向き合うようになる。たいていの場合，子どもと親は痛みをコントロールする努力のむなしさと心の底からつながって，自分が完全に徹底的に行き詰まっていることを認める。この状況は本当に絶望的であり，少なくとも，幸福な生活を送るために痛みを取り除かねばならない（あるいは，せめて耐えられるレベルにまで痛みを小さくしなくてはならない）という，文化的に強化されたルールに従う従来のシステムの中にいる限り，勝機はないのである。こうして，「痛みをコントロールする」という方略は絶望的なものであることを，臨床家は必ず浮き彫りにする。しかし，患者についてはまったく逆であることもまた強調する。子どもは自分が何を選ぼうと，苦痛のモンスターが何と言おうと，そのことに「責任をとる－ことができる」（response-able），つまり対処することができるのである（Hayes et al., 1999）。

　右のイラスト（図5-1）は有用な臨床的ツールであり，苦痛をコントロールしようとする子どもの努力（非ウィリングネス）と，その努力を実行するコスト（価値づけられた人生の方向性を失うこと）を表したものである。子どもと話しながら一緒にこの図を描いていくことによって，過去と未来の変化について具体的かつ協同的に話し合うことができる。大半のACTの介入と同様に，臨床家はこれが知的なエクササイズにならないように注意し，子どもの実体験に立ち返ってたえずチェックしなければならない。このような議論はそれ自体で感情的エクスポージャーの機会となるのであり，不快な内的体験が現れたときには，マインドフルネスや脱フュージョンのエクササイズとあわせて行われることがある。

　このイラストは，現在と過去の変化の方略の有効性と，苦痛回避方略の短期的・長期的結果を検討するために，「絶望から始めよう」のエクササイズ

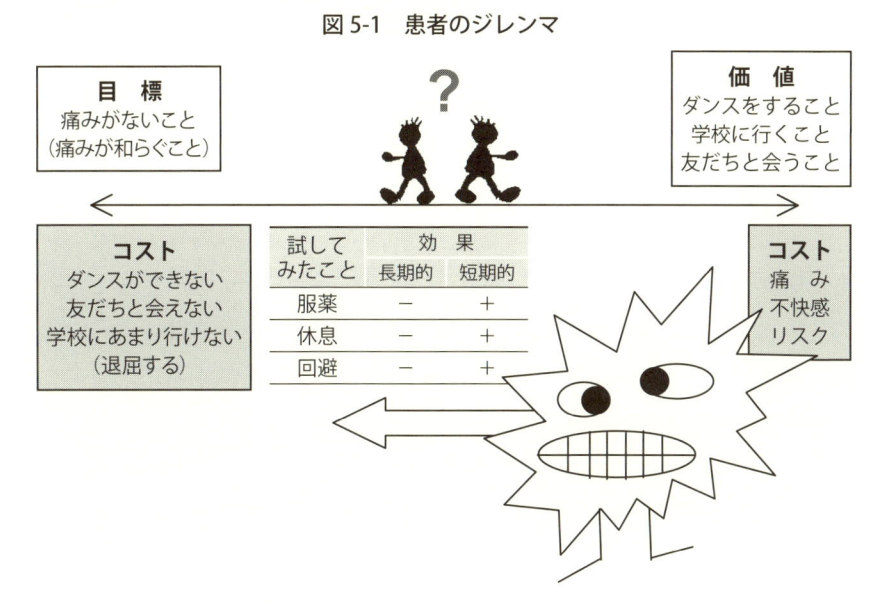

第5章 小児慢性疼痛のためのアクセプタンス&コミットメント・セラピー

図 5-1 患者のジレンマ

目 標
痛みがないこと
(痛みが和らぐこと)

価 値
ダンスをすること
学校に行くこと
友だちと会うこと

コスト
ダンスができない
友だちと会えない
学校にあまり行けない
(退屈する)

コスト
痛み
不快感
リスク

試してみたこと	効果	
	長期的	短期的
服薬	−	＋
休息	−	＋
回避	−	＋

と治療全体を通して用いられる。痛みのモンスターが表しているのは，子どもと家族が私的な価値に沿って生きることを犠牲にして立ち向かうことの多い思考・感情・身体感覚である。

過去の方略の有効性

我々は通常，いくつかの中核的な価値と，それらを追求することを妨げるコントロールの努力を同定してから，図 5-1 のエクササイズにとりかかる。図の左側は基本的に，過去の方略と目標の有効性に関するものである。子どもが試みてきた方略や治療の最終的な目標についてどう考えているかを，子どもに尋ねてみることが重要である。「痛みをなくすことはできないにしても，痛みをできる限り小さくすることが，私の目標です」というのが，おそらく最も一般的な答えだろう。現在と過去の変化への取り組みの目的がはっきりしたら，「痛みをできる限り小さくする」という目標を達成するために子どもがしたことを挙げてもらう。よくある例として，鎮痛剤，鍼治療，温熱療法，マッサージ，休息などがある。また，痛みを軽減するために子どもがしなかったことや回避したこと（学校を休んで家にいる，友だちと出かけるの

をやめてベッドに入っている，ソフトボールの練習に参加しない，遊ぶことを完全にやめてしまうなど）の有無についても尋ねる。子どもと保護者の努力は，内容はどうであれ，たいていの場合は並々ならぬものであるから，それを認証することが重要である。「本当に大変なことをしようとしてこられたのですね。その闘志に感銘を受けました」。

　変化のための主な努力を特定したら，苦痛をコントロールするための子どもと保護者の努力の短期的・長期的な有効性を評価するために，図 5-1 の中央に移行する。それらの方略の大半は短期的に見ればとても効果があるので，この点は認めなければならない。「君が試してきたことの多くは，少なくとも短期的には痛みを実際に和らげるのに成功しているんだね。だからあなたがその努力を続けるのはもっともだよ。そうすることはごく自然で，理にかなっているように見えるからね」。しかし，子どもの体験を基に考えてみると，痛みをコントロールしたり軽減したりしようとする努力は少なく見積もっても中立的な（まだ痛みがある），たいていはネガティブないしは有害な長期的影響をもたらすものである。もしそうでなければ，症状軽減は ACT の最終目標ではないのだから，家族にとって治療を継続する理由はほとんどないだろう。とはいえ，子どもと保護者は，子どもの痛みを管理するための現在と過去の努力に伴う長期的なコストにすぐ思い当たることになる。

　次に我々は，子どもの個人的価値――人生で「本当に大切で素敵なこと」――を改めて口にするように促す。身体的・感情的苦痛も含めたリスクを伴う場面も視野に入れて，あらゆる価値づけられた生活領域に目を向けるよう促す。そうすると必然的に子どもの価値づけられた領域のほとんどすべてに目が向けられると同時に，「痛みをできる限り小さくする」ことと「本当に大切で素敵なこと」を同時に達成するのは不可能だということが見えてくる。図上のラインのどこに子どもの価値が合致するかについて，しばらく話し合う。意義ある人生を送ることにはある程度のリスクと苦痛を伴うことが明らかとなったら，「痛みがない」や「痛みができる限り少ない」こととは反対方向に位置するようにラインを引いて表現する。

　このエクササイズを利用すれば，実行しなければならない重要な選択について話し合うことができる。「人生の目標を，痛みをなるべく小さくするこ

第5章 小児慢性疼痛のためのアクセプタンス＆コミットメント・セラピー

とに置くことで，大切なことが損なわれてしまうとしたら，君はどっちに進むことを選ぶ？」。痛みのモンスターが示唆する方向を選ぶか，自分の価値や夢が示す方向を選ぶかということを，痛みのモンスターのメタファーを用いて子どもに尋ねる。時として患者は悲しみ，不安，フラストレーションの反応を見せる。こういった感情反応には思いやりをもって対応すべきである。提示された選択が容易なものに感じられるとしても，子どもにとっては自分がいつもしていたことをやめるという，とてつもなく困難な課題に直面するのである。しかも，信頼の置ける大人の大半は，痛みをコントロールするために子どもにこれらの努力を提案し，モデルを示し，強化してきた。医学の専門家でさえ，痛みを評価して治療するという努力を続けることによって，症状軽減の方略を支持してきたのである。それゆえこのエクササイズは，困難な思考や感情に対するアクセプタンスを実践する一つの機会を提供すると同時に，一見「絶望的な」この状況に，創造という一筋の光明を投げかけるのである。

■アクセプタンスと脱フュージョン

　治療開始と同時に，我々は症状軽減モデルを離れ，痛みをコントロールする努力を「問題」として概念化しはじめる。慢性疼痛の患者に対しては，アクセプタンスの対象は身体的苦痛に限定されるのではなく，苦痛な思考や感情，記憶などのあらゆる私的出来事に広がっているということを強調する。この重要なポイントを具体的に示すうえで，「体験のケーキ」（シンプルな円）を描くという方法が役に立つ。腰痛，心配，悲しみ，落胆，自己批判的な思考，失敗への不安，頭痛，めまい，疲れといったさまざまなタイプの不快な私的出来事を，それぞれケーキの一切れによって表現する。子どもが自分の努力を記述すれば，セラピストはそれぞれのタイプの体験に明確にラベル付けをすることができる。このように「体験のケーキ」は，子どもがさまざまな私的出来事（「それは思考だ」「恐れは感情だ」「めまいは身体感覚に似ている」「悲しみも感情だ」など）を区別することに役立つだけではなく，子どもの皮膚の内側と外側で起こる体験の識別を促進するトレーニングにもなる。このとき，我々は，ケーキの一切れずつに関わるのではなく，苦痛や不

快といったより大まかな体験を重視する。子どもと協働して取り組みながら，我々は子どもの主観的な体験にフィットする言葉を使って，ケーキ全体に名前を付ける。これらの私的出来事は内容や形態に違いはあるが，どれもみな何らかの「苦痛」「違和感」「不快」を表しているということに，子どもはたいてい同意する。我々は子どもの生活上の身体的・感情的苦痛（痛みのモンスター）を語る手段として，子どもの同意が得られるのであればどんな言葉でも使う。私的出来事を評価せずにラベリングし，それを子どもとは別個のものとして「外に」書き出すプロセスそのものが，脱フュージョン体験となりうる。我々はこのエクササイズ全体にわたってすべからく脱フュージョンを促す言葉を用いるようにし，子どもにも同じことを勧める（「この痛みは耐えがたいと私のマインドは言っている」「私にはこれができないという思考を，私は抱いている」など）。

　我々は治療の初期には，実際のモンスターが深刻な危害を与えることができるのと同じように，痛みのモンスターをとても恐ろしい存在として概念化しておく。とはいえ実際には，痛みのモンスターは危険でもなければ，我々に文字通りの危害を加えることもできない。むしろ害をもたらすのは，痛みのモンスターが言うことは何でも聞き入れ従おうとする，我々の生来の傾向である。これにより，我々は自ら苦痛な私的出来事を最優先し，このモンスターと平和にやっていくことが生活の大半を占めるようになる。希望や夢は二の次になるか，完全に捨て去られてしまうのである。具体的に外在化しながら私的出来事を語ることで，子どもたちは自分の私的出来事を自分自身とは別個のものとして体験するようになるため，それ自体，脱フュージョンになりうるようである。我々は幼い子どもと青少年の臨床の中で，他の箇所で取り上げられているさまざまなアクセプタンスと脱フュージョンの方略（Hayes et al., 1999；本書の第8, 9, 11章を参照）も用いる。子どもを焦点とするアプローチには等しくあてはまることだが，臨床家はこれらのエクササイズを子ども特有の状況的・歴史的文脈と発達レベルに合わせて適宜修正しなければならない。

■マインドフルネスと価値に基づくエクスポージャー

　ACTのエクスポージャーは，価値および生きる活力とアクセプタンスの重要性を強調する点で，通常のエクスポージャー手続きとは異なっている。ACTで推奨されるアクセプタンスは，苦痛や苦悩があっても生きる活力を高めることを明確な目的とした，価値に基づくエクスポージャーを促進するためのものである（Robinson et al., 2004）。（エクスポージャーは侵害受容刺激，すなわち組織損傷の増加をもたらすようなものではない。本章で論じる疼痛感覚は，過敏な中枢神経系の過剰な活動から引き起こされる。したがって，疼痛体験には危険がなく，組織損傷とも無関係なのである）。子どもは状況によっては，身体的・感情的苦痛へのエクスポージャーを行う価値がはたしてあるのだろうかという，理にかなった疑念を抱くだろう。臨床家の重要な役割は，その課題を彼らにとって最も深い価値の文脈の中に明確に位置づけることによって，困難なエクスポージャー課題をやり抜くよう支援することである。そうすることで，子どもは重要なことのために，つまり人生に意味をもたらす大切で素敵なことのために，苦痛に立ち向かえるのである。

　エクスポージャーは，価値判断を下さずに今この瞬間を意識することを練習するマインドフルネスのエクササイズと組み合わせて用いることもできる。マインドフルネスのエクササイズには脱フュージョンの効果がある。苦痛な思考や感情の移ろいやすい本性に気づくことによって，思考と感情がどれほど苦痛なものであれ，我々にいかなる危害も加えることはできない（もちろん痛みのモンスターはそれとは逆のことを言う）ということを，体験するようになるのである。思考と感情は現れては消えていくが，瞳の奥にいる人（「観察者としての自己」）はモンスターに注意を向けつづけるのであり，その間はモンスターは完全に無害であって変化することはない（Hayes et al., 1999）。

　臨床家は子どもの発達レベルに応じて，はじめは具体的な気づきの標的（味，視覚，音など）を用いた比較的短いマインドフルネス・エクササイズ（1〜3分程度）を行う。シンギング・ボウル***や手作りの楽器を使って聴覚のマインドフルネスを実践したり，噛みごたえのあるフルーツ・キャンディを

訳注***　密教の法具。ボウルの縁をスティックでこすり，波動音を出す。

使って味覚のマインドフルネスを促進したりすることもある。比較的当たり障りのない体験を価値判断せずに子どもが観察し，記述できるようになるにつれて，我々はマインドフルネス・エクササイズの時間を長くして，気づきの標的を私的出来事へ，最終的には恐ろしい痛みのモンスター（苦痛な思考，感情，物理的・身体的感覚など）へと拡大していく。

　セッションの内外で，子どもがマインドフルネスを実践する習慣を身につけるよう支援した後に，我々はマインドフルネスに基づくエクスポージャー課題を子どもの個人的価値の文脈の中に置くことへと進む。ACTのエクスポージャーも他の行動療法と同じく，現実場面で，あるいは目を閉じたイメージ・エクササイズの形で行われる。目を閉じるエクササイズとして行う場合には，臨床家は子どもが回避したり恐れたりしている状況を細部まで鮮明に記述したうえで，子どもに対して，そこから生じる内的体験に注意を向けるように指示する。臨床家はエクササイズ全体をチェックして，子どもに対して苦痛な思考や感情を評価せずに記述する（「胃が痛い」「私のマインドは，私にはこれはできないと言っている」など）ように勧める。臨床家は子どもが示すあらゆることを利用して，「エクササイズへのマインドフルネス」を推し進める。どのような体験が現れてもそれに着目し，記述し，観察して，それと共にあるよう促すことで，子どもが感情体験を深めるように働きかける（苦痛な内容へのエクスポージャー）。子どもは観察者の視点をとることで，痛みのモンスターに対して「余地を作る」練習をする。たとえば，顕微鏡越しに標本を見下ろす好奇心旺盛な科学者のような姿勢をとることを，子どもに勧めることもある（Greco, Blackledge, Coyne, & Ehrenreich, 2005）。科学者は興味津々で顕微鏡をのぞき込むが，執着心や価値判断をもたずにそうしているのである。

　マインドフルネス・エクササイズをエクスポージャーと併用する目的は，その重要な局面における苦痛な私的出来事に対して，オープンで無評価的な気づきを促すことにある。マインドフルネスを使うことで，子どもは自分の身体的・感情的苦痛と密接に接触することになる。自分の体験がどのようなものであれ，それと「共にいる」ことを学ぶのである。痛みのモンスターを何とかして避けようとするのではなく，モンスターが現れては消えていく

のを興味深く，価値判断を下さずに観察する。我々の患者である子どもたちは定期的なマインドフルネスの練習を通じて，身体的・感情的な苦痛のモンスターをさほど恐ろしくもなければリアルでもないものとして体験するようになる。その結果，彼らは，気逸らし，イメージ法，認知再構成などで生じるかすかな，あるいは内潜的な形の回避を行うことなく，困難なエクスポージャー課題の中で自ら進んでモンスターと対峙しようとするのである。

　慢性疼痛の患者に対してエクスポージャーを行うときに，セラピストが考慮すべき点がいくつかある。基本的に，価値に基づくエクスポージャーにコミットするということは，たとえ明白な強化がないとしても苦痛や苦悩を受け入れることを意味する。このことは価値への取り組みを継続することの大切さを示しており，この取り組みが心理面における長期的な随伴性と望ましい結果を現在にもたらすと言える。臨床家はまた，子どもの生活で重要な，社会との仲介者とその影響にも着目しなければならない。小児患者が苦痛のための余地を作ろうとするときでも，患者を直接的に支援するシステムのメンバー（家族，友人，教師，その他の治療提供者など）の中には，症状軽減モデルを依然として支持する人もいる。この問題の対処法の一つは，子どもの生活で最も重要な人物である親に直接的に働きかけることであろう。

■親への働きかけ

　先に述べたように，大人が子どもの生活のモデルとなり，その子どもが価値づけられた方向へ進むことを阻むようなコントロール方略を強化することはよくあることである。子どもの生活にとって重要で影響力の大きい人はたくさんいるが（親，仲間，教師，その他の親族，医療提供者），ここでは臨床家が保護者に働きかけるやり方に焦点を当てる。子どもと青少年が主な患者ではあるが，我々の介入はほとんど常に子育てや家族の文脈にまで関わることになる。

親に対する個別の取り組み

　我々が関わる親の多くは，子どもが苦痛を感じているときや気分がすぐれないときに，日常的な活動（家事，学校，スポーツなど）を「強いる」ことに

罪悪感を覚えると報告する。こうした親たちは次のような思考と日々フュージョンしている。「うちの子はケガをしているか病気なのだ」「ケガや病気をしている子どもを学校に行かせるのは，悪い親だけだ」「本当に重症だったらどうしよう」「子どもの面倒を見なければ」「うちの子がよその子と同じことをできるようになるには，まず痛みを取り除かなければならない」。子どもの苦痛と親としての自分の役割にまつわる不快な思考や感情を和らげるために，親はしばしば回避行動をとる。たとえばある父親は，悲しみと罪悪感を和らげるために，子どもが学校から早退することや，家事や宿題など責任あることから免れることを許す。我々が関わっている少なからぬ家庭で，病気ないしはケガをしている子どもは家庭学習を選択した方がよいと考えて，子どもを退学させることさえある。親の中にはもっと子どもの世話をするために，仕事で休みをとったり退職したりする人もいる。

　どこの親も子どもが苦痛を抱えているのを目にすればいい気持ちはしない。親によっては我々が「ナーシング（大切に育てること）」と呼ぶ行為，すなわち，子どもの疼痛と親自身の感情的苦痛の両方を軽減する養育行動パターンをとることによって，この不快な感情に対処する人もいる。親はナーシングが有益な効果をもたらすと思うかもしれないが，このような形の体験の回避は，子どもと親の双方にとってほぼ確実に生活を狭める結果をもたらす。認知的フュージョンと体験の回避が顕著に見られる親に対しては，その結果として生じる親としての振る舞い（ナーシングなど）が子どもの治療を妨げる可能性があるため，できれば個別に働きかけることが望ましい。しかも，そういった親はたいてい自分も苦しんでいるため，その意味でもACT志向のセラピーに参加することが有益であると考えられる。

　我々が関わる親の大半は，少なくとも数回の個人セッションに参加することに同意する。個人セッションでは，親としての，さらには一人の人間としての感情体験に焦点を当てる。子どもの苦痛にまつわる親の体験を認証しノーマライズしてから，主に次のことに焦点を当てた価値への取り組みに着手する。①家庭生活と子育ての価値，②親が子どもとの間に築きたいと願う関係のあり方，③親の願望と夢，そして親が自分自身と子どものために最も望んでいる生活などである。青少年の臨床と同じく親を対象とする場合にも，

心理的なアクセプタンスを促して価値への取り組みをスムーズにするために，マインドフルネスと脱フュージョンを用いる。たとえ子どもが傷ついていて，恐れ，疑念，罪悪感，不安，悲しみなどのつらい感情が子どもと親に生じるときにも，親が子育てと家庭の価値に一致した生き方ができるよう我々は支援する。

　親に対して個別の ACT ワークをすることには，全員で同じ考えを共有できるという利点がある。親はこうしてアクセプタンスの文脈へと方向づけられ，「絶望から始めよう」のプロセスを通じて，自分自身と子どもの苦痛をコントロールする試みの長期的なコストを知るようになる。我々は親と子どもに生涯続くプロセスとしての「価値づけ」を紹介し，セッションの内外で実践できるマインドフルネス・スキルを教える。このように一連の体験を共有することによって，家族のメンバーは自分自身とお互いの苦痛にオープンで柔軟なアプローチをするようになる。この共通の視点は合同治療セッションを支え，セラピーの外へとスキルを般化，維持するのを助ける。

合同セッション

　親に対して ACT の完全版ないしは簡略版のコースを実施することが不可能な場合でも，親を治療プロセスに関与させることは不可欠である。臨床家は少なくとも ACT のケース・フォーミュレーションとそれに対応する治療目標について，情報を提供しなければならない。親はしばしば子どもの障害の主な原因は「怠惰」や「第二次疾病利得」だと聞かされる。ACT の見地からすれば，子どもの疼痛行動は認知的フュージョンと体験の回避という観点から説明した方が有益である。図 5-1 と同じエクササイズを用いれば，臨床家は「痛みをなるべく少なくする」という目標を追求することで生じる短期的・長期的結果に親が思いを致すことを助けることができる。すでに子どもが「絶望から始めよう」のエクササイズに参加している場合は，子どもがセラピストと協働でこのエクササイズをリードする。子どもにとって，自分の個人的価値，大きくて邪悪な痛みのモンスター，痛みのモンスターの言う通りにするとどうなるのかということ（自分の価値を見失う，痛みのモンスターが大きくなって自分の人生が小さくなる，人生において素敵で大切なことを見落とす

など）を親やその他の重要な大人に教えるというのは，楽しみにさえなりうるのである。

コーチとしての親

子どもの機能改善を親が支援するための最善のやり方について，指針や代案を示すのは重要なことである。我々が関わる親によくあることは，やり足りないことではなくやりすぎることである。子どものためになることを「しない」ことが，子どもの苦痛について，さらには親である自分自身についての，罪悪感や不快な思考につながることは多い。親は問題解決と成長の貴重な機会となりそうなときや状況にかぎって，手を出すという反応を頻繁に示す。ときには，子どもが問題に対処できるほど「十分成長する」まで，たとえその問題が疼痛であったとしても，待つということが，子どもと親双方の成長を促進することもある。親は子どもに助け船を出したりかばったりするのではなく，重要なことを達成したり実行したりするためのプランを子ども自身に考えさせ，作成させるとよい。基本的に我々は，親に対して子どもに苦痛を体験する余地を与えるよう勧める。短期的に見れば，これは親にとっても子どもにとってもつらいことである。しかし，長期的に見れば，自分と他人の痛みのための余地を確保することには，成長を促して生きる活力を高めるという思いがけない効果があるのである。

我々が関わっている親の大半は，子育てにおける重要な価値として，良き保護者であることと，子どもの成長と発達をサポートすることを挙げる。また親は，子どもが幸せであってほしい，社会的・学業的な活動領域で成功してほしいという，長期的な望みを口にする。**図 5-1** のエクササイズを用いれば，保護者が現在の子育てで用いている方略と子どもの疼痛行動に対する反応について体験してきた有効性に目を向けるのに役立つ。たいていの場合，ナーシングや子どもの世話のために休みをとる，また子どもに「無理をしないで」「今回はやめておいたら」と勧めるといったやり方で，親が子どもと自分自身の苦痛を管理しようとすることから生じる長期的なコストに，親はすぐに気づくものである。

親が子どもに関わるのを完全にあきらめてしまうのも，やはり有効なこと

ではないだろう。そこで我々は親に対して，子どもの治療全体を通じてきわめて重要となる別の役割をとるよう依頼する。それはコーチ役である。我々はコーチとしての親の協力を仰ぐことによって，親が子育てで最も重要な価値（良き保護者であること，子どもの健全な発達を助けること，子どもが困難なときを乗り切れるように手を貸すことなど）を実現する機会を設ける。子どもの，そして親自身の幸福と生活の質を高めるようなやり方で，子どもに関わることを親に勧める。親はセッション外の困難なエクスポージャー課題をコーチとして押し進め，子どもと一緒にマインドフルネスを実践し（あるいは子どもにそうすることを思い出させ），価値と一致する一連の行動と週の目標を，子どもが最後までやり抜くようにサポートする。子どもが普段の日常的な機能を取り戻すうえでも，コーチとしての親が助けとなる。たとえばコーチとしての母親は，子どもに勉強と友人関係の価値を思い出させる一方で，子どもが朝起きたときに疼痛があり学校を休んで家にいたいと訴える日には，子どもを学校に送っていく。先に述べたように，治療全体にわたって親の感情体験に着目することが重要である。我々が接するコーチとしての親の多くは，子どもを「押し出す」ことに罪の意識や悲しさを感じると訴えるが，これは子育てと家庭という文脈の中でアクセプタンスと価値への取り組みを行う絶好の機会ともなるのである。

親を取り込む

　親を関与させるもう一つの方法として，親を取り込むという方法がある。そこでは，子ども自身（場合によってはセラピスト）が，苦痛回避アジェンダを不用意に支持することで子どもを本筋から逸らしている重要な他者である大人と真剣に話し合う。先に述べたように，体育の授業を見学するように，友だちの家に行かずに家で休むように，また前日の夜に痛みがあり寝不足だったので学校を休んで家にいるように，と助言することによって「できるだけ苦痛を少なくする」方向を子どもに示すのは，大人にとって自然なことである。我々は，親，教師，友人などといった最も重要な他者が，①子どもの疼痛行動がもちうる機能（回避など）を考慮していない，②子どもの疼痛行動とそれに伴う機能不全に対する自分の反応が，どのような影響を及ぼす

のかに気づいていない,あるいは③「病気」ないしは苦痛を抱える子どもに対しては,そうすることこそ支援的で思いやりのある行動だと信じていることを知っている。親の行動は機能的アセスメントの重要な焦点であり,治療全体にわたって直接的ないしは間接的にターゲットとされる(子育ての価値中心に目標を設定する,親の反応が子どもの疼痛行動をいかに不用意に強化しているかを教えるなど)。しかも,この特定のコントロール方略を断念するのは,親にとって困難であることが多い。以下に例示するが,苦痛があるときにも価値ある人生を送ろうとする子どもの努力を支援することに親として関与するよう促すために,親を取り込むという方法がとられることもある。

治療で親の支援を仰ぐためのリクルーティングの使用例

ある 16 歳の思春期の少女は広汎性の神経症状(下肢のけいれん,しびれ,かゆみなど)を呈しており,そのために歩行がかなり困難であった。さまざまな医学検査を受けたが,陽性の結果は得られなかった。母親はとても心配して,たびたび病院に電話をかけて娘の症状のことを話し,さらなるアセスメントと介入を求めた。結局,娘は外来 ACT セッションへの参加を勧められた。母親は 1 回のセッションに参加することに同意し,その際に ACT アプローチの目標が説明され,症状軽減から機能向上,生きる活力,個人的価値への視点の転換が強調された。母親は治療計画への支持を表明したが,娘の症状に関して治療チームのさまざまなメンバーに電話をかけることを続けていた。治療に入って 8 週目にその少女はめざましい進歩を遂げたが,母親が依然として疼痛管理に焦点を当てていて,彼女が価値ある活動をする能力を妨げるようになったことについて,少女は懸念を表していた。母親の支援をとりつけるために,この時点でリクルーティング方略が用いられた。セラピストと少女は協力して,母親に伝えなければならない事項をまとめた。

1. 折り入って話がしたいと母親に言い,話し合う日時を決める。
2. 自分にとって母親は大切な存在であり,母親からのサポートを今

すぐに心から必要としているということを，母親に伝える．
3. 痛みをなるべく小さくすることから，自分が本当にしたいことをすべてすること（個人的価値）へと，目標を変えたのだと説明する．
4. 苦痛（身体的なものであれ感情的なものであれ）があっても自分は大丈夫で健全だと思っていると母親に告げる．
5. 娘が苦痛を抱えているのを目にすることや，娘が本当にダウンしたり苦しかったりするときに無理に何かやらせようとすることが，母親にとってはつらいことなのはわかると母親に告げる．
6. いずれにせよ母親がコーチのように自分をサポートしてくれるのなら，自分としてはとても助かるのだと母親に話す．
7. 何があろうと（たとえ私が腹を立てているときや悲しいとき，苦痛を抱えているときでも）母親を愛していると母親に伝える．「本当に大切で素敵なこと」をしたいと心から思っていること，母親はそれを実際に助けることができるのだと知らせる．
8. 脚をケガしたのだから水泳の練習を休みなさいと言われたり，友だちと映画を観に行くのをやめて家で休ませられたりしたことなど，具体的な例を挙げる．
9. たとえ私と母親が2人ともつらい思いをするときでも，私が自分の価値を追求することを喜んで支援してくれるかどうかを母親に尋ねる．ことによるとそれは本当につらいことかもしれないが，私が人生をかけて望むことなのだと伝える．

結　論

　慢性疼痛の解明と治療における科学的進歩によって，我々はすばらしい介入法の中から選択できる自由を手に入れた．にもかかわらず，慢性疼痛症候群に反応して著しい障害と機能不全を呈しつづけている小児患者は，相当な数にのぼる．臨床家と研究者は，小児患者とその家族を対象とする統合的な行動医学アプローチの有用性を長年強調してきたが，そのアプローチは症

状に焦点を絞りこむというよりも，心理的・社会的機能に重きを置いている。疾病モデルが不十分であることは広く合意されているにもかかわらず，依然として症状軽減と認知・感情調節に関する心理学的調査および実践に重点が置かれている。そういったアプローチでは，身体的・感情的苦痛は管理またはコントロールされなければならず，改善すべき機能と生活の質のためには大幅に軽減されるべきであるという信念を強化しかねない。ACTのアプローチが価値に基づくエクスポージャーとコントロール不能の苦痛や苦悩のアクセプタンスを強調することで，伝統的な疼痛管理モデルから決定的に脱却していることは明らかである。

　我々は，ACTによる小児慢性疼痛の概念図を提示し，子どもとその家族に合わせてACTの臨床手法を修正する方法を示した。この慢性疼痛モデルの中心にあるのは，症状を管理することから，苦痛や苦悩があってもアクセプタンスを促進してより良く生きることを学ぶことへの，視点の抜本的な転換である。医療の場でACTをうまく実行するためには，医師や治療チームのその他のメンバー，また子どもの生活において重要な大人との連携を維持していかなければならない。本章で述べたように，症状を緩和することから痛みを抱えつつ価値ある人生を送ることへと文脈をシフトさせるには，子どもの生活における他の人々も関与することになる。その問題と治療目的を概念化するために，患者のジレンマを描いたイラストを（図5-1），アクセプタンス，脱フュージョン，マインドフルネスに関する議論とあわせて，親や関連する他の医療専門家に対して用いることができる。子どもと成人を対象とした実証的研究（Dahl et al., 2004；Greco et al., 2008；McCracken et al., 2007；McCracken, Vowles, & Eccleston, 2005；Wicksell et al., 2007など）と我々の臨床経験から，ACTが慢性疼痛の患者にとって効果的なアプローチであることがわかっている。これから数年間は，小児集団における長期的な効果と変化のメカニズムを解明するために，適切に設計されたランダム化比較試験を実行することが必要となるだろう。

引用文献

Brattberg, G. (2004). Do pain problems in young school children persist into early adulthood? A 13-year follow-up. *European Journal of Pain*, 8, 187-199.

Dahl, J., Wilson, K. G., & Nilsson, A. (2004). Acceptance and commitment therapy and the treatment of persons at risk for long-term disability resulting from stress and pain symptoms: A preliminary randomized trial. *Behavior Therapy*, 35, 785-801.

Eccleston, C., Malleson, P. N., Clinch, J., Connell, H., & Sourbut, C. (2003). Chronic pain in adolescents: Evaluation of a programme of interdisciplinary cognitive behaviour therapy. *Archives of Disease in Childhood*, 88, 881-885.

El-Metwally, A., Salminen, J. J., Auvinen, A., Kautiainen, H., & Mikkelsson, M. (2004). Prognosis of non-specific musculoskeletal pain in preadolescents: A prospective 4-year follow-up study till adolescence. *Pain*, 110, 550-559.

Fordyce, W. E. (1976). *Behavioral methods for chronic pain and illness*. Saint Louis, MO: The C. V. Mosby Company.

Greco, L. A., Blackledge, J. T., Coyne, L. W., & Ehrenreich, J. (2005). Integrating acceptance and mindfulness into treatments for child and adolescent anxiety disorders: Acceptance and commitment therapy as an example. In S. M. Orsillo & L. Roemer (Eds.), *Acceptance and mindfulness-based approaches to anxiety: Conceptualization and treatment* (pp. 301-322). New York: Springer.

Greco, L. A., Blomquist, M. A., Acra, S., & Moulton, D. (2008). *Acceptance and commitment therapy for adolescents with functional abdominal pain: Results of a pilot investigation*. Manuscript submitted for publication.

Greco, L. A., Freeman, K. A., & Dufton, L. M. (2006). Peer victimization among children with frequent abdominal pain: Links with social skills, academic functioning, and health service use. *Journal of Pediatric Psychology*, 32, 319-329.

Hayes, S. C., Bissett, R. T., Korn, Z., Zettle, R. D., Rosenfarb, I., Cooper, L., et al. (1999). The impact of acceptance versus control rationales on pain tolerance. *The Psychological Record*, 49, 33-47.

Hayes, S. C., Luoma, J. B., Bond, F. W., Masuda, A., & Lillis, J. (2006). Acceptance and commitment therapy: Model processes and outcomes. *Behaviour Research and Therapy*, 44, 1-25.

Hayes, S. C., Strosahl, K. D., & Wilson, K. G. (1999). *Acceptance and commitment therapy: An experiential approach to behavior change*. New York: Guilford.

Holden, E. W., Deichmann, M. M., & Levy, J. D. (1999). Empirically supported treatments in pediatric psychology: Recurrent pediatric headache. *Journal of Pediatric Psychology*, 24, 91-109.

Janicke, D. M., & Finney, J. W. (1999). Empirically supported treatments in pediatric psychology: Recurrent abdominal pain. *Journal of Pediatric Psychology*, 24, 115-127.

McCracken, L. M., & Eccleston, C. (2003). Coping or acceptance: What to do about chronic pain? *Pain*, 105, 197-204.

McCracken, L. M., Mackichan, F., & Eccleston, C. (2007). Contextual cognitive-behavioral therapy for severely disabled chronic pain sufferers: Effectiveness and clinically significant change. *European Journal of Pain*, 11, 314-322.

McCracken, L. M., Vowles, K. E., & Eccleston, C. (2004). Acceptance of chronic pain: Component analysis and a revised assessment method. *Pain*, 107, 159-166.

McCracken, L. M., Vowles, K. E., & Eccleston, C. (2005). Acceptance-based treatment for persons with complex, long standing chronic pain: A preliminary analysis of treatment outcome in comparison to a waiting phase. *Behaviour Research and Therapy*, 43, 1335-1346.

Merskey, H. (chairman), & International Association for the Study of Pain (IASP). (1979). Subcommittee on taxonomy: pain terms. A list with definitions and notes on usage. *Pain*, 6, 249-252.

Palermo, T. M. (2000). Impact of recurrent and chronic pain on child and family daily functioning: A critical review of the literature. *Developmental and Behavioral Pediatrics*, 21, 58-69.

Robinson, P., Wicksell, R. K., & Olsson, G. L. (2004). ACT with chronic pain patients. In S. C. Hayes & K. D. Strosahl (Eds.), *A practical guide to acceptance and commitment therapy* (pp. 315-345). New York: Springer.

Sleed, M., Eccleston, C., Beecham, J., Knapp, M., & Jordan, A. (2005). The economic impact of chronic pain in adolescence: Methodological considerations and a preliminary costs-of-illness study. *Pain*, 119, 183-190.

Turk, D. C., Meichenbaum, D., & Genest, M. (1983). *Pain and behavioral medicine: A cognitive behavioral perspective*. New York: Guilford.

Walco, G. A., Sterling, C. M., Conte, P. M., & Engel, R. G. (1999). Empirically supported treatments in pediatric psychology: Disease-related pain. *Journal of Pediatric Psychology*, 24, 155-167; discussion 168-171.

Wicksell, R. K., Ahlqvist, J., Bring, A., Melin, L., & Olsson, G. L. (2008). *Can exposure and acceptance strategies improve functioning and quality of life in people suffering from chronic pain and whiplash associated disorders (WAD)? A randomized controlled trial*. Manuscript submitted for publication.

Wicksell R. K., Melin L., Ahlqvist J., Lekander M., & Olsson, G. L. (2008). *Exposure and acceptance vs. a multidisciplinary treatment in children and adolescents with chronic pain: A randomized controlled trial*. Manuscript submitted for publication.

Wicksell, R. K., Melin, L., & Olsson, G. L. (2007). Exposure and acceptance in the rehabilitation of adolescents with idiopathic chronic pain: A pilot study. *European Journal of Pain*, 11, 267-274.

第6章

ボーダーラインの特徴のある青少年のための弁証法的行動療法

クリステン・A・ウッドベリー

ローズマリー・ロイ

ジェイ・インディック

弁証法的行動療法（DBT）は，境界性パーソナリティ障害（BPD）と診断された成人女性に対して，十分に確立され経験的に支持された治療法である（Linehan, 1993a）。DBT は，弁証法の枠組みに基づいて，大きな全体の中で対立する観念のバランスをとるのが特徴である。この患者集団の複雑な臨床像を効果的にマネジメントするために，東洋の伝統に基づくアクセプタンスの方略と，認知行動療法に基づく変化の方略を統合している。BPD に伴う問題を軽減する DBT の効果が，患者の一般的なケア（展望論文は Robins & Chapman, 2004 を参照），さらには DBT 以外の専門家による治療（Linehan et al., 2006）よりも優れていることが，現在では複数のランダム化比較試験によって実証されている。

DBT がエビデンスに基づいて広く支持されていることを考えれば当然のことだが（Swenson, Torrey, & Koerner, 2002），このアプローチを青少年向けに改良しようという試みは熱い注目を集めている（Miller, Rathus, & Linehan, 2006）。予備研究として行われた対照試験が，この試みの実現可能性と将来性を支持している（Katz, Cox, Gunasekara, & Miller, 2004；Rathus & Miller, 2002 など）。本章では，

アクセプタンスとマインドフルネスの概念に特に焦点を当てながら，DBTの基礎理論・構造・方略を概観する。次に，DBTを青少年に実施する際にぶつかる主な問題と，それを乗り越えるために加えられてきたいくつかの改良点を展望する。最後に，本章の大部分を割いて，外来診療と児童福祉施設の両方で青少年に対してDBTを実施する際に我々が使用している，具体的な方略とエクササイズを紹介したい。本書の焦点を踏まえ，特に青少年とその家族にアクセプタンスとマインドフルネスを教えるための手法を強調する。

DBTの概要

　DBTは，境界性パーソナリティ障害（BPD）のある成人のための包括的な治療法である。それは対立する概念を弁証法的に統合するものであり，その中で最も根本的なものがアクセプタンスと変化の概念の統合である。DBTは生物社会学的理論に基づいており，感情的脆弱性をもつ個人（主として生物学的要因に起因すると考えられている）と非認証的な環境（私的体験が何らかの点で悪いとか不適切であるといったメッセージを，その人に伝えるような環境）との交流過程から，BPDに特徴的な行動パターンが発現すると仮定している。この治療法は行動ターゲットと治療ステージの階層に沿って高度に構造化されている。全般的な目標は，強烈で相反する感情と真実を，効果的にマネジメントする能力である弁証法的な行動パターンを高めることである。とはいえ，ステージ1における第1の行動目標は，自殺行動と自殺関連行動を減らすことである。そして，第2の目標は効果的な治療を妨げる行動を減らすことであり，第3の目標は生活の質を低下させる行動を減らすことである。このステージの最終目標は行動スキルを高めることにある（Linehan, 1993a）。

　これらの目標に取り組む基本的な治療モードは4つある。個人療法，スキル・トレーニング（通常はグループで行われる），電話によるコンサルテーション，セラピストのためのコンサルテーション・ミーティングである。薬物療法などの補助的な治療モードが組み込まれることもよくある。DBTの中核的な手法は，弁証法方略，アクセプタンス志向の認証方略，変化志向の問題解決方略からなる。これを補うのがスタイル方略とケース・マネジメント

方略である。弁証法方略はその名が示す通り DBT の中心であり，相反する構成要素を統合するものである。この方略では，セラピー関係と治療におけるアクセプタンスと変化のバランスを，時間をかけて促進していく（Linehan, 1993a）。

クライエントの体験が妥当なものであることを伝える認証方略は，アクセプタンスを促進する第一の手段である。ある文脈での感情・認知・行動の妥当性を認めるという点で，認証は変化の観念とは際立った対照をなしている。認証は，言語的にも（「確かにあなたは正気ではありませんね」と言うなど），機能的にも（喉が渇いている人のために水を持ってくるなど）生じうる。最後に，問題解決方略は主として認知行動療法からもたらされたものであり，行動分析と解決法分析，スキル・トレーニング，随伴性マネジメント，エクスポージャー，認知修正が盛り込まれている（Linehan, 1993a）。スキル・トレーニングはこの複合的な治療法の一要素にすぎないが，マニュアル化されており，個人療法とは切り離されたものとして時間が確保されている。これは危機に直面するたびにスキルの獲得と増強が中断されないようにするためである。この集団によく見られる障害に対処するために，マインドフルネス，感情調節，対人関係の有効化，苦悩耐性などのスキルを教える。どのスキル領域にもアクセプタンスと変化の両方の側面が含まれているが，感情調節と対人関係有効化スキルは変化により明確に焦点を当てるのに対して，マインドフルネスと苦悩耐性スキルは主としてアクセプタンスを促進する。

■アクセプタンスに基づくその他の治療法との違い

DBT には，本書で取り上げるアクセプタンスに基づくその他の治療法と異なる点が 3 つある。それは，対象となる集団，治療全体にわたって弁証法を重視すること，マインドフルネスの概念化や教え方の方法である。境界性パーソナリティ障害は介入が特に難しい障害であり，感情の不安定性，強い怒り，衝動性，不安定な対人関係，自殺の危機と自殺行動の繰り返しに顕著に特徴づけられる。弁証法的な枠組みにより，クライエントとセラピストが複雑な問題を効果的に解決するのに必要な，相反する視点と方略の統合が促進される。優先順位の高い問題の解決にはまず，優先順位の低い問題へ

の耐性を高めるために，アクセプタンスとマインドフルネスが重要となる (Linehan, 1993a)。

　アクセプタンスは，文脈的かつ弁証法的な理解と関連づけて概念化される。「アクセプタンスの実践の中には，現在の瞬間に意識を集中し，『妄想』ではなく現実をあるがままに見て，価値判断せずに現実を受け容れることが含まれる」(Robins, Schmidt, & Linehan, 2004, p. 39)。DBT のマインドフルネスは，とりわけ「日常生活に対する気づきと関わり双方の質」に関連する (Robins et al., 2004, p. 37)。最も基本の段階では，DBT のマインドフルネス・スキルは注意コントロールの手法として教えられる。何に注意を向けたり気づいたりするかをコントロールすることがうまい人ほど，感情調節やその他の方略の選択の幅が広く効果も高いのである。ただし，DBT におけるマインドフルネスの最終目標は，自分の体験から距離を置くことではなく，体験に全面的に参与することである。BPD のある人は概して感情体験を回避するとされている (Linehan, 1993a, 1993b)。マインドフルネスとアクセプタンスはどちらも，感情に対するエクスポージャーを行い，感情的手がかりに対する新しい反応を学習するためのツールなのである (Lynch, Chapman, Rosenthal, Kuo, & Linehan, 2006)。

　BPD のある人は感情の回避が深刻化しているので，練習ははじめのうちは数秒間，次に数分間というように短いのが普通である。最終的な目標は現在の体験への気づきを高めることだが，注意の焦点は外的な出来事と観察だけではなく，特にはじめのうちは思考や身体感覚も含まれる。まず，猫をかわいがっているときに自分の身体感覚をマインドフルに意識するというように，具体的でシンプルなやり方で実践するよう指示される。時間が短くて集中しやすいエクササイズの実践を経てはじめて，より長時間の難しいマインドフルネス・エクササイズに進めるのである。

青少年と家族のために DBT を改良する際の問題

　青少年と家族向けに DBT を改良するうえで，重要な問題がいくつもある。これらの問題を我々は 3 つのカテゴリー——診断・発達・文脈——に分けた。

■診断の問題

 診断について言えば，未成年にBPDの診断を下すことの是非をめぐる議論は依然継続中であり (Meijer, Goedhart, & Treffers, 1998；Miller et al., 2006)，BPDに特化した治療法であるDBTがこの年齢層に妥当かどうかが疑問視されるのも当然のことである。青少年へのDBTを支持するためによく主張される意見には，以下のようなものがある。①自傷や自殺行動を含めて，DSM-IV-TRの診断基準と合致する感情や行動のパターンを示す青少年は多くいる (たとえば，Becker, Grilo, Edell, & McGlashan, 2002)。②パーソナリティ障害は思春期に発症することが多い (American Psychiatric Association, 2000)。③自殺傾向や自傷があって治療を受けている青少年は，症状の不均一性，問題の多様さ，併存疾患の有病率の高さという点で，BPDの成人とよく似ている (Becker et al., 2002；D'Eramo, Prinstein, Freeman, Grapentine, & Spirito, 2004)。④DBTは，彼らに共通した中核的スキルの不足に対処するためのスキル・トレーニングと，行動のシェイピングに焦点をあてた明確な介入の構造を提供するため，複雑な問題を抱えた自傷や自殺のリスクが高い集団に特に適している (Miller et al., 2006)。⑤BPDと診断されていない場合でも，DBTは複数の問題を抱えたさまざまな集団に効果があることが示唆されている (Robins & Chapman, 2004)。結局のところ，思春期のDBTが焦点とするのは行動的ターゲット（自殺企図や自殺念慮，自傷，強烈で不適切な怒りなど）であり，診断そのものよりもBPDの特徴に焦点をあてていると言える。そうした介入は，究極的には，早期介入としても，また成人のBPDの予防としての効果も期待できるのである (Miller et al., 2006)。

■発達の問題

 思春期は弁証法的な発達段階であり，子どもと大人の両方の側面が含まれている。この時期には複数の複雑な生物学的・社会的・心理的変化が起こる。彼らに対する責任を負っている大人にとって青少年はパワフルに感じられることもあるが，青少年が行使できるパワーには現実的・法的な限界がある。BPDの特徴のある青少年の行動はむしろ，大人からの影響を受けるものである。こうした青少年は弁証法的思考能力の割に，自立心が乏しい。一

一般的に青少年は，時間感覚が大人とは異なっており（1年が永遠のように感じられることもある），学習歴も短く浅いために，行動が移ろいやすい面もある。

青少年の臨床に関して最後に挙げる発達上の留意点は，成長の節目が時を待たず訪れることの重要性に関するものである（進級など）。10代の若者が道を踏み外さないようにするために，病院，学校，家庭，その他の環境に，臨床家が関わる機会は増えつつある。実際，Linehan (1993a) は，未成年の症例では環境への介入がさらに必要であると明確に述べている。しかし，あまりに積極的な環境への介入は，DBTの基本原則とは弁証法的な緊張関係にある。そこで求められるのが，患者に対するコンサルテーションである。セラピストは患者の代わりに行動するのではなく，患者自身が効果的に環境と相互作用する方法をコンサルティングする。たとえば臨床家の仕事は，特別支援教育の責任者に電話をかけて，子どもの教室での座席の位置や改良すべき点について話し合うことではなく，その子が教育者との話し合いの中で自分自身を擁護できるように子どもを指導することである。脅威となりうる文脈で，自分に必要なことを把握して自分自身を守る方法を学ぶには時間がかかる。不幸にも環境の変化が遅れると，施設収容処分などの悪い結果を招くリスクが高くなる。青少年に対するコンサルテーションを優先すると同時に，家族や医師，学校や養護施設のスタッフに対してDBTに関する教育を適宜行うことによって，我々の治療チームはこの弁証法的ジレンマに対処してきている（Miller et al., 2006も参照）。

■文脈の問題

たとえ親と離れて暮らしている青少年であっても，家族はおそらく最も重要な文脈的変数であろう。家族は通常，若者の生活で最も重要な感情的引き金や強化子をもたらす。青少年と成人の治療の主な違いの一つは，青少年の大半は親元で暮らしていて，親の監督と庇護を受けているという点である。親やその他の保護者は青少年の安全について主たる責任を負っており，一般的には彼らが受ける医療サービスの費用を支払っている。臨床家は親に対して直接的に責任があるし，親は治療に参加する法的な権利を有している。何と言っても，親はすばらしい資源になりうる。

第6章　ボーダーラインの特徴のある青少年のための弁証法的行動療法

　最後に，同年代の仲間の重要性を尊重することなくして青少年を治療することはできない。行動療法を行う臨床家は行動を強化する際に，彼らが仲間同士で盛んに張り合うのを目の当たりにする。スキルに富んだ行動をシェイピングしたいのであれば，臨床家は自身が自由に扱えてごほうびとして魅力的なものなら何でも利用するべきである。10代のグループで自然に「リーダー」役を務めている青少年たちをいったんDBTに取り込んでしまえば，その仲間たちはスキルに富んだ行動をお互いにシェイピングするようになる。我々の経験では，青少年同士の関係作りに時間をかけ，彼らにとって必要なことと彼らが提供すべきことを臨床家が把握していることを理解させたうえで，臨床家自身が徹底的に誠実になって弱さも見せることが，この取り組みには必要不可欠であると感じる。

青少年と家族のためのDBTに特異的な方略

　標準的なDBTの基本的な原則と方略は，成人だけでなく青少年にも適用可能である。改良すべき点は主として形態とスタイルに関わるものである。このことを念頭に置いて，ここでは，方略を付加したり強調点を変えることが役立つと考えられる4つの領域を強調したい。それは，コミットメント方略，家族に働きかけるための方略，スタイル方略，スキル・トレーニングの改良である。

■コミットメント方略

　大半の成人とは対照的に，青少年が治療を受けるのは自分自身の意向や選択によってではなく，彼らの行動を問題視する人々の意向による場合が多い。ここから興味深いジレンマが生じるのであって，それゆえDBTでは，コミットメントのプロセスを非常に重視し，治療ステージ全体に関わるテーマとして掲げている。自分は苦痛でもなければ治療を受ける必要もないと思っている青少年に対しては，目標を追求する力を高める手段という名目で，DBTを実質的に「売り込む」。何一つ変えられないという絶望を感じているために治療に関心がない若者に対しては，スキルを学んで必要な変化を

起こす能力がある証拠を導き出すことがDBTの役目となる。セラピストは，若者が目標を定めるのを助ける必要があるかもしれないし，あるいは，さらに力をつけるために必要なことをする準備や気構えがあるかどうかを，単に尋ねればよいだけかもしれない。セラピストと家族のメンバーが治療について同等の責任をもつことを定めた治療契約を結ぶことが，これらを促進する可能性もある。とはいえ，DBTは最終的には，青少年自身の目標（児童福祉施設を出て自宅に戻る，友人と一緒にいるときにもっと安心感を得られるようにする，大人を困らせない，生きる価値のある人生を作り出すなど）が達成できるよう直接的に関わらなければならない。短期的目標と長期的目標がDBTの治療標的の階層の中でどのように達成されるかを説明することは，変化への取り組みと変化のプロセスの双方に対して青少年が備えるのに役に立つだろう。

青少年向けのDBT治療プログラムの中には，積極的なコミットメントや参加やスキル練習と引き換えに特権やお金を与えたり，臨床的に望ましく論理的に実行可能な場合には，家庭や学校でそのプログラムを行うよう指導したりするものもある。また，青少年に対して事前にコミットメントを求めずに，DBTの治療を割り当てるプログラムもある。これは実質的に「好むと好まざるとにかかわらずのDBT」である。真に協働するためにセラピストがコミットメントを求めていることが青少年にはっきりわかっているのであれば，「私たちは共にこのことに行き詰まっている」というスタンスが有用であろう。治療関係や変化のメリット自体が十分に強化価を持つまでは，青少年の関与と結果としてのコミットメントを確保するうえで，外的な随伴性が大きな役割を果たしつづけるであろう。

■ 家族に働きかけるための方略

標準的なDBTは個人のための認知行動療法である。家族を治療に加えることは，一見すると，個人に焦点を当てることと矛盾しているように見える。しかし，DBTの弁証法的世界観は，この2つを統合する自然な枠組みを提供する（Linehan, 1993a；Woodberry, Miller, Glinski, Indik, & Mitchell, 2002）。Linehanが説明しているように，「弁証法は相互関連性と全体性に重点を置くものである。弁証法では，現実に対してシステムの視点を取り入れる」（1993a, p. 31）。

家族が青少年をどのようにシェイピングするかだけではなく，青少年がどのように家族をシェイピングするかということも考慮に入れるのである。セラピストが緊張とバランスに目を向けるとき，弁証法的方略の重要性は明白なものとなる。認証と問題解決方略はどちらも等しく重要だということである。一つ例を挙げてみよう。

　17歳の少女の母親が娘の個人セラピストに連絡してきて，娘が時間通りに家に帰ってこないと娘の安全が気になって居ても立ってもいられないので，娘がドラッグを使っているかどうかを教えてほしいと言う。たしかに，その少女はさまざまな物質を乱用しており，性的搾取のリスクにさらされていた。母親が心配するのは無理もないが，少女に対する守秘義務というのもある。臨床家がもう一人いて母親を指導できるのなら，もちろんそれが理想である。しかし，連携療法を選択できない場合には，これらの相反する要求と権利に対処するために，個人療法セラピストが弁証法の枠組みを用いればよい。たとえばセラピストは，少女が自分の身を守るためにできることとできないことを決めるために何をしようとしているかを，母親が細かく知る必要はないと答えることもできる。また，効果的な問題解決を促すのに親の懸念を認証するだけで十分なときもある。たとえば，子どもがその子らしくあることをどこまで許すべきかについて常に頭を悩ませつつ，子どもの安全を守るために必要なことをする，という親の難しい立場をセラピストは認証するかもしれない。あるいは，セラピストは母親に対して，娘が一番必要としていることは何だと思うかと尋ねるかもしれない。これはその少女に対するセラピストとしての役割を保つと同時に，適切な子育てを強化することにもなる。

　このような状況でより指示的で具体的な支援を求める親もいれば，高リスク行動の中には青少年に対するセラピストの守秘義務の限界を超えるものもある。そうした反応はいずれもDBTの弁証法・認証・問題解決の方略に馴染むものである。個人の体験と家族の体験を同時に尊重することは可能である。理想を言えば，親も青少年もお互いの体験を尊重して，お互いの反応を効果的にシェイピングする責任を負うようになることが望ましい。我々は，親がこの変化の担い手になることをしばしば期待するが，一方で青少年に主導権を握ることを教えることは，彼ら自身を大いに勇気づけ，積極的なアク

セプタンスを促進することになる。

　Millerら（2006）が開発したスキル・トレーニングの追加のモジュール「中道を行く」は，アクセプタンスと変化の方略のバランスをとるなかで生じる，青少年とその家族に特有の課題に対処することを助けるためにある。Linehan（1993a）が概説する標準的な弁証法のジレンマも青少年の臨床に非常に適しているが，Millerらのこのモジュールは，青少年とその家族に特有の弁証法的ジレンマを扱っている（Rathus & Miller, 2000）。そこでは，青少年・親・セラピストを含めたその他の大人が陥りやすい以下のジレンマに焦点を当てている。①過度の寛大さと権威的コントロール，②病的な行動のノーマライジングと正常な行動の疾病化，③自律を強いるか依存を促すか。こういったジレンマを明確化すれば，青少年と親との間によくある対立を弁証法的に解決することについて議論がしやすくする。また，このモジュールにおける他の2つの焦点である認証と行動主義の原理を教えるうえでも，重要な枠組みとなる。

　青少年向けのDBTプログラムにはさまざまな形で家族が組み込まれてきた。親は青少年の個人療法セッションの最後に参加したり，追加の家族セラピーに定期的に出たりする。プログラムによっては，親のためのスキル・トレーニング・グループを別個に設けたり，複数の家族による集団スキル・トレーニングに親を組み込んだりするものもある。治療の焦点は一つではないことや新しい行動の仕方を学ぶ大変さを親に知ってもらうことで，青少年は概して認証された感じをもつ。家族全員でスキル訓練をすれば対人関係を変化させやすくなるし，親がスキルに富んだ行動をありのままに認識すればその行動を強化しやすくなる。親へのスキル指導は，スキル・トレーニング・グループのリーダーか，親指導のために特に配置された別の臨床家か，さもなくば青少年の個人療法セラピストか，家族療法も実施している場合にはそのセラピストが行うことになる。

■スタイル方略

　DBTのスタイル方略とは，セラピストのコミュニケーションのスタイルと形式に関わるものである。この方略には，温かみ，切れ味，スピード，応

答性を使うことが含まれる。セラピストには相互に尊重する姿勢と不遜さの両方の役割が求められ，しかもこの間をすばやく行き来できなければならない。不遜さは成人よりも青少年の臨床でより大きな役割を果たす。これを賢く用いれば，臨床家がこの青少年集団に働きかけるための最も認証的で魅力あるスキルの一つになりうる。青少年と関わるには，動きとタイミングにたえず注意を払う必要もある。DBT で見られる動きやスピード，流れを表すものとして「ジャズ」という言葉が最近用いられるようになったが，これは若者集団にとっては特に重要な概念である。

　青少年に対してタイミングが果たす役割を簡潔に示す例として，あまりにも衝動的であり暴力を振るうおそれがあるために，寄宿学校でマンツーマンのスタッフをつけられたジョーイという少年の例を挙げよう。ジョーイはテーブルの端に鉛筆やフォークがあると，指先ではじかずにはいられなかった。ある日，彼の手がテーブルの端の鉛筆に達した。彼は手を上げたが，鉛筆をはじく前に手を止めた。学校でジョーイにマンツーマンでついているスタッフは，鉛筆をはじく前に手を止めて，それをはじきたいという衝動に気づいたという事実に，ジョーイの注意を向けさせた。いったん衝動にマインドフルになると，彼は鉛筆をはじくか，それとも別の行動を選ぶかということをコントロールできるようになった。スタッフを殴りたい衝動に駆られたときにジョーイがこの気づきを用いたことは，なおさら評価されたが，彼の行動コントロールの変化はシンプルでタイミングのよい観察と介入によって促されたのである。

　青少年の臨床に精通している臨床家は弁証法の達人である。彼らは青少年と真剣に関わると同時に不真面目な態度も見せる。青少年一人ひとりの体験，強み，潜在力，苦痛，恐れを心から尊重していることを伝える。その一方で，冗談を言い，淡々とした口調で滑稽な受け答えをし，苦悩する青少年が自分を笑い飛ばすように仕向ける。困難なことに真剣に取り組み，青少年との力比べでさえ認証と学びの機会に変えてしまう。断固として譲らないときと変化に向けて動くべきときはいつか，譲歩して身を引いて青少年が自分のペースで新たな気づきに達するように仕向けるのはいつかを知っている。これらのスキルは DBT で言うところのジャズと大いに関係がある。しかし，これ

らのスキルの成否は目的が明確かどうかにかかっているが，DBT において スキルは，青少年が生きるに値する人生を確立するのを助けるためにある。 おそらく最も重要なことだが，そのような臨床家は謙虚さを身上としているので，青少年は自分が失ったものをもっている臨床家の元に必ず戻ってくるのである。

■ スキル・トレーニング

　スキル・トレーニング教材には，子どもの発達を考慮したさまざまな修正が加えられている。たとえば，興味や語彙レベルの違いに配慮して年齢に合わせたわかりやすい言葉を用いる，注意を維持する時間が短いとされる幼い子どもが取り組めるよう，テキストを短くするなどである。これらの教材は，視覚的イメージや青少年にとってよくある状況をもとにした例が盛り込まれており，たいていそれらは青少年との協働作業を経て完成される。青少年向けの DBT プログラムは成人向けのものに比べると，スキル・トレーニング・セッションの時間が短いだけでなく（2.5 時間ではなく 1 〜 1.5 時間など），治療全体の持続期間やコミットメント（6 〜 12 ヵ月ではなく 4 ヵ月など）も短いことが多い。また，親と青少年が自分たちの家庭の長期的な相互作用のパターンを変化させようと試みる前に，複数の家族からなるグループでスキル・トレーニングを実施することによって，別の家庭の親子と共にスキルを実践する機会を設けることもある。個別の家族の文脈よりも向社会的行動を引き出しやすいという点で，複数家族のグループという文脈は学習を促進する。対人関係の緊張が高かったり荒れていたりする家庭は，スキル・トレーニングを一通り終えてから個別に家族セラピーを行う方がよいだろう。

　DBT のスキルを青少年に教えるには，創造性・勇気・柔軟性が必要となる。青少年は講義形式の学習時間が長いことには耐えられないものである。一般的に 10 代は議論や討論，体験学習，ロールプレイに参加することを好む。スキル・トレーナーは自分が伝えたいことの要点を絞り，わかりやすくて青少年が関心をもてる例を挙げなければならない。特に複数の家族からなるグループを指導する場合，リーダーは意見の対立が起こりそうになってもうまくさばいて，グループのエネルギーをスキル学習に集中させなければな

らない。スキル・トレーニング・グループがスキルの獲得と増強の第一モードではあるが，個人および家族のセッションや彼らとの密な連絡も，スキルの増強と般化に重要な役割を果たすのである。

弁証法を教える

　治療全体と同じくスキル・トレーニングも，弁証法的枠組みの中で概念化される。したがって，我々はまず弁証法の概念を教えることから始める。我々の経験では，ほかの抽象的な概念を教える場合と同様，具体例やストーリーから始めるのが最適であることが多い。ユーモアを賢く用いることで，10代の若者は，ある人の愛情や賛同を得たいと思いつつ同時に，その人と二度と話したくないと感じる体験と，うまく関われるようになる。我々の経験では，たいていの親はどういうわけか，相容れない見方や感情を同時に抱くことなどできないとか，そんな良い親にはなれないといった考えを抱くようになる。彼らの多くは対立する考えや感情を抱くことを「許容する」ことには同意するが，一方で，真実が複数あるような文脈の中で，親としての権威を保つ方法を知るために助けを求めているのである。

　認知行動療法は青少年たちに「事態は決して変わらないだろう」とか「私はだれからも好かれていない」といった，白か黒か，ないしは全か無か思考を自覚するよう教えることが有効であることを示している。DBTでは，マインドフルネス（感情と理性を「賢明な心」に統合する），苦悩耐性（是正できない不公平を徹底的に受容するなど），感情調節（感情の行動衝動とは正反対の行動をとるなど），対人関係における有効性（相手に同意できないときでも相手を認証するなど）という弁証法的なテーマがスキル・トレーニングのレッスン全体で繰り返し取り上げられる。このようにして青少年とその家族は，一見すると解消できそうにない目前の対立の先を見通すことを教えられ，はじめは譲歩しているように見えることが（自分の要求をすぐに通そうとはしない），自分の望むもの（帰りが遅くなるのを許してもらう）を得るのに役立つことに気づく。

　弁証法的な思考に必要な，手放すという感覚は，メタファーを通じて認証することができる。ただし，臨床家は自分が関わる青少年やグループに関係

のありそうなメタファーを選ばなければならない。我々が使用したことのあるメタファーを以下に2つ挙げる。弁証法的な視点とは、①不思議の国のアリスがウサギの穴に落ちるようなものだ（怖くないわけではないが、興味深くて創造的な感じがする）。②ジャズのように、予測可能なテーマとアドリブの両方が組み込まれており、流動的で力強い（水がどのようにしてグランドキャニオンを造り上げたかを考えて、岩や硬い場所に阻まれて動きのない水と比べてみる）。弁証法的なスタンスをとったときのことを、青少年自身が例として挙げることもよくある。たとえば、スポーツの試合で攻めと守りをすばやく切り替える、曲がりくねった道でうまく車を走らせる、列に並んでいる人から横入りするよう言われても順番を守って後方に並ぶなどがある。Millerら（2006）は、青少年とその家族がより弁証法的に考える助けとなるような配布資料を提供している。弁証法的な思考の基本に慣れたら、次のエクササイズで楽しみながら、実生活の問題についてそれを実践することができる。

エクササイズ1

弁証法110番

一人は弁証法的に可能な解決法を提供する「弁証法110番」の相談員役をします。

もう一人は「弁証法的ジレンマ」という行き詰まりを感じて「電話相談」をする役をします。

選択肢：
1. グループのリーダーたち2人がまずこのエクササイズのモデルを示す。
2. グループ全体で弁証法的解決法についてアイディアを出し合う。

相談の例	弁証法的に可能な解決策
「鼻にピアスを開けたいけれど，母は許してくれないと思う。そんなことをしたら馬鹿に見えるって言うのよ」	ピアスの種類と，人がピアスをする理由を知るために，だれかに直接聞いたりインターネットで調べたりする。
「私が息子を学校に送り出さなかったら，息子は家から追い出されるでしょうが，息子にそう言っても言うことをききません。息子はまだ出かけるのを渋っています」	息子が好きなメニューを夕食に作り，どうしたら学校に行けるのかを尋ねる。ガイダンス・アドバイザーか教頭に連絡して，学校側が提供できる選択肢について聞く。
「私は娘と親しくなりたいのですが，娘にぶたれはしないかと心配です」	週に1度，娘と出かけて話をしたり娘が好きそうなことをしたりする。
「私がどれだけ大変なことを試みているのか，母に知ってもらいたい。でも母は私を非難してばかりいる」	母親として何を誇りに思うか尋ねる。自分がこんなふうにがんばれるのも母親のおかげだと感謝する。

青少年にアクセプタンスとマインドフルネスを教える

　DBTのアクセプタンス方略は，変化方略とのバランスの中でこそ用いられるものである。実際，変化とアクセプタンスは密接な関係にあり，アクセプタンスに変化が内包されていたり，アクセプタンスが変化を導いたりする。ここではアクセプタンスを教えるための3つの方略，ないしはスキル領域（認証，苦悩耐性，マインドフルネス）に焦点を当てる。

■認　証

　先に述べたように，認証はアクセプタンスの促進と変化の重視とのバランスをとるための第一の方略である。認証はDBTのあらゆる治療的相互作用の一側面をなすべきであり，コミットメントを引き出し，新しいスキルフルな行動を強化する力との関係を築くうえで欠かせない。さらに，我々の経験

によれば，青少年と親の関係を変える力をもつスキルの一つでもある。
　認証の本質を伝えるには，シンプルだが心に響くストーリーが役に立つことが多い。我々が効果的だと考えるのは，次のような幼い子どもと母親のストーリーである。その子どもは店でガラス製品をうっかり壊してしまい，泣きながら母親の元にやってきた。ここで我々はグループのメンバーに，母親は何と言っただろうかと質問する。彼らは決まってこんなふうに答える。「あら，大丈夫よ」「泣かないで」「心配しないで。弁償するわ」。しかし実際には，その母親は優しい口調で「あら，うろたえるのも無理ないわね。壊すつもりはなかったんでしょう？」と言ったのだ。それに続いてその場が静まり返るのを，我々は許す。羞恥心を認証する効果は絶大である。「事態を改善」しようとすることなしに（悪くすれば，それによって一時的な感情が高まったり激化したりするのに），苦痛な感情を体験するのを許すというのは，普通は青少年にとっても親にとっても今までにない体験である。このストーリーは，不認証はそういう結果をもたらす意図があって不認証になるわけではないことに気づき，他人だけでなく自分自身も認証することを学ぶための土台にもなる。過去の経験や学習内容だけでなく現在の文脈に沿って認証することを学ぶのは，とてもつらい過去があったり，自分の人生がうまくいくイメージを抱きにくい若者や家族にとって不可欠なことである。自分の体験や行動を正当化することから，生きるに値する人生を築くために積極的な役割を担うことへと移行するためには，現在に焦点を当てることがきわめて重要になる。
　DBT を開発する際に Linehan が発見したように，変化だけを強調すると，強い苦痛を抱える人への不認証として受け止められる可能性がある。それと同じく，アクセプタンスを強調しすぎると，自殺傾向のあるクライエントにとって人生がどれほど耐えがたいかということと，何かを変化させる必要が現実にあるということを，過小評価することになる。相手の体験と自己の感覚，さらにはその人の目標と生きるに値する人生に向けて前進する積極的な努力に対して，巧みでダイナミックなやり方で共感と非断定的な認証のバランスをとれるかどうかによって，認証の効果は決まる。青少年とその親に関して，一方を認証すれば他方を認証しないことになりそうな場合でも，こ

のようにバランスをとる行為は青少年と親の両方を認証することにまで及ぶ。どちらかの味方をしなければならないと思うのはたやすい。セラピストによる認証は，特にモデリングのためには重要である。とはいえ何より重要なのは，青少年に親を認証することを教え，親に青少年を認証することを教えることである。

たとえば，ある家族セラピーのセッションでは，リサという18歳の少女の児童福祉施設での滞在が終わりに近づいていた。彼女は自活する予定でいたが，もし仕事が見つからなかった場合，親元に戻らざるをえないという問題が持ち上がった。母親のエレンはリサに，仕事のつてがありそうなサリー叔母さんにちゃんと電話をしたのかどうか尋ねた。リサの継父であるジェフは，自分がリサと同じ年の頃いかに努力していたかを話して聞かせ，リサがすぐに投げ出すのではないかと心配していた。リサはすぐさま食ってかかった。

リサ 私が自分じゃ何もできないと思っているの？ 家に帰りたがっているとでも思う？ あくまでそれは最後の手段だって言っているじゃないの！

セラピスト （話を遮って）リサの言うことをお聞きになりましたか？

母親 リサ，いつでも家に帰ってきていいのよ。

継父 もちろん，そうすればいいさ。

セラピスト （母親に向かって）リサはあなたにそう言わせたがっていると，あなたは受け取ったのですか？

母親 私が思うにリサは……

セラピスト （話を遮って）本人に直接言ってください。そうすれば，あなたが正しく理解しているかどうかがわかります。

母親 （今度はリサに向かって）まるで私たちが，あなたに家にいてほしくないと思っているみたいに聞こえたわ。私たちがあなたにいてほしいかどうかが問題ではないことを，わかってもらいたいだけなの。

セラピスト あなた方が彼女の気持ちをきちんと汲み取っていたかどうかが，わかりますか？

母親 （リサに向かって）あなたが考えていたのはこういうこと？

リサ （うなずく）

母親 また元に戻ってしまったらと思うと怖いのよ。

セラピスト お母さんの言うことを聞いてどう思ったか，お母さんに伝えられますか？

リサ お母さんが怖いように，私も怖いの。

セラピスト （リサに向かって）お父さんにはわかってもらえないんじゃないかと思うことが，他にもあったようですね。

リサ お父さんは私がちっとも変わっていないと思っているの。私が以前，仕事を探そうとしなかったようにね。

継父 リサはずいぶん変わったとは思うけれど，途中で放り出すんじゃないかと心配なんだ。

セラピスト あなたから見てリサが変化したと思うのなら，それをリサに直接言ってもらえませんか？

継父 君が起こした変化を誇りに思うよ。君のおかげで僕も変化することができたしね。

リサ （涙を流す）

　初期のセッション，ないしは特に感情的なセッションでは，セッション全体を認証にあてることもある。認証は問題解決への準備を推し進めるだけでなく，解決すべき問題は何かということを明確化するのにも役に立つ。リサは両親が自分の進歩を認めており，家に帰るのをただ反対しているだけではないと知ると，両親と共に積極的に問題を解決できるようになった。しかし，DBTの個人療法と同じく，家族セッションでもアクセプタンスと変化のバランスを慎重にとらなければならない。このセッションが認証に終始し，次のステップに向けた問題解決を行わないとしたら，家族が実際に抱いている懸念は認証されないことになる。

　家族セッションを通じて，家族のメンバーがスキルを実践し，必要な状況へとスキル使用を般化する機会を豊富に提供することができる。高度に構造化されたホームワークは，より効果的に認証と問題解決のバランスをとるという，相互作用の新たなスタイルを家族が学ぶのに役に立つ。また，バラン

スを取り戻す必要があることに気づくきっかけにもなる。自己防衛的になっていたり，相手に理解してもらえないと不満をもらしたりする人がいる場合は，セラピストは反射的傾聴を実施して，変化への取り組みを一時的に中断する。また，何一つ変化していないと繰り返し不安を訴える人がいたら，問題解決へと方向転換するときである。「何も変化していない気がするのですね。わかりますよ」などと言うのは，ここでは特に不認証になる可能性がある。

「徹底的な誠実さ」は，青少年の臨床では特に重要なレベルの認証である。徹底的な誠実さの例を，波乱に満ちた治療過程を乗り切ったある母親（デブラ）と娘（イライザ）の家族セッションから引用する。このやりとりが起こったとき，娘は救急治療施設を出る準備がやっと整ったところだった。

デブラ　私はただ娘と良い関係でいたいだけなの。
セラピスト　（皮肉っぽく）うまくいくといいわね。
イライザ　（笑いながら）そんなことを言われるなんて，思ってもみなかったわ。
デブラ　（やはり笑いながら）あら，本当にそうよね。それがどんなに大変な
　　ことか，あなただってわかるでしょう。

治療関係が十分に確立していなかった頃なら，デブラとイライザは腹を立てたり，侮辱されていると感じたかもしれない。この事例では，セラピストの徹底的な誠実さが，良好な関係でいたいという願望とその関係を築いて維持することの難しさを認証し，以前は非常に困難だった問題をめぐって親子で笑いながら話せるようになるという進歩をもたらしたのである。

徹底的な誠実さは弁証法的な形の認証にもなりうる。自分は役立たずだと愚痴っている人には，過度に支持的な言葉をかけるよりも，愛情を込めて「お馬鹿さん」と言った方がはるかにその人の自尊心を認証する場合がある。信頼と思いやりの文脈の中で表現するのであれば，慎重に選んだ言葉を使った皮肉や誇張（相手が意図する以上にものごとを深刻に受け止めることなど）は，不安定さや絶望などの感情を認証すると同時に，希望，コンピテンス，つながりの感情を育むこともできる。この技法も機能的な認証と同じく，相手の

体験に対して行動で反応することによって認証する。青少年らしい口調で話したり（すばやく軽口で切り返すなど），非言語的表現を使ったりした方が，反射的傾聴よりも認証的になれることが多い。とはいえ，徹底的な誠実さはその名が示す通り，誠実であるだけでなく徹底的でもなければならない。中途半端だったり使い古されたりした言葉や偽りの親しみは，青少年にとってほとんど許し難いものである。

スキル・トレーニングでは，認証を教え，練習するためにロールプレイが欠かせない。親と子どもが役割を交代してお互いの視点について検討する機会を，ロールプレイは豊富に提供してくれる。ロールプレイのシナリオが徐々に難易度を増すなか，指導上のポイントを文脈の中で順次紹介し，練習させるとよいだろう。実際に認証を行っていることを認証されるべきはだれなのか，と（役柄の上での）その人物に尋ねるという方法で，他の予測されるネガティブな交流スタイルを変えるために認証を使うという考え方を導入する。自分が認証されていないのに相手を認証するというのは，青少年にとっても親にとっても難しいことである。**エクササイズ2**では，青少年とその親に適したロールプレイをいくつか例示している。

エクササイズ*2*

認証のロールプレイ

やり方
1. リーダーはそれぞれの参加者のスキルレベルに合った役を割り当てる。普段の役割を入れ替えてみるのは（青少年が親や教師の役を演じるなど），難しくも楽しいことである。
2. 参加者は関連のある配布資料を使用したり，グループにアドバイスを求めたりしてもよい。
3. 言語的な認証も機能的な認証も推奨する。
4. 認証が行われたかどうかは，認証される側の人が判断する。認証する人に対しては，非言語的サインを探すことと，認証を受ける人に認証されていると感じているかどうかを尋ねることを教示する。

この人物を認証しましょう	回答例
1. 靴ひもを結び終えてほほ笑む子ども。	1. 「すごい。きっと鼻高々でしょうね！」
2. 母親が疲れていて，話を聞いてくれない。	2. 「話は後にした方がいい？」
3. 教師（皮肉たっぷりに）：「ついに宿題をやってきましたね。これはまたびっくりだ！」	3. 「先生はこの日をずっと心待ちにしていたんだよね」
4. 父親：「私が助けてほしいと言うと，君はえらそうにする。そのくせ自分がしてほしいことがあると，ころっと態度を変えて甘ったれてくるじゃないか！」	4. 「パパの言う通りだよ。パパがうんざりするのも仕方がない。この頃私はすごく自分勝手だったからね」
5. 青少年：「今日の夕飯はホウレン草なの？ この1週間ろくなことがなかったのに」	5. 「ああ，チョコレートがあったらいい夜になったのにね」
6. 青少年がテレビを見ている。宿題はやっていない。	6. 青少年の横に座って，「宿題にとりかかるのは大変？」
7. あの女子はデブでブスだと友だちが言う（その女子はいじめられていた）。あなたはその女子がデブでブスでは「ない」とは言わずに，その子の気持ちを認証することができるだろうか？	7. 「あの子たちって本当に意地悪。あの子たちの言うことを信じないようにするのは難しいよね」

■苦悩耐性

　苦悩耐性スキルは，ある種の問題行動（自傷，暴力，物質使用など）をとらずに，強いネガティブな感情を乗り切るためのスキルである。その第一の課題は，苦痛とそれを引き起こす状況を変化させる余地がない場合に，それらを受け容れることを学ぶことである。青少年にアクセプタンスを教えるとき

には，具体的な「サバイバル・スキル」から始めて，さらに深く，長く持続するアクセプタンスへと進む。青少年は危機サバイバル・スキルをあっという間に身につける。思春期の若者は，たとえば，自傷の衝動を紛らわすために手首につけた輪ゴムをはじくといった方法のように，今ここですぐに効き目がありそうなことを求めるものである。表6-1は青少年に特に有用な，そうした活動のリストである。

　もっと難しいアクセプタンス・スキルを教える際には，ストーリーが特に効果的であることがわかっている。音読するとたいていの場合は心が落ち着き，ほとんどのグループは静かになり，アクセプタンスに必要な開かれた心が促される。アクセプタンスを教える効果的な物語は，ひどい状況でも「レモンからレモネードを作る」ことができて，自分の分がほんの少ししかなくても他人に分け与えたり，不幸せな場所で美しいものを見いだしたりできる人たちがいることを詳細に描くものである。それから我々は，グループのメンバーがこれまでに受け容れることを学んできた，あるいはこれから受け容れようとしている状況のリストを作成する。たとえば，両親の離婚，自宅から離れて生活しなければならないこと，にきび，スポーツチームから外されること，親友だと思っていた人にボーイフレンドを横取りされること，などがある。「あなたはどうやってそのことを受け容れるようになったのですか？」「あなたは自分がそれを受け容れたことに，いつ気づいたのですか？」などの質問をすることによって，だれが最もひどい出来事や問題を受け容れたかといった競争にこのエクササイズが陥ることを防ぐことができる。青少年は自分がアクセプタンスを身につけたことをとかく伝えようとしたがるものである。彼らが本当に受容できているのかどうか臨床家が疑問に思う場合でも，問題を言語化することは最初のステップとして重要である。臨床家が自らの体験の例として，手放して受け容れるしかなかったことを受け容れたと思ったときの話を何度も繰り返すことは，そのプロセスをノーマライズするのに役に立つだろう。

　グループは，非アクセプタンスのサインを浮き彫りにすることも楽しみながらできる。自分の意見に固執する，自分のボーイフレンドと親友が付き合っているという嘘を広める，娘や息子の言い分が本当は正しいにもかかわ

表 6-1　青少年のための危機サバイバル・スキルの例

クラスやグループで行うもの	
教室にある色を数える 絵を描く，落書きをする，日記をつける 手でそっとドラムを叩く クラスワークに集中する 教師が話をしているとき，声がどのように変化するかに注意しながら聴く 大好きなペットや妹，弟のことを考える 部屋を出てだれかと話をしてよいかと尋ねる	ストレスボールを握る 静かな場所やお気に入りの場所を心に描く 楽しいことをしている場面を思い描く 深呼吸をして吐く息を数える お気に入りの歌を頭の中で歌う 雑誌を読む
自宅やプライベートな場所で行うもの	
電話で話をする お気に入りの本やストーリーを読む アクセサリーを作る マニキュアを塗る 単語探しパズルをする コンピューターゲームで遊ぶ ブラウニーを作る ぬいぐるみ遊びをする 祖母に電話をかける 自転車に乗る	ジャグリングをする 香水やコロンの匂いを嗅ぐ 犬を散歩に連れて行く 友人にちょっとした手紙を書く 妹の宿題を手伝う 音楽に合わせてダンスやエクササイズをする ランニングをする 化粧をする，髪形を変える 野球カードを仕分けする アルバムの写真を整理する ドラムを叩く

らず間違っていると言い張るといった例を，青少年も親も挙げることができる。苦痛な感情に直面しなければならないことを理由にアクセプタンスを回避するのはよくあることだと，リーダーは皆に繰り返し伝えるとよい。苦痛を避けるために行うあらゆる試みを笑い飛ばすことと，その苦痛のつらさをただひたすら認めることが，機に応じて用いられる。

　身体的なイメージや活動は青少年にとっては特に役に立つようである。メンバーは固く握ったこぶしをゆっくり開いたり，両脚をぴったりつけてまっすぐに立つ姿勢と膝をゆるめて両脚を開いて立つ姿勢の安定感の違い（特にそっと押されたときの安定感）を感じ取ったりする。ウィリングネスを教えるためには，臨床家やその他のスタッフは「ウィリングな手（自主的に助けの手を差し伸べること）」や「ウィリングな姿勢（意欲的な姿勢）」について教示す

るだけで，ウィリングネスのイメージを喚起することができる。青少年が自分の体がどれほど緊張しているかを観察し，次にそれを手放す練習をするのを手助けすることは，アクセプタンスに向けた具体的なステップとなる。これを我々のプログラムでは「肩をすくめ，ため息をつく」という形で教えることがある。「肩をすくめ，ため息をつく」練習を3回行うと，状況に納得できない場合にもそれを受け容れるのに役に立つ。青少年が「手放す」ことでうまくいった活動の例として通常挙げるのは，スキーやダンス，スケートボードなどに関するものであり，下り坂に直面しても膝を曲げたとか，やるべきことに完全に集中できたといった具合である。臨床家は各々のメンバーに対して，行き詰まりを感じて受け容れることができないと思うような状況で役に立つ，受け容れたり手放したりするイメージを，最低でも一つは自分の体験の中から見いだすよう促す。

■マインドフルネス

　青少年が関心をもちやすく，また彼らの目標と合致する言葉でマインドフルネスを説明することは，彼らの関心を引き出すうえで欠かせない。すでにマインドフルネスの概念に馴染みがあったり，それにすぐに夢中になれたりするグループなら，すぐにでもグループでのマインドフルネス・エクササイズを始めようと提案するだろう。そうでない人々ならマインドフルネスのことを「馬鹿げている」とか「退屈だ」などと文句を言うかもしれない。マインドフルネス・エクササイズを教えるには創造性とエネルギーが必要であり，それがコンピテンシーと成功の感覚につながる。自分がしていることをバカバカしいと感じさせるようやっきになる青少年と関わるには，さらなる柔軟性とコミットメントが必要とされるときもある。

　Linehanは「感情的な心」と「合理的な心」と，それらを統合した「賢明な心」という概念によって，マインドフルネスを説明している。もっとシンプルに説明するなら，感じることと考えることの両方について知ることだと言える。青少年は得てして対人関係で頭がいっぱいなので，感情的な心の例として，だれかにひどくのぼせ上がることについて話すとよい（それはエキサイティングで，インスピレーションに満ちており，エネルギッシュで，心をひどく

第 6 章　ボーダーラインの特徴のある青少年のための弁証法的行動療法

かき乱されることである）。それとは対照的に，その人との間で共通する価値や興味は何か，あるいは自分の背景と目標は共存できるかということをじっくり考えるときには，合意的な心が用いられている（静かで，論理的であり，段階を踏むプロセス）。感情的な心の情熱と合理的な心の論理を統合することができたときに，賢明な心が得られるのである。情熱だけに基づいて行動すると，情熱が消えて何も残らなくなった後は，苦痛に向かって進むことになる。理性だけに基づいて行動すると，情熱と刺激のない対人関係に陥るおそれがある。賢明な心は，感情と理性の両方を考慮に入れるのである。抽象的な概念と実生活への適用のギャップを青少年が飛び越えるには，メタファーが役に立つ。Linehan（1993a, 1993b）はさまざまなメタファーを提案しており，青少年に効果があるものも多い。この年齢層に賢明な心を教えるための活動の中で，我々が特に気に入っているものを以下に示す。

賢明な心を教えるためのエクササイズ
赤と青から紫を作る　ジッパー付きのビニール袋を使って，一方の隅には青い絵の具を 4 分の 1 カップ，もう一方の隅には赤い絵の具を 4 分の 1 カップ入れる。合理的な心を青，感情的な心を赤と見なすように青少年に言う。2 つの色を混ぜ合わせて賢明な心（紫）を作る。この新しい色の中に赤と青の要素を見つけられるかどうかを確かめる。

泥が沈む　ボトルか広口ビンに，容器を振ったときにはっきり底に沈むような砂か泥を 3 分の 1 まで入れる。水を加えて密封する。容器を振って泥にし，それが沈んでいくのを見る。人が賢明な心に達するには，どのくらいの時間がかかるのかを話し合う。このようなボトルや広口ビンを部屋に置いておけば，行動する前に感情や思考を落ち着かせる時間をとることを，青少年が思い出す手がかりとなる。

10 セント硬貨と本　「10 セントを欲しい人はいませんか？」と尋ねて，志願者を募る。その志願者に，グループの前に進み出て，実生活のジレンマを見いだし，両手を差し出すように指示する。一方の手のひらに 10 セン

ト玉をのせてこう尋ねる。「理性の言うことにだけ耳を傾けて感情を無視できるとしたら，あなたはどうしますか？（感情が高まっているとき，理性の方は小さいものです）」。もう一方の手には，辞書などの大きな本を乗せる。「感情の言うことだけに耳を傾けるとしたら，あなたはどうしますか？（あなたが持っているこの分厚い本のように，感情的な心の声は大きくてはっきりしているものです）」。それからこう説明する。「どちらも同時に感じられるとき，それが賢明な心です。賢明な心は感情の声で理性の静けさをかき消したりはしません。心の中の短期的な関心と長期的な関心の両方を維持します。あなたの感情的な心と合理的な心の両方を尊重するとしたらあなたには何ができますか？」。たいていの場合，その答えは驚くほど創造的である。そして彼らに選択肢を与える。「その10セント玉は持って帰って，使ってしまってもかまいません。あるいは，それをポケットにしまっておいて，賢明な心の魔法を使うこともできます。ジレンマを抱えたとき，その10セント玉をこすって，あなたの賢明な心が伝えようとしていることによく耳を傾けましょう」。

　実生活のジレンマを使って話せば，青少年が賢明な心を実践するための準備をさらに進めることができる。たとえば，「あなたが2週間前に親友に貸した20ドルをあなたが本当に必要としていることを，親友に気づかせなければなりません。親友はたぶんそのお金を持っていません。感情的な心と合理的な心はどうしろと言うでしょうか？　賢明な心なら，これに対処するためにどんな手段をとるでしょうか？」

　DBTにおけるマインドフルネスの指導は，心（マインド）の中でも，特に注意をコントロールすることから始まる。我々が特に有用だと感じるエクササイズは，部屋の中を見回して，グレーの物を何でもいいので見つけ出し（無言で），次に黒い物を見つけるというものである。それから目を閉じて，グレーに見えた物，黒に見えた物を思い出す。次に目を閉じたままで赤，緑，青の物を思い出してみるように指示する（それぞれの色ごとに時間をおく）。ほとんどの人はグレーや黒の物にはたくさん気づいたと報告するが，他の色には気づかなかったことに肩すかしを食らうか，困惑する。ここでのリーダーの役割は，彼らが主としてグレーと黒の物に注意を向けていたときには，自分の注意をうまくコントロールできていたのだと指摘することである。彼ら

第6章　ボーダーラインの特徴のある青少年のための弁証法的行動療法

はおそらく，以前は一度も気にとめていなかった多くの物や特徴に気づいたのである。これが成功であると理解できるように，我々は彼らに十分に賞賛を与える。また，このエクササイズは，もっと抽象的な指導ポイントを例示する際にも使うことができる。つまり，どのように注意の焦点を合わせるかが，何を見るかを決めるということである。臨床家はそこで，彼らが探しているものをただ「見えている」だけのような*対人的状況やその他の状況の例を挙げるとよい。

　Ellen Langerのマインドフルネスの全般的な概念化はDBTのものとは異なっているが (Langer, 1997)，彼女のマインドフルネス学習方略の中には青少年に特に有用なものがある。たとえば，注意を働かせつづけるもの（散歩をしながら，特定の色の服を着た人やある種の植物を探すなど）や，目新しいもの，変化，違いを探すことを教えるもの（だれか一人が部屋を出て，外見を一つ変えて戻ってくる。他の人たちが違いに気づくまでにどれくらいの時間がかかるかを観察するなど）がある。自分自身に質問することと，多様な感覚を使うことを学習すれば，青少年の生来の好奇心が目覚めるだろう。もう一つの例としては，臨床家が同じ種類と色の花を一人に一輪ずつ渡すという方法がある（紫のチューリップを一輪ずつ渡すなど）。その花をただ単に「紫のチューリップ」とラベル付けするのではなく，自分のチューリップだけがもつ特徴に気づくことができるかどうかを試してみるよう指示する。たとえば，自分のチューリップを他人にどのように説明するだろうか。このようにして花と向き合った後で，青少年たちはそれぞれ自分のチューリップを一つの花瓶に戻し，臨床家がそれを混ぜ合わせる。セッションの後半で，青少年たちに自分の花を見つけるように言う。自分はどのようにして見つけたかということを，たいていは皆しきりに話したがるものである。

　青少年が学習した方略は，身体感覚・呼吸・思考に焦点を合わせる際にも応用することができる。学習障害や注意コントロールの障害の割合が高い若者集団を指導する際には，アクティブで多感覚的なエクササイズが特に有用である。その中でも特にポピュラーなゲームが**エクササイズ3**の「スナッ

訳注*　見えているのに気づいていないような。

プ・クラックル・ポップ」である。このゲームの利点は，競争と社会的プレッシャーがあって注意集中と柔軟性の両方を練習できることだが，一番おいしい役回りは，実はミスをした人に与えられる。彼らは「ディストラクター」となって，まだゲームに取り組んでいる人たちを混乱させようとするのである。しだいに混乱が深まる文脈で集中力を保つ難しさは，実生活でマインドフルであろうとすることを示す格好のメタファーとなる。青少年は自分の心がどのように横道に逸れるのかということと，トレーニングのためには何度となく注意を取り戻さなければならないことに気づきはじめるのである。

エクササイズ3
スナップ・クラックル・ポップ

DBTの「やり方」スキル（"how" skill）の「一つのことにマインドフルになる」を教えるために，このエクササイズは特に役に立つ。エクササイズにとりかかる前に，一つのことにマインドフルになるのが難しいのはどんなとき，参加者と話し合っておく。

1. 全員を車座に座らせて，3つの腕の動きを教える。
    スナップ：一方の腕を胸の前で曲げ，左か右の人を指さす。
    クラックル：腕を頭の上で曲げ，左か右を指す。
    ポップ：腕をまっすぐ伸ばして，輪の中のだれかを指す。
 このような動きを全員で練習したら，次の順番でゆっくりと実践する。
 一人がスナップから始め，それと同時に「スナップ！」と言う。
 指された人が「クラックル！」と言う。
 次に指された人が「ポップ！」と言う。
 次に指された人がまたスナップから始める。以下同様。

2. ディストラクターの役割を説明する。一つのことにマインドフルでいることを妨げるディストラクターの例を挙げる。たとえば思考，人，感覚，感

情などである。ミス（スナップのときに頭の上に手を伸ばしたり，ポップの後でクラックルと言ったり，時間がかかりすぎたりするなど）をした人はゲームから外されるのではなく，代わりに新しい役割を担うと説明する。それがディストラクターである。

（ディストラクターとなった）グループメンバーは，他のメンバーが一つのことにマインドフルになることから注意を逸らさせる（ディストラクトさせる）という自分の役割を，創造的かつまじめに果たすよう促される。ただし，どんなことにも基本原則が必要である（接触しない，人や家具を傷つけるような言動をしない――ケガや物損のリスクのほか他人の気持ちを傷つけることも含む――など）。

3. だれからスタートするかを，リーダーはきちんと把握していなければならない。だれがいつディストラクターになるのかを判断できるようにしておき，助けが必要なときにはゲームをリードする（ペースを上げる必要があるときなど）。

手の動き，順番，ルールについて，全員が明確に把握したらゲームを開始する。ポイントは一つのことにマインドフルになることと，順番通りに進めることである。だれかがミスをして迷わし手になったら，その人の左にいる人から新しく始める。スナップ・クラックル・ポップの動きをする人が残り1，2人になるか，所定の時間が来たら，ゲームを終了する。

4. ゲーム終了後に，次のような質問をしてゲームの感想を聞く。
   • 一番気が散ったことは何ですか？　その理由は？
   • 集中力を保つためにどんな工夫をしましたか？（輪の中だけを見る，頭の中でスナップ・クラックル・ポップと繰り返す，リラックスして楽な姿勢を保つなど）。
   • どんな方法がうまくいきましたか？
   • 実生活の場で一つのことにもっとマインドフルになるために，利用できることは何でしょうか？

Linehanは賢明な心に達するためのマインドフルネス・スキルを6つ挙げている（Linehan, 1993b）。これらのスキルは「すること」スキルと「やり方」スキルに分けられる。「すること」スキルは気づきの人生を発達させるためのスキルであり，観察・描写・参加が含まれる。「観察」している人は，何かに気づき，感じている。「描写」には体験を言葉で表すことが伴う。「参加」とは完全に現在にあって，体験に打ち込むことである。

　ラベル付けをせずに観察するというのは抽象的な課題なので，青少年にただ単に「観察する」ことを教えるのは難しいかもしれない。一つの方法としては，青少年を身じろぎせずに45秒間座らせて，自分を突き動かすさまざまな衝動に気づかせることである。このエクササイズには，衝動を観察することがそれに基づいて行動することの代わりになるという利点もある。我々は青少年に対して，ラベル（漠然とした痛みや不快感）を付けずに何かに注意を向けるのはどんなときかを考えてみるよう勧めることもある。青少年は自分が知っていることや考えていることを言語化するのに慣れているため，「描写」することを教える方がたいていの場合は容易である。描写を教えるという課題は，クライエントが大ざっぱな印象を細部の描写に落とし込む助けをすることと関係する。たとえば，親も青少年も，相手が「頭に来ている」と思うのはどんなときかは，問われればすぐにわかるだろう。しかし，特定の感情に伴う身体的表現を観察して，それを描写することについては助けが必要がある。これを説明するために我々が動物の絵をよく使うのは，青少年は猫がしっぽを持ち上げてふくらませたり，犬が耳を伏せたりするのを知っていることを自慢したがるからである。さまざまな感情に伴う具体的な感覚や表現を描写することを，ロールプレイを通して練習する。

　「参加」することはマインドフルネス・トレーニングの目標であるが，青少年はこのスキルを用いた豊富な経験を過去にしていることが多い。本気で遊ぶとき，人はゲームや音楽，その他の活動に我を忘れて全面的に打ち込んでいる。たいていの大人に比べて子どもはより頻繁に，より自由に遊ぶので，このスキルの概念を大人よりも容易に把握しやすいかもしれない。青少年は，ダンスやスポーツ，アートの創作などのさまざまな活動に全面的に参加するときに，このスキルを用いているのである。

第6章 ボーダーラインの特徴のある青少年のための弁証法的行動療法

　DBTの「やり方」スキルとは，賢明な心に取り組むうえで，いかに「すること」スキルを実践するかを示すものである。「やり方」スキルには「判断を下さないこと」「一つのことにマインドフルになること」「効果的であること」が含まれる。「判断を下さないこと」を実践するためには，価値判断を下さずに観察する，描写する，参加することを学ぶ必要がある。青少年はすぐに価値判断を下すことが多く，大人のように価値判断を事実から切り離すのが難しいため，このやり方スキルを教えるのは難しいかもしれない。我々は例として，黒板に，一つのカコミに価値判断，一つのカコミに事実と書いて示す。価値判断の欄には，「良い／悪い」「正しい／誤っている」「公平／不公平」というように，ものごとをカテゴリー分けする言葉を記す。事実の欄には，価値判断を取り除いた後に残るものを記す。たとえば，「私の先生は意地悪だ」は価値判断である。「私の先生はこの前のテストで私にFをつけた」は事実かもしれない。「私は太っていて醜い」はもちろん価値判断である。一方，「私は体重が53.5kgで，茶髪にパーマだ」は事実かもしれない。次に，参加者のうちの2人に対立場面のロールプレイをさせる。残りのメンバーの役割は，事実ではなく価値判断だと思われる言葉を聞いたら必ず手を叩くことである。
　「一つのことにマインドフルになる」活動を行うためには，今この瞬間や活動に何度も立ち戻らなければならない。一度に複数のことをしたせいで大変な事態に陥った話を引き合いに出すと面白いだろう。一つのことにマインドフルになる体験を促すエクササイズには，部屋の明かりを消して一人のメンバーに懐中電灯を持たせるというものがある。この人に対して，部屋の中のある場所や物にゆっくり光を当てていくように言う。グループの他のメンバーの課題は，光が当たっている物にただ注意を向けることである。この体験が注意力を集中するやり方とどのような点で似ているか（あるいは似ていないか）を，グループで話し合う。その後で重要なのは，一つのことにマインドフルになる実践のための具体的なプランを話し合うことである。たとえば，ある青少年はシンプルで日常的な営みをマインドフルに行う（電話で話しているときは他のことをせずに，ただそこにいてしっかり耳を傾ける，コンピューターで作業をするときにはインスタントメッセンジャーに応答しない，親と話をするとき

にはコンピューターや電話を切るなど）ためのプランを立てるかもしれない。

　最後に,「効果的である」という課題は，余計なことは一切せず必要なことだけすることを意味する。つまり，必要なことは何かを知り，ルールに従ってプレイするという意味である。自分の生活の中で不当なことや不公平なことにいちいちケチをつけたがる青少年にとって，これはとりわけ難しいことだろう。不公平なルールも中にはあること，そして，そのルールに合わせて行動するのが目標達成のためには最も効果的だということを認証するのが重要なポイントである。自分のやり方にこだわらずにルールに沿って行動したおかげで，対人関係で慎重に信頼を築いたり自立を達成したりできた青少年の話を，セラピストが語ることもある。

結　論

　弁証法的行動療法は，境界性パーソナリティ障害のある成人を対象とした実証に基づく治療法であり，青少年の臨床に携わる精神医療提供者に広く好評を博している。この適用の効果に関する証拠は予備的なものではあるが，DBTのモデルは複数の問題と自殺傾向を抱えた若者の臨床のための構造，明確な標的階層，柔軟な方略を提供する。その弁証法的な枠組みは，家族を治療に関与させ，個人とシステムの両方のレベルで治療的変化を促すための概念的指針を示している。

　DBTは標的とする集団と弁証法の明確な重視という点で，アクセプタンスやマインドフルネスに基づくその他の心理療法とは異なっている。治療全体が，弁証法的な行動の増加に向けたアクセプタンスと変化のダイナミックな相互作用を念頭に構成されている。マインドフルネスはこのプロセスの中核的な要素であり，クライエントが自身の体験に全面的に参与することを究極の目標として，自分の体験の内的・外的側面の観察者となることを助ける。

　DBTを青少年に合わせて改良するためには，発達上のさまざまな問題を吟味し，家族やより大きなシステムを弁証法的に治療に組み込み，興味深いが厄介なこの年齢層に効果的に働きかけるために対人接触スタイルを変化させる必要がある。本章で取り上げた方略や実例は，これを達成するためにで

きることの一例にすぎないが，この複合的な治療法を若年集団に実施することが可能であると伝えることが，最善の改良法とその対象者についてのさらなる関心と研究を促すきっかけになれば幸いである。

引用文献

American Psychiatric Association. (2000). *Diagnostic and statistical manual of mental disorders* (4th ed., text revision). Washington, DC: Author. (『DSM-IV-TR 精神疾患の診断・統計マニュアル』[新訂版] 高橋三郎ほか訳, 医学書院, 2004 年)

Becker, D. F., Grilo, C. M., Edell, W. S., & McGlashan, T. H. (2002). Diagnostic efficiency of borderline personality disorder criteria in hospitalized adolescents: Comparison with hospitalized adults. *American Journal of Psychiatry,* 159, 2042-2047.

D'Eramo, K. S., Prinstein, M. J., Freeman, J., Grapentine, W. L., & Spirito, A. (2004). Psychiatric diagnoses and comorbidity in relation to suicidal behavior among psychiatrically hospitalized adolescents. *Child Psychiatry and Human Development,* 35, 21-35.

Katz, L. Y., Cox, B. J., Gunasekara, S., & Miller, A. L. (2004). Feasibility of dialectical behavior therapy for suicidal adolescent inpatients. *Journal of the American Academy of Child and Adolescent Psychiatry,* 43, 276-282.

Langer, E. J. (1997). *The power of mindful learning.* Reading, MA: Addison-Wesley. (エレン・ランガー 『あなたの「天才」の見つけ方——ハーバード大学教授がこっそり教える』 加藤諦三訳, PHP 研究所, 2002 年)

Linehan, M. M. (1993a). *Cognitive behavioral therapy of borderline personality disorder.* New York: Guilford. (マーシャ・M・リネハン 『境界性パーソナリティ障害の弁証法的行動療法——DBT による BPD の治療』 大野裕監訳, 岩坂彰ほか訳, 誠信書房, 2007 年)

Linehan, M. M. (1993b). *Skills training manual for treating borderline personality disorder.* New York: Guilford. (マーシャ・M・リネハン 『弁証法的行動療法実践マニュアル——境界性パーソナリティ障害への新しいアプローチ』 小野和哉監訳, 金剛出版, 2007年)

Linehan, M. M., Comptois, K. A., Murray, A. M., Brown, M. Z., Gallop, R. J., Heard, H. L., et al. (2006). Two-year randomized controlled trial and follow-up of dialectical behavior therapy vs therapy by experts for suicidal behaviors and borderline personality disorder. *Archives of General Psychiatry,* 63, 757-766.

Lynch, T. R., Chapman, A. L., Rosenthal, M. Z., Kuo, J. R., & Linehan, M. M. (2006). Mechanisms of change in dialectical behavior therapy: Theoretical and empirical observations. *Journal of Clinical Psychology,* 62, 459-480.

Meijer, M., Goedhart, A. W., & Treffers, P. D. A. (1998). The persistence of borderline personality disorder in adolescence. *Journal of Personality Disorders,* 12, 3-22.

Miller, A. L., Rathus, J. H., & Linehan, M. M. (2006). *Dialectical behavior therapy with suicidal adolescents*. New York: Guilford.（A. L. ミラー，J. H. レイサス，M. M. リネハン『弁証法的行動療法——思春期患者のための自殺予防マニュアル』高橋祥友訳，金剛出版，2008年）

Rathus, J. H., & Miller, A. L. (2000). DBT for adolescents: Dialectical dilemmas and secondary treatment targets. *Cognitive and Behavioral Practice*, 7, 425-434.

Rathus, J. H., & Miller, A. L. (2002). Dialectical behavior therapy adapted for suicidal adolescents. *Suicide and Life-Threatening Behavior*, 32, 146-157.

Robins, C. J., & Chapman, A. L. (2004). Dialectical behavior therapy: Current status, recent developments, and future directions. *Journal of Personality Disorders*, 18, 73-89.

Robins, C. J., Schmidt, H. I., & Linehan, M. M. (2004). Dialectical behavior therapy: Synthesizing radical acceptance with skillful means. In S. C. Hayes, V. M. Follette, & M. M. Linehan (Eds.), *Mindfulness and acceptance: Expanding the cognitive-behavioral tradition* 30-44. New York: Guilford.（S. C. ヘイズ，V. M. フォレット，M. M. リネハン編著『マインドフルネス&アクセプタンス——認知行動療法の新次元』春木豊監修，武藤崇ほか監修，ブレーン出版，2005年）

Swenson, C. R., Torrey, W. C., & Koerner, K. (2002). Implementing dialectical behavior therapy. *Psychiatric Services*, 53, 171-178.

Woodberry, K. A., Miller, A. L., Glinski, J., Indik, J., & Mitchell, A. G. (2002). Family therapy and dialectical behavior therapy with adolescents: Part II: A theoretical review. *American Journal of Psychotherapy*, 54(4), 585-602.

第7章

学齢期の子どものためのマインドフルネス・ストレス低減プログラム

エイミー・ザルツマン

フィリップ・ゴールディン

　マインドフルネス・ストレス低減プログラム（MBSR；Kabat-Zinn, 1990）の文脈の中でマインドフルネス・スキルを成人に教えることの利点が，この数十年間で数々の研究によって実証されている。これらのスキルには，不安とうつの症状軽減（Ramel, Goldin, Carmona, & McQuaid, 2004；Segal, Williams, & Teasdale, 2002）と自己調節行動およびポジティブな感情状態の増加（Brown & Ryan, 2003）に対して，確実な効果があることが証明されている。ところが，MBSRを子どもに適用可能で，かつ効果的なものに修正することに関しては，ほとんど明らかにされていない。本章の目的は以下の通りである。①小学4～6年生の子どもとその親を対象としたMBSRカリキュラムの概要を示す。②このカリキュラムを実施した予備研究の結果について報告する。具体的には，このデータでは，マインドフルネス・トレーニングを子どもに実施できるかどうか，加えて，そういったトレーニングが子どもの注意や自己調節，社会的コンピテンス，そしておそらく最も重要な全体的なウェルビーイングを高めるかどうかという点を扱っている。

　エイミー・ザルツマン（以下，エイミー）とフィリップ・ゴールディン（以

下，フィリップ）の両博士が出会い，子どもと家族のためのマインドフルネス・トレーニングの効果に関する共同研究が開始された。フィリップは研究手法と，実験室という研究の場，そして不安障害のある成人に対してのマインドフルネスの実践経験を，エイミーはマインドフルネスを子どもと家族に実施するための専門知識をそれぞれ持ち寄った。本書の目的は子どものためのマインドフルネス・トレーニングのハウツーを実践的に説明することにある。そのため，本章では子どもへの関わりがうまくいくよう形式ばらない文体を用いることとした。

　はじめに背景を少し説明しておこう。エイミーは，娘が生後 6 ヵ月だった頃，3 歳の息子から，妹と一緒に瞑想できるかどうか尋ねられた。エイミーはこのお願いごとを聞き入れ，子どもたちと一緒にマインドフルネスの練習を始めることにした。やがて，親子は現在の MBSR プログラムの子ども向けカリキュラムに含まれている実践方法を作り上げ，それを改良することになる。共にその実践方法を開発し，子どものストレスに関する専門的な文献も一般向けの本も繰り返し読んだ末に，エイミーは，子どもが発達初期にマインドフルネス・スキルを学ぶとどうなるだろうか，という疑問を抱くようになった。思考・感情・身体感覚に圧倒されることなくそれを体験できる子どもは，ストレスに直面したときに回復力（レジリエンス）のある人間になるのだろうか。自然な安らぎを感じ，自分の内なる知恵を信じることによって，同世代の子どもからの圧力を受けたり，リスクの高い行動をとったりすることが減るのだろうか。

　はじめは，小学校と地域社会でマインドフルネスの実践を一緒に行うといった非公式的な手法で，これらの可能性を模索することになった。すると，教師からは，一日の始まりにマインドフルネスを実施すると，子どもの落ち着きと集中力が高まったという報告がされた。高学年の児童を受け持つ教師からは，さらなる気づきが促され，年齢と共に複雑さを増していく思考や感情についても，子どもはより適切に対処できるようになったと報告された。これらの所見は期待をもたせるものではあったものの，エイミーは科学者として，マインドフルネスが本当に子どものためになっているのかどうかを，測定可能かつ有意義な方法を用いて明らかにしたいという考えに至った。

一方，フィリップは，不安障害のある成人にマインドフルネスを教えることの有効性の実証に着手していた。彼のマインドフルネス・グループに参加した成人の多くから，不安を意識するようになったのは10歳くらいのときであり，マインドフルネスのスキルを何十年も前に学ぶことができればよかったのにという言葉を聞いていた。フィリップはこれをきっかけに，マインドフルネスの実践方法を子どもに実施することに興味をもつようになった。

以上のような我々の経験から，以下の研究テーマが生まれることになった。

- 測定可能かつ有意義な方法を用いたとき，マインドフルネス・トレーニングは，子どもに対して有益な効果を示すだろうか。
- 子どもにマインドフルネスを教えるのに最もスキルフルな方法は何か。
- 子どもにとってマインドフルネス・スキルを最も学びやすい環境はどのようなものか。

年齢に合わせた改良

マインドフルネスを子どもに教える際に重要なのは，教える側がこれを深く実践していなければならないということ，子どもの年齢に適した言葉を使うこと，そして，面白く魅力的なものにすることである。これらの要素を強調するために，エイミーは以下のエピソードを紹介することにしている。

あるとき，私の息子が幼稚園の教師にマインドフルネスを教えはじめたのです。するとその教師は私に，自分のクラスで実践方法を教えてほしいと言ってきました。そうして数年前のある朝，私は19人の5歳児と共に床に横たわることになったのです。最初の実践を終え，私は子どもたちにどんな感じがしたか尋ねました。車座になって座り，子どもたちは「落ち着いた」「リラックスした」「幸せ」を感じたと報告しました。私は気を良くしました。すると，1人の子どもが「死んでるみたい」と言ったのです。教師は目を丸くしました。取り乱していたのです。私は一瞬ハッとしました。教師は子どもの体験を理解するために，もしくは自分の恐怖に対処するために，自分自

身にマインドフルネスを実践したことがなかったのです。私たちが車座になったままでいると，幼稚園でよくあるように，何人かの子どもが「死んでる」という感想も含めて，先ほどの答えについて少し言い方を変えて繰り返しました。皆が話し終えると，私は「死んでる」と言った子どもたちに向き合って，「死んでるってどんな感じ?」と尋ねました。子どもたちは「白鳥みたい」「天使みたい」「浮かんでいる感じ」と答えました。

米国文化に暮らす子どもの大半は，目覚めている，警戒している，じっとしているという感じを描写する言葉を知らない。「死んでいる」という言い方は，「静かなところ」という体験を描写する際に，子どもたちが思いつく言葉によく似ていた。このエピソードには以下のような，子どもにマインドフルネスを教える際の重要なポイントが示されている。

- マインドフルネスを教えるには，教える側が実践を積み重ねていなければならない。エイミーは実践を通じて自らの内面に生じるものに気づき，子どもと担任教師の体験を理解して，その両方の体験に対応することができた。これがマインドフルネスの真髄である。マインドフルネスとは，今この瞬間にただ注意を向け，思いやりと好奇心を持ち，状況に反応するのではなく対応することである。先ほどの例で，エイミーは子どもたちがリラックス体験をすることに自分が少し執着していることに気がついた。自らの内的な体験にはまり込むことなく，その体験にただ気づくことで，エイミーは子どもたちに注意を向けることができた。マインドフルネスを何年も実践してきたおかげで，エイミーはその子どもにとって「死んでる」という言葉が本当は何を意味するのかがわかり，それに合わせて対応することができたのである。
- マインドフルネスを教えることは，教育の場で一般的に受け入れられている「一つのものを見て，一つのことを行い，一つのことを教える」モデルではない。むしろマインドフルネスには，それを実践し，それを生き，そのように存在すること，そして人に教える前に自分で実践することが必要である。

第 7 章　学齢期の子どものためのマインドフルネス・ストレス低減プログラム

- 言葉や体験をめぐる大人の解釈が，我々の目の前にいる子どもの解釈とは大きくかけ離れていることもある。子どもが特定の語を使うとき，それが何を意味しているのかについて，わかっていると思い込まずに子どもに尋ねた方がよい。
- マインドフルネスの実践を子どもに教えるときには，創造的な解釈が欠かせない。

■「静かなところ」──導入と解釈

ごく幼い子どもでも体験できるように，「静かなところ」を紹介する。マインドフルネスの本質を解釈するために，エイミーが通常とっているやり方を以下に挙げる。

　　こんにちは。エイミーと言います。私のお気に入りの場所をみなさんに教えたいと思います。私はそこを「静かなところ」と呼んでいます。車や電車，飛行機で行く場所ではありません。その場所はあなたたちの中にあって，目を閉じればきっと見つかります。さっそく探してみましょう。
　　目を閉じて，ゆっくりと深呼吸をします。体の中に，温かくて幸せなほほ笑みのようなものを感じられるかどうか，確かめてみましょう。感じますか？　これがあなたの「静かなところ」です。さらに何度か深呼吸をして，実際に横になりましょう。
　　あなたの「静かなところ」の一番良いところは，いつでもあなたの中にあるということです。だから，いつでも好きなときにそこを訪れることができます。自分の「静かなところ」に行って，そこにある愛を感じるのは素敵なことです。怒り，悲しみ，恐れを感じているときには，「静かなところ」を訪れることは特に役に立ちます。「静かなところ」は，そういった気持ちと話をして友だちになるには絶好の場所なのです。「静かなところ」でくつろぎ，その気持ちたちと話をしてみると，自分の気持ちが思っていたほど大きくも強くもないことに気づくでしょう。覚えておいてほしいのですが，いつでも好きなときにここに来て，好きなだけいていいのです。

「静かなところ」の概念はうまく修正すれば，3〜93歳の人に使うことができる。先の言葉は3〜7歳の子ども向けであり，彼らは「静かなところ」をただ体験して，自分の心身でそれを感じることができる。もっと年長の子どもには，場所としての「静かなところ」をあまり強調せずに，身体にさらに焦点を当てるような言い方をするとよい。5〜9歳の子どもであれば，心が乱れたときに「静かなところ」への訪問を思いつくようになり，動揺をきたす状況に対応するために活用できる子どももいる。9〜13歳の子どもの多くは，大人とまったく同じやり方でマインドフルネスの実践を適用することができる。つまり，自分の思考・感情・身体感覚に気づき，自分の生活環境に反応するのではなく対応することができるのである。

 幼い子どもが「静かなところ」に慣れるには，週1回20分のごくシンプルなセッション——実践を一つ行って，何人かの子どもから短いコメントを寄せてもらい，それに続いて別の実践を行い，残りの子どもからコメントを得る——が役に立つだろう。公式的な1回の実践方法に関しては，子どもは普通1歳につき1分間練習ができるという経験則がある（たとえば，5歳の子どもは一般的に，公式の指導演習を約5分間行うことができる）。10人以上の未就学児ないしは幼稚園児のグループの場合は，演習が終わるたびに1人ずつ話をさせていると，子どもたちは落ち着きをなくし，最後の子どもに話す順番が回ってくる頃には演習を体験してからだいぶ時間が経ってしまう。そこで我々は，演習が終わるたびに一部の子どものコメントだけを聞くことを勧めている。もう少し年長の子どもについては，彼らのコメントと行動に合わせて調整するとよい。子どもによっては励まされることでマインドフルネスを日常生活に応用できることもある。以下に8歳以上の子ども向けのコースを簡単に説明する。

■子どものためのMBSR——コースの概要

 このコースの第一の狙いは，子どもに「静かなところ」を体験させて，日常的な出来事に反応するのではなく対応するために，マインドフルネスを日常生活で用いるようにさせることである。以下はコースの基本的な特色である。

参加者：このコースは子どもだけ，ないしは子どもと片方の親または両親に実施することができる。

クラスの規模：通常は1クラスにつき参加者8～30名である。

セッション：このプログラムは8つのセッションからなる（最初の週にセッションを2回行い，その後は1週間に1回ずつ行う）。

セッションの長さ：現場やクラスの規模によるが，セッションの時間は1回につき40～90分である。

マインドフルネスの実践：トレーニングは公式の練習（ボディースキャン，座る，食べる，歩くといったエクササイズなど）と，非公式の練習（注意を集中する，今この瞬間に意識を向ける，日常の出来事への対応の仕方を選択する）の両方から構成される。マインドフルな気づき，アートによる表現，言語によるコミュニケーションを増やすために，クラス内セッションを追加する。

自宅での練習：毎週行われるグループセッションの他に，クラスで学んだことを強化し，深めるため，自宅で練習をするように参加者に勧める。トレーニングと自宅練習には，「静かなところ」に馴染んで，マインドフルネスを日常生活に応用することに重点を置くエクササイズが含まれている。

教材：ワークブック，12種類の短い練習が盛り込まれたCD，自宅練習の指針・支援となる自宅練習用モニタリングシートを参加者に配布する。

子どもに対して実施するマインドフルネス講座の概要を**表7-1**（次ページ）に示す（子ども用の詳細なMBSRプログラム・マニュアルがまもなく出版される予定である。Saltzman, 近刊）。本章ではページに限りがあるため，一つのクラスを詳細に取り上げ，その後でこの子ども向けカリキュラム独自の練習について簡単に説明することとする（追加のエクササイズと実践については以下を参照）。公式な指導演習は *Still Quiet Place: Mindfulness for Young Children*（Saltzman, 2004）と *Still Quiet Place: Mindfulness for Teens*（Saltzman, 近刊）のCDにすべて収録されている。大人用のカリキュラムを短縮して修正を加えた実践演習の説明は，Jon Kabat-Zinn（1990）*Full Catastrophe Living*（『マインドフルネスストレス低減法』）を参照していただきたい。

以下は我々のプログラムの簡単な概要である。最終的には，各グループで

表 7-1 子どものためのマインドフルネス・

	目　的	
プログラムへの導入（親のみ）2時間	・マインドフルネスを体験させる ・親にプログラムの説明をする	
クラス1	・「静かなところ」／マインドフルネスの定義を示す ・基本規則を定める ・マインドフルネスの体験をさせる	
クラス2	・公式および非公式の実践の体験を検討する ・自宅練習にどの程度の時間をかけるかを話し合う ・過去や未来にどの程度注意が逸れているかを調べる	
クラス3	・引き続き公式および非公式の実践を重ねる ・思考と感情を観察する能力を高める ・自分の身体に注意を向ける	
クラス4	・不快な体験に伴う思考と感情を調べる ・知覚を探究する ・マインドフルネスを実践する方法の一つとしてヨガを導入する	

ストレス低減プログラム8週間コースの概要

クラスの計画	自宅練習
・マインドフルにレーズンを食べる（「マインドフルに食べる練習」を参照） ・成人と子どもにとってのマインドフルネスの効果に関するデータに目を通す ・MBSRを子どもに対して実施する根拠を検討する ・コースの構造と所要時間について話し合う ・質疑応答	なし
・マインドフルに食べる練習 ・「静かなところ」の導入 ・「今ここに注意を向ける」こととしてのマインドフルネス ・「宝石／財宝エクササイズ」のように（追加のエクササイズと実践を参照），呼吸重視の実践にとりかかる	・宝石／財宝エクササイズ ・楽しい体験カレンダーを用いて，楽しい体験を記録する ・一つのことにマインドフルになる（歯磨き，シャワー，家事，ペットの世話など）
・マインドフルに食べるエクササイズ ・クラス1と自宅練習の振り返り ・宝石／財宝エクササイズ ・実践についての質疑応答	・クラス1と同じ ・おやつや食事をマインドフルに食べる
・マインドフルに食べる練習 ・クラス2と自宅練習の振り返り ・「いかれたマインド」（内的対話）という概念の説明（「自宅練習」の欄を参照） ・ボディースキャンのエクササイズ（身体的エクササイズのマインドフルネス）	・ボディースキャンのエクササイズ（身体的体験のマインドフルネス） ・不快な体験カレンダーを用いて不快な体験を記録する。 ・「いかれたマインド」に気づく。 ・どのようなときにストレスを感じるのかに気づく ・マインドフルな活動をする
・マインドフルに食べる練習 ・クラス3と自宅練習の振り返り ・知覚を掘り下げるためのエクササイズ。自分自身のこと，お互いのことをどのように見ているのか？ ・困難な課題に伴う思考を検討するエクササイズ ・ヨガ	・ボディースキャンのエクササイズ／ヨガ（ヨガのときの身体的体験にマインドフルになる） ・不快な体験カレンダーを用いて不快な体験を記録する ・呼吸に意識を向けることによって，日常生活のペースを落とす ・マインドフルな活動をする

	目 的
クラス5	・抵抗とはどのようなものなのか，状況や自分自身・相手に対して今とは違ったようにあってほしいと望むことが，どのようにして苦しみを生じさせるのかを考える ・「いかれたマインド」がたいていの場合，どれほど不正確でネガティブなものであり，トラブルを求めているかを考える ・感情的な流暢さ，つまり，感情に抵抗したり甘やかしたりせずに感情に気づく能力を伸ばす
休　み	・毎週のクラスのサポートがなくても自宅学習を継続する
クラス6	・思考と感情を観察する能力を伸ばす ・反応するのではなく対応する能力を成長させる
クラス7	・コミュニケーションが困難なときにも，マインドフルネスを適用する ・反応せずに対応する能力を引き続き伸ばす ・慈愛の実践を開始する
クラス8	・愛を与え，受け取る能力を伸ばす ・マインドフルネスを生活の中でいつ，どのように用いるのかを選択する ・インストラクターがサポートを続けることを繰り返し表明する

クラスの計画	自宅練習
・マインドフルに食べる練習 ・クラス4と自宅練習の振り返り ・不快な体験に伴う思考と感情を検討するエクササイズ ・「いかれたマインド」の概念を発展させる ・感情の実践	・引き続き感情の実践を行い，俳句やその他の詩，アートを用いて感情を表現する ・反応している瞬間に気づいて，対応する方法を探す ・新たにマインドフルな活動をする
	・反応している瞬間に気づき，対応する方法を探す ・新しいマインドフルな活動をする
・マインドフルに食べる練習 ・前回までのクラスのテーマと自宅練習を振り返る ・俳句や美術などを通じて，感情の実践を行う ・思考のパレード・エクササイズ ・歩く瞑想（自宅練習の欄の簡単な説明を参照） ・練習したことを実生活で推し進めていく	・「思考のパレード」エクササイズ ・「ソローの散歩」をする ・感情の実践 ・困難なコミュニケーションのカレンダー（自宅練習の欄の簡単な説明を参照） ・ストレスフルな状況と「いかれたマインド」に引き続き対応する
・マインドフルに食べる練習 ・クラス6と自宅練習の振り返り ・2人1組のコミュニケーション（困難なコミュニケーションについて1人が描写する。もう1人はそれを聞いてよく考える。その後，役割を交代する） ・子どもたちがものごとに反応したときには，対応する例を取り上げて，状況に対する新しい対応の仕方をロールプレイする ・慈愛の実践を説明する	・慈愛のエクササイズ ・ストレスフルな状況と「いかれたマインド」に引き続き対応する ・新しくて難易度の高いマインドフルな活動をする ・相手の視点からものごとを考えてみる ・自分にとってクラスがどのような意味があったか，最後のセッションでの話題を提供する
・グループで選択する ・クラス7と自宅練習の振り返り ・友人に手紙を書く ・自分の実践方法を作る	・個人として選択する ・懐中電灯のエクササイズ ・今後どのように継続するかについて宣言する

自分たちの作品を創作することになる。すなわち，列になって動いたり，深さと奥行きを表すために影や色をつけたりといったことをする。各セッションとコース全体が，その場にいる人とその体験に対応していなければならない。特に重要なのは，体を動かしたいという子どもの自然な欲求に配慮することである。子どもを落ち着きのないまま座らせて，それに伴う感覚・思考・感情に気づかせるには，スキルが必要となることもある。あるいは，子どもたちに海藻の真似をさせたり，ダンスをさせたり，ドラムを叩かせたり，早足で歩いたり，エネルギッシュなヨガをさせたりすることに，スキルを要することもある。

■クラス6——具体例

クラス6までくればこのコースの4分の3まで進んだことになる。子どもたちは「静かなところ」に慣れてきて，マインドフルネスの基本的なボキャブラリーを身につけ，おやつを期待するようになり，自分の好みを恥ずかしがらずに表現するようになっている。クラス6ではマインドフルに食べる練習を引き続き行い，感情の実践と呼ばれるものに子どもたちと共に取り組む。歩く練習（マインドフルに注意を払いながら，足を一歩前に出すという自分の体験に気づく）にとりかかり，クラスで実践したことを外の世界に移行させる。自宅練習には，クラスで学習した活動やスキルを引き続き実践することが含まれる。クラス6の主要なエクササイズを以下に説明する。

マインドフルに食べる

放課後は，必ずマインドフルに食べるエクササイズから始める。そこで子どもたちはリンゴやミカンやフィグニュートン[*]をマインドフルに食べることになる。糖分の多いスナックは避け，必ず食物アレルギーの有無をチェックする。コースを始めるにあたっては，配られた食べ物をよく見るように子どもに言う。どのように見えるか——色，質感，果物の柄の部分（他とつながっている部分）——どんな匂いがするか，口に入れたときに見た目と匂い

訳注* ドライフルーツをクッキー生地で包んで焼いた長方形の焼き菓子。

はどうなるかということを，ただ単に説明させる。それから目を閉じて静かにさせ，一口かじってみるように指示する。

　一口かじって，口の中で何が起こるかに注意を払い，味に気づきましょう。焦ってはいけません。一口ずつかじって，味がどのように変化するか，歯と舌がどのように動くかに注意を向けてください……飲み込みたいという衝動に気づくかどうかを確かめて，それから食べ物を飲み込みながら，喉を通っていくときの感触を感じましょう……飲み込んだ後で準備が整ったら，もう一口かじります。ゆっくりでいいのです。自分の体験に興味をもちましょう。目を開ける前に，自分の体，頭，心が今この瞬間にどのように感じているかに注意を向けます。

　一口をマインドフルに食べるには1分程度かかるだろう。この実践は，今この瞬間に注意を向けることを子どもに実践させるための，非常に具体的な方法である。コースのこの時点で子どもたちはマインドフルに食べることに慣れているので，ここでは黙ってただ3～4口食べることになるだろう。食べ終わったら，どんなことを期待したか，好みの味であったかどうかといったコメントを聞いて，期待・欲求・嫌悪といった内的体験を掘り下げるためのたたき台にする。

感情の実践

　前の週の自宅練習には感情の実践が含まれており，これは瞑想中に子どもが体験する感情について2つの芸術的表現を生み出すものである。感情の実践には，現在の感情の状態に気づいて名前をつけること，その感情に怒り，幸せ，悲しみなどの普通の名前がある一方で，嵐のように荒れ狂う，炎のように激しい，空っぽな，などといったあまり普通ではない名前もあると認めることも含まれる。ある男子は自分の感情を冗談半分で「座敷わらし」と名付けた。このエクササイズは，子どもが自分の感情を特定して表現することに慣れていくように手助けする。セッションの進行役は，感情には層があることや，感情は捉えがたくて少し引っ込み思案だということを，子どもに伝

えておくとよいだろう。

　自分の感情に気づいたら，その感情を体のどこで感じるか（胸に居座っている，腹の中を引っかき回している，足の親指で休んでいるなど）ということに注意を向けるように指示する。それから，その感情に色（濃い赤，深い青，明るい緑など）や音（クスクス笑う，うめく，すすり泣くなど）があるのなら，それに注意を向けるように促す。そして，感情は何を欲しがっているのかを子どもに尋ねさせる。感情は普通，関心を得ることや時間や空間などのシンプルなものを必要とする。感情が求めるものを喜んで与える気があるかどうかを子どもに尋ねる。このエクササイズは感情と過度に同化する傾向を軽減する一方で，遊び心と感情への関心を強めるものである。

　体験のスペクトラム全体を表現する余地を与えることは，きわめて重要なことである。一般的に子どもはこのプロセスによって，自分の感情を心から感じることができる。我々の経験では，子どもは大半の大人とは違って，指示に四苦八苦したり，実践について考えすぎたりする傾向はない。たとえば，ある子どもは自分の感情が紫色をしていて緑の斑点があり，うめき声を上げていて，愛情を欲しているというように，こともなげに報告するかもしれない。感情は場合によっては，子どもが与えることができないものを欲することもあるので，他に何か欲しいものはないかと感情に訊いてみるように子どもに勧める。子どもが退屈であると繰り返し訴える場合には，退屈さの裏側を見るように指示すると，悲しみ，怒り，恐れが見いだされることがよくある。

　クラス6では，先週の感情の芸術的表現を皆で話し合う。子どもはいつでもパスしてよい。しかし，その際には，感情を人に話すときに感じる不快感にそっと手を伸ばしてみるよう子どもを促すとよい。不快感は感情のマインドフルネスを実践するもう一つの機会となるからだ。恥ずかしがり屋の子どもには，ヨガのストレッチのたとえ（アナロジー）を使う。つまり，皆が自分の体験を共有して率直に話すと同時に，それぞれの限界を尊重するという方向へも伸びていくことを提案する。そして，ストレッチのたとえを使って，自分の感情と共にいること，そして感情を他人と共有する能力が毎日，瞬間ごとに変化していくことを子どもに思い出させる。このようにして，感情に

抵抗したり甘やかしたりせずに感情と共にある能力を培っていくのだ。

　子どもも大人も自分の感情との交流の仕方は，習慣的に決まっていることが多い。大半の人は深く調べたり考えたりせずに，感情を抑圧したり，感情に圧倒されたりするというように，ごく狭い範囲で生きる傾向がある。感情を抑圧しやすい人は，感情の流動性を高めるうえで，上述の感情の実践が役に立つだろう。感情に圧倒されやすい人は，感情に向き合う前に「静かなところ」にしっかり腰を据える時間をとるとよいだろう。感情が人を所有するのではなく，人が感情を所有したがるのだということを，はっきりさせることは有益である。

　子どもたちが自分の感情の芸術的表現を語り合っているときに，我々は個々の子どもやグループのテーマについて時折コメントをはさんだり，マインドフルネスの原則を示したりする。あるいは，みんなの心の琴線に触れるような深遠なことをだれかが言ったときには，我々は口を出さずにいることもある。

海藻になる練習

　グループの子どもたちがもぞもぞ体を動かすようになってきたら，「海藻になる練習」のように，体を動かすシンプルで短い実践を行う。子どもたちはそれぞれ床に根の生えた一束の海藻になる。はじめのうちは潮の流れが速いので，子どもたちは大きく素早く動く。しだいに潮の流れが弱まると子どもたちの動きはどんどん小さくなり，ごくゆるやかに揺れ動き，しまいには動かなくなる。海藻になる練習全体にわたって，子どもたちは身体感覚・思考・感情への気づきをそっと促される。この実践は体を動かしたいという子どもの自然な欲求を尊重すると同時に，注意を払う能力を伸ばしつづけるものである。このエクササイズでは体を動かす体験に注意の焦点が置かれる。

　体を動かす短い実践の後で，過去のセッションでのストレスフルな状況や困難な状況を引き続き掘り下げる。子どもたちは初期の自宅練習（ちなみに，ネガティブな連想を避けるために「宿題」とは呼ばない）の中で，ストレスフルな場面で生じる思考・感情・身体感覚を観察している。また，呼吸を意識することを利用して日常生活のペースを落とすことも学んでいる。クラス6では，

厄介な状況に反応せずに対応するという，前の週の自宅練習について話し合う。

野球のたとえ

あるクラスで一人の男子が，母親との間でストレスフルなやりとりがしょっちゅう起こると話した。その少年は母親にかまってもらいたいのだが，母親は自分の時間と場所を欲していた。その少年はたまたま野球が好きだった。そこで我々は，親の手が空いていないことを表すのに，母親が少年にカーブの球を投げるというたとえを使った。そしてグループ全体で，彼が「ホームラン」を打つにはどのように母親に応じればよいかを検討した。それから引き続いて，部屋にいる一人ひとりに対して順番に，自分の生活で「カーブを投げてこられる」ような（困難なコミュニケーションの）シナリオを説明する機会を与えた（配偶者がディナーに遅れてやってくる，子どもの気が進まないときに親がハイキングに行かせようとするなど）。ほとんどの場合，コミュニケーションの問題を抱えている子どもや親は，自分なりに「ホームランを打つ」ための対応を挙げた。

困難なシナリオを語る人が「ホームラン」の対応を思いつかない場合には，部屋にいるみんなを賢明な「バッティングコーチ」にして，アイディアを提供し合った。たとえば，ある年上の少年が上述の少年に与えたアドバイスは，その少年が15分間を自分の好きなように使っていいという契約を母親と結び，母親と15分間遊ぶことにするというものだった。少年も母親も，普段のやりとりよりもこの方がいいと感じた。この特別なエクササイズは，少年が野球好きであることを知っていて，なおかつ彼にとって意味のあるたとえを使って話そうとするからこそ出てくるのである。少年がそのシナリオを語ったので，我々は彼にとって可能な対応の種類を調べることを話し合い，それを実践することに焦点を当てた。それと併行して母親とも話し合いをもち，母親にとって可能な「ホームラン」の対応の種類を検討した。

思考のパレード・エクササイズ

思考のパレード・エクササイズでは，子どもたちは椅子に座るか床に寝そ

べって，呼吸に注意を向け，まるでパレードを眺めているかのように自分の思考が通り過ぎるのを見る。すると，騒々しくて派手に着飾った思考もあれば，引っ込み思案で陰に隠れている思考もあり，何度も行きつ戻りつしている思考もあることに気づく。自分がパレードと一緒に行進している（思考に没頭している）ことに気づいたら，歩道に戻って，思考が通り過ぎるのをただ眺めるようにする。この実践は，子どもが自分の思考を頭から信じたり，個人的に受け止めたりせずに，思考をただ見ることができるようにサポートするものである。

思考のパレード・エクササイズの例として，以下のストーリーを挙げる。

ある5年生のクラスでは，一部の男子がマインドフルネスに対して懐疑的だった。ある水曜日，思考のパレード・エクササイズを実践していたときに，彼らは自分たちの思考の多くがその日の午後に行われるバスケの試合に関連していることに気がついた。前回の試合で負けており，その日の午後は自分たちよりも強そうなチームと対戦する予定だった。試合に負けること，下手なプレーをすること，チームをがっかりさせることを彼らは心配していた。彼らは試合に勝ちたがっていた。日頃からクールでユーモアがあるが一部の男子と同様，練習にあまり積極的に参加していない少年に，グループのリーダーが尋ねた。「君が勝ち負けについて考えているとしたら，本気でゲームのことを考えていると言えるのかな？」。彼は目を見開いた。口をぽかんと開けた。合点が行ったのだ。大切なのはマインドフルネスなのである。リーダーは，プロバスケットボールの頂点に君臨する2つのチーム，ロサンゼルス・レイカーズとシカゴ・ブルズが，ゲームに全面的に注意を向けるためにマインドフルネスを活用しており，ゲームのスコアや観客の喧噪に気を逸らさず，ボール，チームメート，相手チームに焦点を絞っていることを，クラスの子どもたちに思い出させた。

自宅練習

自宅練習はこのコースに欠かせない要素である。自宅練習の中には，「静かなところ」で休む，思考・感情・身体感覚を観察するという公式の指導演

習と，日常生活へのマインドフルネスの適用を模索するという非公式のエクササイズの両方が含まれる。自宅練習は前回のクラスで子どもが体験したことを踏まえており，次回のクラスでの話し合いの出発点となる。

　我々が親子のマインドフルネス講座を指導する場合には，子どもにも親にも同じ自宅学習用の CD とワークブックを渡す。スタンフォードでは，子どもには冗談めかして，これは大学で最初に履修する講座だと言うことにしている。子どもが親のワークブックを手に取るか，親が子どものワークブックを手に取ってみれば，どちらもまったく同じものであることがわかる。これはすなわち，全員で一緒に取り組むことを強調しているのである。

　重要なのは，参加者が自宅練習を毎日行うのを支援する状況を作り出すことである。その一環として，毎日決まった時間に練習をすることに決めるというやり方がある。たいていの子どもとその家族にとって，宿題をする前か就寝前の時間をあてるのがベストである。とはいえ，マインドフルネスの実践を日常生活でいつ，どのように行うかについては，各家庭で柔軟に対応するように勧めた方がよい。子どもと家族の自宅練習をサポートするには，励ます，具体的なアドバイスをする，軽く後押しする，挑発するなどの手段を組み合わせて用いるのはもちろんのこと，それと同時に，実際に時間をとって実践をするとどのようなメリットがあるのかという好奇心（罪悪感ではなく）をかき立てられるような環境を作る必要もある。成人の MBSR コースの自宅練習とは違って，このコースの公式の指導演習の長さはわずか 4 〜 12 分である。

　毎回のクラスが終わるたびに，翌週までの自宅練習を検討する。我々は次週に行う実践について説明し，障害になりそうな問題を取り上げ，自宅練習の重要性を改めて強調する。マインドフルネスは，スポーツや楽器の演奏を習うことと似ていると説明する。つまり，練習を続けることが必要である。自宅練習のエクササイズの例としては以下のようなものがある。

- CD を使って毎日，思考のパレード・エクササイズをする。
- 最低でも週 3 回は「歩く練習」をする。
- 「ソローの散歩」を実践することで，歩く，身体の動きを感じる，身の

回りの色を見る，音を聴く，匂いを嗅ぐ，そして，思考と感情に気づくといった体験に，全面的に注意を向ける（このエクササイズは，日常生活でマインドフルな気づきを実践するという体験について書いたアメリカの作家，ヘンリー・D・ソローにちなんで名付けられた）。

- 「困難なコミュニケーション・カレンダー」（**表7-2**を参照）に，困難なコミュニケーションを1日に1つ記入する。これは困難なコミュニケーションに伴う思考や感情を理解し，状況に対する自分の普段の反応の仕方に気づき，新しい対応の仕方を模索するのに役立つだろう。「いかれたマインド」とストレスフルな状況に対応する練習を行うようにしよう［「いかれたマインド」とは，マインドによるネガティブな内的対話のことである。「いかれたマインド」には，不正確な思考，現実に異を唱える思考，苦痛

表7-2 困難なコミュニケーション・カレンダー

コミュニケーションの相手とテーマを書きましょう。	
その問題はどのようにして起こったのですか？	
その人物ないしは状況について，あなたは本当は何を求めていましたか？　実際には何が得られましたか？	
相手は何を求めていましたか？相手は何を得たのでしょうか？	
このとき，あるいはその後で，あなたはどんな気持ちがしましたか？	
この問題はもう解決しましたか？どのようにして解決したのですか？	

な思考が含まれる]。たとえば，次のような「いかれたマインド」的な思考の連鎖に気づくかもしれない。「私にはこの問題を解くことができない。私は数学ができない。私は落第するだろう。私は馬鹿だ」。このような「いかれたマインド」的な思考に気づくことは，思考がただの思考であることを思い出す助けとなる。すると，実際に算数の勉強をすることに注意を戻すことができる。思いやりと好奇心をもち，罪悪感にはとらわれずに，実践の結果を練習帳に記入しよう[練習帳とは，その週の公式および非公式のマインドフルネス実践を記録するために，子どもが使う日誌である]。
- 意見や質問，心配ごとを電話かEメールで我々に伝える。

その他のエクササイズと実践演習

　さまざまなセッションに組み込むことが可能な，その他のエクササイズと実践演習をここで見てみよう。以下の実践はどれもみな，標準的な MBSR の成人向けカリキュラムを基に，発達を考慮して修正を加え，課題を簡略化したものである

　宝石／財宝のエクササイズ　適度な大きさの石が入ったカゴを持ってきて，参加者に1つずつ選ばせる。仰向けに横たわり，服の上でも下でもよいので，石をへそのところに置くように指示する。息を吸うと石が持ち上がり，息を吐くと石が下がっていくことを，子どもに感じさせるようにする。息を吸うときと吐くときの間と，息を吐くときと吸うときの間の2つのスペースに意識を向けるように伝える。呼吸と呼吸の合間に，呼吸と「静かなところ」に注意を向けると，どのような感じがするのかについて子どもが気づくように仕向ける。

　慈しみの練習　親や祖父母，教師，友人，ペットなど，だれかに愛情を感じたときのことを思い出すよう参加者に指示する。抱きしめたり，ほほ笑みかけたりといった，ごくシンプルな瞬間がそれに相当することを示唆するとよい。そして，子どもが愛情あふれる瞬間を実感し，心を開いて，今この瞬

間の愛を受け容れるように促す。自分が愛する人や動物に愛情を注ぐように勧めるのである。幼い子どもはキスすることが好きである。もっと年長の子どもは，愛を受け取ったり与えたりする場面を頭の中だけで思い描くことができる。自分自身と自分が愛する人や動物との間に愛情が流れていることを，子どもに感じさせるようにする。子どもたちを愛しているその他の人たちについても，この順序で繰り返すことができる。子どもたちは学食の給仕係や郵便配達人など，自分がよく知らない相手にも愛を送ろうと試みることができる。「元親友」やきょうだいなど，愛することが難しい相手のことが頭に浮かぶかもしれない。このエクササイズの締めくくりに，子どもが彼らに愛情を注ぎ，その愛が自分に返っていくのを感じて，次に世界全体に愛を送り，世界全体から愛が返ってくるのを感じるように促すとよい。

懐中電灯のエクササイズ　参加者を楽な姿勢で座らせるか横たわらせて，「注意の懐中電灯」で遊ばせる。懐中電灯の光を思考・感情・音・感覚・呼吸に当てるように指示する。それから，光の中を横切るものには何でも焦点を合わせ，ふたたび呼吸に焦点を向け直す。自分の注意を拡大して，あらゆるものを取り込み，それから注意を狭めて一つの対象だけに的を絞る。

　上述のエクササイズは，我々の研究の基礎となっているカリキュラムの一部である。4～6年生の子どもとその親を対象とした我々のカリキュラムの効果を実証する予備的研究の結果を見ていこう。

研究結果

　子どもと親向けのMBSRコースの効果を評価するために，我々は子どもとその親を対象とした研究を実施している。このプロジェクトには以下の2つの主な目標がある。①マインドフルネスの実践を家族にトレーニングすることが実行可能かどうかを調べる。②マインドフルネス・トレーニングによって変化することが期待される心理的機能の特定の領域を測定する。
　以下に示す予備研究の結果は，自発的に受診した非臨床コミュニティを基

にしている。対象者は、子どもと親を対象とした我々のMBSRプログラムに参加している24家族（子ども31人と親27人）と、待機リスト対照群である8家族（子ども8人、親8人）からなる。現在、追加の待機群のデータを分析中である。サンプルは4～6歳の子どもをもつ高機能の中流家庭の人々からなり、スタンフォード大学の周辺地域に住むヨーロッパ系アメリカ人が最も多かった。MBSRコースの参加者の組み合わせはさまざまであり、子ども1人と親1人、子ども2人と親1人、親2人と子ども1人、5人家族のうちの4人などであった。コースを開始した24家族のうちでドロップアウトしたのはわずか4家族であり、脱落率は17％であった。子どもと親のスケジュールを合わせるだけでなく、きょうだいを預ける段取りもつけなければならないという煩雑さを考えると、これほど多くの家族が全8回のMBSRコースに参加しつづけたというのは、我々にとって嬉しい驚きであった。このことはMBSRの家族向けフォーマットが実行可能であることを示唆している。

　MBSRに関わる機能上の変化に関しては、先行研究においてマインドフルネス・トレーニングによる効果がみられた標的領域を評価した。成人におけるMBSRに関連した効果（Allen, Chambers, & Knight, 2006；Baer, 2003；Grossman, Niemann, Schmidt, & Walach, 2004）と、マインドフルネスのメカニズムのモデル（Shapiro, Carlson, Astin, & Freedman, 2006）を精査したうえで、注意（警戒、切り替え、認知的コントロール）、感情反応と調節、不安とうつの症状、メタ認知機能（自慈心、自己批判、マインドフルネス・スキル）を評価した。マインドフルネス・トレーニング前後の機能の変化を測定するために、子ども用および成人用の自己報告式質問票バッテリーと、コンピューターによる認知感情課題を用いた。

■ベースラインの機能における子どもと親の違い

　我々はサンプルへの理解を深めるために、ベースラインの心理的機能に子どもとその親で何らかの違いがあるかどうかを調べた。注意ネットワーク課題（Fan, McCandliss, Sommer, Raz, & Posner, 2002）では、親は子どもに比べて警戒や認知的コントロールなどの注意スキルが高かったものの、自慈心尺度（Neff, 2003）では、批判的な自己判断とネガティブな信念への同一化が子ど

もよりも多かった。つまり，子どもと比べて，対象となった親は注意能力が高く，自分自身に対して批判的なようだった。

過去に成人を対象として行われた研究では，マインドフルネス・トレーニング後に不機嫌とうつの症状が軽減したため（Ramel et al., 2004；Segal et al., 2002），我々はベースラインにおける子どもとその親の状態不安と心理的機能の関係を調べた。その結果，状態不安は子どもと親のうつ症状の重篤度に関連していることがわかった（子ども：小児抑うつ尺度 [Kovacs, 1992]，$r = 0.44$, $p < 0.05$，親：ベックうつ病調査票第2版 [Beck, Steer, & Brown, 1996]，$r = 0.39$, $p < 0.06$）。親の場合には，状態不安はマインドフルな気づき（認知・感情のマインドフルネス尺度改訂版 [Feldman, Hayes, Kumar, & Greeson, 2003]，$r = -0.69$, $p < 0.0005$）と自慈心（自慈心尺度，$r = -0.64$, $p < 0.001$）の低さに強く関連していた。子どもの状態不安は，ネガティブな社会的特性についての自己是認の高さ（自己関連的情報処理課題，$r = 0.62$, $p < 0.01$）と注意の認知的コントロールの低さ（注意ネットワーク課題：認知的コントロール項目，$r = 0.53$, $p < 0.05$）との関連が見られた。これは，子どもとその親の双方において，不安と心理的機能との間に重要な関連性がある可能性を示唆している。研究の開始時には，不安の高い子どもの多くはより抑うつ的でもあり，自分自身をネガティブな言葉で描写する傾向が強く，注意のコントロールがあまりできなかった。不安の高い親たちの多くもまた，より抑うつ的で，自分自身への思いやりに乏しく，あまりマインドフル（今この瞬間に気づく）ではなかった。

■ MBSR 前後の変化

分析の結果，注意の領域では群と時期の交互作用が見いだされた。すなわち，注意ネットワーク課題における注意の要素である認知的コントロールについて，待機群と比べてMBSRの参加者の方が有意に改善していることが示された。MBSRプログラムに参加した子どもと親の双方に，MBSRの前後で同じパターンの改善が見られた。MBSRグループに参加した子どもと親は，待機群の家族と比べて，通常は葛藤を誘発する妨害刺激を前にしたときに注意を向ける能力が高かった。注意の認知的コントロールは，発達の過程で最後に成熟するものであり，学業上の成功ともきわめて密接な関わりがある。

感情的反応性に関しては，待機群よりもMBSRグループの参加者の方が，身体的・社会的脅威のシナリオに対してネガティブな感情を報告することが有意に少なかった。この効果は子どもより大人の方が大きかった。ポジティブないしはネガティブな自己観については，MBSR群と待機群の参加者の双方で変化が見られなかった。

気分症状に関しては子どもでは変化が見られなかったものの，親はMBSR前後で不安症状とうつ症状の両方が有意に軽減したことが報告された。メタ認知的機能の領域では，子どもも親も自己への価値判断と自慈心が改善されたことが報告された。ただし，親にのみ，孤立とネガティブな信念への過度の同一化に有意な減少が見られた。MBSR後には，子どもは自慈心が増し，価値判断を下すことが減少し，親も自慈心が増して，うつや不安，自分への価値判断が減少した。以上のことから，これらの結果より，子どもも親もマインドフルネス・トレーニングの後に注意・感情・メタ認知過程が改善したことが明らかとなった。

■変化の潜在的媒介要因の分析

MBSRが心理的機能に効果をもたらす際の潜在的な媒介要因として，我々は通常，毎週行われる自宅でのマインドフルネス実践について調べた。第一に，2つのタイプの自宅練習である，公式の練習（座禅指導，ボディースキャンなど）と非公式の練習（有意義な小休止，日常生活でのマインドフルネスなど）の群間差を調べた。子どもと親は一緒に指導演習のCDを聞いたため，報告する公式練習の量は同じであった。しかし，親は子どもに比べて非公式練習（マインドフルネスを日常生活に組み込む）の量が多いという傾向は統計的に有意に近かった（$p = 0.07$）。

次に我々は，自宅練習の量とタイプがMBSRの治療効果についての潜在的な予測因子となりうるかどうかを調べた。階層線形モデルを用いて，瞑想実践の平均値をモデルに投入した場合，MBSR後の効果について，有意であったベースラインでの予測因子が有意ではなくなるかどうかについて分析を行った。その結果，ベースラインのうつ症状の説明力を取り除いても，毎週の自宅練習の平均値は，MBSR後のうつ症状について有意な説明力を有す

ることが明らかにされた（R^2変化 = 0.16, F [2, 24] = 4.10, $p < 0.05$）。公式の練習は有意な予測因子ではなかったが（$p > 0.2$），非公式な練習は単独でうつ症状の改善を有意に予測した（β = -0.30, t = -2.06, $p < 0.05$）。したがって，ベースラインでのうつ症状を統制したうえで，非公式の実践は，成人のうつ症状の改善を予測することが明らかになった。

　注意ネットワーク課題の認知的コントロール項目に同じ分析を適用したところ，マインドフルネスの実践も非公式の練習においても，その総量はMBSR後の注意の認知的コントロールを有意に予測しないことが示された（両方：$p > 0.09$，非公式のみ：$p > 0.15$）。しかし，ベースラインを統制したうえであれば，公式の練習はMBSR後の認知的コントロールを有意に説明していた（β = 0.44, t = 2.16, $p < 0.05$）。これらのデータから，公式の指導演習を多く行う参加者は，注意をコントロールする能力がより改善するということがわかる。

　これらを考え合わせると，予備研究の結果からは，今後マインドフルネス・トレーニングの実行は，子どもとその親が注意，気分，メタ認知の領域（慈愛とマインドフルネス）で，プラスの変化を示す可能性があることが支持され，公式および非公式の練習が異なる効果指標に及ぼす影響を考慮することは，マインドフルネス実践の要素とメカニズムの解明に有益であることが示唆された。

子どもと親に同時にマインドフルネスを教える

　我々が現在進めている研究——先ほど報告した定量的データと，家族の臨床に関する我々の質的経験を合わせたもの——は，このマインドフルネス・カリキュラムが子どもと親に有益であることを支持している。子どもと親に対してスムーズに働きかけられるように，我々は成人向けの標準的なMBSRカリキュラムに若干の修正を加えている。第一に，自宅練習に関しては，子どもを含めたマインドフルな活動を選ぶことを親に勧めた。たとえば，朝は子どもにキスをして送り出す，子どもが学校から帰ってきたら「おかえり」と言う，夜寝るときに布団をかけてやる，などである。

大きなグループの場合，議論の焦点はほとんど子どもに当てられる。たとえば，子どもたちがもぞもぞして体を動かしたがっているときには，我々は子どもたちを外に出して運動させてやり，親には「今週はどのような微妙な感情に気づきましたか？」などと質問をして，議論をさせることがよくある。クラスの最後の15分間は，親は質疑応答と大人だけで話し合う時間を与えられ，子どもは「静かなところ」の体験を絵に描いたり，俳句やその他の詩を作ったり，外で遊んだり，ピックアップ・スティックス[**]やジェンガなどのマインドフルネスに関わるゲームをしたりする。親にとっては，マインドフルネスの原則を子育て（ペアレンティング）にどのように適用すればよいかを模索できるので，このような時間があると本当に助かるものである。クラスが終了した後，子どもたちが喜んでその場にいる時間をとっくに過ぎても，親はまだそこにいたがることがよくある。

おそらく子どもと親に同時に働きかける場合に最も困難なことは，親にはたいてい思惑があるという点であろう。ほとんどの場合，親は我々がまさしく研究で実証しようとしている利益を求めて，子どもをMBSRのクラスに連れてくる。それゆえ親は成果にかなりこだわる可能性がある。子どもと親を対象とした研究のための最初のコースで，ある母親が「うちの子が来るのを嫌がったらどうなりますか？」と尋ねた。その質問の裏には，我々が子どもを「来させるようにする」だろうという期待があった。この特別なコースは研究の文脈にあり，研究にとってドロップアウトは好ましくない。しかし，このとき我々は，「マインドフルネスはものごとをあるがままに受け入れることであって，何かを強いることではありません。だから，参加を強いるような実践とは正反対のものです」と答えた。

我々はこの母親の質問をきっかけに，クラスの形態について子どもと親の両方から意見を求めることにした。子どもたちは，もっと体を動かして話を少なくすることを提案した。我々はグループ全体として，この意見を今後のクラスに取り入れること，続けたくないと思っている子どもは，あと2回セッションに参加して，その時点で参加したくないと思ったらクラスに参加

訳注[**] 積み上げたスティックを1本ずつ取っていくゲーム。

するのをやめることで合意した。

それに引き続いて行われた親たちだけとの話し合いで，我々は以下の考えを共有した。

- 親として我々が実践すべきことは，子どもが今とは違うようであってほしいと親が望むのはどのようなときか，親はどのようなときに思惑を抱くのか，親はどのようなときに子どもを修正したり変化させたりしようとするのかに気づくことである。無理強いすることと支えることは別物である。我々が自分の本当の意図を自覚さえすれば，スキルフルな道を選ぶことができる。おそらく，マインドフルに生活し，子どもと共に現在にあり，一瞬一瞬に子どもに対処することは，子どもにマインドフルネスを実践させるよりも重要なことであろう。
- 最初の2つのセッションで，「静かなところ」体験とマインドフルネスの基本用語が子どもに提供された。コースを開始する前には，子どもたちは「静かなところ」を自分の内面に設けることを知らなかった。この新しい知識はそれ自体で有意義な学習経験であり，おそらく今のところはそれで十分である。
- マインドフルネスを子どもと親に紹介することは，種まきのようなものである。種は時期が来れば芽を出す。今はまだマインドフルネスに興味がない子どもは，大事なテストや試合，公演の前や，大学に入って特に困難な時期などに，マインドフルネスのコースで6週間かけて習ったことを適用するか，あるいはまったくそうしないかの2つに1つだろう。

最後に，我々は親に対して，親は我が子のためにマインドフルネスのクラスに参加したのかもしれないが，親が自分の実践を推し進めていけばそれが子どもたちのためになるだろうと話した。事実，マウントサイナイ医科大学のGeorgia Watkins博士は，子どもにストレスをもたらす最大の原因は，学業や同世代からのプレッシャー，過密スケジュールではなく，親のストレスだということを明らかにしている。したがって，親がマインドフルネスを実践して自分のストレスを軽減すれば，それと同時に子どものストレスを軽減し，

マインドフルに生きるモデルを子どもに示すことになる。このような見解は，親がマインドフルネスのコースを受講するのは，子どものためだけではなく，親自身の忍耐や優しさ，明晰さ，穏やかさ，知恵をはぐくむためでもあるのだということを，親が初回のセッションで認めたことを思い出すのに役に立つ。

教室でマインドフルネスを教える

我々はうかつな過ちをいくつか犯した末，MBSR を学校環境に持ち込むときには，マインドフルネスの非宗教的で普遍的な性質を明確に伝えて，学校の管理職，教師，親の支援を積極的に引き出すことが欠かせないということを思い知った。混乱や不安を感じる親が 1 人か 2 人いたためにプログラムが打ち切られたり，物わかりの良くない教師が子どもの体験に深刻な影響を及ぼしたりする可能性がある。ここに短い例を挙げる。

校長と教頭から全面的な支援を受けて，エイミーは 5 年生の 2 つのクラスで，隔週でマインドフルネスのコースを実施した。どちらのクラスの教師も 5 年生を教えるのは初めてであり，新しいカリキュラムに取り組んでいるところだった。2 つの教室での経験はまったく異なっていた。最初のクラスでは，教師は直観的にその実践方法を理解してこう言った。「これと同じようなことを子どもの頃にしましたよ。それに名前が付いていなかっただけでね」。2 つ目のクラスでは教師の反応はもっと冷ややかであり，学期の半ばに差しかかるまで教師が自分の感情を言葉で表すことはなかった。エイミーは教師の感情を察していたが，教師の方は自分の感情の深さがまったくわかっていなかった。この 2 人目の教師は，エイミーが教室にいることを快く思っていないと言い，マインドフルネスが自分のカリキュラムに割り込んできたように感じており，その 40 分を通常のカリキュラムを教えるのに使いたいと思っていた。また，その学校が全体として，コミュニケーションと子どものストレスに重きを置きすぎているとも感じていた。自分が若かった頃には，子どもはス

トレスと折り合いをつけていたのだから，学校は「大げさだ」と教師は言った。この発言は2つのクラスにおける成果の違いをよく説明するものであったかもしれない。最初のクラスでは，ほとんどの子どもがマインドフルネスを楽しみ，ためになると感じていた。2つ目のクラスでは，大半の子どもはマインドフルネスを楽しんだり，ためになると感じたりすることがなく，仮にそうだとしても教師の前では言いたがらなかった。

もしあなたがマインドフルネスを学校環境に取り入れる可能性を探っているところだとしたら，1人か2人の学校関係者とのコネができているかもしれない。しかし，マインドフルネスの実践の利益を得る最大のチャンスを子どもたちに与え，プログラムを成功させたいと思うのなら，学校の管理職，クラス担任，親がマインドフルネスの実践を体験する機会を設け，誤解を避け活性化するように，質問を受けるべきである。

結　論

我々の経験とデータによれば，8週間にわたるマインドフルネス・ストレス低減法のカリキュラムは，測定可能で有意義な手法での検討の結果，子どもとその親にとって有益である可能性が示された。我々はMBSRのコースに参加している家族と参加していない家族を対象に，ベースラインと治療後の成果の評価を続けている。これまでの我々の研究結果はMBSRの有用性を裏づけており，科学的な意味だけでなく，子ども・親・教師の日常生活における有意義な成果という点でも有意な改善が見られている。我々の経験上，子どもがより注意をコントロールすることができるようになり，感情的な反応をあまり示さなくなる場合には，家庭と教室の両方で根本的な変化が起こっている可能性があると言える。社会的関係と学習環境への影響を軽視することはできない。おそらく最も重要なことだが，MBSRのコースは子どもにも親にも有意義なようである。我々はコースの最後に，子どもに自分自身について語らせることにしている。MBSRのコースを修了するにあたっては，マインドフルネスのことをまったく知らない友人に対して，「静かなと

ころ」でくつろぐのはどういう感じか，また日常生活でマインドフルネスをどのように使っているかを説明するための簡単な記録を参加者に必ず書いてもらっている。以下のコメントは，子どものメモからの抜粋である。

- 目に見えないボブへ：「静かなところ」で休むと，とてもリラックスするよ。内なる自分に触れることができる。そして，自分が本当はどんなふうに感じているのかがわかるんだ。
- キースへ：僕がやっていることはマインドフルネスっていうんだ。自分の気持ちを理解して，それに気づくための方法だよ。何をするかというと，「静かなところ」に行くんだ。そこにいるとリラックスする。宿題をする前にマインドフルネスをするといい。そうすると宿題がはかどるからね。
- ちょっと変わった感じがするけど，気持ちが落ち着くわ。私が家でどうやってマインドフルネスを使っているのかはうまく言えないけど，弟に腹を立てたときに役に立つことは確かね。
- マインドフルネスのクラスはすごいよ。気持ちが落ち着いて，リラックスできるんだ。頭を冷やすことができて，ストレスが和らぐ。カッとなったときや悲しいとき，ただいい気分になりたいときに，やってみるといいよ。僕はそうしてる。試してみて！
- 「静かなところ」のおかげでストレスがぐっと減ったわ。私はイライラしたりストレスを感じたりすると，マインドフルネスを使うの。マインドフルネスばんざい！　先生，こんなすばらしいプログラムを教えてくれてありがとう。
- 友だちへ：マインドフルネスというのは，私が学校でとっている講座です。呼吸に意識を向けながら，自分の思考について考え，過去や未来ではなく「今」について考える時間なのです。呼吸にしっかり根ざしているとき，私たちは自分の「静かなところ」に行きます。「静かなところ」にいると落ち着きます。私はドキドキしているときに，マインドフルネスを使います。

引用文献

Allen, N. B., Chambers, R., & Knight, W. (2006). Mindfulness-based psychotherapies: A review of conceptual foundations, empirical evidence and practical considerations. *Australian and New Zealand Journal of Psychiatry*, 40, 285-294.

Baer, R. A. (2003). Mindfulness training as a clinical intervention: A conceptual and empirical review. *Clinical Psychology: Science and Practice*, 10, 125-143.

Beck, A. T., Steer, R. A., & Brown, G. K. (1996). *Beck Depression Inventory?second edition manual*. San Antonio, TX: The Psychological Corporation.

Brown, K. W., & Ryan, R. M. (2003). The benefits of being present: Mindfulness and its role in psychological well-being. *Journal of Personality and Social Psychology*, 84, 822-848.

Fan, J., McCandliss, B. D., Sommer, T., Raz, A., & Posner, M. I. (2002). Testing the efficiency and independence of attentional networks. *Journal of Cognitive Neuroscience*, 14, 340-347.

Feldman, G. C., Hayes, A. M., Kumar, S. M., & Greeson, J. M. (2003, November). Clarifying the construct of mindfulness: Relations with emotional avoidance, over-engagement, and change with mindfulness training. Paper presented at the Association for the Advancement of Behavior Therapy, Boston, MA.

Grossman, P., Niemann, L., Schmidt, S., & Walach, H. (2004). Mindfulness-based stress reduction and health benefits. A meta-analysis. *Journal of Psychosomatic Research*, 57, 35-43.

Kabat-Zinn, J. (1990). *Full catastrophe living: Using the wisdom of your body and mind to face stress, pain, and illness*. New York: Dell Publishing. (J・カバットジン『マインドフルネスストレス低減法』春木豊訳，北大路書房，2007年)

Kovacs, M. (1992). *Children's Depression Inventory*. New York: Multi-Health Systems.

Neff, K. D. (2003). The development and validation of a scale to measure self-compassion. *Self and Identity*, 2, 223-228.

Ramel, W., Goldin, P. R., Carmona, P. E., & McQuaid, J. R. (2004). The effects of mindfulness meditation on cognitive processes and affect in patients with past depression. *Cognitive Therapy and Research*, 28, 433.

Saltzman, A. (2004). *Still Quiet Place: Mindfulness for young children*. Audio CD contains many of the practices used in the Still Quiet Place curriculum. Available from www. stillquietplace. com.

Saltzman, A. (in press). *Still Quiet Place: Manual for teaching mindfulness-based stress reduction to children*. Will be available in the context of workshops and trainings through www.stillquietplace.com.

Saltzman, A. (forthcoming). *Still Quiet Place: Mindfulness for teens*. Audio CD contains many of the practices used in the Still Quiet Place curriculum. Will be available in the context of workshops and trainings through www.stillquietplace.com.

Segal, Z. V., Williams, J. M. G., & Teasdale, J. D. (2002). *Mindfulness-based cognitive therapy for depression: A new approach to preventing relapse*. New York: Guilford. (Z. V. シーガル，J. M.

ウィリアムズ, J. D. ティーズデール『マインドフルネス認知療法——うつを予防する新しいアプローチ』越川房子監訳, 北大路書房, 2007年)
Shapiro, S. L., Carlson, L. E., Astin, J. A., & Freedman, B. (2006). Mechanisms of mindfulness. *Journal of Clinical Psychology*, 62, 373-386.

第8章
子どもの外在化障害のための アクセプタンス&コミットメント・ セラピー

マイケル・P・トゥーヒグ
スティーブン・C・ヘイズ
クリストファー・S・バーリン

　外在化障害のある子どもに関わる臨床家たちは，それぞれが自らの介入アプローチについてのさまざまな考えをもっている。外在化障害（注意欠陥・多動性障害，反抗挑戦性障害，行為障害）を対象としたエビデンスに基づく利用可能な介入法は，米児童青年臨床心理学会のウェブサイト（www.clinicalchildpsychology.org）のリストにあるように，現在20近くのものが存在している。それらの大半は行動療法として括られるものであり，それらの中には認知行動療法や行動的ペアレント・トレーニングなどが含まれている。子どもの発達段階によってその効果は異なるとは言えるものの，いずれのアプローチについても実施してみるだけの価値があるだろう。たとえば，行動的ペアレント・トレーニングであれば一般的に未就学児と就学児を対象に高い効果が示されており，認知行動的な介入であれば一般的に思春期の青少年を対象に高い効果が示されている（McCart, Priester, Davies, & Azen, 2006）。行動的ペアレント・トレーニング・プログラムでは，子どもの生活に関わる成人（親，教師，その他の親族など）に対し，彼らが効果的な行動マネジメント方略を実施できるようトレーニングすることで，子どもの外在化障害に対処する。こ

れらの方略の例としては,子どもの行動をモニタリングすること,向社会的行動を強化すること,反抗・かんしゃく・ケンカなどの問題行動に対して年齢に見合った結果を伴わせること,などがある。プログラムは通常,グループもしくは個人形式で実施され,講義や実演,ビデオによるモデリング,ロールプレイなどが組み込まれている（Eyberg & Boggs, 1998；Webster-Stratton & Hammond, 1997）。

また,リストに挙げられるセラピーの大半は,子どもの成長が進むにつれ,感情に焦点を当てた技法をより多く取り入れる傾向にある。認知的な観点に精通する臨床心理学者らは,反社会的行動をとる若者がさまざまな「社会的・認知的」スキルの問題を抱えることを確認している（Crick & Dodge, 1994；de Castro, Veerman, Koops, Bosch, & Monshouwer, 2002；Lochman & Dodge, 1994；Perry, Perry, & Rasmussen, 1986）。社会的・認知的な枠組みからの研究によれば,反社会的な若者は,敵対的な帰属バイアスをもち,社会的手がかりに対する解釈に歪みがあり,攻撃的な行動がポジティブな結果につながるだろうと期待する傾向がある。一般的に,認知行動療法による介入では,社会的手がかりに効果的に注意を向け,他者の行動に関して複数の解釈を生み出し,非暴力的な問題解決方略をとることを若者に教えようとする。また,参加者である青少年に対し,反社会的行動のもつ短期的・長期的な結果を教え,ネガティブな感情をマネジメントするための方法を身につけさせようとする。これらの実証的に裏づけられたアプローチの例としては,アンガー・コーピング・セラピー（Lochman, Burch, Curry, & Lampron, 1984）,アサーション・トレーニング（Huey & Rank, 1984）,問題解決スキル・トレーニング（Kazdin, Esveldt-Dawson, French, & Unis, 1987）などが挙げられる。

大半の家族は,こういったエビデンスに基づく外在化障害のための介入に最後まで通して参加することで,短期的・長期的な恩恵を受けることができる（Brestan & Eyberg, 1998；Lonigan, Elbert, & Johnson, 1998）。しかし一方で,効果研究によれば,そうした介入の恩恵が得られない家族も少数派ながら相当数いることが一貫して示されている（例：Eyberg & Boggs, 1998；Webster-Stratton & Hammond, 1997）。そのように介入が奏功しないケースにおいては,しばしば家族が時期尚早に介入を中断してしまったり,介入プロセスに親が十分関与

できなかったり，また，フォローアップで子どもと親がポジティブな変化を維持できないといった課題が挙げられる（Miller & Prinz, 1990）。さらには介入によって否定的な効果が生じる例さえも報告されている。たとえば，逸脱的な若者を対象としたグループ単位での介入は，心理社会的な観点から見た悪化を招くおそれもある（Dishion & Andrews, 1995）。

したがって，子どもと彼らの生活の中で重要な存在である成人（親や教師など）の双方に焦点を当てた，さらなる介入法の開発が必要とされている。年少の子どもを対象とした介入の失敗には，その大半の原因として，親や教師に対する介入の仕方の問題があると考えられる。また年長の子どもに関していえば，彼らの行動・認知・感情の問題を扱うための新たな方法が必要だと考えられる。外在化障害のある子どもに対する介入においては，すでに行動療法と行動の原理がその要となっている。そして，ここに来てようやく，行動分析家たちは人間の認知を扱うために必要な概念的ツールを開発しはじめた。次節ではそうした行動分析の観点からの取り組みを簡単に紹介したい。

認知への行動的なアプローチ──関係フレーム理論

「関係フレーム理論（RFT．詳細は Hayes, Barnes-Holmes, & Roche, 2001 を参照）」とは，人間の言語と認知に対する最先端の行動分析学的アプローチである。たとえば，ある子どもが，象の絵が「ぞう」と呼ばれ，かつ，それが"ぞ・う"という文字で書かれることを習うと，その子どもはこれら3つの出来事（絵・音・文字）についてのすべての関係性を引き出すことになる。1枚だけに"ぞ・う"と書かれたカードを3枚提示された子どもは，「ぞう」という言葉を聞くことで，3つの選択肢の中から正しく"ぞ・う"と書かれたカードを選択することができる。たとえ，"ぞ・う"という文字と「ぞう」という言葉の関連について訓練を行っていなくても，この選択が可能なのである。実は，こういった反応は直接的な訓練を通じて学習されたものというよりも，言語的に「派生された」ものなのである。

このことはとりたてて言うまでもない，ごく当たり前のことにも思えるだろう。しかし，行動理論に精通した人であれば，刺激におけるこうした特定

の機能の獲得が，どうやら訓練された歴史がないにもかかわらず生じているらしきことに注目するだろう。RFT の観点からすれば，このようなことが起こりうるのは，子どもが他の例との類似関係を学習したからであり，このことは乳児を対象にした最近の研究からも確認されている（Luciano, Becerra, & Valverde, 2007）。般化模倣と同様に，ヒトは十分な訓練さえ受ければどのような出来事にも（象だけでなく，犬，猫，ボール，車などにも）「フレームづけ」を行うことが可能なのである。しかも，ごく少数の限られた関係性さえ訓練すれば，ヒトはネットワーク全体を派生させることが可能なのである。

　複数の例を通じて刺激間の類似関係（RFT 理論では「等位のフレーム」と呼ばれる）を学習することが可能なら，ヒトは「対立」「相違」「比較」などといった関係性についても同じく複数の事例を通じて学習できることになる。実際，このことに関しても子どもを対象とした研究によって実証的に確認されている（Barnes-Holmes, Barnes-Holmes, & Smeets, 2004；Barnes-Holmes, Barnes-Holmes, Smeets, Strand, & Friman, 2004；Berens & Hayes, 2007）。

　さらに，人間の子どもの場合，どうやら彼らは関係性の訓練を通じて，自他の区別を学ぶようである。"私－あなた"，"ここ－あそこ"，"現在－過去"といった「指示的関係」は，公的な（つまり身体的・物理的な）特性によってではなく，話者との関係性によって規定される。RFT に関するエビデンスによれば，これらの関係性は徐々に発達するものであるが（McHugh, Barnes-Holmes, & Barnes-Holmes, 2004），自閉症スペクトラム障害のある子どもなどの一部の子どもには欠けている（Heagle & Rehfeldt, 2006）。また，社会的なコミュニケーション能力との相関関係が仮定され（Rehfeldt, Dillen, Ziomek, & Kowalchuk, 2007），訓練することで身につけることが可能である（Heagle & Rehfeldt, 2006；Rehfeldt et al., 2007；Weil, 2007）。さらに，相次ぐエビデンスによって，指示的関係は他者視点を獲得する能力および共感を示す能力の基礎をなすことが示されている（Weil, 2007）。たとえば，指示的枠組みの訓練を受けた子どもでは，他者視点の理解力を評価する「心の理論」課題の成績が有意に改善することが確認されている（Weil, 2007）。

　こうした関係性のプロセスが存在するということは，それ自体が子どもへの介入における課題であり同時にチャンスでもある。関係性のオペラントは

その他の行動プロセスに影響を与えるという単純な理由から，関係性のプロセスを扱っていくことが重要であることがエビデンスとして続々と示されている。関係フレームにおいて，ある出来事の機能は，その他の関連する出来事の機能に伴って変容する。たとえば人間は，XがYとは正反対で，かつYが強化子であることだけ訓練されれば，あとは直接的な訓練を受けずとも，Xが嫌子であることを派生させることができるのである（こういった現象に関する実証研究の例については Whelan & Barnes-Holmes, 2004 を参照）。また同様に，今度は，XがYより大きく，Yが電気ショックとセットになっている場合，たとえXが電気ショックとは今まで一度もセットになったことがなくても，それはそれを聞いた人間にとってY以上の恐怖を喚起する刺激になるだろう（Dougher, Hamilton, Fink, & Harrington, 2007）。また，こういった関係性のプロセスは，子どもの臨床をめぐる問題およびそれへの介入の糸口の双方を生み出すようなプロセスであり，その意味で，やはり扱っていくべき対象だと言える。関係性のプロセスの中には，外在化障害を理解するうえで直接に関わってくるものもあり，おそらくは外在化障害への介入にも直接利用することができるだろう。

　人間は，ただ単純に刺激のもつ物理的な特性に対して反応したり，あるいはそれらの特性に対しての直接的な学習の歴史によって反応するわけではない。なかには出来事と出来事の間で派生的に生じた関係を基になされる反応もあるのである。子どもは宿題をこなすことで，単に「宿題をした」という結果を得るわけではなく，「優」「可」「不可」といった成績を与えられる。こういった成績は単なる数字や文字などではなく，それは「重要」な存在であり「その子どもの将来に影響を及ぼす」場合もあれば，別の履歴があるために「たいしたことではない」場合もある。それと同じく，注意欠陥・多動性障害（ADHD）のある子どもはただ単に席を離れたいという「衝動」をもっているのではなく，「厄介」で「悪い」衝動をもっているのである。したがって，これらの言語的／認知的プロセスの役割を分析することなくして，児童期の問題を考えることはできない。

■関係フレームづけの作用──行動の非柔軟性

ここではまず一般的な話をしてから,外在化障害に対する我々のアプローチのエビデンスを示すこととしたい。まず読者には,これをある種の行動実験だと思って試しに身の回りの物をながめてみてほしい。その際に,その物がもつ色や大きさ,素材,美しさ,好みなどによって決してラベルづけをしないように試みてほしい。ところが,これは大半の人にとって無理な課題である。人間は言葉をもつがゆえに,ほとんど無意識のうちにあらゆるものごとにラベルを貼り,価値判断(ジャッジ)し,評価してしまうからである。

これは,関係フレームづけによって生じた刺激機能が,いかにして他では起きないような大きな影響を行動に対して与えるかを示す一例である。人間にとって,そうした関係フレームづけを完全にやめることは不可能であり,また機能的な有用性からみても,そのように努力することにメリットはないだろう。このように環境からの自然な刺激以上に,言語プロセスから行動に及ぼす影響が優勢になった状態を「認知的フュージョン」という(Hayes, 2004)。たとえば,席を立ちたいという衝動を単なる感情として体験する子どもは,それほど認知的にフュージョンしてはいないだろう。一方,同じ衝動を「とても厄介」だと感じ,それに抵抗しようともがく子どもは,より認知的にフュージョンしているだろう。つまり,後者の子どもは,自らの衝動と自分自身が心理的にくっついてしまっているのである。言語をもつ人間にあっては,めったなことではものごとをあるがままには体験しない。我々は実際の環境以上の何かに対し反応してしまっているわけである。我々は言語的に作り上げられた出来事に対し反応しているのであって,それは実際の出来事とはしばしば不一致なのである。人間は世界と関わっていく際,いかに自分が振る舞えばものごとがうまくいくかに関してルールを作る。このプロセスは役立つこともあれば,目の前の出来事を正確に反映できていない際には問題ともなる。いったんルールができあがってしまうと,たとえルールに反する事実に直面した場合であっても,人間がそのルールに逆らうことは非常に難しい。一度作られたルールはその後も決してなくならないと考えられている(Hayes, et al., 2001;Wilson & Hayes, 1996)。

それゆえ,人間の言語能力には光の部分と影の部分があると言える。人間

はその言語能力によって，必ずしもすべてを直接的な体験から知る必要がないために，世界とより効果的に相互作用を行うことが可能である。その一方では，自らの思考や感情も含めたありとあらゆるものごとを判断し，評価してしまう可能性がある。つまり，子どもに関して言えば，彼らも同様の言語能力をもっていることで，等位・時間・比較といったフレームを通じて問題を言語的に解決できるのみならず，一方ではそうしたフレームを通じて私的出来事にラベルを貼る，予測する，評価する，回避やコントロールを試みるといったことも可能である。この観点からすれば，問題の中心は，人間が，それが有用な解決策ではない場合であっても，たいてい私的出来事をコントロールする方向に目を向けてしまうことにある。

「体験の回避」（Hayes, Wilson, Gifford, Follette, & Strosahl, 1996）とは，それが行動的な問題を引き起こすような場合に，私的出来事の発生や強度，それが起こる状況に対する感受性を変化させたり緩和したりしようとすることである。これは主として，不快な私的出来事は悪いことなのでコントロールしなければならない，という誤ったルールの産物である。体験の回避は成人にとっても（Hayes, Luoma, Bond, Masuda, & Lillis, 2006），子どもにとっても（Greco, Lambert, & Baer, 2008）有害な試みであり，さまざまな問題に関してその分散の 20 〜 25％を説明する。体験の回避ないしコントロールは，子どもの場合，さまざまな形をとって現れる。たとえば，外在化障害のある若者は，自分は人から好かれていないという思考を弱めたり，他者からの拒絶の恐れやそういった不安感を抑圧したりするために，クラス内での同級生とのケンカという行動化を起こすかもしれない。体験の回避と認知的フュージョンによって行動レパートリーが狭まると，それにより「心理的非柔軟性」が生じる。つまり，価値ある目標を達成するためにこだわりに見切りをつけ変化していく，という能力が欠如してしまうのである（Hayes et al., 2006）。

外在化障害においてもこういったプロセスの存在は多くのエビデンスによって支持されている。外在化障害のある子どもは社会的視点の取得，心の理論，共感という点で重大な問題を抱える傾向にある（Happe & Frith, 1996）。行動に問題がある就学前の子どもが他者の感情を十分に読み取れていないことが，彼らが同年代の子どもと比べて心の理論課題の成績が悪いことから明

らかになっている (Hughes, Dunn, & White, 1998)。行為障害のある子どもも，障害のない子どもと比べると他者への共感に乏しく (Cohen & Strayer, 1996)，感情調節の仕方に違いがあるようである。たとえば気分誘導課題において，行為障害のある若者では実験時の生理的覚醒のレベルが同年代の若者よりも有意に高い。それにもかかわらず，彼らは，生理的反応がより少ない同年代の若者と比べ，自らの感情を表に出さない傾向がある (Cole, Zahn-Waxler, Fox, Usher, & Welsh, 1996)。その後のフォローアップで，こうした子どもたちは，もっと感情を表出する子どもたちと比較して，うつや不安を抱える割合が高いことが示され，行為障害と体験の回避的な傾向との関連が部分的に支持されている。さらに，ADHDのある子どもにおいても，強化スケジュールの変化に柔軟に対処する能力を測る課題であるウィスコンシン・カード分類課題などの成績の低さから，彼らの心理的柔軟性の低さが示されている (Seidman, Biederman, Faraone, Weber, & Ouellette, 1997)。

こうした傾向は一つには，習慣となっている子育ての仕方と関係していると考えられる。子どもに見られる反抗や攻撃，多動，不注意といった傾向は，これまでに育児習慣における無反応や過度の厳しさ，懲罰的関わりという特徴と関連があるとされてきた (Burke, Loeber, & Birmaher, 2002；Reid, Patterson, & Snyder, 2002)。さらに，親子関係における情緒的な温かさの欠如は，子どもの反抗的な行動と関連している (Stormshak, Bierman, McMahon, & Lengua, 2000)。また子どもの反社会的な行動は，親の怒りの表出から少なくともその一部が予測可能であることが，子育てのパターンに関する直接観察から明らかになっている。対照的に，より適応的な子どもの親は支持的な関わり方のスタイルを確立しており，子どもに明確な指示を与え，そして親子の交流において明確な制限を設けている。

これまでに行われたさまざま研究結果からは，外在化障害のある子どもについて以下のことが明らかになっている。①ネガティブな気分を誘導する刺激に対して高い生理的反応を示すにもかかわらず，彼らは自らの感情を限られた範囲内でしか表出しない傾向にある。②他者の感情や視点を理解する能力に乏しい傾向がある。③他者に対してあまり共感を抱いていないように見える。④心理的柔軟性が低い。⑤親子の交流の中で親から懲罰的ないしは無

反応といった扱いを受け，親子関係としては情緒的な温かみが少なく，親の怒りのレベルが高い。ここで挙げたもののかなりの部分はアクセプタンス＆コミットメント・セラピー（ACT；Hayes, Strosahl, & Wilson, 1999）で扱う中心的なテーマと重なっていると言えるだろう。ACTは行動的な介入法としての感覚を保ちながらも，体験の回避，認知的フュージョン，心理的非柔軟性のもつ有害性を標的としているのである。

　外在化障害に対する介入にあたっては，親の役割も考慮することが大切である。親を対象とした介入では，しばしば親自身（特に母親）の抱えるストレスや親の精神状態の悪さによって，介入からの脱落が予測されることがある（Werba, Eyberg, Boggs, & Algina, 2006 など）。外在化行動の問題をもつ子どもの親を対象としたペアレント・トレーニングでは，そのメタ分析の結果から，介入への反応と脱落の両方を予測するのは唯一，母親の精神状態であると結論づけられている（Reyno & McGrath, 2006）。さらに，育児に伴うストレスと親の抱える問題に対処することへの困難さは，親による体験の回避によって予測されること（Greco, et al., 2005），またストレス，不安，うつが体験の回避と密接な関係にあることが知られている。

　ACTはメンタルヘルスの問題，ストレス，不安，うつに幅広く有益であるため（Hayes et al., 2006），育児の困難に関連したメンタルヘルスの問題に対しても有用であるとされている（Blackledge & Hayes, 2006）。さらにACTは，新しいスキルや子育てスキルの学習，そしてその使用への協力や取り組み，ウィリングネス（積極性）を高めるものであり，行動的介入や教育的介入に付け加えて実施することも可能である。たとえば，ACTの手法は，不安障害のある人がエクスポージャーに取り組むことへのウィリングネス（Levitt, Brown, Orsillo, & Barlow, 2004）や人が新たに学習したことを活用することへのウィリングネスを高め（Luoma et al., 2007；Varra, 2006），困難な課題に挑戦する能力を伸ばし（Dahl, Wilson, & Nilsson, 2004；Forman et al., 2007；Gifford et al., 2004；Gregg, Callaghan, Hayes, & Glenn-Lawson, 2007），自らの環境に責任を負うように後押しし（Bond & Bunce, 2000），バーンアウトや感情的な消耗を低減させる（Hayes, Masuda, Bissett, Luoma, & Guerro, 2004）。注目すべきは，ここで示されたような変化の多くがACTで扱っているプロセスの変容によって生じていると

いうことである（展望論文は Hayes et al., 2006 を参照）。この研究結果は今ではかなり広く知られている。臨床家がある対象集団における体験の回避や心理的柔軟性に関わる問題を明らかにし，かつそれらが重大な臨床的問題に関わっていることに気づいたならば，臨床家が ACT の使用を検討することは理にかなっているだろう。たとえその対象集団に特化した ACT の効果研究がまだ行われていなかったとしても，ACT に関してはすでに，少なくとも非常に広範囲の対象に対する効果が実証的に示されているのである。

　すでに取り上げた一連の研究結果から総合的に考えると，アクセプタンスに基づくアプローチは，行動的なペアレント・トレーニングの効果を増強する目的で活用することができるだろう（Coyne & Wilson, 2004；Greco & Eifert, 2004）。親自身が問題を抱えている場合，それは育児習慣に直接的な影響を及ぼすことで家族全体の問題を引き起こし，結果的に子どもの行動の問題を悪化させることがある。たとえば，断固とした制限を設けたり行動プランを強化したりすることで生じる罪悪感や戸惑いを和らげようとすると，親は子どもへの接し方に一貫性を失ったり，厳しく対応すべきときにそれを緩めてしまうなどする場合がある。また，ストレスフルな状況や子どもとの対立を回避しようと，親が体験の回避を行ってしまうことによって，子どもに対する適切な関与やモニタリング（観察）を減少させてしまうこともある。

外在化障害のある子どもへの ACT

　ACT は構造化された臨床的介入法ではなく，どのように行動療法を行うかという行動療法の運用の仕方に関してのモデルである。これまでの研究によれば，外在化障害への介入法としては，特定の行動に対する手法だけではなく，親の参加，視点取得，感情調節，心理的柔軟性，体験の回避といったものに対する手法も取り入れることが妥当であるとされている。ACT では実証的に支持されている既存の行動的な手法を介入プロトコルの中に残しつつ，これらの臨床的に重要なプロセスを標的とする手法も取り入れているのである。したがって，たとえ子どもの外在化障害を対象とした具体的なデータがないにしても，そうした集団を対象とした ACT のアプローチを論じる

ことには，その効果を探究していくうえでも積極的な意味があるだろう。また実際に，子どもに対する ACT の適用に関する研究が現在増えてきており（本書の第 2, 5, 9, 11, 12 章を参照），理論的な方向性もいくつか示されている（Greco & Eifert, 2004；Murrell, Coyne, & Wilson, 2004；Twohig, Hayes, & Berens, 近刊）。

■ 機能分析

　行動的な観点からすれば，必ずしも特定の行動の内容が重要なわけではない。むしろ重要なのは，どのような変数がその行動を維持しており，その変数に対しセラピストがいかに効果的に影響を与えられるかということである。たとえば，ADHD と診断された子どもが授業中に座っていられないのであれば，なぜそうなるのかを見きわめなければならない。たとえばその理由としては，勉強が苦手なので避けようとしている，後ろの席の男子がちょっかいを出してくる，椅子の背もたれが痛い，あり余るエネルギーの発散方法を知らない，その行動が教室内の仲間からの注目を得る，などが考えられる。こうした変数が明らかになれば，問題行動に適切に対処することも可能となるだろう。行動的な心理学者はこの目標を達成するために，長きにわたって機能的アセスメント（functional assessment）の手続きに注目してきた。機能的アセスメントには，子どもに質問をする，親や教師に面接をする，子どもを観察する，特定の状況による影響を検証するための実験的手続きを定めることなどが含まれる。特に，よりきちんとした形での実験的な手順を踏んでこれを行う場合には，一般的にそれは「機能分析」（functional analysis）と呼ばれ，行動的な心理学の中で非常に多くの研究がなされてきている。

　機能的アセスメントは，問題行動を維持している変数をセラピストが解明するのに役立つだろう。機能的アセスメントから得られた所見は，さまざまな介入の可能性を導くだろう。たとえば随伴性マネジメントのやり方を親に教える，スキル・トレーニングを実施する，思考や感情の機能を標的にするなどの介入につなげることができる。また環境をほんの少し操作するだけで子どもの行動が大きく変化するような場合には，子どもを取り巻く環境が子どもの問題行動を維持しているのではないかということも明らかになる。そういった場合，子どもを取り巻く環境を適切に修正すれば，そのような問題

は容易に是正されるだろう。随伴性マネジメントの手続きがスキル・トレーニングの手続きと組み合わせて用いられることもよくあるが，状況によっては，問題行動の軽減には基本的なスキル・トレーニングだけで十分なこともある。かけ算の問題を解くときに行動化を起こす子どもは，後者の良い例であろう。かけ算が苦手な子どもがいて，その子にとって比較的やさしいかけ算の問題が出たときには行動化が減るとしよう。その場合，その子に対しては，かけ算の補習を行うことが最も賢明な対処法になるだろう。

　すべての状況でACTのアプローチが必要というわけではないが，ある状況ではACTのアプローチは実施してみる価値があるものだろう。一つの事例として，同級生に対して強いフラストレーションを抱き，ケンカばかりしている子どもについて取り上げてみよう。このケースでは，相手の同級生はとりたてて不適切な行動をとっておらず，何らかのスキルが欠如しているというわけでもなかった。したがって，このケースではいつもケンカをしている子どもの側の，その子ども自身の思考と感情への反応の仕方に問題があると考えられる。その子は，自分自身では同級生が自分に対し敵対的ないしは脅迫的な振る舞いをしてくると思っているのかもしれない。しかし実際には，自らの嫌悪的な感情状態（誰からも好かれていないという思考，馬鹿にされることへの恐れなど）を和らげるために他人を攻撃している可能性もある。このようなケースでは，広く使われている行動的な手法を補完する意味でACTが役に立つだろう。

　実際にACTを役立てたい臨床家は，以下の変数を同定することからACTに基づく事例の概念化を行っていくことになる。①問題行動の形態・頻度・強度，②問題行動の引き金となる状況（内的な私的体験と外的出来事の両方を含む），③問題行動を引き起こすことで子どもが回避している，苦痛を伴う思考・感情・記憶・感覚・出来事，④苦痛な心理的内容を処理するために用いられる体験の回避やコントロールの具体的な方略，⑤そのような効果的でないコントロール方略を維持している短期的な強化子（不安が和らぐこと，受け入れられていると感じることなど），⑥学校・遊び・友人関係・家族・その他の領域における，子どもの価値づけられた方向性，⑦子どもにとっての望ましい生活を問題行動がどの程度妨げているか（Murrell et al., 2004, p. 250）。

■親への ACT

　外在化障害の発現と維持に負の強化（および強制）が関わっているという見方は，とりたてて新しい考え方ではない。1970年代の初め，Pattersonらは，家族のメンバーが対立を終わらせるために，嫌悪的な反応を使って短期的に相手をコントロールするというプロセスについて，その記録をとりはじめた (Patterson, Reid, & Eddy, 2002)。親における体験の回避は，受け身的ないしは黙従的な育児のあり方，そして子どもの行動上の問題と関連している。ある研究では200人近くの非臨床群の親を対象に育児習慣，その子どもが抱える行動上の問題，親の体験の回避を評価した。その結果，親が望ましくない内的出来事に直面したときにしかるべき行動に出られないこと（体験の回避）は，子どもとの関わりにおける一貫性のなさ，モニタリングの乏しさ，子どもへの関与のできなさと正の相関関係にあり，そうした育児習慣は子どもが抱える行動上の問題と関連していた (Berlin, Sato, Jastrowski, Woods, & Davies, 2006)。伝統的な行動的ペアレント・トレーニングでは通常，そのプログラムとして親子のルールの一貫性や関わりの質，子どもへのモニタリングといったことに関連する育児行動のみを扱ってきた。つまり，大半の介入で，育児行動に影響を及ぼす要因（体験の回避など）を直接的に標的にすることはなかったわけである。

　そこで，アクセプタンスに基づく方略を取り入れることで行動的ペアレント・トレーニングを補強したいと考える臨床家であれば，親が行動的介入を実行する妨げとなっている親自身における体験の回避を標的とすることだろう。その際，臨床家は，価値に沿った子育て，子育てスキル，そして取り決めた行動プランを親が実行するうえで何が妨げとなるのかについて機能的アセスメントを行う。子どもに対する介入と同様に，保護者に対する介入の成功の鍵はこの機能的アセスメントにかかっているのである。また，そうしたアセスメントは介入全体を通じて常に行っていく必要がある。親によっては，スキルの欠如によって行動プランの実施に困難をきたしている場合もある。そのような場合，その親は学習した技法あるいは行動の原理について，それらを新たな状況や行動へと般化させる方法が理解できていないのかもしれない。その一方で，随伴性を変化させたことによって一時的に生じるような子

どもの問題行動の悪化が，親にとって「とても手に負えない」場合もあるだろう。適切な子育てのプロセスの中で，親がそれに伴う苦痛に耐えられないと訴える場合，臨床家はアクセプタンスに基づく方法の導入を検討するとよいだろう。

その他にも，親が子どもや親自身の行動に対して行った意味づけによって，親がその行動プランを実施できないこともあるだろう。行動的ペアレント・トレーニングでは，親が子どもの問題行動に取り合わないようにしたり，逆に，適切な行動をほめるなどといった強化を行うことが欠かせない。人によっては，親に口答えをする子どもに対し言葉で叱ったり体罰を与えてしつけることなく，ただ取り合わないという態度で対応することを「腰の引けた態度だ」と考える親もいる。その一方で，子どもの問題行動は自分自身が「だめな親」だからだと固く信じている場合もあるかもしれない。こういった親に対しては，ACTの観点から脱フュージョンのエクササイズを用いることによって，苦痛を伴う思考や感情がもつ文字通りの意味を弱めることができるだろう。こうした親は脱フュージョンの取り組みを通じて，自らの感情と思考を以前より影響力の弱いものとして体験するだろう。

■子どもへのACT

ACTが他の介入法と比べてユニークである点は，ACTでは特定の症状の軽減というよりも，人がもつ健康な機能の側面を重視しているところにある。またACTにおいても，特定の症状の軽減がより大きな価値に基づく活動を後押しする場合には，それも一つの目標となりうる。認知的フュージョンと体験の回避が優勢になることで健常な機能が妨げられ，育児の困難さが増し，また結果的に子どもの行動問題を悪化させてしまう可能性もあるだろう。ACTではこのようにして潜在的に害を及ぼしかねないプロセスを標的としており，中核的な臨床手法によってアクセプタンス，脱フュージョン，文脈としての自己，今この瞬間との接触，価値，コミットされた行為（第3章 p.065の図3-1を参照）という6つのプロセスを促し，それによって心理的柔軟性の向上を促進する。

介入のスタンス

　子どもが自分の意思でセラピーにやって来ることはめったにないだろう。実際には，子どもに関わる大人が子どもの行動上の問題を深刻に受け止めることで，子どもをセラピーへと連れて来るのが一般的である。それゆえ，子ども本人は介入に参加するうえでの動機づけが不十分になりがちである。これに関してはすでに多くの児童心理学者がこの問題に取り組み，適切な対応を実践してきている。むしろ，ACTを子どもに適用しようとする際，セラピストにとって悩ましいのは，ACTの基礎となる理論的枠組みをセラピストが理解しながら，それをいかにして介入に取り入れていくかということにある。その際にセラピストがよく陥りがちな問題は，セラピストが「私的出来事のコントロール」という従来的・伝統的な枠組みにとらわれてしまい，ACTの手法を私的出来事のコントロールのために使おうとしてしまうことである。気をつけるべきは，ACTは他の介入アプローチとは異なり，特定の私的出来事の内容や形態を標的とするようなものではないということだ。たとえば，標的とすべき問題は，ADHDのある子どもの「衝動」や，反抗という問題をもつ子どもの「怒り」ではない。標的とすべき問題は，そのような出来事が起こったときの子どもの対処の仕方にある。顕在的な行動の変化に先立って，彼らの思考や感情自体を変化させる必要はないのだ。

　したがって，思考と感情に関しては受容することが可能であり，その形態や頻度だけを理由にそれらをコントロールしようとする必要はない。セラピーでは，このことを子どもが真に実感できるような社会的文脈を作り出す必要がある。その一環として，セラピーでは思考や感情がノーマライズされるような介入的文脈を生み出すという方法がある。セラピストはセラピスト自身もさまざまな感情をもっていることを表現し，それらの感情が生じたときでも効果的に行動しつづけるというモデルを示すことができる。さらに，ACTセラピストは障害の「原因」について話をしたり，その障害がどのように発現するかというたぐいの物語を語ったりすることを避けようとするだろう。そういった思考とのフュージョンを強化してしまうような物語の提供はどんなものであれ，この介入のスタンスからみれば結局のところ有害なのである。むしろセラピストはクライエントに対し，マインドの言うことでは

なく自分自身の体験を信じるようにと伝える。

　ACTの介入の目標は，思考と感情を純粋に思考と感情として体験し，それらはクライエントがより良い方向に向かって生きるうえでの道具にすぎないことを体験できるようにすることにある。また，クライエントの人生にとっての大切な事柄をセラピーでの取り組みに関連づけることで，クライエントのセラピーへの動機づけを高め，セラピーへの参加に意味を与えることができる。

　これまで，ACTには詳しいが子どもを対象とすることに慣れていないセラピストたちの間では，ACTを子どもに実施するのは難しいのではないかと懸念されてきた。成人を対象としたACTの実践と比較して，子どもを対象としたACTの実践が著しく少なかったことがその一因と言えるかもしれない。またしばしば，セラピストが理論やモデル，そしてセラピーの実践方法を理解することと，クライエントである子どもが実際にセラピーに参加することとが混同されているようでもある。子どもにとって，機能的文脈主義，RFT，ACTの技法・前提・原則を理解するのは難しいだろう。しかしそれは，子どもがACTのセラピーに参加することとはまったく違うことである。ACTでは，認知的フュージョンや体験の回避へとつながる通常の形での言語プロセスを，セラピストが意図せず強めてしまうことがないよう，より非言語的な方法として，メタファーやエクササイズ，物語といったものを使用する。このことからもわかるように，むしろACTの手法は，一般に子どもに対してよく使われるような手法とも似ている。たしかにACTにおいても言葉を使った論理的で直接的なやりとりは一定の役割を果たしている。しかし，ACTの枠組みではむしろ，論理的なプロセス自体にこそ問題があることが多いと見なされるため，その役割はかなり限られている。要するに，ACTの手法は大半のアプローチに比べるとシンプルかつ具体的なものであるため，その意味で子どもを対象とした際に適していると言えるだろう。

アクセプタンス

　アクセプタンスはACTの中核的な要素である。ある意味で，ACTにおいては，セラピストは問題となるような思考・感情・身体感覚と関わるこ

第8章　子どもの外在化障害のためのアクセプタンス＆コミットメント・セラピー

と，つまり，不必要な防衛をせずにそれらを完全に体験することを子どもに教える。「アクセプタンス」は心理学の分野では複数の意味をもっているが，ACTではこれを私的出来事に対する一つの反応の仕方として捉える。人はときに，自分の置かれた状況や他人の行動へのアクセプタンスを求められるものである。しかし，それは通常ACTがアクセプタンスと呼ぶものとは異なっている。またACTにおいてアクセプタンスとは，態度というよりも行動として捉えるのが適切である。それは子どもが学ぶべき一種のスキルなのである。実際ACTでは，子どもにおけるアクセプタンスを育むための各種のエクササイズや言葉がある。以下に挙げるやりとりは，思考や感情のコントロールを超え，子どものアクセプタンスを育むためのACTのエクササイズの例である。ここでは，行為障害と診断され，日頃から教師に口答えをしている子どもとセラピストとの対話場面を描いている。

セラピスト　トミー，君が先生に口答えをするのは，先生があまりにも「間抜け」だからだと言ったよね。

クライエント　そうだよ。先生は僕に小言ばかり言って，片付けをしろとか，くだらないことを紙に書きとめろだとか，そういう馬鹿馬鹿しいことをさせようとするんだ。

セラピスト　なるほど。でも，そうやって口答えをすると面倒なことになるんじゃないかな？

クライエント　まあね。休み時間がなくなったり，余分に宿題を出されたりするよ。

セラピスト　僕は君がちゃんと休み時間をとって，余計な宿題をしなくていいように助けたいんだよ。実は，君の役に立ちそうな上手なやり方（スキル）がいくつかあるんだ。まず，先生にいろいろしなくちゃいけないことを言いつけられると，きっと嫌な気分になるだろうね。

クライエント　うん，頭にくるよ。

セラピスト　口答えすると君の怒りはおさまる？

クライエント　少しはね。

セラピスト　そして面倒なことになるわけだね。自分の好きなようにやりた

いという気持ちはわかるけど，面倒なことにならないように「頭にくる」気持ちをどうにかする方法を君に教えたいと思うんだけど，どうかな？

クライエント　いいよ。

セラピスト　蚊に刺されたり，植物に触ってかぶれたりするとどんなことが起こると思う？　かゆくなったところを掻くとかゆみは治まるけど，ほんの数秒でまたすぐかゆくなっちゃうよね。ずっと掻きつづけてたら，最後には皮膚が赤くなってヒリヒリしてくる。君は自分の怒りに対してこれと同じようなことをしているんじゃないかな。怒りが出てくるたびに，それを追い払おうとして「引っ掻く」。怒りをなるべく感じなくてすむように，大声を上げたりケンカをふっかけたりする。でも，それで怒りが消えるわけじゃなくて，むしろ面倒なことに巻き込まれてしまう。これって引っ掻けば引っ掻くほど，かゆみがなくなるどころか皮膚が赤くなってくることとよく似てるよね。時にはかゆいのをそのままにしておく方がいいときもあるでしょ？　それでかゆみが消えるわけじゃないけれど，腕が赤くなったりヒリヒリしたりせずにはすむよね。怒りを消し去るために口答えをすると，休み時間に外で遊べなくなっちゃうわけだから。だから，蚊に刺されたときのかゆみをそのままにしておくように，怒りを消し去ろうとはせずにそのままにしておくっていうのはどうだろう？

　ここでセラピストは，こういったやりとりを通して子どもに対して個別にACTを実施する一方で，学校側や担任教師ともコンタクトをとるだろう。伝統的な行動療法のやり方でいけば，子どもがより大きなアクセプタンスを学ぶことを助けるために，セラピストは教師に，子どもに対して分化強化を行うよう勧めることもできる。

　子どもを対象とした臨床では，きわめて具体的に面接を進めるやり方やロールプレイなどの体験的な手法を用いることも役立つ。たとえば，自分が「強い」と感じたいために，他の子どもとケンカをしたりいじめをしたりする男子がいたとしよう。こうした子どもを対象にするときには，次のようなアクセプタンス的な介入が有用であろう。つまり，セラピストとクライエントであるその男子とで，その子が自分は「弱い」と感じる場面をロールプレ

第8章　子どもの外在化障害のためのアクセプタンス＆コミットメント・セラピー

イするのである。セラピストがクライエントよりもうまく課題をこなしたり，クライエントが普段はうまくできる課題をわざとしくじる演技をしたりする。あるいは，セラピストがクライエントをいじめるまねをしたり，クライエントがいつものような暴言ではなく何か気の利いたセリフを言ってみたりするのもよいだろう。この種のエクササイズを行うと，子どもは「自分は弱い」という感情が引き起こされることになるが，その子は普段，それを「自分は強い」という感情と置き換えたいと思っているのである。そこでセラピストは，子どもに対して，そのような感情に逆らわずにそのままにしておくよう促すのである。こういったやりとりを通して，子どもは感情をただ描写・説明したり，感情に流されないやり方で振る舞ったり，感情におおむね「心を開く」ことができるようになるだろう。そしてその際，セラピストはくれぐれも子どもに対して，これが感情を弱めたりコントロールしたりするための作業であると伝えてしまわないように注意する必要がある。この作業はあくまでも，その子どもがそれらの感情に流されて行動してしまうのではなく，感情をうまく抱えていられるようにするためのものなのである。この種のエクササイズに関しては，子どもが格闘しているその他の感情に対しても行うことができる。たとえば，席を立ちたいという衝動があるために授業中ずっと座っていることが難しい子どもに対しては，だれが一番退屈に強いだろうといった冗談をセラピストが言ってみるのもよいだろう。子どもが退屈のアクセプタンスを実践しながら，繰り返し課題を行ったり静かに座っておくようにするという方法もある。

　クライエントのアクセプタンスを促進するには，エクササイズを行う以外にも，セラピストがモデルを示すという方法がACTではしばしば使われる。セラピストはセラピーの中でのさまざまな例を通して，どのような感情や思考を体験してもかまわないのだということをクライエントに示すことができる。子どもは一般的に大人から学ぶものであり，セラピストをお手本にするであろう。そのため，こうしたやり方は非常に子どものためになると考えられる。たとえば，セラピスト自身が何を言うつもりだったか忘れてしまったり，何と答えてよいかわからなかったりしたときには，「あれ，何を言おうとしてたのか忘れちゃった。私は今，困った気持ちをもっています」などと

言って，アクセプタンスの感覚を子どもと共有する。それがクライエントのためになるのなら，セラピストはどんな感情も喜んで受け入れるということを示すのがよいだろう。またセラピストは，介入の役に立つ場合には，適切なタイミングで自らの感情を明らかにするという形で，感情に対するアクセプタンスのモデルを示すこともできる。

脱フュージョン

子どもは自分に危害を及ぼす可能性のある現実の対象を回避する。たとえば，お化けの絵と本物のお化けのどちらの方が怖いだろうかと子どもに尋ねれば，子どもは当然，本物のお化けの方が怖いと答えるだろう。しかしまだほんの幼いうちから，子どもは自分の思考と感情があたかも現実であるかのように反応するようになる。思考は，宿題や税金の申告をするときには役に立つが，「良い人間になろう」とか「強くなろう」といった思考とたえず戦っているときにはあまり役に立つようなものではない。それに対しACTのセラピーでは，私的出来事を体験している際の文脈を変化させ，それらの私的出来事をまさに文字通りの出来事からまさに進行中の思考と感情のプロセスへと変化させる。これによってACTのセラピーではクライエントの行動調節の柔軟性を高めるのである。出来事を文字通りに受け取らないという脱フュージョンのプロセスが促進されることで，アクセプタンスが容易になり，アクセプタンスという行動が生じる可能性が増大されるのである。ACTには，思考・感情・身体感覚に対するあるがままの観察を促すためのさまざまな実践やエクササイズがある。特に子どもの場合は，言葉による説明よりも実際にやってみることを通しての方が学習しやすいため，以下に示すようなアクティブなエクササイズの実施が役立つだろう。以下に示すのは「思考の飛行機」と呼ばれるエクササイズであり，アクセプタンスや文脈としての自己（以下を参照）などといった，ACTにおける複数のプロセスを促進するためのエクササイズである。このエクササイズはたとえば次のような形で導入することができる。

学校にいるときに君を悩ませている考えについて，ちょっとしたゲームを

してみようか。いつもならその考えが出てくると，その考えと取っ組み合って戦うことになる。君はその考えに完全に巻き込まれてしまうということだね。そこで，考えをどこかにやるためではなくて，今までとは少し違うやり方で考えと遊ぶために新しいことをやってみることにしよう。紙飛行機を折って，その飛行機に君の邪魔をしてくる考えの名前をつけるんだ。考えを紙飛行機の両方の翼に書くんだよ。

セラピストはクライエントが飛行機を折るのを手伝う。次にセラピストはクライエントと相談しながら，クライエントにとって妨げとなっている思考を紙飛行機の両翼に書き込む。そして，セラピストはクライエントに対し，思考の飛行機をつかもうとしたり，空中に留めておこうとしたりせずに，ただ飛行機が飛ぶのを見守ることが君の仕事だと告げる。セラピストと子どもで，部屋中に紙飛行機を飛ばして遊ぶのもよいだろう。このエクササイズを通して，子どもはこれまでほど怖がることなく，違ったやり方で自分の思考を見ることができるようになるだろう。またクライエントのアクセプタンスを促進するために，このエクササイズに修正を加えることも可能である。たとえば，紙飛行機を危なくないように子どもに向かって投げ，子どもがそれをはねのける場合と，それが子どもの膝元に落ちるにまかせる場合を比較するのである。そして子どもに対し，思考の飛行機を止めようとすることと，ただそれが膝元に落ちるにまかせることではどちらが役に立つ振る舞いであるかを尋ねるのである。

次のエクササイズは「マインドを散歩に連れ出す」(Hayes et al., 1999, pp. 162-163) と呼ばれるものであるが，このエクササイズを子ども向けに作り替えることも可能である。

　まず，始める前に大事なことがあります。それはこの部屋にいるすべてのメンバーを確認することです。私が数えたところでは，ここには4人います。私，あなた，あなたのマインド，私のマインドです。それでは，マインドがどんなふうに私たちの邪魔をするかを見てみることにしましょう。そこで，ちょっとしたエクササイズをしたいと思います。私とあなたのうち1人は人

間役，もう1人はその人のマインド役をします。私とあなたでこれから散歩に出かけようと思いますが，そこで特別なルールを設けることにしましょう。人間役は自分が選んだところに行くことができますが，マインド役は人間役について行かなければなりません。そして，マインド役はあらゆることについてひたすら喋りつづけなければいけません。説明，分析，励まし，評価，比較，予測，要約，警告などといったことを喋りつづけるのです。また人間役はマインド役と話をすることはできません。人間役がマインド役に話しかけようとしても，マインド役は「君の番じゃない」と言いましょう。人間役はマインド役からするように言われたことを「思い返し」たり，言いなりになったりすることがないようにしながら，マインド役の話を聞くようにします。その代わりに，人間役はマインド役が何を言おうと，どこへでも自分の選んだ場所へと進むことにします。少なくとも5分したら役割を交代しましょう。人間役はマインド役に，マインド役は人間役になります。そして，交代してからも同じルールで約5分間続けます。

このときセラピストとクライエントは，クリニックの周りか，可能であればクリニックの外へ散歩に出かけるのがよいだろう。セラピストはあたかも自分がクライエントのマインドであるかのように，クライエントの耳元で話しかける。それから役割を交代して，クライエントがセラピストのマインドになる。このエクササイズを通して，クライエントは自分のマインドを今までとは違った，文字通りではないやり方で体験することになるだろう。

今ここに留まる

日頃から注意の問題と格闘している子どもや，自分の感情や思考が生じて行動に影響しているという認識と格闘している子どもにとって，今ここに留まることに焦点を当てるエクササイズは特に重要である。そうしたエクササイズには，クライエント自身が考えたり，感情を抱いたり，あるいはさまざまな身体感覚を感じていること，そして，その私的出来事が環境の中で起こり，また環境に左右されていることをクライエントに気づかせる働きがある。私的出来事を認識することは，その出来事を前にしながらも効果的に反応す

るうえで重要な最初のステップである。この節では，子どもが自分の私的出来事と共に在ることを目指して，そのために使用することができる各種のエクササイズについて取り上げる。

　セラピストはキャンディなどの子どもが好きなお菓子を使って，子どもに対し，それを普段の10倍ほどの時間をかけてゆっくりと食べるように促す。このとき，子どもに対しては，キャンディをなめている際の一つひとつのプロセスによく注意を向けるよう促すのがよいだろう。セラピストは子どもに一口なめさせてから，キャンディのあらゆる特徴を説明もしくは表現するよう求める。キャンディをなめることとはどういう感じか。手のひらにあるとき，どのような感触がするか。口の中や舌の上ではどういう感じがするか。キャンディをなめることにはどのような流れや順番があるか。キャンディを噛むとどんな感じがするのか。溶けたキャンディを飲み込むときにはどんな感じがするのか。キャンディの味はどうか。キャンディをなめることで，以前には気づかなかったいくつものキャンディの性質に気づくことだろう。

　このエクササイズは子どもが心から楽しめるようなさまざまな活動を通じて行うことができる。幼い子どもの多くは，ゲームをしたりブランコやすべり台で遊んだりすることが好きである。たとえば，すべり台を滑り降りたり，階段を一段抜かしで飛び降りたりしながら，それに伴うさまざまな感情や感覚に十分に注意を払うという方法もある。何かから飛び降りた際には，胃や頭に何らかの感覚が生じるだろう。そしてセラピストは最終的に，子どもが注意を払うことが難しいような授業中やその他の状況で，これと同じエクササイズをするように促していく。たとえば，授業をしている教師のさまざまな特徴に対し，一つひとつ注意を向けるよう促すのもよいだろう。教師が板書をするやり方，口の動かし方，ジェスチャーの仕方などに，注意を向けるよう促すのである。子どもはこういったエクササイズをおもしろがってこなすことだろう。またこのマインドフルネス・エクササイズを通して，子どもは普段なら「今ここ」に留まっていられなかったような状況で，「今ここ」に留まり，そこで起こっていることに対し，より意識を向けるようになるだろう。

文脈としての自己

「文脈としての自己」とは,自分自身を私的出来事が生じている場所,視点,文脈として体験することであり,自分自身を私的出来事そのものとして体験する(自己についての判断など)「概念化された自己」とは対照的なものである。体験そのものとその体験を味わったり意識したりしている自分自身とは別ものである。そのことを理解するために,文脈としての自己は欠かせない存在なのだ。子どもに対するACTでは,先に述べたように,視点取得,心の理論,共感スキルにおける指示的フレームの役割に関するエビデンスを背景に,文脈としての自己の重要性が増してきている。また,子どもが「自分は問題児である」という概念化にとらわれている場合にも,文脈としての自己は有用なプロセスとして扱われるべきである。実際,子どもの中には自分自身を「いじめっ子」だとか「クラスののけもの」だと考え,そのような自己の概念化を裏づけるような行動しかしない子どももいるだろう。

たとえば行為障害などの外在化障害のある子どもにとっても,友達や仲間の視点を取得できることには臨床的な利点がある。行為障害の中には表に現れた行動ではなく,関係性の能力に問題を抱えた高次の「認知的」障害がある場合がある。他者視点を取得するために必要な関係性の能力は,"私－あなた""ここ－あそこ""現在－過去"といった「指示的関係」を通じて修正することが可能である。このような関係性の能力をもつ子どもであれば,他者の視点からものごとを捉えることができるため,結果的により共感と社会的感受性を示すことができるようになる。こういった能力をトレーニングするうえでは,RFTの技術が有用であることが明らかになっている。関係フレームをトレーニングするための手続きは,概してとてもわかりやすい。関係性のオペラントは多くの刺激によって多数の文脈を通じてトレーニングされる必要がある。そして,そこでのオペラントは刺激の形態的な特徴を基にしていないからこそ,般化が可能になるのである。たとえば,「私－あなた」という指示的フレームは,「私」が変化せずに「あなた」がさまざまに変化するような,多様な人々との関係の中でトレーニングされる必要がある。この関係性をいく人もの人々の間でトレーニングすることで,子どもは「あなた」が絶対的な意味で形態的に定義されるのではなく,恣意的な文脈を基

にして定義されるということを理解する。

　このようなトレーニングを経た子どもは，さらに会話をしている相手との関係に「私－あなた」の指示的フレームをあてはめるトレーニングを受けることもできる。子どもは，複数の例を提示されることを通して，「私」とは文脈依存的であって，常に自分のことを指しているわけではないことを理解する。指示的フレームの般化を促進するために，このフレームを犬や猫などの動物や，人の絵などにも適用してもよいだろう。同じく，指示的フレームの柔軟性を標的にすることもできる（「もしここがあそこで，あそこがここだったら，ここは何になるんだろう？」など）。この種の取り組みにも実証的な裏づけが存在している（Heagle & Rehfeldt, 2006；Weil, 2007）。また，関係づけの能力の障害がADHDの一因であるという指摘もある（Twohig, et al., 近刊）。たとえば，ADHDのある子どもには，セルフ・コントロール課題を「理解する」ために必要な関係づけの能力が欠けていると考えられている。具体的には，ルールを理解し，それに従うためには，等位，時間（時勢ないしは随伴性），比較といった関係フレームが必要である。ADHDのある子どもに対しては，すでに示したものと同様の手続きを通して，このような関係性の能力をトレーニングすることができるだろう。

　子どもの行為障害に介入を行う際に，文脈としての自己が役に立つ状況は他にもある。それは，子どもが私的出来事を自分自身の表象と見なすという行動が過剰になっている状況である。私的出来事を自分自身の一部と見なしているような子どもにとって，特定の思考や感情を手放すのは難しいことだろう。自分のプライドと自分自身を同一視している子どもにとって，教師からすべきことを指導されること自体が，その子の「プライド」からすればつらいことかもしれない。したがって，そういった感情や思考を子どもが安全に体験できるような文脈をセラピストが作り出す必要があるわけである。傷つけられる恐れのない完全な人間として今ここに在る，という常に変わらない一貫した「文脈としての自己」の感覚は，子どもにとっても「危険な」思考や感情を安全に体験することのできる文脈となる。多くの子どもは，自分の感情や思考を語る際に「私は怒っている」とか「僕はエネルギーが有り余っているだけだ」などと言って，あたかも感情が行動を支配しているかの

ように,人と感情を結びつけて考えているものである。文脈としての自己には,子どもが自分の思考や感情を,自分の内面で生じるものの自分自身ではない出来事として,つまり,人生における他のすべての出来事と同じように現れては消えていく出来事として体験するのを助ける働きがある。そういった私的出来事はその日に起こる他の出来事となんら変わらない存在である。これらの思考や感情がその子どもが何者であるかを決めることはない。思考や感情は子どもという全体の一部を成すものである。子どもはこれらの出来事をさまざまなやり方で体験する方法をセラピストから教わることができる。そうすることで子どもは,評価を下すことなく出来事をあるがままに体験することができるようになるのである。この実践方法とマインドフルネスや瞑想の実践は,思考や感情を一人の人間としての自分自身を決定づける特徴として捉えるのではなく,思考は思考,感情は感情として捉え,それをあるがままに体験する方法を教えるものである,という意味で言えば,それらは類似した実践方法だと言えるだろう。

　ここまでの「文脈としての自己」トレーニングでは指示的フレームの柔軟性が焦点となっていたが（「もし私があなたなら,私は何を見ているでしょう？」など),このトレーニングは他のフレームに対しても容易に拡大することができる。たとえば,セラピストの特徴について思いついたことは何でも言ってよいことにして,子どもにそれをいくつも挙げてもらうというやり方がある。するとその子どもはセラピストのことを「男／女」「年寄り／若い」「恵まれている／かわいそう」「賢い／馬鹿」「面白い／つまらない」「いい人／嫌な人」などと言うだろう。これらの中には「男／女」などの比較的安定していて具体的な特徴と「面白い／つまらない」「いい人／嫌な人」などの主観的で意見の分かれるような特徴とが混じっている。そこでセラピストは子どもがそれら2種類の特徴を見分けられるよう助けるのである。次に,セラピストは子どもに対して,先ほどと同じように今度は自分自身にあてはまる特徴を挙げるように促す。すると子どもは「若い」「スポーツが得意」「面白い」「賢い」「人気がある」「女の子」など,先ほどと同じようなさまざまな特徴を挙げるだろう。そこでセラピストは,子どもと一緒に,性別や年齢など,その特徴を維持するために努力を必要としないアイデンティティと,

「頭がいい」「人気がある」などのようにその特徴の維持に努力を要するものとを対比させていく。このとき，「賢い」「人気がある」などといった自己概念を維持するために子どもがしているあらゆる行動について，子どもが自分自身で話せるようにするのがセラピストの役目である。

　この時点で，変化しうるような特徴に関して柔軟性のトレーニングを行っておくのがよいだろう。セラピストは子どもに対し，それらの特徴がそれぞれ良い方向や悪い方向に変化したとしたら，彼らはどう行動することになるだろうかと問いかけ，子どもと一緒にそれをロールプレイする。特に，悪い方向性をもった自己概念については，時にはその概念とは相容れない行動をあえて子どもが行ってみる方法を一緒に考えるようにする。たとえ子どもが自らの自己概念に「張り付いて」いようとも，その自己概念を支える行動がいかに流動的でありうるかを示すことがポイントである。セラピストは，子どもにとってとりわけ問題となっている主要な概念（強いヤツ，親不孝な子ども，馬鹿など）を振り返りながら，こうした特定の概念がなくても自分自身でいるにはどうしたらよいかを子どもと共に模索する。子どもがそうした特定の概念を解き放った後も，彼らの中にはたくさんの概念が残されることだろう。結局のところ，これらの概念は，その子どもが男ないしは女であるというようなこととは違って，その子どもとイコールではないのである。

価　値

　子どもにとって大切なものは，家族，スポーツ，友人，学校など数多く存在する。ACT における「価値」とは，その人が大切に思う人生の領域のことを言う。価値は目標とは異なる。目標とは一般的に，最終的な到達点を有した一時的な出来事のことだが，価値とは人生を構成する要素であり，その人にとって重要かつ進んで取り組みたいと思うようなものである。価値はセラピーの一部を成すものであり，クライエントが困難な感情や思考を体験するといった，すでに述べてきたようなプロセスに意味を与えるものである。さらには，これらの ACT のプロセスが，価値ある活動と結びつくことによって，その機能を変化させるのである。これは，ACT において唯一，具体的な関係性が標的となるプロセスである。逆に，それ以外のすべてのプ

ロセスでは，認知を直接的に修正しようという試みに対して十分な注意が払われる。価値というプロセスに関しては，「文字通り」であることはさほど問題にならない。たとえば，ADHDと診断されている子どもが，学校に通い授業に参加することに価値を置いているならば，授業中に席を立ったり大声を上げたいという衝動に従って行動してしまっていれば，その行動はその子どもの価値を妨げていることになる。感情をコントロールしようとする試みこそが，子どもを自らの価値から遠ざけてしまっていることに気がつければ，その子どもは感情のコントロールよりも感情を体験することの方を重要視するようになるだろう。たとえば，セラピストは子どもに次のような言葉かけをするとよいだろう。「授業中はずっと椅子に座っていて，先生に当てられたときだけ発言するようにすれば，君は今までよりもっとクラスの一員になれるよ。休み時間を丸ごと使えることにもなるだろうしね」。感情から生じる席を立ちたいという衝動は，子どもにとって重要なことをする機会を妨げてしまう。しかし，そういった衝動の機能は，このようなセラピストによる言葉かけによって変容することだろう。

　時には子どもが自分の価値を明確にできなかったり，より大きな価値との接触に向けて行動を起こせない場合もある。しかし，それ自体は大きな問題ではない。というのも，子どもの発達は一人ひとりで異なっているからである。価値への取り組みとは機能的なものなので，そういった場合でさえも実行可能かつセラピストにとって有用なものである。子どもがより大きな価値を明確にできなかったとしても，休み時間を楽しむことや居残りをせずにすむことには子どもも価値を置くだろう。こういった関係性を明確化することは，アクセプタンスとより大きなプロセスとの関係性を明確化することと同じくらい役に立つ。セラピーが先に進むことで，やがてはより大きな価値の明確化に子どもが取り組むことができるときが訪れるだろう。子どもと一緒に価値の明確化に取り組む際には，「価値」とは自分が選んだ方向に向かって生きることであるという形で説明するのがよいだろう。セラピストと子どもは一緒になって，「価値のコンパス（方位磁針）」を作成するのである。つまり，子どもが選んだ人生の方向性を表す領域に，その子が自分の価値を書き込んでいくのである。ある実際の幼い子どもの例であるが，彼は「家族」

と「友人」の領域が彼にとって一番大事だと話してくれた。彼によれば，学校でのトラブルが原因で母親との関係が損なわれているという。また，学校では大声を上げたり暴力的に振る舞ったため友人との関係も悪くなっているとのことであった。彼にとっては家で進んで手伝いをして，学校でもめごとを起こさずにいることが，母親との関係の改善につながるだろう。また同じく，大声を上げずに我慢強くなることが，友人とのより良い関係をもたらすだろう。彼はセラピストと一緒に，家の手伝いを進んでやることや学校でうまくやることなど，価値に沿った活動のリストと，ケンカをしたり大声を上げたりといった価値に沿わない活動のリストを難なく作り上げることができた。セラピストが彼に，彼の中のいったい何が価値に沿った活動を邪魔しているのだろうかと問いかけると，彼は自分が怒りを感じた際に価値に反した行動に出てしまうと語った。そして，彼はセラピストからの助けを借りながら，自分がケンカをしたり大声を上げたりするのは，たいていの場合は怒りの感情をコントロールしようとした結果であると理解したのだった。

　彼の場合まだ幼い子どもであったが，10代のもう少し年長の子どもを相手にする際には，彼らに高校を卒業する自分をイメージしてもらうという方法がある。クライエントは目を閉じて，高校卒業後の進路を2つ思い描くように促される。第1の進路は今現在の生活の延長であり，第2の進路は望むものなら何でもかなうと考えた場合に，クライエントが心から望む卒業の仕方である。また，尊敬する人の特徴や見習いたい点について，子どもに話してもらうのもよいだろう。自分の親や有名なアスリートを尊敬している子どももいるだろう。セラピストはその子どもに対して，親のどのようなところを尊敬しているかを説明するように促し，それらの特徴を子どもが自分自身の人生の中で追求するにはどうしたらよいかを子どもが見いだせるように支援する。

活動へのコミットメント

　「活動へのコミットメント」とは，ACTのその他の要素を実践しながら自分の価値に沿った活動を選択し，それを実行することである。介入のこの段階は「行動変容の段階」とも呼ばれ，より伝統的な行動変容の手続きが用い

られる段階である。一方，ここで通常の行動療法と異なる点は，すべての行動変容の手続きがACTのアプローチからなされるという点である。たとえば，クライエントはエクササイズ中に思考が生じたときには，問題とされている思考や感情を受け入れ，そこから脱フュージョンすることを学習する。また，こういった手続きは常にクライエントの価値と結びつけて用いられる。クライエントの行動パターンが発展するにつれて，クライエントの行動レパートリーは顕在的なスキルと心理的柔軟性の両面で拡大すると考えられる。

　エクササイズと活動へのコミットメントは，問題とされている行動が何であるかによって大きく異なるだろう。エクササイズでは，ACT以外の介入プログラムで同じく妥当性の示されたものの中から，より行動を重視した介入手続きを援用し，自分の人生を変化させることへの子ども自身のコミットメントを促すことも可能である。ここでいくつか例を挙げておこう。たとえば，ADHDのある子どもの場合，授業中に座っていられる時間が長くなる。また反抗挑戦性障害のある子どもは，いつもいじめている同級生をほめることができるようになったり，口答えをせずにいる時間が長くなったりする。行為障害と診断された子どもは，アクセプタンスと脱フュージョンを行いつつ，一定の時間内に破壊的な行動をとらないことにコミットすることもできる。またその際に，活動へのコミットメントを行ったり，価値に関するエクササイズをしたりするときに，「不快感」をオープンに体験し，自分の思考と感情をあるがままに，単に思考と感情として捉えるよう子どもを促すこともできるだろう。

結　論

　外在化障害を抱える子どもに関わる際に，臨床家が使用可能で，かつ実証的な裏づけのあるアプローチは数多く存在している。本章では，子どもや保護者，そしてその両者に対するACTに基づく概念化と方略を統合することで，いかにしてACTが機能的アセスメントに基づく伝統的な行動療法を補強することが可能であるかを浮き彫りにした。特にACTは，それが外在化障害を維持する一因であると研究から示唆されているメカニズムを標的とし

ていると考えることができる。さらには，ACT の概念化から派生した手法は，随伴性マネジメントや従来の認知行動療法的な手法を超えるものであるとも考えられる。一般的に ACT には，私的出来事の存在を受け入れる学習や，それらの出来事に対するあるがままの観察，より大きな価値に沿った活動へのコミットメントが含まれている。このアプローチが外在化障害の予防や介入にどの程度有用かについては，今後，入念な研究が必要となるだろう。本章の目的は，臨床家や研究者がこれらのアプローチを開発し，検証するための方法を模索できるよう方向づけることである。

引用文献

Barnes-Holmes, Y., Barnes-Holmes, D., & Smeets, P. M. (2004). Establishing relational responding in accordance with opposite as generalized operant behavior in young children. *International Journal of Psychology and Psychological Therapy,* 4, 559-586.

Barnes-Holmes, Y., Barnes-Holmes, D., Smeets, P. M., Strand, P., & Friman, P. (2004). Establishing relational responding in accordance with more-than and less-than as generalized operant behavior in young children. *International Journal of Psychology and Psychological Therapy,* 4, 531-558.

Berens, N. M., & Hayes, S. C. (2007). Arbitrarily applicable comparative relations: Experimental evidence for a relational operant. *Journal of Applied Behavior Analysis,* 40, 45-71.

Berlin, K. S., Sato, A. F., Jastrowski, K. E., Woods, D. W., & Davies, W. H. (2006, November). Effects of experiential avoidance on parenting practices and adolescent outcomes. In K. S. Berlin & A. R. Murrell (Chairs), *Extending acceptance and mindfulness research to parents, families, and adolescents: Process, empirical findings, clinical implications, and future directions.* Symposium presented to the Association for Behavioral and Cognitive Therapies, Chicago, IL.

Blackledge, J. T., & Hayes, S. C. (2006). Using acceptance and commitment therapy in the support of parents of children diagnosed with autism. *Child and Family Behavior Therapy,* 28, 1-18.

Bond, F. W., & Bunce, D. (2000). Mediators of change in emotion-focused and problem-focused worksite stress management interventions. *Journal of Occupational Health Psychology,* 5, 156-163.

Brestan, E. V., & Eyberg, S. M. (1998). Effective psychosocial treatments for conductdisordered children and adolescents: 29 years, 82 studies, and 5,272 kids. *Journal of Clinical Child Psychology,* 27, 180-189.

Burke, J., Loeber, R., & Birmaher, B. (2002). Oppositional defiant disorder and conduct disorder: A review of the past 10 years, part II. *Journal of the American Academy of Child and Adolescent Psychiatry*, 41, 1275-1293.

Cohen, D., & Strayer, J. (1996). Empathy in conduct disordered and comparison youth. *Developmental Psychology*, 32, 988-998.

Cole, P. M., Zahn-Waxler, C., Fox, N. A., Usher, B. A., & Welsh, J. D. (1996). Individual differences in emotion regulation and behavior problems in preschool children. *Journal of Abnormal Psychology*, 105, 518-529.

Coyne, L. W., & Wilson, K. G. (2004). The role of cognitive fusion in impaired parenting: An RFT analysis. *International Journal of Psychology and Psychological Therapy*, 4, 469-486.

Crick, N. R., & Dodge, K. A. (1994). A review and reformulation of social informationprocessing mechanisms in children's social adjustment. *Psychological Bulletin*, 115, 74-101.

Dahl, J., Wilson, K. G., & Nilsson, A. (2004). Acceptance and commitment therapy and the treatment of persons at risk for long-term disability resulting from stress and pain symptoms: A preliminary randomized trial. *Behavior Therapy*, 35, 785-802.

de Castro, B. O., Veerman, J. W., Koops, W., Bosch, J. D., & Monshouwer, H. J. (2002). Hostile attribution of intent and aggressive behavior: A meta-analysis. *Child Development*, 73, 916-934.

Dishion, T. J., & Andrews, D. W. (1995). Preventing escalation in problem behaviors with high-risk young adolescents: Immediate and 1-year outcomes. *Journal of Consulting and Clinical Psychology*, 63, 538-548.

Dougher, M. J., Hamilton, D., Fink, B., & Harrington, J. (2007). Transformation of the discriminative and eliciting functions of generalized relational stimuli. *Journal of the Experimental Analysis of Behavior*, 88, 179-197.

Eyberg, S. M., & Boggs, S. R. (1998). Parent-child interaction therapy for oppositional preschoolers. In C. E. Schaefer & J. M. Briesmeister (Eds.), *Handbook of parent training: Parents as co-therapists for children's behavior problems* (2nd ed., pp. 61-97). New York: Wiley. (『共同治療者としての親訓練ハンドブック』山上敏子・大隈紘子監訳, 二瓶社, 1996年)

Forman, E. M., Hoffman, K. L., McGrath, K. B., Herbert, J. D., Bradsma, L. L., & Lowe, M. R. (2007). A comparison of acceptance- and control-based strategies for coping with food cravings: An analog study. *Behaviour Research and Therapy*, 45, 2372-2386.

Gifford, E. V., Kohlenberg, B. S., Hayes, S. C., Antonuccio, D. O., Piasecki, M. M., Rasmussen-Hall, M. L., et al. (2004). Acceptance theory?based treatment for smoking cessation: An initial trial of acceptance and commitment therapy. *Behavior Therapy*, 35, 689-705.

Greco, L. A., & Eifert, G. H. (2004). Treating parent-adolescent conflict: Is acceptance the missing link for an integrative family therapy? *Cognitive and Behavioral Practice*, 11, 305-314.

Greco, L. A., Heffner, M., Poe, S., Ritchie, S., Polak, M., & Lynch, S. K. (2005). Maternal adjustment following preterm birth: Contributions of experiential avoidance. *Behavior Therapy*, 36, 177-184.

Greco, L. A., Lambert, W., & Baer, R. A. (2008). Psychological inflexibility in childhood and adolescence: Development and evaluation of the Avoidance and Fusion Questionnaire for Youth. *Psychological Assessment*, 20, 93-102.

Gregg, J. A., Callaghan, G. M., Hayes, S. C., & Glenn-Lawson, J. L. (2007). Improving diabetes self-management through acceptance, mindfulness, and values: A randomized controlled trial. *Journal of Consulting and Clinical Psychology*, 75, 336-343.

Happe, F., & Frith, U. (1996). Theory of mind and social impairment in children with conduct disorder. *British Journal of Developmental Psychology*, 14, 385-398.

Hayes, S. C. (2004). Acceptance and commitment therapy, relational frame theory, and the third wave of behavior therapy. *Behavior Therapy*, 35, 639-665.

Hayes, S. C., Barnes-Holmes, D., & Roche, B. (Eds.). (2001). *Relational frame theory: A post-Skinnerian account of human language and cognition*. New York: Plenum.

Hayes, S. C., Luoma, J., Bond, F., Masuda, A., & Lillis, J. (2006). Acceptance and commitment therapy: Model, processes, and outcomes. *Behaviour Research and Therapy*, 44, 1-25.

Hayes, S. C., Masuda, A., Bissett, R., Luoma, J., & Guerrero, L. F. (2004). DBT, FAP, and ACT: How empirically oriented are the new behavior therapy technologies? *Behavior Therapy*, 35, 35-54.

Hayes, S. C., Strosahl, K. D., & Wilson, K. G. (1999). *Acceptance and commitment therapy: An experiential approach to behavior change*. New York: Guilford.

Hayes, S. C., Wilson, K. G., Gifford, E. V., Follette, V. M., & Strosahl, K. (1996). Emotional avoidance and behavioral disorders: A functional dimensional approach to diagnosis and treatment. *Journal of Consulting and Clinical Psychology*, 64, 1152-1168.

Heagle, A., & Rehfeldt, R. A. (2006). Teaching perspective-taking skills to typically developing children through derived relational responding. *The Journal of Intensive Early Behavioral Intervention*, 3, 8-34.

Huey, W. C., & Rank, R. C. (1984). Effects of counselor and peer-led group assertive training on black adolescent aggression. *Journal of Counseling Psychology*, 31, 95-98.

Hughes, C., Dunn, J., & White, A. (1998). Trick or treat?: Uneven understanding of mind and emotion and executive dysfunction in "hard-to-manage" preschoolers. *Journal of Child Psychology and Psychiatry and Allied Disciplines*, 39, 981-994.

Kazdin, A. E., Esveldt-Dawson, K., French, N. H., & Unis, A. S. (1987). Problem-solving skills training and relationship therapy in the treatment of antisocial child behavior. *Journal of Consulting and Clinical Psychology*, 55, 76-85.

Levitt, J. T., Brown, T. A., Orsillo, S. M., & Barlow, D. H. (2004). The effects of acceptance versus suppression of emotion on subjective and psychophysiological response to carbon

dioxide challenge in patients with panic disorder. *Behavior Therapy*, 35, 747-766.
Lochman, J. E., Burch, P. R., Curry, J. F., & Lampron, L. B. (1984). Treatment and generalization effects of cognitive-behavioral and goal-setting interventions with aggressive boys. *Journal of Consulting and Clinical Psychology*, 52, 915-916.
Lochman, J. E., & Dodge, K. A. (1994) Social cognitive processes of severely violent, moderately aggressive, and nonaggressive boys. *Journal of Consulting and Clinical Psychology*, 62, 366-374.
Lonigan, C. J., Elbert, J. C., & Johnson, S. B. (1998). Empirically supported psychosocial interventions for children: An overview. *Journal of Clinical Child Psychology*, 27, 138-145.
Luciano, C., Becerra, I. G., & Valverde, M. R. (2007). The role of multiple-exemplar training and naming in establishing derived equivalence in an infant. *Journal of the Experimental Analysis of Behavior*, 87, 349-365.
Luoma, J. B., Hayes, S. C., Twohig, M. P., Roget, N., Fisher, G., Padilla, M., Bissett, R., et al. (2007). Augmenting continuing education with psychologically focused group consultation: Effects on adoption of group drug counseling. *Psychotherapy Theory, Research, Practice, Training*, 44, 463-469.
McCart, M. R., Priester, P. E., Davies, W. H., & Azen, R. (2006). Differential effectiveness of behavioral parent-training and cognitive-behavioral therapy for antisocial youth: A meta-analysis. *Journal of Abnormal Child Psychology*, 34, 527-543.
McHugh, L., Barnes-Holmes Y., & Barnes-Holmes, D. (2004). Perspective taking as relational responding: A developmental profile. *Psychological Record*, 54, 115-144.
Miller, G. E., & Prinz, R. J. (1990). Enhancement of social learning family interventions for childhood conduct disorder. *Psychological Bulletin*, 108, 291-307.
Murrell, A. R., Coyne, L. W., & Wilson, K. G. (2004). ACT with children, adolescents, and their parents. In S. C. Hayes and K. D. Strosahl (Eds.), *A practical guide to acceptance and commitment therapy* (pp. 249-274). New York: Springer.
Patterson, G. R., Reid, J. B., & Eddy, J. M. (2002). A brief history of the Oregon Model. In J. B. Reid, G. R. Patterson, & J. Snyder (Eds.), *Antisocial behavior in children:Developmental theories and models for intervention*. Washington, DC: American Psychological Association.
Perry, D. G., Perry, L. C., & Rasmussen, P. (1986). Cognitive social learning mediators of aggression. *Child Development*, 57, 700-711.
Rehfeldt, R. A., Dillen, J. E., Ziomek, M. M., & Kowalchuk, R. K. (2007). Assessing relational learning deficits in perspective-taking in children with high-functioning autism spectrum disorder. *Psychological Record*, 57, 23-47.
Reid, J. B., Patterson, G. R., & Snyder, J. (2002). *Antisocial behavior in children and adolescents: A developmental analysis and model for intervention*. Washington, DC: American Psychological Association.
Reyno, S. M., & McGrath, P. J. (2006). Predictors of parent training efficacy for child

externalizing behavior problems: A meta-analytic review. *Journal of Child Psychology and Psychiatry*, 47, 99-111.

Seidman, L. J., Biederman, J., Faraone, S. V., Weber, W., & Ouellette, C. (1997). Toward defining a neuropsychology of attention deficit?hyperactivity disorder: Performance of children and adolescents from a large clinically referred sample. *Journal of Consulting and Clinical Psychology*, 65, 150-160.

Stormshak, E. A., Bierman, K. L., McMahon, R. J., & Lengua, L. J. (2000). Parenting practices and child disruptive behavior problems in early elementary school. *Journal of Clinical Child Psychology*, 29, 17-29.

Twohig, M. P., Hayes, S. C., & Berens, N. M. (2007). Implications of Verbal Processes for Childhood Disorders: Tourette's Disorder, Attention Deficit Hyperactivity Disorder, and Autism. In D. Woods & J. Kanter (Ed.), *Understanding Behavior disorder: A contemporary behavioral perspective*. Reno, NV: Context Press.

Varra, A. A. (2006). The effect of acceptance and commitment training on clinician willingness to use empirically-supported pharmacotherapy for drug and alcohol abuse. Unpublished doctoral dissertation, University of Nevada, Reno.

Webster-Stratton, C., & Hammond, M. (1997). Treating children with early-onset conduct problems: A comparison of child and parent training interventions. *Journal of Consulting and Clinical Psychology*, 65, 93-109.

Weil, T. M. (2007). The impact of training deictic frames on perspective taking with young children: A relational frame approach to theory of mind. Unpublished doctoral dissertation, University of Nevada, Reno.

Werba, B. E., Eyberg, S. M., Boggs, S. R., & Algina, J. (2006). Predicting outcome in parent-child interaction therapy: Success and attrition. *Behavior Modificatio*n, 30, 618-646.

Whelan, R., & Barnes-Holmes, D. (2004). The transformation of consequential functions in accordance with the relational frames of same and opposite. *Journal of the Experimental Analysis of Behavior*, 82, 177-195.

Wilson, K. G., & Hayes, S. C. (1996). Resurgence of derived stimulus relations. *Journal of the Experimental Analysis of Behavior*, 66, 267-281.

著者による注記
この分野の臨床的知識を提供して下さったリサ・コイン博士に感謝したい。

第9章
青少年のアクセプタンスとボディーイメージ，健康

ローリー・A・グレコ
エリン・R・バーネット
カースティン・K・ブロンキスト
アニク・ジェバース

　我々の多くは自分のボディーイメージに悩み，自分の容姿をどこかしら変えたいと思っている。残念ながら，時に不健康な理想的容姿を男性にも女性にも奨励するこの社会では，自分の容姿に満足することはほとんど不可能に近いだろう。昨今のマスメディアでは，女性の極端なやせ体型と男性の引き締まった筋肉質の体型が過度に美化されている。社会的圧力の下で，あらゆる体型と体格の男性・女性，少年・少女が，自分の容姿を修正し，それを維持することに四苦八苦している。最新のダイエット法ややせ薬，スポーツとフィットネスの雑誌，補整下着，プロテイン飲料，ステロイド剤，個人トレーナー，脂肪吸引術から女性の豊胸手術や男性の胸筋移植に及ぶ医療処置等に，我々は投資する。見た目の良さは将来の幸福と成功を後押しするという考えにしがみついて，必死に努力する。しかし，それほどの努力にもかかわらず，自分自身や自分の身体に我々は心から満足できているだろうか。さらに重要なことだが，この投資は，個人の自由と生きる活力をどれだけ蝕んでいるだろうか。そして，社会で理想とされる容姿を得ようとするむなしい努力がもたらす不必要な苦しみを和らげるために，我々精神医療の専門家

は何をすればよいのだろうか。

　本章では，ボディーイメージの悩みが実際に著しい個人的コストとなる思春期の少女たちに効果が期待されるアプローチとして，アクセプタンス＆コミットメント・セラピー（ACT；Hayes, Strosahl, & Wilson, 1999）を取り上げる。この悩みはたいていの人が経験するものだが，身体への不満は一般的に思春期に始まるか強まり，この発達段階で生じる自尊心の知覚と最も密接に結びついている（Neumark-Sztainer, 2005 など）。思春期男子の 60％と女子の 75％は，容姿が幸福を左右すると信じている（O'Dea & Abraham, 1999）。容姿は男女を問わず思春期の若者にとって明らかに重要だが，男子より女子の方が身体への不満とその有害な関連づけの影響を受けやすい（Bearman, Presnell, Martinez, & Stice, 2006；O'Dea & Abraham, 1999；Urla & Swedbund, 2000 など）。このような理由から，本章では主に思春期の女子に焦点を当てる。まずはボディーイメージと体重への不安を発達の枠組みの中に位置づけ，これが摂食や体重に関わる問題に発展する経路を示唆する。次に，ACT における臨床的に重要なプロセスを要約し，「ボディーイメージ問題」を ACT の観点から概念化する。最後に，肥満，過食症，むちゃ食い障害といった深刻な臨床的問題のリスクを抱える少女のための，学校での介入プログラムを紹介する。

青少年における摂食と体重に関する問題

　思春期は移行と変化を特徴とする発達段階であり，ホルモンの分泌が増えると共に，抽象的な思考能力が発達し，自主性と自立を求めるようになる時期である。「私は何者か」「私はどのように生きたいのか」といった疑問が中心を占める一方で，親や教師，同世代，世間一般の人々とは大きく異なるような個人的な価値を必死で見いだそうとする。社会的・学業的な要求が大きくなるにつれて，顕著な適応障害，不安やうつの悪化，物質乱用を経験する若者もいる。本章に最も関わりがあるのは，身体への不満と摂食障害の好発年齢が思春期であることと，それが特に女子に広く見られることである（Bearman et al., 2006 など）。若い女性や女児が主流のメディアから格好のターゲットにされており，手の届かない理想の容姿に幼少の頃からさらされつづ

けていることを考えれば，これはさほど驚くことではない（Urla & Swedbund, 2000）。女児は7歳くらいからボディーイメージに興味を示し，家族，同世代，メディア，その他の外部の情報源が伝達する理想の容姿を内面化しはじめる（Sands & Wardle, 2003；Thompson, Rafiroiu, & Sargent, 2003）。残念ながら，思春期の発育という背景の中で体重の増加と身体の構造的変化（臀部が広くなるなど）を呈する一般的な少女たちにとって，昨今の理想とされるやせ体型を獲得しようとする努力は自滅的な戦いとなるであろう。

■想定される発症経路

　容姿と体重をめぐる社会的な期待と規範を受け入れる思春期の少女には，身体への不満とそれに関連する臨床的問題を抱えるリスクがある（Eifert, Greco, Heffner, & Louis, 2007；Levine & Harrison, 2001）。摂食障害の発生経路に関する研究は，やせているべきだという社会文化的圧力が，身体への不満とネガティブな感情を引き起こしうることを示唆している（Stice, 2001；Stice, Presnell, Shaw, & Rohde, 2005）。かなりの割合の思春期の女子が，ダイエットをしたり，その他の体重コントロール行動をとったりしてこの圧力に対処する。ところが，体重を落とすためのこれらの努力は将来，過食とそれに続く体重増加という状態の発現を予測させ，ダイエット－過食－ダイエットの失敗－感情的苦痛－感情調節の無益な試みという悪循環を引き起こす。それゆえ，逆説的ではあるが，ダイエットやその他の形の体重コントロールは，過体重と肥満だけでなく過食症やむちゃ食い障害などの関連する摂食障害のリスクも高める可能性があるのである（Stice, Shaw, & Nemeroff, 1998；Stice et al., 2005；Wardle, Waller, & Rapoport, 2001 など）。

　内受容性の気づきの欠如は，不健康な摂食と行動コントロールのパターンをさらに悪化させる。具体的には，摂食障害の傾向がある若い女性と女児は，思考・感情・空腹と満腹の身体感覚を含めたさまざまな私的出来事を見分けたり区別したりすることに困難をきたすことがある（Leon, Fulkerson, Perry, & Early-Zald, 1995；Sim & Zeman, 2004, 2006 など）。その結果，摂食関連の刺激に対して無感覚や無反応を呈するようになる。空腹時に食べて満腹になったら食べるのをやめるのではなく，外的刺激（食べ物が手元にあるなど）や食欲とは

無関係な感情体験によって，摂食行動が調節されるのである。肥満，過食症，むちゃ食いの感情調節モデルを裏づけるエビデンスもある。これらのモデルは，ボディーイメージと体重に悩む少女は，自分をなだめたり，退屈や悲しさ，むなしさといった不快な私的出来事から気を逸らしたりするために，食べ物を利用することを示唆している（Greeno & Wing, 1994；Sim & Zeman, 2006；Stice, 2001 など）。

　要約すると，摂食と体重に関連する問題を抱えた少女は，美と体重をめぐる社会文化的規範にとらわれ，社会的に規定された理想的な容姿を求めて無益な体重コントロールを行う。こうした少女の多くは食欲の刺激に対し無感覚を示すなど，内受容性の気づきに困難を抱えており，内的な不快感（体重に関わる思考，むちゃ食いの衝動，罪悪感など）を調節するために摂食および体重コントロール行動を利用する。我々の経験から，ACT のアプローチはこれらのリスク因子を一つひとつ扱うことで，肥満，過食，むちゃ食い衝動などの深刻な健康問題を伴う発生経路を断つと考えられる。

ACT の概要

　ACT はエビデンスに基づく行動療法であり，不安，うつ，摂食障害，物質使用，慢性疼痛，思考障害などのさまざまな臨床的問題を呈する子どもと成人に用いられ，効果を発揮している（Hayes, Luoma, Bond, Masuda, & Lillis, 2006 を参照；本書の第 5, 8, 11, 12 章も参照）。ACT の手法は，対象集団や問題にかかわらず，認知的フュージョンと体験の回避の高まりを特徴とする心理的非柔軟性を弱めるために用いられる。「認知的フュージョン」とは，私的出来事（思考，感情，イメージ，物理的・身体的感覚など）が現実を反映するものだと誤認する傾向を指す。人間の言語を操る能力は，生じては消える思考と感情のプロセスにただ目を向けるのではなく，私的出来事の内容にはまりこむ（執着する）よう仕向ける（Hayes et al., 1999）。ごく些細でも，認知的フュージョンを行うことは非柔軟性を生み出し，「体験の回避」へと導く可能性がある。「体験の回避」とは，特定の私的出来事を体験することへの非ウィリングネスと，これらの内的体験の性質をマネジメント，修正，回避，コントロール

しようとする試みである（Hayes & Gifford, 1997）。

ACTの観点からすれば，ボディーイメージへの関心，ネガティブな自己評価，それに関連する感情的苦痛を含めた，どんな思考と感情を体験することもノーマルで心理的に健全なことである。ACTでは，「良い／悪い」「合理的／不合理的」「正／誤」「健常／障害がある」といった，絶対的な感覚によって思考と感情の内容が評価されることはない。その代わり，私的出来事は限られた人生の中で現れては消えるつかの間の内的体験と見なされる。どれほど苦痛で望ましくないものであろうと，私的出来事はそれ自体に問題があったり有害だったりするわけではない。本当の害悪は，長期的な自分自身の価値と目標を失ってまで短期的な苦痛軽減を得ようとする，我々人間がもつ本来的傾向に由来するのである。それゆえ，自分の手足を操るように，反応の仕方を自ら選択することがACTでは何よりも重要であり，苦痛な私的出来事が人生に及ぼす影響はそれによって決まるのである。

ACTでは，アクセプタンスに基づく技法は，認知的フュージョンと機能的でない体験の回避を弱めるために用いられる。その一方で，「心理的柔軟性」すなわち「意識的な人間として今この瞬間と十分に接触し，価値づけられた目標のために必要に応じて行動を変化させたり持続させたりする能力」（Hayes et al., 2006, p. 7）を高めるために，集中的な価値への取り組みと，目標設定やエクスポージャーなどの伝統的な行動的技法もあわせて用いられる。エビデンスに基づくその他の行動療法とは異なり，ACTの中心的な目標は，人のそのときの気分にかかわらず，心理的柔軟性の向上と，価値に沿った活動の促進である。内的体験（不安，うつ，ボディーイメージについての懸念など）の緩和をことさらに求めることはしない。もしそのような緩和が起こったら，もちろん歓迎はするが，それはセラピーで一時的に得られた副産物程度に捉えるのである。

■言語の病

仏教などの東洋の精神的伝統と同じく，ACTでも言語は人間の苦悩を増大させる両刃の剣として概念化されている（Hayes et al., 1999）。言語は人間にめざましい進化という恩恵をもたらした。たとえば，複雑な問題を解決する

ため，科学技術を進歩させるため，また他のいかなる種をもはるかにしのぐレベルで次世代の人々を教育するために，人間は「言葉を使うこと」ができる。しかし，まさにこの言語能力によって，我々は自分自身や他者や自分が住む世界を批判し，評価し，比較することもできるのである（実際に，我々のマインドは常にそうしている）。さらに言語は，将来を心配し，過去の出来事を反すうし，まったく無益な信念，期待，ルールにさえ頑固にはまりこむ能力を助長する。残念ながら「言語の病」とされてきたものは，社会言語的コミュニティの中にあってそのコミュニティと共に生きる実質的にすべての人間に蔓延し，影響を及ぼしているのである。

我々が関わる少女たちについて我々は，誰もが経験する，それでいて人それぞれ違った形で明示／表現される「言語の病」を抱えていると捉えている。我々のプログラムに参加する少女の大半は，女性の美と体重にまつわるネガティブな自己評価や規範とフュージョンしている（「体重を減らさなければ」「やせているのが美しい」「私は太っているから価値がない」「体重を落とさなければ幸せにはなれない」「私は醜いから受け入れてもらえない」など）。少女らはしばしば，感情的不快を和らげるためのむちゃ食いや，体重に関連する思考に対抗するためのダイエットなど，機能的ではない形で体験の回避を行うことによって苦痛な思考や感情に対処する。むちゃ食いやダイエットは過度の認知的フュージョンと体験の回避の現れであり，どちらも偏在する言語の病から生じるのである。

青少年への適用

発達段階という観点からいえば，ACTのアプローチは青少年に特に適していると言える。メタファーや体験的エクササイズなどのACTの臨床手法は，説教的な性質を本質的に持たないため，服従も反発も招きにくい。我々が関わる青少年の大半は，個人の責任，価値，選択（これらはみなアイデンティティの形成や自主性と自立の探究といった重要な発達課題を示すものである）がACTの明白なターゲットとなっていることを歓迎するようだ（Greco & Eifert, 2004）。青少年はまた，ACTが徹底的なアクセプタンス，誠実さ，共通ない

しは共有の人間性を強調することに対しても好意的である。この目標のために，グループのリーダーはすべての人が苦しんでいることを認める。彼らは，時には自らの弱さを開示し，セッションで露呈するあらゆる「我々－彼ら」の図式（たとえば「我々」とは，何でも知っていて幸福で，バランスがとれているように見えるセラピストたちを意味し，「彼ら」とは問題と障害を抱えた青少年たちのことを意味するような図式）を減少させるよう意識的に努力をすることを通して，青少年の苦痛と苦悩をノーマライズする。多様性のある集団を作ることも，あらゆる体型・体格・背景をもつ少女らが，自分たちは相互に結びついていて人類共通の苦しみを共有しているのだと実感できるという点で，苦痛のノーマライズと認証に有効である。

　青少年の臨床で重要なのは，彼女らにとって受け容れやすく，年相応の関心にもあった形に臨床的手法を修正することである。たとえば，ACTヘルス・プログラムでは，メディアのメッセージを批判的に考えるスキルを教えるためには，成人のための指導法を用いる代わりに，ティーン向けの雑誌や音楽ビデオを用いる。感情体験を喚起して強めたり，ACTの重要な原則を解説するために，メタファーや詩が使われる。同様に，芸術，音楽，身体運動など言語をあまり使わない伝達手段を通じて自分自身を表現することが，プログラム全体を通じて促進される。以下に述べるように，治療の文脈で用いられる用語を修正することも重要である。

■ LIFE エクササイズ

　LIFE エクササイズは，セッション外の実践，スキルの般化，個人的成長を促進するために，プログラムの随所に組み込まれている。Eifert & Forsyth（2005）の臨床的アイディアに基づく LIFE は，「十分な体験の中に生きる」（Living In Full Experience）の頭文字をとったもので，あらゆる ACT プログラムの中で臨床家がモデルを示して教えようとすることを忠実に反映するものである。発達の観点から見ても，セッション外の実践を次週のセッションで振り返るための「宿題」としてではなく，十分な体験の中に生きる機会として概念化することは有益であろう。その理由は単純である。青少年はしょっちゅう宿題を課されているからである。合格点をもらうためには宿題を終わ

らせなければならない。それができなければ大人に非難されて、悪い成績をつけられる。つまり、「宿題」を出すことが、グループのメンバーの嫌悪的反応、嫌悪コントロールに基づく順守ないしは不服従を引き起こす可能性があるのである。幸い我々が関わる少女の大半は、LIFEエクササイズにしっかり前向きに取り組んでくれる。エクササイズへの参加を促すために、その活動が個人にとって意味があり、有意義な長期的結果（価値など）に結びつくものとなるよう、エクササイズを個々人にあつらえることが秘訣と言える。

ACTヘルス・プログラムの概要

　ACTヘルス・プログラムは、次のリスク要因のうち少なくとも1つを呈する11～18歳の女子を対象とする予防プログラムである。①身体への不満が高い。②体格指数（BMI）$>25kg/m^2$。③むちゃ食いエピソードがある。④現在ダイエットをしているか、最近試みたことがある。⑤絶食、嘔吐、下剤使用などの過激な体重コントロール行動をとる。なお、ACTヘルス・プログラムは、明らかな臨床症状を示すには至っていないがそのリスクのある女子のために開発された。そのため、臨床的に肥満か（BMI >30）、3つの主要な摂食障害（拒食症、過食症、むちゃ食い障害）のいずれかの診断基準に合致する青少年に対しては、適切な医療機関への紹介を行っている。

■プログラムの形式と目標

　ACTヘルス・プログラムは学校で実施され、セッションの回数はそれぞれのグループのニーズにもよるが、一般的に6～10回のセッションで構成される。管理職や教師の意向に応じて、1回60～90分のセッションが週に1～2回、放課後に行われる。大半のグループは2人の女性セラピスト（いわゆる「グループリーダー」）と、比較的年齢の近い8～15人の女子から構成される。グループの構成員は多様な方が望ましい。さまざまな体型や体格の少女が含まれ、リスクレベルに幅があって、人種や社会経済的背景もいろいろといった具合にである。我々が普段関わる都市部の学校ではそうした構成になるのは自然なことであるが、これが共通の、あるいは共有の人間性の感

覚を生み出すための土台を提供してくれる。それは ACT の前提であり，こうした子どもたちを効果的に扱うためには欠かせない要素と言える。

　ACT ヘルス・プログラムの最も重要な目標は，この先変わりそうにもないこの社会——ステレオタイプな性別役割，女性の身体のモノ化，ほとんど達成不可能なやせ体型の理想を助長する社会——の中で「自分に誠実に」生きられるように，少女たちを力づけることである。フェミニズムの原理であるエンパワメントと ACT の臨床モデルを統合し，このプログラムでは以下のことを主要な目標に置いている。①ステレオタイプな性別役割，容姿，体重をめぐる社会文化的な期待と規範への執着を弱める。②私的出来事へのアクセプタンスとマインドフルネスを高める。③習慣的で有害な摂食パターンを断ち切り，健康的な生活習慣を確立する。④少女たちが自分の人生に責任をもち，内的および外的な障害があっても個人的な価値に沿って生きられるよう力づける。⑤特にストレスが高まっているときや過ちを犯した場面で自慈心と赦しを促す。次節では，ACT ヘルス・プログラムの中核的要素を説明し，上述の目標を達成するために用いられる臨床的介入法の例を紹介する。

ACT ヘルス・プログラムの介入法

　本章ではリスクの高い女子への適用に焦点を当てているが，ここで概説する介入法は，男女を問わず，医療的介入を必要とする明らかな臨床的症状やより典型的な精神科外来患者に対して，我々や他の人々が行ってきた取り組みを改変したものである。我々はこの介入法を，神経性無食欲症から病的肥満に及ぶ臨床的問題を呈する青少年と若年成人に対する個人療法と家族療法の文脈で適用している。それゆえ臨床家諸氏には，本プログラムやその他のACT 手法を，言語の病に苦しむさまざまな人に適用する際には，創造的であることをお願いしたい。

■心理教育とヘルスプロモーション

　ACT とフェミニスト心理療法における平等主義的な姿勢に従って，プログラムを教える場面で生じうる「教師 − 生徒」といった階級的役割を最小

限にするよう，グループリーダーは入念な工夫をする必要がある。また，少女たちがボディーイメージと体重に悩まされる原因は，情報の不足ではないことが多い。我々が関わる少女の多くは，保健の授業の他に，親や医師，ファッション雑誌やテレビなどの情報源が発信する似たような内容の情報にさらされつづけているのである。そのため，教育的要素はプログラムの後半に導入され，それもごく少数のセッションの一部に組み込まれるのみである。これらのセッションでも，優先順位は次のように考えられる。すなわち，人間としての共通性と治療のプロセスが一番で，情報提供はその次である。さらに，自己の関与と健全なライフスタイルへの目標を達成する動機づけを高めるために，グループリーダーは健康関連の情報とすでに見いだされた個人およびグループの価値とを結びつけて提示する。このように，我々は単純に教示したり，ルールを示すことはしない。同様に，教材はその部屋にいる少女全員に関わるものであり，健康，幸福，セルフケアに関する個人的価値を探究する方向性を示すものであるべきである。

メディア"クリティカル・シンキング"・スキル　他者から吹き込まれたメッセージやイメージを同定する練習を，セッションの内外で行う。これは音楽ビデオやCM，雑誌などのマインドフルな視聴を通じて行われる。グループのメンバーは，若い女性や少女に向けられた表面上のメッセージだけでなく，メッセージの背後にある情報源と動機づけを認識することを学ぶ。メディア"クリティカル・シンキング"・エクササイズでは，「絶望から始めよう」，脱フュージョン，マインドフルネス介入法を組み合わせて構成されている（詳細は以下を参照）。これらを利用して少女たちは，社会的理想を追求するコストに気づき，ステレオタイプな性別役割，美，体重をめぐる規範から脱フュージョンし，苦痛な感情反応を引き起こすメディア・イメージにさらされたときには，無評価的な気づきを実践するのである。

ヘルスプロモーション　価値に沿った健康行動を促進するために，グループのメンバーは協働して次の事柄に関する考えを出し合う作業を行う。①健康的な食べ物を選ぶ（ファストフードを食べるのではなく，栄養バランスのと

れた弁当を持参するなど）。②栄養必要量を満たす（炭酸飲料の代わりに牛乳を飲む，果物と野菜の摂取を増やすなど）。③適量を食べる（食事を1人前の分量に制限するなど）。④適度な運動を日課に組み込む（徒歩または自転車で通学する，グループのメンバーや他の協力的な仲間と一緒に「ウォーキングの会」を結成するなど）。ヘルスプロモーションの機会はセッション外のLIFEエクササイズとして，あるいはセッション内活動として提供される。たとえば，適量を食べる実践を促すセッションでマインドフルに食べるエクササイズを行ったり，身体運動および価値と一致する健康行動に取り組むセッションでウォーキングの会を編成したりする。

■「絶望から始めよう」──無駄な抵抗はやめよう

「絶望から始めよう」の目的は，グループのメンバーに心理的苦痛と体験的に接触させ，苦痛を管理ないしはコントロールする努力が役に立つか立たないかを，身をもって知らしめることである (Hayes et al., 1999)。グループリーダーは人間の苦しみの船に自分自身もあえて乗り込み，アクセプタンス，脆弱性，そして人間に共通の体験を自分も「もっていること」のモデルを示すために，自らの苦痛な体験を自己開示することもある。たとえば，グループリーダーは悲しみと孤独の感情や，「私は取るに足らない人間だ」という思考にも悩まされていることを打ち明けるかもしれない。防御用の盾と仮面のイメージを用いて，自分の心理的な安全を保つために（正確に言えば，安全という幻想を作り出すために）「身を隠す」やり方について話すこともある。「絶望から始めよう」のプロセスに着手する方法の一つを以下に挙げる。

> この部屋にいる私たちは皆，傷つくことや苦しむことがどういうことかを知っています。私たちはしばしば自分の苦痛をどうにかして隠そうとします。私たちは他人を締め出すために「防御用の盾」を持ち歩き，「仮面」の奥に隠れて本当の自分を他人に見られないようにします。これから，あなた方一人ひとりと私たち自身に勧めることは，本当に大変で，たぶん恐ろしいことです。「安全でいる」ために闘うのではなく，必死で作り出そうとしてきた盾を下ろし仮面を外すことを，私たちはこの部屋にいる全員にお願いしよう

と思います。これは，私たちが一緒に取り組むうえで大切な最初のステップであり，とても勇気がいることです。苦痛な体験に対して心を開き，お互いの苦痛を分かち合うのですから。あなたが自分の苦痛と他人の苦痛にオープンになることを，私たちは理由もなく求めたりはしないと約束します。そこには確かに目的があるのです。つまり，私たちがここでやろうとしている大変な仕事は100％あなたのためであって，あなたの人生とあなたが心から大切に思うこと——あなたの価値——のためなのです。今日，私たちが一緒に取り組むにあたって，オープンで安全な環境を作り出す責任が全員にあることを頭に入れておいてください。そのためには，この部屋にいる人たち全員のプライバシーを尊重することが大切です。つまり，この部屋で話すことは何であれ，ここだけの話にしておくということです。

「沼のメタファー」などを用いて，「絶望から始めよう」を個々人の価値や人生の目的と結びつけることは重要である (Hayes et al., 1999)。このメタファーで重要なことは，我々はわけもなく悪臭のする沼に入り，その中を歩いて渡ったりはしないということである。本当に必要があるとき，人生でどうしてもたどりつきたい場所（すなわち，価値づけられた方向）と自分の間に沼が横たわるときに，我々は沼に入るのである。治療というつらい取り組みであっても，青少年の個人的な価値に繰り返し結びつけるようにすれば，彼女たちがプログラムに全面的に参加するウィリングネスは高められるだろう。

少女たちは，苦痛な思考や感情の内容を同定した後で，自分の苦痛や不快感を緩和，マネジメント，ないしはコントロールするために試みてきたことを（価値判断を下さずに）すべて列挙するように求められる（孤立すること，ダイエット，むちゃ食い，エクササイズ，ショッピング，勉強，冗談を言うこと，飲酒など）。「コントロール方略」のリストができあがったら，苦痛な思考や感情をコントロールする試みの短期的および長期的な機能を同定する。我々が関わる少女の大半は，こういった方略の短期的利益の一つ，すなわち苦痛な思考や感情からのつかの間の解放を同定することができる。また，「見た目を良くする」努力の利益も概して小さく，短期的なものであることが多い。これには，一時的に自分のことを良く思えるようになる，減量という目標が達

成される,着たかった服が着られるようになるといったことがあるだろう。このような一時的な成功とは対照的に,体験の回避とコントロールのコストは大きく,長く続くことが多い。大半の少女は,たとえ良かれと思ってしたことであっても,また一見すると無害に見えるものであっても,コントロールする努力は根本的には有効なものではなく,(一部の少女にとっては文字通り)自分の生活が犠牲になるだろうという結論に至る。

「絶望から始めよう」の円　「絶望から始めよう」のエクササイズを行う際,ホワイトボードか,(できれば)その後のセッションで使えるように大きな紙か厚紙の上に,皆が挙げる苦しみを書き出してみるとよい。**図 9-1** に示されるように,臨床家はまず大きな円を描いて,円の内側に書かれるものはすべて内的な体験すなわち「皮膚の内側の世界」であることを説明する。経済的な困難,家庭不和,学業不振といった外的な苦しみは,外部の世界である「皮膚の外側」を示すために円の外に書く。外的な苦しみが提示されたときには,臨床家は「親とケンカしたとき,あなたはどのような思考と感情を体験しますか?」などの質問をすることによって,それらの苦しみを皮膚の内側の世界と結びつけるのである。そして,治療のいずれの過程にあっても,「絶望から始めよう」でなされた取り組みに立ち戻ることをお勧めする。新たな体験が語られるたびに,臨床家はその体験を,苦痛な思考や感情の内容,コントロール方略,それらの方略について体験された有効性などについて,リストに加えることができるからである。

「絶望から始めよう」のエクササイズで円を視覚補助に使うことには,いくつか利点がある。青少年期の苦しみを聞き出すことによって,臨床家も青少年も「問題」(過度の認知的フュージョンと体験の回避)を概念化しやすくなる。また,内受容性の気づきを高め,内的体験を識別するトレーニングを促進するために,「絶望から始めよう」の円を用いることもできる。円の内側に列挙されたさまざまなタイプの私的出来事に,臨床家は明確なラベルを与えてもよい。(「私は太っている」は思考,悲しみは感情,渇望は胃の辺りで感じる物理的・身体的感覚であるなど)。この他,皮膚の「内側」と「外側」で起こる体験に具体的な区別をつけるために,「絶望から始めよう」の円を使うこと

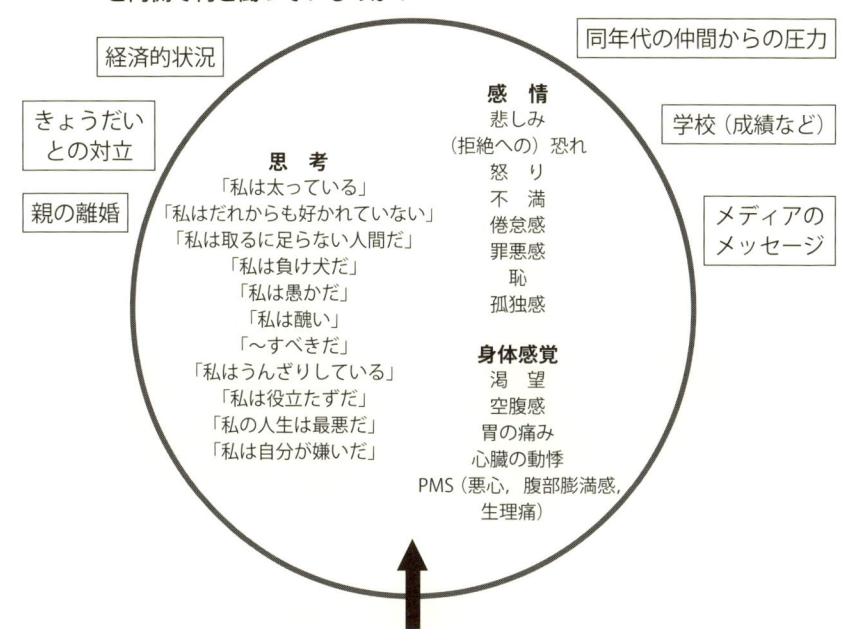

第 9 章　青少年のアクセプタンスとボディーイメージ，健康

図 9-1　「絶望から始めよう」の補足——あなたがた／私たちは自分の皮膚の外側と内側で何と闘っているのか？

- 経済的状況
- きょうだいとの対立
- 親の離婚
- 同年代の仲間からの圧力
- 学校（成績など）
- メディアのメッセージ

思　考
- 「私は太っている」
- 「私はだれからも好かれていない」
- 「私は取るに足らない人間だ」
- 「私は負け犬だ」
- 「私は愚かだ」
- 「私は醜い」
- 「～すべきだ」
- 「私はうんざりしている」
- 「私は役立たずだ」
- 「私の人生は最悪だ」
- 「私は自分が嫌いだ」

感　情
- 悲しみ
- （拒絶への）恐れ
- 怒り
- 不満
- 倦怠感
- 罪悪感
- 恥
- 孤独感

身体感覚
- 渇望
- 空腹感
- 胃の痛み
- 心臓の動悸
- PMS（悪心，腹部膨満感，生理痛）

あなたの身体の内側には何が現れていますか？
これらのさまざまな体験を「苦痛」（ないしは不愉快／不快）という一言でまとめてしまってもいいものでしょうか？

もできる。

あなたは反応する‒ことができる　プログラムの初期に，青少年は円の内側で起こる出来事をコントロールしなければならないという責任から解放される。つまり，皮膚の下で起こる体験をマネジメント，コントロール，修正しなくてはならない責任（responsibility）はもはや自分にはないことを最初に学ぶのである。しかしながら，皮膚の外の世界には100％反応可能（response-able）である（文字通り「反応することができる」）。円の内側に列挙したように，自然に起こる私的出来事は，我々が好むと好まざるとにかかわらず，この先ずっと現れては消えていくだろうと，グループリーダーは強調する。このワークを通して青少年は，内的な戦い（結局は自分自身との戦いになる）でエ

ネルギーと人生の資源を使い果たす代わりに,直接的にコントロール権をもつこと——自分の顕在行動,つまり自分の手と足と口で行おうと選択すること——にだけは責任をもつ(responsible)ということを学ぶ。少女たちはこのプログラムの中で,人生の有意義な領域に「価値の足跡」をつける機会を得るだろう。そうして彼女らは,実際には変容可能な人生の領域を含む外的世界に,改めて気持ちを向け直すことができるようになるのである。

 LIFE エクササイズ セッション内の「絶望から始めよう」を補うために,グループリーダーは少女たちに次の点についてセルフモニタリングするよう勧める。①いつどのようにしてコントロール方略を使っているか。②これらの方略の短期的・長期的結果はどのようなものか。防御用の盾と仮面のエクササイズを,セッション外のLIFEエクササイズとして行ってもよい。

 グループのメンバーは,社会から受け入れられ,苦痛や不快感から自分自身を守り,また他人から身を隠すために使う防御用の盾と仮面に対して何らかの形を与えるよう促される。盾と仮面は画材で製作することもできるし,グループのメンバーが自分の苦しみを象徴するものを自宅から持ってきてもよい。我々は時折,これらを用いて「ウィリングネスの儀式」を行う。ワーク全般にわたって今ここに留まり,心を開くことに皆でコミットしながら,各メンバーは自分が用意した盾を象徴的に下ろしたり仮面を外したりする。つらいことがあって,ふたたび盾を掲げて仮面をつけたときにも,こうしたコミットメントが力を与えてくれるのである。

■脱フュージョン——言語を格下げする技術

 脱フュージョンは,ある文脈で言葉がもつ,文字通りの意味や評価を加える機能を弱めることによって,過剰なフュージョンを弱めるために用いられる (Hayes et al., 1999)。思考する人とその思考内容との決定的な違いを示すために,グループリーダーは,すぐさま脱フュージョンされた言い方のモデルを示し,それを使用することを勧める。たとえば,(「私は太っている」ではなく)「私は太っている,と私は考えている」とか,(「私にはこれができない」ではなく)「私にはこれができない,と私のマインドが言っている」というよ

うにである。また，苦痛で不快な思考をもたらす「マインドに感謝する」実践を導入することもできる。たとえば，「私は最低の人間で，人から愛されていない」という思考を変化させようと四苦八苦する代わりに，その特別な思考を与えてくれたマインドにただ感謝してみる。グループリーダーは，苦痛な思考がだれにでもあることを認め，これはおしゃべりなマインドのしわざにすぎない——マインドは我々の意見や同意を抜きにたえずそのような内容を生み出している——ことを指摘するのである。

　幸いにして我々の「マインドという代物」は，どれほど苦痛であろうと所詮は偶発的なものである。本当に重要なことは，これらの私的出来事に対して我々がどのような反応を選択するかということなのである。たとえば，内的体験の内容を，きわめて深刻に受け止めて従わなければならない文字通りの真実として扱うこともできる。代わりに，思考や感情をかりそめの客として扱えば，それらをそれほど強制的ではないものとして体験できるようになる。当然のことながら，それらの客人の中にはあまり歓迎されていない者もおり，嫌われている者さえいるだろう。だが我々は彼らを常に迎え入れることができる。我々はそうすることによって，最も苦痛な思考や感情でさえ文字通りの意味で危害を及ぼすことはできないことを知る。危害があるとすれば，それはむしろ我々の顕在的反応と，それらの体験をコントロールしようとする試みから生じるのである。

マインドに名前をつける　グループリーダーと青少年は，プログラムを通して遊び心を取り入れつつ脱フュージョンを増す方法として，自分のマインドに名前をつける。我々のいたずらなマインドに個別に名前をつけることは，苦痛な内容について話したり関わったりするための遊び心のあるやり方である。マインドの本質を自分とは別の，みんなにもよく知ってもらえる外的な存在として扱えば，青少年はたいていこのエクササイズを楽しめるし，マインドと共に生きるウィリングネスを高めることができる。グループ活動の中では，マインドに名前をつけるプロセスとその結果自体が脱フュージョンであり，エンターテイメントにもなる。我々が気に入っているマインドの名前には，"破壊船長" "迷惑野郎" "ペテン師" などがある。また，"姫" などと

いった我々自作の名前ももちろんある。思考の内容がどれほど酷いものであっても，それを提供しているのはだれかがわかれば（「また破壊船長がやって来て，そんなのかまうことねぇって言うんだ」「私がジョギングをしている間，姫がずっと私に向かってぶつぶつ言っていたのよ。道端に置き去りにしてやりたかったけど，彼女は私と一緒に行くしかないということに気づいたの」など），思考は急に勢いや深刻さを失うようである。破壊船長や姫と一緒に，「マインドを散歩に連れ出す」（Hayes et al., 1999 を参照；本書の第 8 章も参照）などの脱フュージョン・エクササイズをしてもよい。青少年はこのエクササイズで，自分とは別のおしゃべりなマインドが何を言おうとも，自分が何をしてどこに行くかを選択することを練習するのである。

ミルク，ミルク，ミルク　この他に青少年のグループで人気のある脱フュージョン技法として，Titchener (1916) のミルク・エクササイズがある。これは，我々が言葉に付与している心理的な意味が，その他に言語がもつより直接的な特性に目を向けることでいかに弱まるかを示すために行われる。このエクササイズでは，「ミルク」という言葉の文字通りの意味（「白くて冷たいクリーミーな飲み物」など）がみるみる消失して「ミルク」の直接的な刺激の機能が顕著になるまで，この言葉を早口で何度も繰り返す。「ミルク」を早口で繰り返すうちに，たとえば，「ミルク」という言葉が鳥の鳴き声に似た奇妙な音を生み出す文字の連なりとして体験されるようになるかもしれない。この奇妙な音を出すときに自分の唇がぎゅっとすぼむことにも気づくだろう。このエクササイズは，著しい感情的苦痛を引き起こすような個人に関係する語やフレーズ（「私は太っている」「負け犬」「醜い」など）を用いて繰り返し行われる。グループで行うときには，各々が悩まされている特定の思考をその思考の文字通りの意味が消滅するまで，皆で何度も繰り返すこともよくある。1 回の脱フュージョン・セッションが終わる頃には，グループのメンバーは，より柔軟で，字義の影響をあまり受けずに，自分の苦痛な思考を体験するようになる。思考が苦痛を引き起こすことに変わりはないとしても，早口で何度も繰り返すと，吹き出したりクスクス笑い出したりするようなただの言葉や音として体験することが可能になるのである。このエクササイズは将来の

脱フュージョン介入の基礎を作る。この介入の中で青少年は、これまでとは根本的に異なるやり方で——好奇心、遊び心、無執着をもって——望ましくない思考や感情と交流することを学ぶのである。

ミュージカル劇 我々が気に入っているグループ向け実践の一つに、青少年とグループリーダーが個別に、そして協働して創作に取り組む「苦痛と苦悩のミュージカル」（表現される主なテーマと内容に合わせてグループごとに名称を変えてもよい）がある。このエクササイズは、各人が楽器を選ぶことから始まる。ちなみに我々は、手作りのドラム、マラカス、ガラガラ、タンバリン、シンバルなどをよく用いる。時には、画材、自然素材、部屋にあるものを使って、参加者自身が自分の楽器を作ることもある。楽器を選んだら、「私は太っていて役立たずだ」などというように、自分を悩ませている特に苦痛な思考を各人が同定する。それからグループのメンバーは、その思考を表現する動きや音楽を考え出すように言われる。そして各人が選んだ動きや身振りや伴奏をつけて、自分の苦痛な思考の歌を歌う。グループの規模によっては二手に分かれたり、もっと小さなサブグループに分かれたりして、ミュージカルの振り付けをする。グループ全体でふたたび集まったときに、それぞれの小グループが自分たちの体験を話し、（もしその気があれば）グループ全体の前で自分たちの「演目」を演じるように促される。

Hayes ら (1999) が述べているこのエクササイズの修正版では、グループのメンバーはおかしな声で苦痛な思考を歌ったり言ったりする練習をする。たとえば、「私は自分のことが嫌いだ」というセリフを、酔っぱらいやおばあさん、ドナルドダック、オペラ歌手、電話交換手の声で代わる代わる言ってもよい。二手に分かれるか、もっと小さなグループで行った後、ふたたび全員集合して、今度はお気に入りのアニメ・キャラクターの声で個人の体験をシェアするのもお勧めである。これらのエクササイズには特有の馬鹿馬鹿しさがあるので、参加者が自分の思考と感情の内容を文字通りに受け取らず、執着せず体験するのに役に立つだろう。ちなみに我々はこれと同じ介入を、治療の現場、教育セミナー、専門家向けのワークショップでもっと年長の子どもと成人を対象に行ってきた。我々の経験では、子どもも成人も同様

に,「苦痛と苦悩のミュージカル」を作るのを楽しむ。遊び心があって型にはまらず,ある意味,解放的なやり方で自分の精神的苦痛と交流する機会を,彼らは喜んで受け入れているようである。

LIFE エクササイズ　あるセッション外のエクササイズでは,グループのメンバーが若い女性と少女に向けられるマスメディアからのメッセージを確認する。これらのメッセージは音楽ビデオ,テレビ番組,CM,雑誌広告などによく埋め込まれている。**エクササイズ1**で示されるように,少女たちはメッセージの情報源の他に,自分や他のメンバーがそのメッセージから引き出すルール(「成功する女性は美人でやせている」「私はもっと努力してシェイプアップする必要がある」「他人に好かれるには体重を落とさなければならない」など)を同定する。これらのメッセージについて,脱フュージョン前後の信憑性を点数化する。グループリーダーは少女たちに対して,大げさな腕の動きをつけてコンサートでそのメッセージを歌う,また鏡を見ながらわざとらしいほどゆっくり動いたり,顔をゆがませたりするというように,遊び心をもってこれらのメッセージの内容と交流するよう促す。次のセッションでは,脱フュージョン方略と脱フュージョン前後の内的体験について話す機会が持たれる。

■マインドフルネスとエクスポージャー

マインドフルネスはごく単純に言えば,受容的で思いやり深く執着せずに内的経験や外的刺激に注意を向けることを含む,アクセプタンスに基づく方法と手続きである(Baer, 2003 など)。ACT ヘルス・プログラムでは,内面の気づきを高め,私的出来事へのアクセプタンスを促し,無益な行動パターン(退屈を感じるときにジャンクフードをマインドレスに摂取する,不快な感情を和らげるためにむちゃ食いをするなど)を断ち切るために,マインドフルネスの手法が用いられる。重大な(そしてたいていは最も苦痛な)瞬間へのアクセプタンスの機会をもたらすために,マインドフルネスを単独で用いたり,エクスポージャーと併用したりする。

エクササイズ1

メディアへのマインドフルネスと脱フュージョンを通して社会文化的メッセージを弱める

やり方：最初の欄（左）に，この1週間にあなたが見かけた情報源としてのメディアを書き込みます。2つ目の欄には，あなたがそうしたメディアを通じて知ったメッセージやルールを書き込みます。3つ目の欄には，これらのメッセージを聞いたときのあなたの思考や感情を書き込んでください。4つ目の欄には，最初は思考と感情にどの程度の信憑性，つまり真実味を感じたかを書き込みます。5つ目の欄には，それらの思考や感情を深刻で強力なものにしないための「言葉遊び」であなたが何をしたかを書いてください。最後の欄には，「言葉遊び」を実践した後で思考と感情にどの程度の信憑性を感じたかを評価してください。

情報源メディア	その情報源から知ったメッセージやルール	メッセージを聞いた後の思考や感情	信憑性(1-100)	その思考が強力にならないようにするための言葉遊びの方法	信憑性(1-100)
ティーン向けの雑誌	・化粧をするともっとかわいくなる ・男の子は胸が大きくて細身の女の子が好き ・見た目が良くならない限り幸せにはなれない	・私に彼氏がいないのも無理はない ・私は醜い ・悲しい ・恥ずかしい ・ひとりぼっちだ	85	・思考を歌にする ・「私は醜い」とおかしな声で言う ・ものすごい早口で「負け犬」と何度も繰り返して言う	40

注意の焦点とメタファー　マインドフルネス介入の初期の数セッションでは，呼吸や音，匂い，触感（部屋の温度，空気や服が肌に触れる感じ，敷物や椅子が背中に当たる感触など）といった比較的優しい標的に焦点を当てる。グループリーダーは徐々に，思考の内容に気づく，現在の思考プロセスに気づく，さらにこれらの体験に気づいていることを意識している「観察者としての自己」に気づくというように，より難しい体験へと移行する（Hayes et al., 1999 を参照）。マインドフルネスとエクスポージャーの標的には，上記の他，空腹，飽食，食への渇望，むちゃ食いへの衝動などの食に関連する感情体験や身体感覚がある。

　マインドフルネス・トレーニングをやりやすくするために，グループリーダーはしばしばメタファーを使う。たとえば，目の前をたえず漂うシャボン玉として思考や感情を体験するよう教示する。私的出来事が起こると，それらをシャボン玉に見立てて，穏やかな好奇心と思いやりをもって観察する。そこでの目標は，シャボン玉がはじけないように個人的なその内容をただ眺めることである。好ましい内容を捕まえたり抱えたりしようとすれば，結局はシャボン玉がはじけることになるし，好ましくない内容を押しやったり吹き飛ばしたりしても同じことになるだろう。もう一つの提案は，対象を観察するために顕微鏡をのぞき込む，好奇心に満ちた科学者のメタファーを使って，観察者の視点を紹介することである。その標本が科学者にとって重要なものであるとしても，科学者は健全な距離をとって十分にその特性を観察し，記述することができる。科学者が好奇心をもって顕微鏡越しにアメーバを観察するように，青少年は観察者の視点から自分の体験に気づくことを求められる。科学者が自分の研究対象のエキスパートになるのと同様に，青少年は日頃のマインドフルネス実践を通じて自分自身の体験のエキスパートになるべく努力するのである（Greco, Blackledge, Coyne, & Ehrenreich, 2005）。

マインドフルな食事　先に述べたように，ボディーイメージと体重に関心をもつ若い女性と少女は内受容性の意識に支障をきたすことが多く，そのために空腹や飽食といった内的手がかりへの鈍感さを示すことがある。さらに，我々のプログラムに参加する少女の大半は，感情体験を調節するために摂食

と減量の努力を利用する。食べることへのマインドフルネスはこれらの臨床問題に対処するうえで不可欠なため，セッションの内外で定期的に実践される。他のACT手法と同じく，マインドフルに食べることを教えるにはさまざまなやり方がある。思考や感情，そして空腹，満腹，渇望，衝動などの摂食関連の体験を明確に区別するためには，識別トレーニングから始めるとよい。重要な食欲の手がかりを導き出すために，セッション中にランチやおやつをとることもある。マインドフルネスの実践を進めていくなかで，青少年は食べる前，食べている最中，食べた後の，さまざまな内的および外的な刺激に気づくようになる。はじめのうちは，食べ物の感触，匂い，色，形，温度，味に加えて，噛んだり飲み込んだりするときの身体感覚にも注意が向けられる。それから思考，感情，空腹，むちゃ食いの衝動などの内的体験をラベル付けして，無評価的な気づきをもって観察する。青少年は衝動的に反応する代わりに，座って，呼吸をして，体験の波に乗ることを学ぶのである。

ミラー・エクササイズ　もう一つのマインドフルネスの応用法として，身体に関わるエクスポージャー・エクササイズの最中に内的体験を観察するというやり方もある。鏡に対するエクスポージャー・エクササイズは，学校のトイレにあるような全身が映る大きめの鏡を使って，個別に，ないしは小グループで行うことができる。このエクササイズでグループのメンバーは，高いレベルのストレスを引き起こしている体の部分（腹部，尻，脚，胸など）を中心に，長い時間をかけて自分の容姿のほとんどすべての側面を観察する。こうした行為をすることは，プログラムに参加する少女にとって，罪悪感や羞恥心，自己嫌悪，欠点と感じられることなど，特にひどい精神的苦痛と（文字通り）直面することを意味する。そのため，アクセプタンスを促進し，青少年らの苦痛体験を尊重するためには，脱フュージョン，マインドフルネス，自己への思いやり，価値の手法を統合して用いるべきである。青少年にボディースーツや運動着といった「恐るべき」服を着せるなど，エクスポージャー・エクササイズが厳しさを増す後半のセッションでは，この点が特に重要となる。

LIFE エクササイズ　グループで行うマインドフルネス・エクササイズは，いずれも自宅実践用に修正することが可能である。たとえば，「マインドフルな食事」の考え方を拡大して，家族や仲間によってもたらされたりマスメディアが宣伝したりする社会文化的なメッセージと規範を含めることもできる。外部の情報源からメッセージが押し寄せてきたときには，青少年は好奇心旺盛な科学者の態度をとることができる。青少年はこのとき，他のマインドフルネス介入と同じく，どちらかに引っ張られて行動してしまうことなく，メッセージの内容と自身の私的出来事の双方に注意を向ける。また，他の例として，全身が映る鏡の前に一糸まとわぬ姿で立って，アクセプタンスやマインドフルネスや自己への思いやりを実践するという形で，自宅でのミラー・エクササイズを増強する方法もある。最初は立った姿勢で体の各部分を順番に見ていきながら，徐々に鏡の前で飛びはねたり踊ったりというような，もっと「危なっかしく」楽しげな行動へと移行してもよい。最後に，我々は青少年に対して，プログラムの外でグループによるマインドフルネス・セッションを組織し，それに参加することを勧める。これをグループの他のメンバーと一緒にやってもよいが，生活をより恒常的に支える家族のメンバーや友人にマインドフルネスのスキルを教えることもお勧めである。

■ 価値の同定と明確化

　思春期の主要な発達課題から見ると，10 代という年代は，価値に沿って生きるためのアクセプタンスを臨床家が促進するための絶好の機会を提供してくれていると言える（Greco & Eifert, 2004）。そのため，最初のセッションで価値への取り組みが導入され，治療過程（そして生涯）にわたってその取り組みが続けられる。プログラムを導入する際，我々の中心的な目標の一つは，青少年たちが自分で選んだ価値に沿って生きるのを助けることだと伝える。ここで重要なのは，ボディーイメージの改善や感情的な苦痛の軽減，減量の実現が ACT ヘルス・プログラムの目的ではないと明確に伝えることである。そうではなくこのプログラムは，身体的な健康を含めて自分の人生に責任をもつことを教えるものである。グループリーダーは，少女たちがその時点でどう思っていようと，また別の行動をとらせようとする外的圧力があ

ろうとも関係なく，一貫して少女たちが個人的な価値に沿った生き方をするよう励ます。我々が関わる青少年は，たとえプログラムの目標が当初の期待や希望とは異なっていたとしても，プログラムに参加するウィリングネスをほぼ一様に示すものである。

価値づけの本質 自分にとっての価値を同定して，それに沿って生きること——「価値づけ」——は生涯にわたって続くプロセスであって，個人的な責任とコミットメント，選択を必要とする。価値づけの本質は「西へ行くメタファー」を用いて紹介することができる (Hayes et al., 1999)。その中核的意味では，価値づけとは西へ行くことを選ぶ（方向を選択する）ようなものである。我々は西に向かって何日も，何ヵ月も，何年もかけて旅をするかもしれない。だが，具体的な目的地ないしは目標に到達するかのように，実際に「西」にたどり着くことは決してない。いつでももう一歩踏み出して，自分が選んだ方向に向かってその道をさらに進むことができる。中核的意味においては，価値とは自分で個人的に選んだ人生の方向のことである。つまり，価値は行動を組み立てるのに役立つが，絶対的な意味では到達できない道しるべとして機能する。価値づけのもう一つの重要な側面は，自分の価値に関しては失敗などありえないということである。たとえ西に向かって前のめりに倒れたとしても，立ち上がって改めて西に向かって次の一歩を踏み出すことはいつでも可能である。

自分のカバーストーリー[*]を手放す 大半の人は思春期や成人期に，他人に対して，さらには自分自身に対して「偽りなく」誠実に接する能力を妨げるような，社会的圧力と強い自己不信を経験する。グループリーダーと青少年は，このプログラム全体を通じてお互いに支え合いながら，周りから認められることではなく自分自身への信頼と忠実さを選択する。そのための方法はさまざまであり，皆が象徴的に自分の仮面を外し，盾を下ろして，自分自身にもお互いに対しても身構えるのをやめるという，グループ向けの儀式を

訳注＊　表紙と関連した雑誌などのトップ記事のこと。

通じて行うこともできる。そうした儀式やその他の象徴的な「カミングアウト」エクササイズを用いて，人間としての苦痛，脆弱性，価値，夢を賛美することができる。我々がたえず自分自身に対して，また我々が関わる青少年たちに問いかけるうえで有益な質問を以下に挙げる。

- 他人から押しつけられた理想の容姿やライフスタイルを追い求めるのをやめて，その代わりに自分の見かけや他人からの価値判断とはほとんど無関係な，健康で嘘偽りのない有意義な人生を送ることに焦点を合わせるとしたらどうなるでしょうか？
- こんなふうに変化を厳しく求められる世界で，自分に忠実に生きるにはどうしたらよいでしょうか？
- たとえそれが人間としての意義を危険にさらすことを意味するとしても，「重要」であったり「正しく」あったりすることを放棄するウィリングネスはありますか？　自分が心から望む生き方をするために，自分の存在意義を手放してそれを危険にさらすウィリングネスはありますか？　「いいえ」と答える場合，私たちはこれから先に何を得て何を失うでしょうか？答えが「はい」の場合には，この先何を得て何を失うでしょうか？

エクササイズの中で，グループのメンバーは自由に傷つき，なおかつ十分に愛されるために，自分の「特集記事」（詳細は下記を参照）を手放す手ほどきを受ける。自分自身の価値と，それらの価値に必然的に伴う苦痛（やはりそれはケアすべき痛みなのである）を描いた「人生の本」を各人が作る。苦痛と価値に加えて，価値ある方向に進むことを妨げる内的および外的な障害を描写するために，絵，イメージ，あるいは物語などを盛り込むことができる。セッション内かあるいはセッション外の LIFE エクササイズとして，その内容や中身のページをプログラム期間を通して徐々に作り上げていってもよい。そして，治療開始時と終了近くには，その本のまったく異なる 2 つの表紙を作る機会を与えられる。最初の表紙は青少年がもつ表向きの顔，つまりいわゆる「カバーストーリー」であり，他人に見られても差し支えないものである。2 つ目の表紙には，その人自身の最も深い価値と苦しみの本質に関する

オープンで誠実な見方を反映させる。プログラム終了時には青少年たちは互いの本を見せ合うようになり、比較的簡単で社会的に受け入れられやすい反面、嘘偽りがあって人生を損なうようなカバーストーリーを手放すことにコミットするようになるのである。

コインの表裏　我々はほとんどの場合、自分の苦痛の裏に価値を見いだすことができる。端的に言って、それは気にしなければさほど痛くないものである。価値と苦痛の密接なつながりを示すために、現在の人生の苦闘を象徴する自分だけの「コイン」(Follette & Pistorello, 2007) を作らせる（厚紙か画用紙を手のひらサイズの円形に切るとよい）。コインの片面には、拒絶への恐れ、孤独感、馴染めないという思考など、最も苦痛な内的体験を記す。これらの体験の根底にある中核的な個人的価値は、コインの反対側に書く。たとえば、親近感や親密さ、相互受容、尊敬への欲求を特徴とする対人関係に重きを置いている人もいるだろう。グループリーダーはコインに 2 つの面があること、片方がなければもう一方は存在しえないことを指摘する。青少年に対して、苦痛のための余地を設けるのが価値を保つことを意味するとしたら、そのようにするウィリングネスがあるかどうかを尋ねる。セッション外の LIFE エクササイズには、価値と苦痛の両方を喚起する有意義な活動を行いながら、コインの 2 つの面を考えるというものもある。

　これと関連したエクササイズでは、グループのメンバーは「頭から離れない」ことをインデックスカードの片面に書き出すよう求められる。長い間抱えている苦痛な思考や、口に出せないほど恥ずかしい出来事、あるいは過去のトラウマ的な出来事などがあるだろう。誘導的マインドフルネス・エクササイズでは、盾を下ろし、仮面を外して、苦痛な内容を防ごうとせずにそれと共にあるように促す（このエクササイズの感情的側面を際立たせるために、関連する音楽や詩を用いてもよい）。しばらくの間（10 〜 15 分程度）苦痛と共に過ごした後で、この長引く苦痛の根底にある価値をインデックスカードの裏面に書き出す。グループリーダーは「あなたが心から望む人生を送るために、あなたは何を手放し、何のための余地を作り、何に向かってオープンになる必要があるでしょうか？」などというように、示唆を与える質問をすることが

できる。手放し,余地を作り,オープンになるプロセスを円滑に進めるために,アクセプタンスの手法と個人的価値に結びついた目標設定が用いられるだろう。

LIFE エクササイズ　ACT ヘルス・プログラムの第一の目標は,生きる活力と価値に沿った生き方のためにアクセプタンスを促進することである。したがって,このプログラムのほとんどすべての LIFE エクササイズは,青少年が個人的に選んだ価値の文脈の中にある。中核的な価値を明確化するために行われる 2 つの LIFE エクササイズが,「弔辞エクササイズ」と「価値のコンパス・エクササイズ」である (Hayes et al., 1999 および Heffner & Eifert, 2004 を参照)。弔辞エクササイズでは,自分の人生が何を意味しているのが望まし

エクササイズ2

人生に価値の足跡をつける

今週私が取り組む価値のある領域
_____

この領域にある私の価値
_____
_____

価値に向かって進むために私が決める目標	自分の価値や目標に向けて進むために私が今週できること
1.	1.
2.	2.
3.	3.

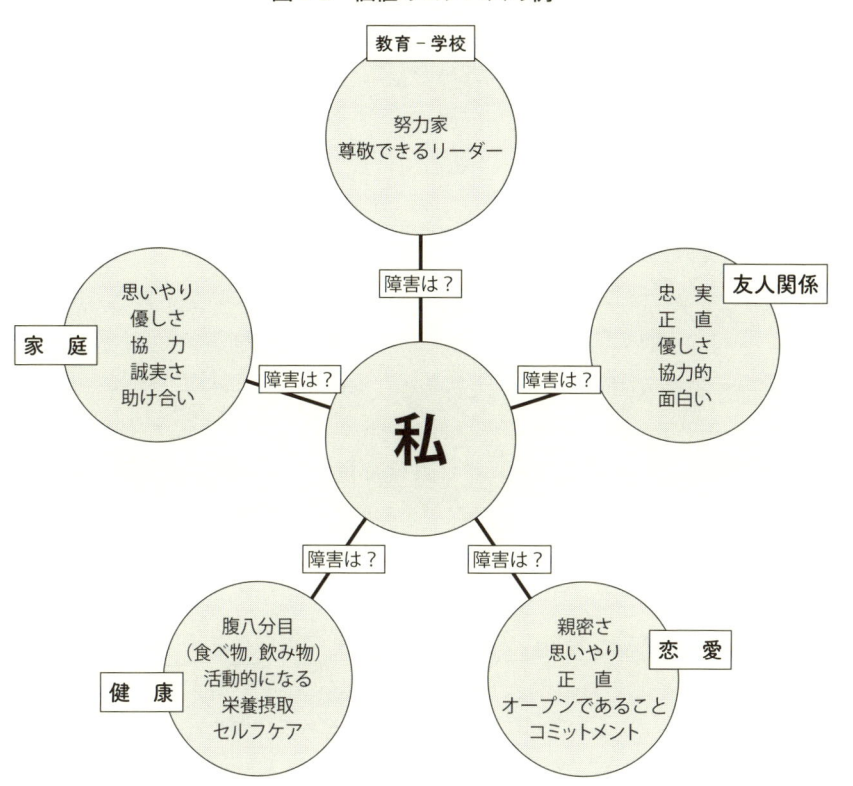

図 9-2　価値のコンパスの例

教育 – 学校: 努力家／尊敬できるリーダー

友人関係: 忠実／正直／優しさ／協力的／面白い

家庭: 思いやり／優しさ／協力／誠実さ／助け合い

健康: 腹八分目（食べ物，飲み物）／活動的になる／栄養摂取／セルフケア

恋愛: 親密さ／思いやり／正直／オープンであること／コミットメント

中央：**私**　各方向に「障害は？」

いか，どんなふうに思い出してもらうのが一番いいかということを反映した自分のための弔辞を書かせる。要するに，この弔辞は青少年が選んだ遺産であり，自分にとって最も大切な価値，情熱，人生の目標，夢を具体的にまとめたものである。このエクササイズを基にして人生の方向性を示す価値を言葉にすると共に，これらの価値のためにより具体的な目標と具体的な行動ステップを定めることができる。グループリーダーはここで「価値の足跡」エクササイズを導入するとよい。このエクササイズは，少女たちが1週間にわたって「価値の足跡」（価値と一致する行動）をたどることを促すものである（**エクササイズ 2** を参照）。

　図 9-2 に示した「価値のコンパス・エクササイズ」では，自分が選んだ人

生の方向性を確認し,明確化する。これは,「価値のコンパス」の絵を描いたり,この旅を通じて生じる内的・外的な障害を書き出したりと,目に見える形で行うことができる。内的な障壁には,マインドフルネスと脱フュージョンのようなアクセプタンス手法を適用することができ,外的な障壁に対処するには価値に基づく変化の手法を用いる。

■自慈心と赦し

　ボディーイメージと体重に関心を寄せる少女は,羞恥心,罪悪感,自己嫌悪,自責の念に悩まされることが多い。したがって,自らへの慈しみと赦しがもたらされるように,我々はプログラム全体を通じて計画的に取り組む。Kristin Neff (2003) は,自慈心の3つの側面を指摘している。それは①苦痛と苦悩を抱えているときには,特に自分自身に対して優しさと理解を示すこと,②すべての人類は相互につながっていることを称え,尊重するような「共通の人間性」を見いだすこと,③マインドフルネスの実践を通したバランスのとれた気づきのもとで苦痛な思考と感情を保持すること,である。そしてこれを促進するために,先述したようなアクセプタンスに基づく手法が用いられる。あるいは,Hayesら (1999) が概念化しているように,赦しを促すためにアクセプタンスの手法を用いることもある。「赦す」(fore-give) は語源的には,「以前起こったことを許し,与える」ことを意味する。慈しみと赦しは,本質的に,自分自身(そして他人)が自由になるために自ら留め金を外すことを選択する,ウィリングネスの行為であると言える。自慈心と赦しの行為を選択することによって,我々は苦痛をつかの間のものとすることができる。自慈心と赦しは,いわば自分自身への贈り物なのである。

　慈しみの輪を広げる　「慈しみの輪を広げ」て,愛と喜びだけでなく最も苦痛な体験も抱擁するために,プログラム全体にわたって慈しみと赦しの介入が用いられる。Pema Chödrön (1997) に基づいた目を閉じて行うエクササイズにおいて,グループリーダーは青少年を椅子に楽な姿勢で座らせるか,床に横たわらせる。青少年が今ここに在り,気を散らすものへのとらわれから解き放たれるのを助けるために,呼吸へのマインドフルネスを用いる。心

理的に今この時に在ることができたら，心から大切に思い，無条件に愛していると言える相手のイメージを思い浮かべるよう指示する。その人物のイメージがはっきりしてきたら，その愛する人の行為に失望させられたり傷つけられたりしたときのことを思い出すよう促す。愛する人に裏切られたり，がっかりさせられたり，何か他にひどいやり方で失望させられたことを思い出してもよい。グループのメンバーは自分の感情体験と共に座りながら，呼吸にふたたび焦点を合わせる。息を吸うたびに，苦痛と愛する人とを自分の胸に吸い込む。息を吐くたびに胸がしぼむのにまかせていると，愛と苦痛の両方に対する余裕がしだいに出てくる。このエクササイズはゆっくりと行い，さまざまな人について繰り返す。その対象は友人や知り合いや敵であり，最終的には自分自身である。初期の頃には，多くの少女は自分自身に心を開くことが一番難しいと言う。そのような場合には，このエクササイズは何度も繰り返したり，他の自慈心と赦しのエクササイズと併用して行ったりする。

自分に目を向けるエクササイズ　Hayesら（1999）のものを改変したこのエクササイズでは，手鏡に映る自分と目を合わせながら，自分自身と共に在るよう促す。このエクササイズはほとんどの場合（一般的な長さは5〜8分間），自分自身に対して完全にオープンになり，自己と共に在るつもりで静かに座って行う。エクササイズの初期には，グループリーダーは自らに対するアクセプタンスに関する詩を朗読したり，彼女らの瞳の奥にいる人に気づくよう促したりするという形で，自己とつながるプロセスを促進する。

　もしかしたら初めての経験かもしれませんが，皆さんの瞳の奥にすばらしい人物がいるという事実に気づくことができるかどうか，試してみましょう。その人物は，喜びや悲しみを感じることがどういうことなのかを知っています。愛したり深く苦しんだりすることがどういうことなのかを知っています。その人は，人生のすべての苦しみから逃れるために，自殺を考えたことがあるかもしれません。それでもその人はそこにいるのです……。あなたの瞳の奥で，あなたを見返しています。あなたが心痛と悲しみ，幸福と喜びの渦中にあったときも，ずっとその人はあなたを見ていたという驚くべき事実に，

あなたは思い至ることができるでしょうか。彼女はそれでもなおそこにいて，あなたと共に座り，今あなたのために存在しているのです。瞳の奥にいる人とのつながりを保ち，共に在ろうと心を尽くしてください。自分がこの人を隠したり避けたりしようとしているのに気づいたら，愛情を込めてそっと盾を手放し，仮面を外して，今ここに立ち戻って，鏡の中の人と共にいるようにしましょう。

忠実な兵士　プログラムを進めていくにつれて，グループリーダーも青少年も（いくつかの点で，そしていくつかの形で）自分が古いコントロール方略に戻っていることに気づくだろう。自分が使い古した盾を手にし，くたびれた仮面をつけていることを，リアルタイムで知るのである。今までと違う点は，我々が自分の隠れ家を完全に把握していること，そこで暮らすむなしさと苦痛に十分に気づいていることである。評価好きのマインドはすぐさま我々に向かって「そんなことでどうするんだ」と指摘する。そういった瞬間や，過失や誤りが避けられないような場面では，自慈心と赦しが不可欠と言える。

（ふたたび）盾を手にして戦いに備えている自分に気づいたときには，青少年が自慈心と赦しを生じさせるために，「忠実な兵士のメタファー」(Plotkin, 2003) を用いることができる。グループリーダーは，第二次世界大戦中に日本軍の兵士が，海の真ん中で船が転覆したり飛行機が墜落したりしたために無人島に取り残された話を取り上げる。これらの兵士の多くは長い間発見されずにいた。戦争が終わって何ヵ月も何年も見つからなかった人もいる。ついに発見されたとき，兵士らは戦闘に備えて武器を構え，まだ母国のために死ぬ覚悟でいた。戦争が終わって日本が負けたことを知らされても，あくまで戦いつづけると言い張る者もいた。日本人はこの兵士たちに対して，その帰国を歓迎し，深い感謝の意を表するという反応を見せた。兵士たちは職務への忠実さと献身を公的に称えられ，コミュニティの中に栄誉ある地位を改めて与えられたのである。

我々にはみな忠実な兵士がついている。つまり，過去には確かに適応的であって人生のある時点では我々を守ってくれた自己防衛的な行動の仕方を身につけているのである。グループリーダーは，青少年が安全行動（孤立する，

黙殺する，ずる賢く立ち回る，どこへともなく姿を消す，気にかけていない振りをする，他人に依存するなど）に気づく手助けをする。ある場面では，このようなよくある安全行動を，彼らを守るためにこれまで長い間戦ってきた忠実な兵士として捉え直すことが有効となる。安全行動が価値づけられた目標の役に立たなくなったら，青少年は兵士に対して，戦争が終わったことを思いやりと慈しみを込めて告げる。そして，その兵士たちが自分を守るために長きにわたって必死で戦ってくれたことに，深い感謝の意を示すのである。グループのメンバーは象徴的に，あるいは儀式を通じて兵士を称え，より機能的な役目を改めて与える。このような配置替えのプロセスで重要なのは，兵士の努力が害を及ぼさず，価値づけられた目標の役に立ちつづけるような文脈を見いだすことである。以下の短い話はこのプロセスの例である。

　15歳のジュリアは，自分の対人関係で重要な価値が赦しであることに気づきました。そして，対人場面で相手に脅かされたり傷つけられたり，拒絶されたりしていると感じたときには必ず相手を排除してきたという，この10年間の歴史を話してくれました。ジュリアはこのパターンが自分の価値に沿っていないことを知っていて，他人を排除するたびに罪悪感にさいなまれ，自己嫌悪に陥っていました。セラピストはジュリアと共に，依然として任務を遂行中の忠実な兵士を探しました。そして2人は，かつて非常に防御的な役割を果たしていた「追い出し役の兵士」を発見したのです。この兵士は，ジュリアがまだ子どもで，父親から繰り返し性的虐待を受けていた頃にジュリアを守っていました。その文脈の中では，他人を排除するというやり方は非常に適応的であり，さらなる危害から彼女を守っていたのです。
　以来9年間，父親と最低限の接触を保ってはいますが，ジュリアはずっと他人を排除しつづけています（親しい相手は特にそうです）。彼女はセラピストのアドバイスで，自分の忠実な兵士が「戦争」が終わった後もずっと自分を守るために戦いつづけていることに気づきました。脆弱で保護を必要としていた頃に兵士が守ってくれたことに，彼女が心からの感謝を示したとき，自慈心の実践が導入されました。兵士の再配置を検討するなかで，彼女は忠実な兵士が今後も役に立てるような具体的な状況を見いだしたので

す（父親とやりとりするとき，見知らぬ人のわいせつな言葉を無視するとき，仲間からのからかいや圧力に対処するときなど）。

LIFE エクササイズ　忠実な兵士のメタファーはセッション内で紹介され，LIFE エクササイズでも継続される。兵士を見つけて称え，配置替えをするプロセス全体は，絵に描いたり，兵士を象徴するものを持ってきたりすることによって，象徴的に実行することが可能である。あるいは，どうしても助けを必要としていたときに自分を守ってくれた忠実な兵士に対して，感謝の意を表す手紙を書くこともできる。手紙の中で，戦争が終わったこと，今の自分は安全であること，戦いをやめるときが来たことを，思いやりをこめて説明すればよい。グループのメンバーの中には，自分の部屋や自然の中に兵士のための特別な空間を設けるという形で兵士を称え，新たな役割を与えることを選ぶ者もいる。たとえば，ある少女は最も粘り強い兵士のために，自分の部屋の中に「聖なるコーナー」を設けた。このコーナーに忠実な兵士を表すイメージやオブジェと，セッションで書いた感謝の手紙を並べた。臨床家と青少年が少し工夫をすれば，忠実な兵士に働きかける方法はいくらでも見つかるものである。

結　論

本章では，ACT の観点から摂食と体重に関わる問題を概念化し，ボディーイメージと体重に関心のある思春期の少女のための学校で行うプログラムを紹介した。ACT ヘルス・プログラムにおいて，ACT の中核的な臨床手法は以下の目的で用いられる。①ステレオタイプな性別役割，容姿，体重をめぐる社会文化的な期待や規範への固執を弱める。②私的出来事へのアクセプタンスとマインドフルネスを高める。③害を及ぼす可能性のある習慣的な摂食パターンを断ち切る。④近い将来には変化しそうにない文化の中で，少女たちが自分に忠実に生きられるように力づける。⑤自分自身に対する自慈心や赦しを促進する。本章が思春期の少女の臨床の道しるべを提供し，今後この領域でのさらなる臨床的改革が進むなら幸いである。

我々がこの取り組みに寄せるもう一つの願いは，摂食障害と体重の問題の発現と維持，治療について，実証的な吟味と入念に計画された調査研究が行われることである。たとえば，ボディーイメージと体重に悩む子どもと青少年に対する，ACT のプロセスの本質と役割を調べる必要がある。思春期の女子のボディーイメージへの関心と不健康な摂食パターンの間に，認知的フュージョンと体験の回避が介在していることが明らかになっている (Greco & Blomquist, 2006)。さらに，ACT ヘルス・プログラムに関する予備研究が現在進行中である。この研究が成功したならば，次のステップとして必要なことは，有効な統制群やいわゆる「成功事例」と言われるアプローチとその効果を比較する，大規模な臨床試験を実施することであろう。最後に，もっと多くの若者が利用できるように，長期的には定期的な学校プログラムやカリキュラムの中で効果的な行動健康プログラムを実行することを目指して，精神医療の専門家と政策立案者や学校管理者が連携することも重要であろう。西洋社会における驚くべき肥満の蔓延や，肥満とそれに関連する身体疾患に伴う財政的支出と死亡率の高さを考えると，それは，今後決して避けては通れない道であると思われる。

引用文献

Baer, R. A. (2003). Mindfulness training as a clinical intervention: A conceptual and empirical review. *Clinical Psychology: Science and Practice*, 10, 125-143.

Bearman, S. K., Presnell, K., Martinez, E., & Stice, E. (2006). The skinny on body dissatisfaction: A longitudinal study of adolescent boys and girls. *Journal of Youth and Adolescence*, 35, 229-241.

Chödrön, P. (1997). *When things fall apart: Heart advice for difficult times.* Boston: Shambhala Publications.（ペマ・チュードゥン『すべてがうまくいかないとき――チベット密教からのアドバイス』ハーディング祥子訳，めるくまーる，2004 年）

Eifert, G. H., & Forsyth, J. P. (2005). *Acceptance and commitment therapy for anxiety disorders: A practitioner's treatment guide using mindful acceptance and values-based behavior change strategies.* Oakland, CA: New Harbinger.（ゲオルグ・H・アイファート，ジョン・P・フォーサイス『不安障害のためのアクセプタンス＆コミットメント・セラピー（ACT）――実践家のための構造化マニュアル』三田村仰・武藤崇監訳，三田村仰・武藤崇・荒井まゆみ訳，星和書店，2012 年）

Eifert, G. H., Greco, L. A., Heffner, M., & Louis, A. (2007). Eating disorders: A new behavioral perspective and acceptance-based treatment approach. In D. Woods & J. Kanter (Ed.), *Understanding Behavior disorder: A contemporary behavioral perspective*. Reno, NV: Context Press.

Follette, V. M., & Pistorello, J. (2007). *Finding life beyond trauma: Using acceptance and commitment therapy to heal from post-traumatic stress and trauma-related problems*. Oakland, CA: New Harbinger.

Greco, L. A., Blackledge, J. T., Coyne, L. W., & Ehrenreich, J. (2005). Integrating acceptance and mindfulness into treatments for child and adolescent anxiety disorders: Acceptance and commitment therapy (ACT) as an example. In S. M. Orsillo & L. Roemer (Eds.), *Acceptance and mindfulness-based approaches to anxiety: Conceptualization and treatment* (pp. 301-324). New York: Springer.

Greco, L. A., & Blomquist, K. K. (2006, November). Body image, eating behavior, and quality of life among adolescent girls: Role of anxiety and acceptance processes in a school sample. In K. S. Berlin & A. R. Murrell (Cochairs), *Extending acceptance and mindfulness research to parents, families, and adolescents: Process, empirical findings, clinical implications, and future directions*. Paper presented at the Association for Behavior and Cognitive Therapies, Chicago, IL.

Greco, L. A., & Eifert, G. H. (2004). Treating parent-adolescent conflict: Is acceptance the missing link for an integrative family therapy? *Cognitive and Behavioral Practice*, 11, 305-314.

Greeno, C. G., & Wing, R. R. (1994). Stress-induced eating. *Psychological Bulletin*, 115, 444-464.

Hayes, S. C., & Gifford, E. V. (1997). The trouble with language: Experiential avoidance, rules, and the nature of private events. *Psychological Science*, 8, 170-175.

Hayes, S. C., Luoma, J. B., Bond, F. W., Masuda, A., & Lillis, J. (2006). Acceptance and commitment therapy: Model processes and outcomes. *Behaviour Research and Therapy*, 44, 1-25

Hayes, S. C., Strosahl, K. D., & Wilson, K. G. (1999). *Acceptance and commitment therapy: An experiential approach to behavior change*. New York: Guilford.

Heffner, M., & Eifert, G. H. (2004). *The anorexia workbook: How to accept yourself, heal suffering, and reclaim your life*. Oakland, CA: New Harbinger.

Leon, G. R., Fulkerson, J. A., Perry, C. L., & Early-Zald, M. B. (1995). Prospective analysis of personality and behavioral vulnerabilities and gender influences in the later development of disordered eating. *Journal of Abnormal Psychology*, 104, 140-149.

Levine, M. P., & Harrison, K. (2001). Media's role in the perpetuation and prevention of negative body image and disordered eating. In J. K. Thompson (Ed.), *Handbook of eating disorders and obesity* (pp. 695-717). Hoboken, NJ: John Wiley.

Neff, K. D. (2003). Self-compassion: An alternative conceptualization of a healthy attitude toward oneself. *Self and Identity*, 2, 85-102.

Neumark-Sztainer, D. (2005). *"I'm, like, so fat!" Helping your teen make healthy choices about eating and exercise in a weight-obsessed world*. New York: Guilford.

O'Dea, J. A., & Abraham, S. (1999). Onset of disordered eating attitudes and behaviors in early adolescence: Interplay of pubertal status, gender, weight, and age. *Adolescence*, 34, 671-679.

Plotkin, B. (2003). *Soulcraft: Crossing into the mysteries of nature and the psyche*. Novato, CA: New World Library.

Sands, E. R., & Wardle, J. (2003). Internalization of ideal body shapes in 9-12-year-oldgirls. *International Journal of Eating Disorders*, 33, 193-204.

Sim, L., & Zeman, J. (2004). Emotion awareness and identification skills in adolescent girls with bulimia nervosa. *Journal of Clinical Child and Adolescent Psychology*, 33, 760-771.

Sim, L., & Zeman, J. (2006). The contribution of emotion regulation to body dissatisfaction and disordered eating in early adolescent girls. *Journal of Youth and Adolescence*, 33, 219-228.

Stice, E. (2001). A prospective test of the dual pathway model of bulimic pathology: Mediating effects of dieting and negative affect. *Journal of Abnormal Psychology*, 110, 124-135.

Stice, E., Presnell, K., Shaw, H., & Rohde, P. (2005). Psychological and behavioral risk factors for obesity onset in adolescent girls: A prospective study. *Journal of Consulting and Clinical Psychology*, 73, 195-202.

Stice, E., Shaw, H., & Nemeroff, C. (1998). Dual pathway model of bulimia nervosa: Longitudinal support for dietary restraint and affect-regulation mechanisms. *Journal of Social and Clinical Psychology*, 17, 129-149.

Thompson, S. H., Rafiroiu, A. C., & Sargent, R. G. (2003). Examining gender, racial, and age differences in weight concern among third, fifth, eighth, and eleventh graders. *Eating Behaviors*, 3, 307-323.

Titchener, E. B. (1916). *A textbook of psychology*. New York: MacMillan.

Urla, J., & Swedbund, A. C. (2000). The anthropology of Barbie: Unsettling ideals of the feminine body in popular culture. In L. Schiebinger (Eds.), *Feminism and the body* (pp. 391-428). New York: Oxford University Press.

Wardle, J., Waller, J., & Rapoport, L. (2001). Body dissatisfaction and binge eating in obese women: The role of restraint and depression. *Obesity Research*, 9, 778-787.

III

アクセプタンスとマインドフルネスを
より大きな社会的文脈へ組み込む

III アクセプタンスとマインドフルネスをより大きな社会的文脈へ組み込む

第10章
マインドフル・ペアレンティング
帰納的な探索過程

ロバート・ウォーラー
キャスリン・ロウィンスキー
キース・ウィリアムズ

　まずは親が子どもを客観的に観察することから，効果的な育児（ペアレンティング）が始まるというのは自明のことであろう。子どもの言動は，それらを見聞きする親がこれらの出来事をサンプリングして解釈したうえで，どのように対処するかを決めるのに必要な一連の刺激に相当する。それゆえ，効果的な親であるためには，子どもの言動に対して必要とされるケアに関して，幅広い反応レパートリーをもっていなければならない。とはいうものの，適切な育児ができるかどうかは，短期的および長期的に子どもがもたらす数多くの刺激について，親がどう判断するかにかかっている。
　子どもの言動の意味に関する親の判断は，一般に「反応性」ないしは「感応性」と呼ばれるが（Bakermans-Kranenburg, van IJzendoorn, & Juffer, 2003；Kochanska, 2002），これは適切なものから不適切なものまでを含む親の反応の幅のことである。反応性／感応性の高い親は，子どもの向社会的言動に対しては，一貫して社会的強化の随伴性を与え，反社会的言動に対しては明確な制限（警告やタイムアウトなど）を加えることができる。とはいえ，親が「正しいことをする」能力を，別々の子どもに対して，あるいは状況・時間を問わずに

維持することは、さまざまな理由から難しいといえる。これは、ほとんどの親がすぐに認めるところだろう (Holden, 1988；Wahler & Dumas, 1989)。実際に、Holden & Miller (1999) のメタ分析によると、うまくいっている親子では、親の反応性／感応性はかなり状況特異的であるものの、時間が経つにつれて多かれ少なかれ安定していくことが示されている。言い換えれば、環境に変化が起こったときに（来客がある、スーパーに行く、家族で休暇をとっているなど）、一時的に妨げられることはあっても、うまく育児ができている親はおおむねこの能力を行使しつづけることができていることになる。それならば、適切に対処しようとする親の努力が崩れ去ってしまい、予測不能な変化が生じてしまっている環境で生活することはどういうことなのかを考えてみてもらいたい (Dumas et al., 2005)。

　反応性／感応性を学習して維持するプロセスは、効果的なペアレンティングを理解するだけでなく、子どもと同調できていない親のための臨床的な介入方略を開発する際にも中心となる。本章では、子どもの行動に対する適切な反応を親が獲得して維持するために、「マインドフルネス」という構築概念を適用することについて検討していくこととする。マインドフルネスとは客観的な心的状態であり、身体感覚・感情・思考に加えて環境からも生じる「今ここ」の刺激の流れを観察することが求められる (*Clinical Psychology: Science and Practice*, Fall 2004, pp. 230-266 の「マインドフルネス」に関する精査と注釈の箇所を参照)。我々の見解では、マインドフル・ペアレンティングを身につけるためには、親はより広範な親子の社会的相互作用のパターンを客観的に判断すると共に、一つひとつの相互作用についても客観的に判断することが求められる。それゆえ、我々の臨床的な介入方略は、子どものさまざまな反応に前後して起こる親の具体的な言動を親自身が評価し、親子の過去の社会的なやりとりのパターンを調べるのを手助けすることになる。前者の方略は行動的ペアレント・トレーニング (BPT) を通じて実行され、後者の方略は「ナラティブ再構築セラピー」 (NRT) と呼ばれる新しい手法——最近と遠い過去の家族の相互作用をめぐるナラティブの一貫性を改善することを支援する手段——を用いることになる。我々は、具合的な社会的相互作用を客観的に調べることと、それらの相互作用のパターンに関するナラティブな説明の検討

III アクセプタンスとマインドフルネスをより大きな社会的文脈へ組み込む

を促すために，マインドフルネス瞑想を用いる。

　テネシー大学にある我々のペアレンティング・クリニックは，行動障害のある子どもへの支援を求める低所得の母親にサービスを提供し，調査研究を行う施設である。我々のもとに来談する親の大半はシングルマザーであり，社会的孤立や再婚家庭，交際している男性との対立といった複数の日常的なストレス源に加えて，来談する子どもの慢性的な問題を訴えている。子どもは8〜10歳くらいの男児が多く，その大半が反抗挑戦性障害（ODD）の診断基準を満たしている。

　我々のクリニックでは，母親が行動的ペアレント・トレーニングとナラティブ再構築セラピーから構成される研究プログラムに参加の意思を表明してくれた際には，サービスを無償で提供している。母親と子どもはビデオ録画される週1回の臨床セッションに参加することを求められる。そのセッションは母親向けの30分のNRT体験と，それに続く母子のための30分のBPT体験に分かれている。また，母親は6ヵ月にわたるベースライン，治療（BPTとNRT），フォローアップで，一定の期間を空けて自己報告式の質問紙に記入を求められる。

　この2つの治療方略にマインドフルに参加の意思を示した母親は，Baer (2003)，Bishopら (2004)，Kabat-Zinn (1994) が概説するものと類似した我々の瞑想実践に参加することになる。我々の瞑想実践の狙いは，プレイルームでの子どもとの「今ここ」体験に対して，母親に客観的な注意を向けさせることに加えて，ライフストーリーを語りながら過去の経験について客観的な検討を進めるよう促すことである。後者の目的は，Ellen Langerのマインドフルネスの概念「オープンで，創造的で，蓋然的な心の状態であり，似ていると思われているものの中に違いを見いだし，違っていると思われているものの間に類似を見いだすことに通じる」に基づいている (Langer, 1993, p. 44)。この定義を母親が自らのストーリーをマインドフルに語る際にあてはめるのであれば，母親の語りは詳細でよくまとまっていることが望ましい。しかし，近年，Wahler, Rowinski, & Williams (2007b) がクリニックに来談した21名の母親のベースラインにおけるナラティブ分析から明らかになったように，こういった話はまとまりが悪く，具体的な出来事に欠けている。それゆえ，こ

れらの母親たちは、子どもとの社会的相互作用について客観的に観察することはほとんどなく、過去に家庭で起こった体験を振り返るスキルも欠けている。マインドフルネス瞑想は通常「今ここ」体験の振り返りを促す介入とされているが、我々は、母親が自分のナラティブを再構築する際に欠かせないとされる、具体的な自伝的記憶の想起を促す効果もあることを見いだした。Hayes & Shenk（2004）は、この事象に関する自らの機能文脈的なものの見方を含めながら、マインドフルネスの手続きと理論の概念が現時点で統一されていないと指摘することを通して、この有用性について意見を加えている。彼らが述べたように、「重要なのは、日常的な言語と認知を取り巻く社会的／言語的文脈において、通常は促進されないような、新しい行動を学ぶことのできる文脈を生み出すことにある」(p. 253)。この意見はBPTの最初のステップに関する我々の見解だけでなく、Langer（1989）の視点の本質も捉えている。

　ここから述べていくことには、反応性／感応性の高いペアレンティング、親の自伝的記憶、マインドフルネス瞑想に関する研究結果と、大半の親の核心に迫るマインドフルネスのプロセス——子育てと家庭生活のストーリーを語ること——を通じた反応性／感応性に関する推測を継ぎはぎしたものが含まれている。親が自分と子どもの行動を真に新鮮な目で見るための新たな学習の文脈を生み出すうえで、いかにしてこれらの「継ぎ」をぴったり合わせるかということを、我々はこれから論じることになる。

　マインドフルネスをペアレンティングないしはペアレント・トレーニングの研究に組み込んだ研究論文が不足しているため、本章はある意味で時期尚早である。とはいえ、さまざまな手法を実践する成人のためのマインドフルネスと、その利点を扱った研究は多数存在する（Baer, 2003；Hayes & Wilson, 2003；Kabat-Zinn, 2003；Masuda, Hayes, Sackett, & Twohig, 2004；Segal, Williams, & Teasdale, 2002；Wells, 2002）。これらの研究は一貫して、マインドフルネスに促されて、クライエントのウェルビーイングが改善されることを支持している。個人的な変化に心を開いて熟考することが成人のウェルビーイングに含まれるとすれば、マインドフルネスはたしかに育児における親の反応性／感応性を高めることができると考えられる。

視点の問題

　親が良好な反応性／感応性を示す能力は，子どもに関する，また子どもとの関係に関する個人的な視点を定式化する能力と相関関係にある（Aber, Belsky, Slade, & Crnic, 1999；Coyne, Low, Miller, Seifer, & Dickstein, 2007；Kochanska, 1997；Koren-Karie, Oppenheim, Dolev, Sher, & Etzion-Carasso, 2002；Slade, Belsky, Aber, & Phelps, 1999）。この「視点」とは，親が子どもの行動について社会的交流を含めて説明するよう求められた際に言葉でまとめたものにあたり，親子関係に関する当の親の見解から構成されている。この研究では，母親を主な保護者とし，母親が言葉でまとめたことについて，感情的な内容が含まれているかという観点と，組織化されているかという観点から評価がなされた。Slade ら（1999）は，喜び－快感／一貫性の次元が，観察された子育ての予測因子として最も影響力が強いことを明らかにしている。加えて，ポジティブな感情をもって組織的に見通しを立てる母親は，子どもへの反応性／感応性が高い傾向にあることも示している。同じく，Coyne ら（2007）と Koren-Karie ら（2002）は，母親の共感性を反映した一貫性と充実した要約が，子どもたち一人ひとりに対する反応性／感応性の高い育児の指標になることを明らかにしている。この相関関係は，行動に問題のある未就学児に関する母親の視点を正確で詳細なものに改善するための Oppenheim, Goldsmith, & Koren-Karie（2004）による介入にも見られる。すなわち，ベースラインから介入後にかけて，子どもの行動問題の程度と，これらの改善の程度が負の共変関係にあったのである。

　母親が自分の子どもについて，そして親子関係の性質について，うまくまとめて詳細な要約をする能力は，親子の相互関係を観察している際に見られる，親が同調性を生み出す能力と明確な関連があるように思われる。母親のこのような視点が最近ないしは過去の育児体験の記憶に基づくのであれば，その視点を母親の自伝的記憶の要約であると見なすことは妥当であろう。自伝的記憶は，育児に関する面接質問票（Aber et al., 1999）を通じて，あるいは育児エピソードのビデオを母親に見せることによって（Koren-Karie et al., 2002）引き出すことができるものの，内容を要約してまとめることができ

るかどうかは母親次第である。

　成人の臨床心理学に関する文献によると，過度に一般化された記憶，特にネガティブな感情を伴うものを想起するという傾向は，臨床的問題と相関があることが示されている（Brittlebank, Scott, Williams, & Ferrier, 1993；Mackinger, Pachinger, Leibetseder, & Fartacek, 2000；Peeters, Wessel, Merckelbach, & Boon-Vermeeren, 2002；Raes et al., 2006；Williams, 1996など）。感応性の高いペアレンティングにも，このことがよくあてはまるようである。母親の自伝的記憶が過度に一般化されている場合には，母親が自らの人生経験を物語る視点を構築しようとしても，状況の詳細との一貫性や関連性を欠いたものになる。人生という物語を「章」ごとに組み立てる（「子どもとの生活」の章など）ためには，具体的な出来事をまとめてこのストーリーの要点（「うちの子は自分に自信がない」など）を裏づける時間的経過のパターンにする必要がある。

　どうも，我々のクリニックに来談する母親たちの記憶は，過度に一般化されているようである。クリニックに来談する母親が「子どもとの生活」について語ったストーリーを以下に取り上げる。

　　さっきもお話ししましたが，それは容易なことではありません。うちの子は自分のモノをたくさん持ち込むので，私には居場所がありません。彼女は欲しいものは必ず欲しがるので，私はそこらじゅうを探し回るようになりました。かわいらしい子ですが，どこまでは許されるかを知っています。あの子の父親も同じような感じなので，私の手には負えないと本気で思います。

　他に話したいことはあるかと尋ねられて，この母親は「いいえ，そんなところです」と答えた。
　それとは対照的だが，以下はある非臨床ボランティアの母親が，子育てにおける問題について尋ねられて語った記憶である。

　　そういえば，去年の夏，ジミーが網戸を蹴飛ばして穴を開けたときには，心底頭に来ましたね。あの子のシャツの裾をつかんでお尻を叩きました。そんなふうにすべきじゃないとはわかっていたんです。息子は泣き，私も泣き

ました。

「子どもとの生活」について尋ねられると，彼女はこう言った。

　すでにお話ししたように，それは本当に大変でした。息子には注意欠陥障害（ADD）があって毎朝薬を飲ませていましたが，多動にはあまり効かないようでした。息子と私が顔をつきあわせてお互いに目の前にいる，そんな日はどうなるのか2人ともわかっています。昨日，私が息子の頭に手を乗せると，息子はこう言いました。「ママ，僕はただママと一緒にいたいだけなんだ！」。彼の目は星のように輝いており，私は彼を抱きしめました。息子はその午前中ずっといい子でしたが，それは長続きしないだろうと私にはわかっていましたし，当然そうなりませんでした。それがジミーなんです。

　最初の母親のストーリーではこれといった事件が起こっていないので，出来事がどのようにこの母親の話の中におさまるのかという疑問は残る。2人目の母親は出来事の詳細に加えて，それらが起こった順番をはっきり示している。母親のナラティブに基づく視点について Van IJzendoorn（1995）が行ったメタ分析から，自分の体験を簡潔かつ詳細に順序正しく語ることができる母親は，子育てでも適切に反応する傾向があることがわかった。

マインドフルネス瞑想と効果的なペアレンティング

　Nirbhay Singh（2001）は，自分自身と自分の社会的環境を構築する人々を含めた「適合」に関する全体的な視点によって，メンタルヘルスを定義するのが最適であると主張している。Singh によれば，生きるという営みは自分の強みと他人の強みの「適合度」を探すことであるという。より最近では，自閉症の子どもをもつ3人の母親がマインドフルネス瞑想でのトレーニングを通じて「適合度」を見いだすことを手助けするために，Singh と同僚らがこのモデルを用いている（Singh et al., 2006）。多層ベースライン・デザインにおいて，この母親たちはマインドフルネスの理論と実践に関する12週間の

コースを修了した一方で，ペアレント・トレーニングは実施しなかった。その結果，ベースラインからマインドフルネス実践段階にかけて，ペアレンティングについての母親の満足度が著しく増大した。さらに，家庭での子どもの行動を客観的に観察する尺度を用いて，毎週の観察を少なくとも1年間継続したところ，不服従，攻撃性，自傷についてはベースラインから明らかに減少していることがわかった。Singh et al. (2007) は近年，4人の母親と発達障害のある子どもに対してこの実証的分析を行い，効果を再確認している。

　母親がもたらす社会的な随伴性については，どちらの研究でも評価されていなかったため，マインドフルネス瞑想によって母親の反応的／感応的なペアレンティングが促進されるかどうかを知るすべはない。そこで，Singh ら (2006) は以下のような推測をしている。「これらのポジティブな変化は，行動を具体的に変化させるためのスキルを学習することからではなく，マインドフルな人が自分の環境における出来事との関わり方を転換することから生じているようである。マインドフルネス・トレーニングの手続きがどのようにしてこれらの変化をもたらすのかは，今後の研究によって明らかになることだが，それにはさまざまな可能性が考えられる」(p. 174)。

　そういった可能性の一つが，マインドフルネス・トレーニングの「転換」効果に関する Singh の見解の中で浮き彫りにされている。この「転換」という言葉については，マインドフルネスはライフイベントに関するその人の視点の体系的変化に等しいという，Hayes & Shenk (2004) と Langer (1989) のいずれの考えも捉えているように思える。すなわち，Langer であれば，Singh の母親たちは，ペアレンティング体験を要約するために以前用いていたカテゴリーを解明することができるようになったと言うだろうし，Hayes & Shenk は，母親たちは言語化された視点の言語的文脈を消し去ったのだと言うだろう。そういった転換が実際に起こるとしたら，おそらくその影響は，子どもに関わる体験を含めた母親の心理社会的体験の視点を測定することで明らかになるだろう。たとえば，マインドフルネス瞑想によって親がより具体的で過度に一般化されていない記憶を想起できるようになるという，成人の臨床活動の知見を参照すると（Williams, Teasdale, Segal, & Soulsby, 2000），その可能性は起こりうると考えられる。ちなみに，それはおそらくマインドフルネス瞑想

の受容的で非断定的な性質によって，ネガティブな出来事の処理を回避する傾向が弱まるためであると考えられる（Kabat-Zinn, 2003）。

　親が子どもと同調している場合であっても，同調性を維持することだけで，十分に確立されたペアレンティング実践であると考えることはできない。これらの実践の中でも最良のものを，環境の変化や子どもの成長に応じて改良していかなければならないのである（Holden & Miller, 1999）。さらに，効果的な親は，自分の実践をどのようにして，いつ，どこで用いるかについて柔軟でなければならない。要するに，努力を要さない自動的なプロセスを簡単に信用してしまうようなときには，感応性／反応性を何らかの形でもちつづけなければならないのである。おそらく定期的なマインドフルネス瞑想は，親の柔軟性を維持することになるであろうし，子育てに関する親の視点の一貫性を高めることにもなるだろう。一貫性が高まれば，Singh（2001）の言う「適合度」を確保するために実践の修正を行い，効果的なペアレンティングを維持することは親にとって容易になる。

　これは，Jean Dumas（2005）が「マインドフルネス・ペアレント・トレーニング」を提唱する際にとったアプローチにあたる。瞑想を実践する親は，古い習慣を断ち切り，効果的な子育てに必要なことを見直して，それを学ぶ機会を得ることができるだろう。Dumas が「自動性は我々の社会的・感情的機能に不可欠な部分であり，我々の相互作用の主たる指針となる」（Bargh & Chartrand, 1999）と述べているように，実践を続けることが必要不可欠なのである。「しかし，マインドフルな実践は，我々が何者であるのか，いかに生きるかということについて定期的に吟味し，習慣の溝の上を人生が過ぎていくのを避けるためには欠かせない」（pp. 789-790）。

行動的ペアレント・トレーニングでは不十分な場合

　Bakermans-Kranenburg ら（2003）は，行動的ペアレント・トレーニングのメタ分析において，BPT が単独で親の反応性／感応性を改善し，親子の愛着の確立に寄与することを明らかにした。さらに，Schwartzman & Wahler（2006）は，ペアレント・トレーニングのための随伴性マネジメントに関する

過去のデータを再分析した結果，対照群の母親に比べて，ナラティブな視点が漸次的に一貫性をもつようになることを見いだした。また，この母親たちはペアレント・トレーニングを行っている間，子どもに対する反応性／感応性が高かった。そして，ナラティブの一貫性における変化は，親の反応性／感応性における変化と正の相関関係にあったのである。ここでは，親のマインドフルネスの測定は行われていなかったうえに，瞑想は介入パッケージに入っていなかった。それでは，親と臨床家は，なぜマインドフルネス瞑想とナラティブ再構築セラピーをわざわざしなければならないのだろうか。

　BPTだけでは不十分な場合もあるというのがその答えである。BPTはどの家族にも長期的な効果があるわけではなく（Cavell & Strand, 2002；Serketich & Dumas, 1996），反応性／感応性の低いペアレンティングを導く親の病的プロセスが，親子の相互作用を通じて生み出される社会的随伴性よりも広い範囲で見受けられる（Wahler, 2007）。ペアレンティングの実践（つまり反応性／感応性）と親子関係の質との間に大きな「送信ギャップ」があるのである（van IJzendoorn, 1995）。メタ分析からは，母親の反応性／感応性は，親子の愛着関係における分散を約3分の1しか説明しないことが明らかになっている（Fearon et al., 2006；van IJzendoorn, 1995）。

　親子関係は子どもの気質にも左右される（Crockenberg & Acredolo, 1983；Leerkes & Crockenberg, 2003）。乳幼児の気質に関する母親の評定は，観察者評定とよくて中程度の相関しか見られないとされている（Bates, 1980；Hubert, Wachs, Peters-Martin, & Gandour, 1982）。このことは，母親のパーソナリティ特性（Vaughn, Taraldson, Cuchton, & Egeland, 2002）と，子どものネガティブ傾向とポジティブ傾向に対する母親の感じ方が状況特異的である（Hane, Fox, Polak-Toste, Ghera, & Guner, 2006）ことが原因となって，母親は子どもから受ける潜在的な影響を認識していない可能性を示している。

　母親が社会的な随伴性をもたらすうえで，周期的には反応性／感応性をもっているものの，子どもの気質の広範な影響に気づいていないというシナリオを想像するのは可能である。たとえば，子どもの気質に衝動性が含まれていると仮定しよう。子どもの意図的な行為に対するきめ細やかなしつけと，正の強化からなる母親の適切な随伴性マネジメントを通じて，この種の反応

は減少するだろう．しかし，子どもの気質が原因で衝動性の兆候がまだ時折現れるとしたら，母親は自分の随伴性マネジメント方略が効いていないと勘違いするかもしれない．その結果，母親は落ち込んでしまい，新たに獲得した反応性／感応性ペアレンティング実践を維持する努力をしなくなるだろう．我々が BPT を行ってきた経験では，こういったジレンマは珍しくはない．

このことから，クリニックに来談した親には，子どもの気質についての客観的な視点の獲得を手助けする重要性が浮き彫りになる．さもなければ，「あってはならない」子どもの行動問題に直面したときに，親がぶれずにいるのは難しいだろう．このセリフは 12 年前に 10 歳の娘と共に BPT をうまくやり遂げた父親が，我々のクリニックで口にしたことである．その父親と娘は「離婚した父親とその娘の間で激しい口論が頻繁に起こっている」ことを心配した娘のかかりつけの小児科医からの紹介で来談した．インテーク面接では，父子ともに相手への不平不満を口にし，少女は父親が「ちっとも話を聞いてくれない」と言い，父親は「この子は自分が一番えらいと思っている」と言うのだった．BPT では 2 人とも自分たちのやりとりを録画したビデオを見ながら，臨床家の指導の下，これらの不満を特定することにした．父親は娘の話をよく聞き，娘は父親を「あごでこき使う」のをやめることでおおむね合意した．臨床家は口論を阻止するためにタイムアウトを用いる役を父親に任せた．父親は聞き手として日々の「トークセッション」を設定することを目標とする役割も与えられ，娘が自分の話を詳細に話すのをとにかく促すことになった．これらのスキルを教えるための毎週の臨床セッションでは，ホームビデオでの録画が主となった．

父親と娘のパーソナリティをベースラインで検査したところ，一貫して父親の受け身的な気質と娘の押しの強い気質を示すデータが得られた．そのことから，父親も娘も自分の基本的な気質と一致しない社会的な方略を学習するよう期待されていることがわかった．それにもかかわらず，父親はタイムアウト方略をうまく実行していた．また，娘によれば父親は，娘の友だち付き合いや家庭生活に関する会話に心から関心を寄せているように見えたということであった．ホームビデオの記録はこれらの自己報告と一致しており，口論の減少，反応性／感応性の高い親子の相互交流の増加が見られた．

BPT 終了後の 3 ヵ月にわたって録画されたホームビデオを見ると，周期的な口論が親子の同調性の一時的低下と共に見られたが，この問題パターンはベースラインのレベルをはるかに下回っていた。しかし，父子の自己報告には食い違いが生じており，娘が満足感を維持しているのに対して，父親は満足感が低下したと述べた。臨床家が電話で父親に詳細を尋ねると，彼は娘が改善を持続していることをしぶしぶ認めながらも，こうも言った。「私はさんざん努力しているのに，娘の態度にはあってはならない部分がまだあるんですよ。これだけ努力したっていうのに」。娘の態度について尋ねると，父親は自分の心配の種の正体が何かわからずに途方にくれたが，「娘は母親にそっくりなんです」と答えた。

臨床家が父親に対して，我々のクリニックをふたたび訪れてさらにセッションを受けることを勧めると，父親はそれを断り，現在のペアレンティング計画を変更することを元妻と話し合っているところだと言った。要するに，父親は娘との接触を隔週末ごとに限定すればこの「ミスマッチ」に対処できるのではないかと考えて，娘の母親に親権を譲ることにしたのだった。我々はこの家族とはそれ以上，連絡をとることはなかった。

瞑想と親の視点の再構築

我々は，この父親が BPT における自分の努力の成果をより良く評価することを手助けできたはずである。この父親は，親子関係には改善が見られるものの，娘との家庭生活の質に悩んでいると我々にはっきり告げた。彼が何を気にしていたのかについては，いろいろと考えられる。娘がときどき押しが強くなる（生来の気質）ことだろうか。母親に似ていることだろうか。ひとり親としての自分の立場？　自分の受け身的な気性（生来の気質）？　先行研究からの理解という文脈でこの事例を振り返ると，この父親が個人的体験を新鮮な目で見られるように我々は助けるべきだったのである。

「新鮮な目」とは帰納的な見方のことであり，記憶や感情，思考，身体感覚，身近な環境で起こる出来事を客観的に調査できるようになるために，個人的な判断を保留にする探索過程である。我々の仮説ではマインドフルネス

瞑想は，親がこうした客観的調査を行うのに役立つ方法の一つである。本章の最終節で述べているように，マインドフルネス瞑想は，その実践の背後にある哲学を理解することや，定期的に実践することといった親への般化された効果をもたらす（Singh et al., 2006 など；Singh et al., 近刊）。この般化のプロセスについてはよくわかっていないが，子どもの行動問題を改善するだけではなく，ペアレンティングに対する親の満足度も高めるようである。我々は，子どもに関する親のナラティブの視点を中心に据えたプロセスの推測を行っている。瞑想には「転換」効果があるという Singh の推測を借りるならば，この効果が一人ひとりの親によるナラティブの視点構造の中で起こるのではないかと考えられる。どうやらこの視点がより一貫した具体的なものになるにつれて，語り手の感応性／反応性が高まるようである。

　その仕組みについて，以下に我々の考えを示す。マインドフルネス瞑想は，（記憶・思考・感情など）環境的なものであれ個人的なものであれ，あらゆる感覚をめぐる親の価値判断を一時的に保留にする。この新たな帰納的見方では，すべての感覚は，そこからカテゴリーの意味が取り払われて，特定の出来事として綿密に調べられることになる。その結果，一つひとつが新しいものと見なされる。それゆえ，Williams ら（2000）が実証したように，抑うつ傾向のある成人は瞑想によって，反すう的思考に関与しているカテゴリー記憶の代わりに具体的な記憶を取り戻せるようになる（Raes et al., 2006）。この具体的な記憶は新しいものであり，過去の意味によって妨げられていないので，親は子どもとの生活に関する視点を再構築する機会を得ることになる。記憶している出来事の具体性を保つようなやり方で親が視点を再構築し，一貫したナラティブへとまとめられるのであれば，この「新鮮な目」には反応性／感応性のペアレンティングが付随するはずである。

　マインドフルネス瞑想は，瞑想者があらゆる体験への価値判断を保留できるようにするので，演繹的思考から帰納的思考へ移り変わる際には，「今ここ」だけでなく過去の記憶も含まれることになる。先ほど言及した父親をマインドフルネス瞑想と BPT によって支援していれば，娘の気質を元妻の気質と，そしてそれとは正反対な自分の気質と比べながらも，父親は娘の押しの強い言動（「あごでこき使う」）への価値判断を保留することができたかもし

れない。親がこのように「初心」に返ったときに、あらゆる体験を完全に処理しようとするこうしたウィリングネスが転換すると考えられる。

もちろん、ものごとが起こる理由について仮説を立てれば、帰納的思考法は普通そこで終わる。そして、効率よく答えを探すために演繹の力が用いられる。そのようにすれば、「なぜ子育てはこんなに大変なんだろう？」といったよくある問いについて考える必要はなくなる。答えが出たら探究は終わるのであり、たとえ環境事情が変わっても——まさに、習慣が自動的になることと同じように——それは見過ごされる (Dumas, 2005)。

マインドフルネス瞑想によって親が帰納的思考に立ち戻ることができるのなら、子どもとの生活に関するナラティブの視点をめぐって、親は新たな問いかけをしなければならない。そして、自分の視点に疑問をもつという好奇心とウィリングネスは、おそらく定期的な瞑想によって維持することができるだろう。すぐれた聞き手の指導を受けながら、「子どもとの生活」に関する親の視点を直接的に再構築することも可能である (Schwartzman & Wahler, 2006)。成人が具体的な自伝的記憶を呼び覚ますのに瞑想が有益であるという知見から (Williams et al., 2000)、NRTの最初の重要なステップは始まっている。そのプロセスでは、記憶を一貫性のあるストーリーにまとめられるように聞き手が促すことを通じて、継続することが可能である。

要するに、我々はペアレンティングの難問のことを述べているのである。マインドフルネス瞑想によってカテゴリー記憶、曖昧な思考、未分化な感情が解消され、マインドフルな親は自分の具体的な体験を「新鮮な目」で見ることができるようになる。また一方で、NRTは、親が直感を通じて、あるいはより意図的な再構築の努力（ナラティブ再構築法）を通じて、新たな視点を形成するのを助ける。この新しい視点は恵みであり災いでもある。つまり、視点が新たに形成されれば、それは現在の状況と関連づけられ、反応性／感応性の高い育児の指針となる。新たな視点がペアレンティングの指針として機能するのであれば、親はその構造についてマインドフルになる必要はないので、その視点の機能はやがて自動的なものになる。子どもと環境は変化するという基本的な前提を念頭に置いて、すべての親は自分の視点を更新する帰納的な探索過程へと繰り返し立ち戻らなければならない。自分の視点を更

新できない親や，更新する気のない親は，ペアレンティングで大なり小なりトラブルに見舞われる。なかにはトラブルが慢性化したときに専門家に助けを求める親もいるだろう。

臨床過程──マインドフルネス，NRT，BPT

　トラブルを抱えた母親を対象とする臨床活動では，我々はNRT（Wahler & Castlebury, 2002）の原理を，マインドフルネス瞑想およびBPTと組み合わせて用いている。インテーク面接では4つの質問を足がかりとするが，最初の2つは子どもに関する母親の視点を聞き出すための質問である。①「私たちのクリニックにお子さんを連れて来られたのはなぜですか？」②「お子さんとの日常生活はいかがですか？」。次の2つの質問は，母親がさらに過去にさかのぼって話すことを促すものである。③「お子さんがもっと幼いときのことで，あなたが親として思い出すのはどのようなことですか？」④「あなたのご両親との生活について，覚えていることを話してください」。母親が4つの物語の「章」を締めくくるたびに，他に何か付け加えることがあるかとだけ尋ねる。面接をビデオに録画して書き起こしたら，Wahler, Rowinski, & Williams（2007a）のマニュアルにしたがって一貫性を評価する。さらに，母親はマインドフルネス，ペアレンティングのスタイル，個人的な変化に関する洞察，子どもの問題に関する見解を評価するための質問紙に記入することになる。

　次に臨床家は，我々の無料臨床サービスについてと，6ヵ月にわたって毎週行われるこのサービスがもつ研究の側面とを説明する。最初の3回のセッションは，機能におけるベースラインであること，すなわち，これを通じてプレイルームでの親子のやりとりと母親のライフストーリーに関する全体像を把握できるということを母親に伝える。その「ストーリー」は30分セッションで聞き出すことになるが，臨床家の質問はインテーク面接と同じ4つの質問に限られ，他の誘導的な質問はしない。このセッションのすぐ後に，親子で30分のプレイルーム・セッションに参加する。これらのプレイルーム・セッションは構造化されておらず，臨床家は同席しない。母親はプレイ

ルームを自宅だと思って，どのようなやり方でもかまわないので子どもとやりとりするようにと言われる。

NRT（「ライフストーリー」）とプレイルーム・セッションはビデオに録画される。ベースラインのビデオは，母親のナラティブのために書き起こされる一方で，プレイルームのビデオは標準化された観察コードに基づき，15秒間隔で観察・コード化される（Cerezo, 1988）。このコードには子どもの具体的な向社会的・中立的・反社会的な反応に加え，称賛，非難，承認，命令といった母親の一般的な反応が含まれている。子どもと母親のコードは，各インターバルごとに採点されるため，子どもの破壊的行動だけでなく，子どもの建設的行動や母親の適切／不適切なペアレンティングについても，全体像を定量化することが可能である（母親の適切な反応の割合は，感応性／反応性の高いペアレンティングに関する我々の指標となっている）。

4つの質問に沿った母親のナラティブの記録は，母親のライフストーリーにおけるベースラインの4つの「章」と見なされる。Wahler, Rowinski, & Williams（2007a）が定義する6次元の一貫性に従い，それぞれの章が評価される。その結果として生じるプロフィールは，核心，出来事，組織化，方向づけ，内的状態，因果関係の一貫性を反映した5段階のリッカート尺度における各次元を示すことになる。クリニックに来談した21人の母親について，Wahler, Rowinski, & Williams（2007b）が行った最近の研究が示すように，母親のベースラインのナラティブには，あいまいな出来事，組織化の欠如，因果関係を考慮しないといった特徴が顕著に見られる。これらのストーリーで最も一貫した側面は，核心（つまり，ストーリーを語る理由）である。

母子間の相互作用と母親のナラティブ一貫性プロフィールに関するベースラインの全体像を基に，臨床家はNRTとBPTを用いることになる。BPTの目標は母親の感応性／反応性を高めることであり，NRTの目標は母親の私的ナラティブの一貫性を高めることであるのは言うまでもない。臨床家はこれらを組み合わせた介入を始めるにあたって，NRTセッションの際に母親と共に，ベースラインのナラティブの最も一貫性のある部分——子育ての章の核心——を振り返る。その核心とは，母親が自分のストーリーを語る理由，すなわち，母親はなぜ子どもをクリニックに連れてきたのか，子どもとの生

活はどのようなものであるかということである。臨床家はベースライン・セッションでその核心に言及する際に、母親がよく使う言い回しや文言、あるいは言葉を引用する。ある母親は「私は息子のトビーの言いなりだという感じがします」という文言を使っていた。

臨床家は母親が具体的な出来事を思い出しやすいように、母親がカテゴリー記憶（「私は息子の言いなりである」）にマインドフルに焦点を合わせることを促すようにする。もちろん、その目的からは、カテゴリーの例を母親に挙げさせるだけでもよいだろう（「息子さんの言いなりになっている例を挙げてもらえますか？」など）。しかし、このようなやり方で重要な記憶を見いだそうとすれば、母親と臨床家はこのカテゴリーに合致する出来事（子どものえらそうな行動や言葉）について議論することに陥ってしまう。そうではなく、母親がリラックスし、カテゴリーを視覚化するのを手助けすることが、探索過程における母親の自由な（時には非論理的な）連想を促す。すなわち、母親が選択したカテゴリー記憶に基づき分類したさまざまな例を我々は知りたいし、母親にも知ってもらいたいのである。

我々が修正したマインドフルネス瞑想は、Kabat-Zinn (1994) が述べる手続きの一部を取り入れ、母親が呼吸に意識を向けて、その他の身体的・情動的・精神的感覚がマインドの中を自由に流れるに任せることができるよう手助けするものである。我々は母親に対して、あたかもそれがその他の感情・思考・記憶に向かって開かれるドアであるかのように、カテゴリー的な言い回しを視覚化することを勧める（「それがあなたのマインドの中を流れていくかのように言ってみてください」）。「今ここ」よりも過去の出来事に焦点を当てているため、この後者の瞑想の側面は、Langer (1993) のマインドフルネスの考え方に近い。つまり、母親が「オープンで、創造的で、蓋然的な心の状態であり、似ていると思われているものの中に違いを見いだし、違っていると思われているものの間に類似を見いだすことに通じる」(Langer, 1993, p. 44) 状態を生み出すことができるように、この母親に、自分で選んだカテゴリー「私は息子の言いなりである」に分類することにしたありとあらゆる出来事を検討してもらいたいのだ。もちろん、母親が「行き詰まって」しまい、想起した出来事を反すうしてしまったり、身体的にリラックスできなくなってしまっ

たりした場合には，我々は母親がふたたび自分の呼吸に焦点を合わせて，身体的・情動的・精神的感覚がまたマインドの中を自由に流れるに任せられるようになるよう手助けする。

ナラティブの中でも，子どもに関する核心の例として引き合いに出される多種多様な具体的な出来事に，我々は，また母親たちも強い印象を受けることとなった。先ほど例に挙げた母親の場合，はじめに「昨日トビー［息子］が私からプレイステーションをひったくったことが頭に浮かびます。息子は私をクソババア呼ばわりして，私の手に唾を吐きかけました。私は泣きわめいて立ち去りました」と話した。その後で，彼女は，元夫にまつわる似たような記憶を語ったのだ。「落としたポテトチップスを拾うように言うと，彼は玄関ドアにビール瓶を投げつけたのです」。

おそらく想像がつくだろうが，このように一つのカテゴリーにさまざまな具体的な出来事が含まれている場合，母親だけでなく臨床家も混乱することになってしまう。この特定のカテゴリーを母親がマインドフルに調べることで，さまざまな例が生じることとなり，トビーに関するこの章の一貫性を高めるどころか，むしろ弱めてしまうこととなった。NRTの課題は，母親がこれらの出来事をまとめるのを助け，今は母親に直接関係がなさそうな出来事をひとまず脇に置いて，現在の章と関わりがあるであろう出来事を充実させていくよう促すことにある。時間と場所，思考と感情，因果関係についての見方（なぜその出来事が起こったか）を，母親が付け足すにつれて，出来事の内容は充実していくのである。

その章の一貫性が得られたら，臨床家は母親に対して，核心に属していないと思った出来事（ビール瓶事件など）について考えてみることを勧める。息子のトビーに関するカテゴリー記憶をマインドフルに検討していたとき，この出来事が頭に浮かんだことを，母親は思い出す。臨床家は「それはこのカテゴリーに属していますか？」とだけ尋ねる。問題になっている章を再構築すると，大半の母親は，Langer (1993) が言うように「似ていると思われているもののなかに違いを見いだし，違っていると思われているものの間に類似を見いだす」ことによって，洞察力を身につけることがわかった。この母親の答えは，元夫との生活はトビーの問題と関係があるものの，それとは「別

の話」だというものだった。それゆえ，母親が新しいカテゴリー記憶を自発的に提示するか，遠い過去に関するベースラインの章（「あなたのお子さんがもっと幼かったとき」「あなたのご両親との生活」）で語った言葉について，臨床家が再度検討することを通じて，もう一つの核心が現れるだろう。この母親の場合，次のように話した。「おまえとトビーはそっくりだと彼［元夫］に言われたことがずっと頭にあったのです。それが私にはショックなのです！」

　母親と臨床家が他のカテゴリー記憶のマインドフルな検討にとりかかることで，新しい章が始まる。もちろんそれらの記憶は，先に述べた瞑想プロセス（「では，あなたがた親子はそっくりだと彼が言うところをイメージしてください。他の感情・思考・記憶に向けて扉を開きましょう。あなたのマインドの中を流れていくように，とそれらに言えばよいのです」など）を通じて，生じる出来事から構築される新しい章の核心となる。その母親が最初に思い出したのは，次のような記憶だった。「結婚した日の夜，彼が寝る支度をしているところが頭に浮かびます。彼は笑いながらトビーの寝室を片方の手で指し，もう一方の手で私を指してこう言いました。『君たちのようにコントロール好きな人間の間に，僕の居場所があるといいんだけどね』と」

　母親がマインドフルな検討を行うなかで，他にも具体的な出来事がすぐさま思い浮かぶこととなったが，その一つに彼女がかなり動揺したため，臨床家は最初の瞑想プロセスに戻ることにした。母親はこう言った。「私はキノコ栽培施設で管理職として働いているのですが，1年前，部下の女の子にこう言われました。『あなたは私に仕事の仕方を教えてくれるけど，私に任せてはくれない。私の邪魔ばかりするのよね！』と」。母親はこのNRTセッションで落ち着きを取り戻すと，こうも言った。「トビーとの間にも先週同じようなことがあったのを，否定している自分に気づきました。マンガ本を片付けるように言うと，息子はマンガ本を手に取って，珍しく片付けを始めたのです。私にはそれが信じられませんでしたが，私はその後，息子がしまった本を別の場所にしまいはじめました。すると息子は積み重ねた本を蹴飛ばして，ケンカが始まりました。わかりますか？［職場の］あの女の子とアール［元夫］は正しかったのです。私はクビにされるべきダメな責任者だというわけです！」

第10章 マインドフル・ペアレンティング

　母親と臨床家がこの章の一貫性を高めた後で，母親はトビーとの生活に関する第1章との類似点に気づいた。母親は次のように言った。「私はアールにも，あの女の子にも，トビーにも同じことをしています。私はどうやって仕切ったらいいかわかっていますが，どうしても余計な口を挟んでしまうのです。私が彼らに小言を言うと，彼らは私にやり返します。そんなふうにして私はトビーの言いなりになってしまうのです」

　さて，30分間のマインドフルネス／NRT セッションのすぐ後に30分のプレイルーム・セッションが続くことを思い出していただきたい。ベースラインのプレイルーム・セッションにおける母親と息子の交流をコード化したところ，母親の反応は平均でおよそ70％が感応性／反応性ペアレンティングであることがわかった（ボランティアの母親による基準値は約90％である）。トビーの行動は遊び心に満ちており，母親への要求と母親の指示への不服従がちりばめられていた。こういった反社会的な言動は，彼の反応の約15％を占めていた（ボランティアの子どもたちによる基準値は5％）。母親が自分のナラティブの章を再構築して，「子どもとの生活」に関するより一貫した視点を得た後に，BPT は開始されることになる。カテゴリー記憶に関する母親のマインドフルな検討から想起される具体的な出来事の一部は，先のプレイルーム・セッションの出来事であるため，臨床家と母親は NRT の各セッションの終了間際に，ペアレンティングについて計画を立てることが可能になるのだ。

　この母親の最初の BPT セッションは，「私は息子の言いなりである」というカテゴリー記憶から導き出された出来事に基づいて行われた。この記憶をマインドフルに検討していたときに，彼女は次のような出来事を思い出した。「私たちが友だちと一緒に動物園に行って，私がゾウについて説明しているとき，息子はずっと話の邪魔をしていました」。トビーはベースライン時に自分に向けられた母親のコメントや説明を時折遮っていた。そのことから，臨床家は，妨害したらタイムアウトを意図的に用いると母親がトビーに警告し，トビーが母親をまた邪魔することがあったらタイムアウトを実行に移す，というアクションプランをまとめることにした。そして，NRT セッションの終了間際に，このプランについて話し合いがなされた。プレイルーム・

セッションに入ると，トビーは母親の話を遮った。母親は彼に対して，パーテーションの後ろに5分間静かに座っているように言いつけたが，彼がおとなしくしている間も母親は説教を続けていた。当然のことながらトビーは静かにするのをやめ，その後口論となり，彼はパーテーションを蹴飛ばした。

このセッションの終了後，母親と臨床家が少し話をした際に，母親はタイムアウトについて疑念を示し，話に割り込むとはどういうことかをトビーに教えてやらなければならないという信念を口にした。次のNRTセッションでも話し合いは続けられ，「トビーとの生活」の章を検討し一貫性を高めることで，結果的には「元夫との生活」というカテゴリー記憶のマインドフルな検討に至った。それに続くBPTセッションのはじめに，トビーが母親の話を遮ったら，タイムアウトと沈黙という方法をふたたび用いることに母親は同意した。トビーは母親の話を遮り，母親の振る舞いは，前回のBPTセッションと変わりはなかった。母親はトビーがタイムアウト中に説教をすることはなかったが，ビデオでは，母親は腹を立てている様子で，タイムアウト用のパーテーションに向かって積み木を投げつけたため，トビーが彼女に向かって大声を上げることになり，口論はエスカレートした。臨床家がプレイルームに入ってセッションを終わらせることになったのだが，意外なことに，母親はトビーと臨床家の両方に謝ったのである。

「元夫との生活」のマインドフルな検討を続けているとき，母親はトビーとの間で起こった自宅での「マンガ本お片付け」事件と共に，キノコ栽培施設での出来事を思い出した。もちろん彼女は「私はクビにされるべきダメな責任者だというわけです！」という，さらに大きな核心を構築することによって2つの章を結びつけたのである。このNRTセッションの最後に，彼女は臨床家にこう言った。「トビーと一緒にプレイルームで何をすべきか，私にはわかっています」。その通り，続くプレイルーム・セッションでは，彼女はトビーが妨害したときに，タイムアウトを1回使ってうまく処理した。トビーも5分間おとなしくしており，親子はまずまず協力的であった。

それから3ヵ月にわたるNRTセッションで，母親はカテゴリー記憶をマインドフルに検討して，臨床家の助けを借りながらナラティブを再構築することで，数々の具体的な出来事を思い起こしつつ，自分の過去や最近の生

活に関する章を，いくつも新たに作り出すことができた。母親のBPTセッションの焦点は，仲間関係についての不安を振り返るなかで，トビーの要求や辛辣な発言，向社会的関心に置かれた。臨床家の指導を受けながら，母親によるプレイルームでの方略は，どれもみなNRTセッションから生み出されていった。母親と息子はうまくやったのである。

　月に1度の3回にわたるフォローアップのためにクリニックを訪れた際，母親は自分のさまざまなライフストーリーに関する章を精緻化して，章と章をつなぐ包括的な核心を探す作業を継続した。当初，5段階のリッカート尺度では，母親の全体的な一貫性は2点という低い値であったが，3回のフォローアップ来談時には，平均で約4点を示すことが明らかとなった。母親のプレイルームの感応性／反応性スコアは，ベースラインの70％という低い値から，フォローアップ来談時には約85％にまで上昇した。トビーの反社会性スコアは，ベースラインの15％からフォローアップ時点では，3％以下へ低減した。この3ヵ月にわたる月1回の来談は，臨床家がベースラインの4つの質問をした後に，母親に他に何か言いたいことはないかとだけ尋ねるという形式で，ベースライン時と比較可能なものである。母子の交流のためのプレイルーム・セッションは構造化されていないものであった。そして，3回のセッションの後に，母親にはインテーク面接後に記入したものと同じ自己報告式の質問票にふたたび記入してもらうこととしていた。

結　論

　我々の臨床活動は，自らの実証的研究というよりは，研究論文と理論に関する過去の展望論文（Schwartzman & Wahler, 2006；Wahler, Rowinski, & Williams, 2007b）から，より多くの情報を得ている。今後，クリニックに来談した母親の子育て方法，マインドフルネス，それに続く数ヵ月間のナラティブの一貫性との間に，期待されるようなベースラインでの関連性についてエビデンスを提示できれば幸いである。そのためには，我々が事例研究で用いたものと同じ尺度を使いつづけ，反復測定による時系列分析を行うことによって，我々の主観的な印象と関連したエビデンスが得られるかもしれない。

先ほど取り上げた事例研究であらましを述べたように，我々の臨床パッケージが実証的エビデンスを得られるまでの道のりは遠い。トラブルを抱えた母親と，それと同様にトラブルを抱えた子どもに対してこの方略を使おうと考えている臨床家のために，我々は自らの経験に基づいて，以下の8つのポイントを示したい。

1. クリニックに来談する母親たちは，ペアレンティングとその他の人生経験に関する私的なストーリーを語りたがっている。
2. 臨床家が自分のストーリーの一貫性を高めるよう母親を手助けする場合，これらのストーリーは，臨床家のペアレント・トレーニング方略の指針として役立てることができる。
3. 普通はカテゴリー記憶として表現される核心を臨床家が聞いていけば，ストーリーの章の臨床的な再構築を容易に始めることができる。
4. ストーリーの中の具体的な出来事は，カテゴリーに沿ってまとめられるが，そのカテゴリーについての母親の言葉が完全な要約に合致していることはめったにない。たとえば，「私は子どもの言いなりだ」というカテゴリー記憶／核心には，ペアレンティングや問題とされている子どもに関係のない出来事も入り込んでいた。
5. マインドフルネス瞑想は，母親が具体的な出来事を想起しやすくするために用いられる方略であるが，そういった具体例を直接的に促すこととは対照的なやり方である。後者の方略でも具体的な出来事を引き出すことができるが，カテゴリーの文言に合致しない出来事については除外される可能性がある。これらの特異的な出来事は，新しい章が古い章と重複しているかを見分けるための有益な指標となる。
6. 新たな核心が生じたり現在の核心が拡大したりするのは，母親が現在の章を再構築するプロセスに取り組んだときである。新たな章が展開し，やがて古い章と結びつくのである。
7. 章の中の特定の出来事は，プレイルームでの構造化されていない母子交流の中で生じるはずである。プレイルームでの出来事をBPTのターゲットとする場合，その出来事が母親のストーリーの一貫した文脈の中

第 10 章　マインドフル・ペアレンティング

に据えられれば，母親はより協力的になる傾向がある。
8. 関心をもっている聞き手に向かって母親が話しつづけている場合には，そのストーリーは一貫性を保つはずである。母親の生活環境が変化したときには，ストーリーの再構築が必要だろう。そのために母親が時折，熟練の聞き手の手助けを借りることもある。

引用文献

Aber, J. L., Belsky, J., Slade, A., & Crnic, K. (1999). Stability and change in mothers' representations of their relationship with their toddlers. *Developmental Psychology*, 35, 1038-1047.

Baer, R. A. (2003). Mindfulness training as a clinical intervention: A conceptual and empirical review. *Clinical Psychology: Science and Practice*, 10, 125-143.

Bakermans-Kranenburg, M. J., van IJzendoorn, M. H., & Juffer, F. (2003). Less is more: Meta-analyses of sensitivity and attachment interventions in early childhood. *Psychological Bulletin*, 129, 195-215.

Bargh, J. A., & Chartrand, T. L. (1999). The unbearable automaticity of being. *American Psychologist*, 54, 462-479.

Bates, J. E. (1980). The concept of difficult temperament. *Merrill Palmer Quarterly*, 26, 299-319.

Bishop, S. R., Lau, M., Shapiro, S., Carlson, L., Anderson, N. D., Carmody, J., et al. (2004). Mindfulness: A proposed operational definition. *Clinical Psychology: Science and Practice*, 11, 230-241.

Brittlebank, A. D., Scott, J., Williams, J. M., & Ferrier, I. N. (1993). Autobiographical memory in depression: State or trait marker? *British Journal of Psychiatry*, 162, 118-121.

Cavell, T. A., & Strand, P. S. (2002). Parent-based interventions for aggressive, antisocial children: Adapting to a bilateral lens. In L. Kucynski (Ed.), *Handbook of dynamics in parent-child relations* (pp. 395-419). Thousand Oaks, CA: Sage.

Cerezo, M. A. (1988). Standardized observation codes. In M. Herson & A. S. Bellack (Eds.), *Dictionary of behavioral assessment techniques* (pp. 442-445). New York: Pergamon.

Clinical Psychology: Science and Practice, (Fall 2004), pp. 230-266.

Coyne, L. W., Low, C. M., Miller, A. L., Seifer, R., & Dickstein, S. (2007). Mothers' empathic understanding of their toddlers: Associations with maternal depression and sensitivity. *Journal of Child and Family Studies*, 16, 483-497.

Crockenberg, S., & Acredolo, C. (1983). Infant temperament ratings: A function of infants, of mothers, or both? *Infant Behavior and Development*, 6, 61-72.

Dumas, J. E. (2005). Mindfulness-based parent training: Strategies to lessen the grip of automaticity in families with disruptive children. *Journal of Clinical Child and Adolescent Psychology*, 34, 779-791.

Dumas, J. E., Nissley, J., Nordstrom, A., Smith, E. P., Prinz, R. J., & Levine, D. W. (2005). Home chaos: Sociodemographic, parenting, interactional, and child correlates. *Journal of Clinical Child and Adolescent Psychology*, 34, 93-104.

Fearon, R. M., van IJzendoorn, M. H., Fonagy, P., Bakermans-Kranenburg, M. J., Schuengel, C., & Bokhorst, C. L. (2006). In search of shared and nonshared environmental factors in security of attachment: A behavior-genetic study of the association between sensitivity and attachment security. *Developmental Psychology*, 42, 1026-1040.

Hane, A. A., Fox, N. A., Polak-Toste, C., Ghera, M. M., & Guner, B. M. (2006). Contextual basis of maternal perceptions of infant temperament. *Developmental Psychology*, 42, 1077-1088.

Hayes, S. C., & Shenk, C. (2004). Operationalizing mindfulness without unnecessary attachments. *Clinical Psychology: Science and Practice*, 11, 249-254.

Hayes, S. C., & Wilson, K. G. (2003). Mindfulness: Method and process. *Clinical Psychology: Science and Practice*, 10, 161-165.

Holden, G. W. (1988). Adults' thinking about a child-rearing problem: Effects of experience, parental status, and gender. *Child Development*, 59, 1623-1632.

Holden, G. W., & Miller, P. C. (1999). Enduring and different: A meta-analysis of the similarity in parents' child rearing. *Psychological Bulletin*, 125, 223-254.

Hubert, N. C., Wachs, T., Peters-Martin, P., & Gandour, M. J. (1982). The study of early temperament: Measurement and conceptual issues. *Child Development*, 53, 571-600.

Kabat-Zinn, J. (1994). *Wherever you go, there you are: Mindfulness meditation in everyday life*. New York: Hyperion.（ジョン・カバットジン『マインドフルネスを始めたいあなたへ――毎日の生活でできる瞑想』田中麻里監訳，松丸さとみ訳，星和書店，2012 年）

Kabat-Zinn, J. (2003). Mindfulness-based interventions in context: Past, present, and future. *Clinical Psychology: Science and Practice*, 10, 144-156.

Kochanska, G. (1997). Mutually responsive orientation between mothers and their young children: Implications for early socialization. *Child Development*, 68, 94-112.

Kochanska, G. (2002). Mutually responsive orientation between mothers and their young children: A context for the early development of conscience. *Current Directions in Psychological Science*, 11, 191-195.

Koren-Karie, N., Oppenheim, D., Dolev, S., Sher, E., & Etzion-Carasso, A. (2002). Mother's insightfulness regarding their infants' internal experience: Relations with maternal sensitivity and infant attachment. *Developmental Psychology*, 38, 534-542.

Langer, E. J. (1989). *Mindfulness*. New York: Addison-Wesley.（エレン・ランガー『心の「とらわれ」にサヨナラする心理学――人生は「マインドフルネス」でいこう！』加藤諦三訳，PHP 研究所，2009 年）

Langer, E. J. (1993). A mindful education. *Educational Psychologist*, 28, 43-50.

Leerkes, E. M., & Crockenberg, S. C. (2003). The impact of maternal characteristics and sensitivity on the concordance between maternal reports and laboratory observations of infant negative emotionality. *Infancy*, 4, 517-539.

Mackinger, H. F., Pachinger, M. M., Leibetseder, M. M., & Fartacek, R. R. (2000). Autobiographical memories in women remitted from major depression. *Journal of Abnormal Psychology*, 109, 331-334.

Masuda, A., Hayes, S. C., Sackett, C. F., & Twohig, M. P. (2004). Cognitive defusion and self-relevant negative thoughts: Examining the impact of a ninety year old technique. *Behaviour Research and Therapy*, 42, 477-485.

Oppenheim, D., Goldsmith, D., & Koren-Karie, N. (2004). Maternal insightfulness and preschoolers' emotion and behavior problems: Reciprocal influences in a therapeutic preschool program. *Infant Mental Health Journal*, 25, 352-367.

Peeters, F., Wessel, I., Merckelbach, H., & Boon-Vermeeren, M. (2002). Autobiographical memory specificity and the course of major depressive disorder. *Comprehensive Psychiatry*, 43, 344-350.

Raes, F., Hermans, D., Williams, J. M., Beyers, W., Eelen, P., & Brunfaut, E. (2006). Reduced autobiographical memory specificity and rumination in predicting the course of depression. *Journal of Abnormal Psychology*, 115, 699-704.

Schwartzman, M. P., & Wahler, R. G. (2006). Enhancing the impact of parent training through narrative restructuring. *Child and Family Behavior Therapy*, 28, 49-65.

Segal, Z. V., Williams, J. M. G., & Teasdale, J. D. (2002). *Mindfulness-based cognitive therapy for depression: A new approach to preventing relapse*. New York: Guilford. (Z. V. シーガル，J. M. ウィリアムズ，J. D. ティーズデール『マインドフルネス認知療法——うつを予防する新しいアプローチ』越川房子監訳，北大路書房，2007年)

Serketich, W. J., & Dumas, J. E. (1996). The effectiveness of behavioral parent training to modify antisocial behavior in children: A meta-analysis. *Behavior Therapy*, 27, 171-186.

Singh, N. N. (2001). Holistic approaches to working with strengths: A goodness-of-fit wellness model. In A. Bridge, L. J. Gordon, P. Jivanjee, & J. M. King (Eds.), *Building on family strengths: Research and services in support of children and their families* (pp. 7-16). Portland, OR: Portland State University, Research and Training Center on Family Support and Children's Mental Health.

Singh, N. N., Lancioni, G. E., Winton, A. S., Fisher, B. C., Wahler, R. G., McAleavey, K. M., et al. (2006). Mindful parenting decreases aggression, noncompliance, and self-injury in children with autism. *Journal of Emotional and Behavioral Disorders*, 14, 169-177.

Singh, N. N., Lancioni, G. E., Winton, A. S., Singh, J., Curtis, W. J., Wahler, R. G., et al. (in press). Mindful parenting decreases aggression and increases social behavior in children with developmental disabilities. *Behavior Modification*.

Slade, A., Belsky, J., Aber, J. L., & Phelps, J. L. (1999). Mothers' representations of their relationships with their toddlers: Links to adult attachment and observed mothering. *Developmental Psychology*, 35, 611-619.

van IJzendoorn, M. H. (1995). Adult attachment representations, parental responsiveness, and infant attachment: A meta-analysis on the predictive validity of the Adult Attachment Interview. *Psychological Bulletin*, 117, 387-403.

Vaughn, B. E., Taraldson, B. J., Cuchton, L., & Egeland, B. (2002). The assessment of infant temperament: A critique of the Carey Infant Temperament Questionnaire. *Infant Behavior and Development*, 25, 98-112.

Wahler, R. G. (2007). Chaos, coincidence, and contingency in the behavior disorders of childhood and adolescence. In P. Sturney (Ed.), *Functional analyses in clinical treatment*. Burlington, MA: Elsevier.

Wahler, R. G., & Castlebury, F. D. (2002). Personal narratives as maps of the social ecosystem. *Clinical Psychology Review*, 22, 297-314.

Wahler, R. G., & Dumas, J. E. (1989). Attentional problems in dysfunctional motherchild interactions: An interbehavioral model. *Psychological Bulletin*, 105, 116-130.

Wahler, R. G., Rowinski, K. S., & Williams, K. L. (2007a). *Rating the personal narratives of parents*. University of Tennessee, Knoxville. Unpublished paper available from the first author.

Wahler, R. G., Rowinski, K. S., & Williams, K. L. (2007b, March). Clinic-referred mothers' monitoring capabilities: Mindfulness and narrative coherence? Paper Symposium, Society for Research in Child Development Conference, Boston.

Wells, A. (2002). GAD, metacognition, and mindfulness: An information processing analysis. *Clinical Psychology: Science and Practice*, 9, 95-100.

Williams, J. M. (1996). Depression and the specificity of autobiographical memory. In D. Rubin (Ed.), *Remembering our past: Studies in autobiographical memory* (pp. 244-267). New York: Cambridge University Press.

Williams, J. M., Teasdale, J. D., Segal, Z. V., & Soulsby, J. (2000). Mindfulness-based cognitive therapy reduces overgeneral autobiographical memory in formerly depressed patients. *Journal of Abnormal Psychology*, 109, 150-155.

第**11**章

小児プライマリーケアにアクセプタンス&コミットメント・セラピーを組み込む

パトリシア・J・ロビンソン

　アクセプタンス&コミットメント・セラピー（ACT）を小児プライマリーケアで用いる際には，臨床家はACT方略のスタイルを適用し実践するために，さまざまな改良を行う必要がある。実践の成否は，サービスを提供するための新たな文脈をうまく探ることができるか，新しい同僚たちと生産的な関係を築くことができるかどうかにかかっている。プライマリーケア行動医療（PCBH）モデル（Robinson & Reiter, 2007）によって，行動主義者は，プライマリーケアが有する独自の有益な条件に注目することが可能になる。プライマリーケアで子どもをケアするという価値は，新しい臨床方略を開発して，緻密に実践できるよう改良を加えるためのインスピレーションの最大の源となる。これらの意義はPCBHの使命の基盤であり，その使命とは広い意味では子どもたちが健康を高め，活き活きと生きることができるマインド・身体・精神を備えた大人になれるようにという願いである。行動主義者はこの使命を追求するにあたって，患者が生まれてから大人になるまでの健康を守り，増進するさらなるサービスを提供するために，プライマリーケア提供者と協力しながらチームの一員として活動する。

本章では，プライマリーケア現場の読者を対象として，認知的フュージョンと体験の回避が典型的に，子ども・青少年と身体医療提供者や行動医療提供者との間でどのように作用するのかを解説する。また，長期的にプライマリーケアを提供することになるだろう専門家と，子どもとその家族との間の交流で用いられる ACT の中核的なプロセスの適用方法についても提示する。最後に，子どもの肥満というコストのかかる健康問題に対して，集団ベースのケア・プログラムで ACT を適用することについて説明を加える。プライマリーケアにおける ACT アプローチについて説明を始める前に，ACT と ACT の観点で中心となる用語について順に説明しておこう。

ACT の概要

　ACT（Hayes, Strosahl, & Wilson, 1999）は，人間の苦しみという問題を扱う，科学的根拠を有するアプローチである。ACT の目標は，心理的柔軟性を高めるのを手助けすることにある。「心理的柔軟性」も身体的柔軟性と同じく，流動性，可動域の広さ，つまりは行動の幅広さ，ケガやストレスからの回復力（レジリエンス）を特徴とする。心理的柔軟性には，価値づけられた方向性の確立と，ゆっくりとその方向性に向かう絶え間ない動きが求められる。一般的な文化的規範（「医者なら私の子どもを正常にできるはずだ！」など）にきわめて熱心にしたがう人は，柔軟性が低く，深刻な苦悩に対して心身両面で脆弱な傾向がある。

　その他に重要な ACT プロセスには，体験の回避と認知的フュージョンがある。「体験の回避」とは，私的体験（思考・感情・感覚など）を回避したりコントロールしたりする試みであり，それは効き目がなく，さらに深刻な問題を招きかねないときでさえ試みられるのだ。たとえば，命に関わるような自動車事故を体験した子どもは，たとえ両親がいら立って「赤ん坊みたい」だと叱ったとしても，夜に両親のベッドで寝ることで事故の記憶を回避するかもしれない。

　私的体験（思考・感情・イメージ・感覚）をあたかも文字通りの真実であるかのように見なして，それに固執するとき，「認知的フュージョン」が起こ

る。事故で母親が死ぬという考えやイメージを，幼い女児が体験したとしよう。それを文字通りの真実として捉えるのであれば，その女児は苦痛な私的体験から（せめてつかの間でも）逃れるために，体験の回避を示しはじめるかもしれない。母親の死に関する何らかの思考が体験の回避を引き起こす可能性があり，特定の回避行動が広範囲にわたって見られることもある（子どもが学校で腹痛を起こして，早退するために母親に迎えに来てもらう。攻撃的な行動をとって教室から締め出され，退屈な歴史の授業をサボることができるなど）。

　体験の回避と認知的フュージョンに代わるものが，アクセプタンスと脱フュージョンである。アクセプタンスと脱フュージョンは，回避されるようになった生活の苦痛な側面から「一息つく余裕」を作るのに役に立つ。価値を見つけ出すことは，回避パターンに固執するよりもずっと重要な行動の方向性を示唆する。回避は，たとえ機能するとしても通常は短期的なものにすぎないからである。マインドフルネスの実践は，アクセプタンスを発達させて，価値に基づく行動を徐々に促進していくうえで，重要な役割を果たしていると考えられる。

小児プライマリーケア

　小児プライマリーケアに ACT やその他の第3世代の行動療法を取り入れるうえで欠かせない第一歩は，プライマリーケアの使命，提供されるサービスの性質，サービスの提供者，行動的サービスの統合を妨げる障害について，理解を深めることである。この節では，これらのテーマを簡単に紹介する。さらに詳しい情報を知りたい読者は，他の文献（Robinson & Reiter, 2007；Strosahl & Robinson, 2007；Gatchel & Oordt, 2003 など）を参照してほしい。

■プライマリーケアの使命

　1996 年の米国科学アカデミー医学研究所の提言は次の通りである。「プライマリーケアとは，統合的で利用しやすい医療サービスの提供を指し，担当者は，個人の医療ニーズの大部分を扱い，患者との継続的なパートナーシップを築き，家庭や地域社会の文脈で実践する」（Donaldson, Yordy, Lohr, &

Vanselow, 1996, p. 32)。この包括的な定義は，プライマリーケアが医療の基本であることを示唆し，ケア提供者と患者の密接な関係が重要な役割を果たすことを強調している。小児プライマリーケアが対象とするのは，子ども・青少年，そしてその家族である。その目的ないし使命は，子どもが誕生してから大人になるまで，疾病を予防して健康を維持することである。したがって，小児プライマリーケアは必然的に，社会の最も若い構成員を支える家族と地域社会の健康にも関わることになる。

小児プライマリーケア・サービス

米国内の大半の地域社会では，プライマリーケアは子どもが初めて医療システムを体験する入り口であるとともに，成人するまで医療サービスの中心でありつづける。患者はプライマリーケアにおいて，児童健診，予防接種，健康増進と疾病予防，カウンセリング，患者と親の教育，急性／慢性疾患の診断と治療など，あらゆるサービスを受ける。特に身体医療と行動医療が統合され，行動的技法がシステムの問題に適用される場合には，患者とケア提供者のこのような文脈は，多くの場合，子どもの健康一般を改善するにはうってつけの環境と言える。

小児プライマリーケア・チーム

プライマリーケア・サービスは，ケア提供者とスタッフからなるチームで提供される。チームのメンバーには，小児科医，家庭医，ナース・プラクティショナー*や医師助手などの中間提供者が含まれる。心理士がプライマリーケアに取り組む際には，プライマリーケア提供グループの一員として加わることになる。その他に，小児プライマリーケアのスタッフには，看護師と准看護師が含まれる。患者は1回の受診で，通常2～3人のチームメンバーからサービスを受けることになる。保健維持機構や地域の保健所で見られるような複数の提供者による個人診療やクリニックを含めて，さまざまな場面でチームによるサービスが利用されている。

訳注* 第5章 p.129 の訳注を参照。

行動医療サービスをプライマリーケアに取り入れる際の問題

　小児プライマリーケアでは，5〜30分程度の短いやりとりになることが普通である。今日の小児プライマリーケア提供者は，財政的な問題から，1日におよそ30人の子どもや青少年の診察をこなさなければならない。彼らは通常，クリニックで過ごす時間の90％を患者の診療にあてており，1日8時間の勤務時間のうち432分（7.2時間）を患者への直接的な医療サービスに費やしていることになる。1日に平均30人の患者と接すると仮定した場合，一般的な仕事のペースは以下の通りである。まず，約14分間で提供者が患者を迎え入れ，診断，処置，教育，アドバイスを行う。それと共に，カルテに記入し，検査オーダーを作成し，処方箋を書いたり送信したりする。

　小児プライマリーケア提供者は，生産性へのプレッシャーに加え，数々の問題に対して「肺炎には抗生物質」的なケアを求めるようになった親たちの期待に応えることに苦心している。「息子には本当に手を焼いています。薬を飲ませるべきでしょうか？」「娘は部屋にこもっていて，家の手伝いをしようとしません。抗うつ剤が効くと思いますか？」「うちの子はベッドに入ろうとしません。何か眠れるようなお薬をくれませんか？」。小児プライマリーケアは理論上，生物心理社会学的モデルにのっとっている。しかし，時間的制約と「魔法の薬」アプローチの板挟みにあって，患者も提供者も生物心理社会学的な関わりではなく，生物医学的な関わりを志向せざるをえない。

　患者と提供者がストレスを感じるのは目に見えており，その結果たいていの場合は，友好的にやりとりを終わらせるけれども，健康行動の長期的な変化について，子どもと家族のサポートはしないというプランが作成されることになってしまう。むしろ，家族にとっては，医療提供者との交流によって，体験の回避パターンが展開していくことになるかもしれない。脆弱な家族は，身体化した障害や医学的な疾病のある親族がいたり，物質乱用問題や家庭内暴力といった家族歴があったり，ぎくしゃくした親子関係，うつや不安による世代間伝達の問題など，さまざまな問題を抱えていることが多い。そのような高リスクの家庭では，疾病に関連する行動がエスカレートしたり，プライ

マリーケア提供者が診断せざるをえないと感じるような漠然とした身体愁訴が見られたりもする。親の方から子どものためにさらなる診療を求めることもあり，提供者はあらゆる医学的可能性を検討しつづけなければならない。この不幸な連鎖は何年も続くこともある。

プライマリーケアのための行動医療モデルと ACT

1990 年代，研究者たちは，行動主義者をプライマリーケア・チームのコンサルタント・メンバーとする統合医療のモデルの検討を始めた（Strosahl, 1997, 1998；Robinson, Wischman, & Del Vento, 1996）。このモデルは，後にプライマリーケア行動医療（PCBH）モデルとして知られるようになった。高次の統合という観点からすれば，行動主義者の主要な顧客は，患者ではなくプライマリーケア提供者である。20 〜 30 分間という短い時間で患者を診療すること，また主要な概念や一般的な介入をケア提供者に教えることによって，行動主義者はプライマリーケア患者からの行動医療サービスの要求に応えることに成功を収めるようになった。ACT の方略は，これら初期の取り組みと特に関わり合いが深い（たとえば Robinson, 1996 を参照）。そして，「プライマリーケアにおけるアクセプタンス＆コミットメント・セラピー」（ACT-PC）という言葉が，ACT のコア方略をプライマリーケアのために翻案したものとして開発された。ACT の方略はこの翻案によって，行動主義ではないプライマリーケア提供者にとってさらにわかりやすいものとなり，プライマリーケアに対する時代の要請と合致するようになった。初期の研究では，PCBH モデルがより良い臨床成果や費用対効果，患者の満足と結びつくことが示唆されている（Katon et al., 1996）。こうして，統合への動きに勢いがつき，スタッフ主導による健康維持団体から全米の軍関連および地域の健康センターへと，その動きは広がることとなった。PCBH モデルは，たちまち統合医療サービスの黄金律となった（Strosahl & Robinson, 2007；Strosahl, 1996a, 1996b；Gatchel & Oordt, 2003）。その使命は，ただ単に直接的な患者ケアを提供することだけでなく，プライマリーケア提供者に効果的な行動的介入を提供できるような力を与えることで，プライマリーケアシステムでの医療ケアの提供を

向上させることにある。

　PCBHモデルでは，行動主義者は一般的に行動医療コンサルタント（BHC）と呼ばれる。この呼称は，臨床実践におけるコンサルタント的な性質を重要視すると共に，このことを行動主義者とプライマリーケア提供者の両者に常に思い出させるという役割も有する。*Behavioral Consulting and Primary Care: A Guide to Integrating Services*（Robinson & Reiter, 2007）には，BHC実践に取りかかる方法や，プライマリーケアに取り組むために中核となるコンピテンシーに関する情報，またその診察実践スタイルを現場の要件に合わせて調整したり，医師やプライマリーケア・チームの構成員の診療習慣を変えたりするための実践的なツールに関する詳細な情報が盛り込まれている。

　ACTやその他の文脈的心理療法は，プライマリーケア診療に特に適していると言える（Robinson & Reiter, 2007を参照）。ACTという土台は，診断よりも患者の機能に注意を向けるPCBHモデルの哲学によく合致する。また，体験の回避と認知的フュージョンは，一部の患者群に見られる不必要でコストのかさむサービスの利用や，別の患者群に見られる必要なケアを十分利用しないことと関連が深い。そのため，ACTの原理と方略は，プライマリーケアに必要なシステムレベルの変化ももたらすことが可能となる（Robinson & Hayes, 1997を参照）。

　いくつかの例を通して，ケアを過剰に利用したり，あまりにも利用しなかったりする小児患者と家族において，体験の回避が進行する経過について考えてみたい。心理的ストレスを身体化する傾向のある家族は，プライマリーケアの患者の中では利用度が高く不満の多いグループに入ることが多い。そのような家庭では，子どもは幼い頃から心理的ストレスを身体的愁訴という形で表現することを学んできている。不快な内的出来事を子どもが身体を通じて表すので，親はその身体症状の可能性（危険性）を心配することになる。ケア提供者は，このような不安定な親の要求を受けて，頭痛に対して高額な精密検査を行ったり，複数の医学的検査を繰り返したりする羽目になりかねない。そして，これは往々にして有益な効果よりも副作用の報告を伴うことの方が多い。反対に，体重超過の赤ん坊をもつ肥満の両親は，医療従事者から否定的評価を受けたり叱責されたりしないように，乳児健診を回避す

ることがある。たとえば，こういった親たちは，診察を受けに行くとつらい思いをするかもしれないと恐れていたり，自分たちがしてきたこと（子どもと親の苦痛を和らげるため子どもに食べ物を与えすぎるなど）へのアクセプタンスが欠けていたりする。

　患者との交流がどうしても短くなってしまう BHC とプライマリーケア提供者にとって有用な形で，ACT のコア方略を翻案したものが ACT-PC である。そもそも，ACT は患者と 1 時間接するという前提の下に開発されてはいるものの，その基本的な原理と方略は，患者と提供者の長時間の接触ないしは，継続的な関係を必ずしも必要としているわけではない。ACT 方略の実施の順番が治療の重要な側面であることを示唆する証拠はどこにもないし，プライマリーケア患者全員が一度のケアで ACT の中核方略を一つ残らず体験する必要もない。BHC にとって ACT-PC は，患者のニーズに合致することは何かを選ぶ際だけでなく，介入に使える時間が 5 分なのか 30 分なのかを判断する際にも役に立つものである。実際には，10 分間のサービスに適した ACT 介入を用いることに重点が置かれている。というのも，この 10 分間のサービスは，医師が身につけ，BHC サービスを受けるのではない患者に対して実施することが最も多いものだからである。実施するのが BHC でも医療提供者であっても，患者に ACT エクササイズを提案すると共に，患者自身，もしくは信頼できる友人や身内の人と一緒に実行してみるよう勧めることが最も有用であることが多い。我々は教材を幅広く用いている。その中で，ACT の概念を図示したものは，小児患者やその家族やプライマリーケア提供者に受け入れられやすいことがわかった。ACT の介入を行う際，もしくはプライマリーケア提供者に教える際に用いる図表の例については，本章の後半で紹介することとしたい。

　ACT プログラムをプライマリーケアの中で実行できるようにするためには，ACT-PC には，他にも改訂しなければならない点がある。たとえば，エクスポージャー療法について患者に同意を求めるのではなく，来談した患者にこのサービスを説明する一環として，不快感が増す可能性があることを面接の初めに言及するだけにとどめるのである。以下に導入例を挙げる。

こんにちは。私はジョーンズです。このクリニックで患者さんを診る他のお医者さんたちのお手伝いをしています。私の専門は，お子さんとそのご家族が健康と生活の質を改善する方法を見つけられるようにすることです。今日は，あなたの担当医から検討してほしいと頼まれた問題について考えてみることにしましょう。10分か15分，一緒にお話ししてから，あなたと担当医にいくつかアドバイスをします。私がお話しするアイディアを聞いて，あなたが何をするかは本当にあなたに任されているのですよ。これまでの経験から，短期的な問題解決法は，長い目で見れば役に立たないこと，そして，人生の質を良くしようとして試みていることが，実は苦しみを引き起こすことをすでにご存じかもしれませんね。

最後に，ACT-PC は，患者集団や，医療システムのさまざまな側面に焦点を当てる医療プログラムに，ACT の概念を導入する方法を示唆している。次の節では，PCBH モデルを実践し，ACT-PC 手法を用いるための指針を示すことにしたい。

PCBH モデルに取り組み，ACT-PC 手法を用いるための指針

ACT-PC を実施する際に重要なガイドラインは3つある。①最も強力な行動的介入を，必要に応じてできるだけ多くの患者に提供する。②プライマリーケア提供者が BHC サービスの最初の顧客であり，そこでコンサルタント的な役割を担う。③伝統的な事例重視の観点ではなく，集団ベースの医療ケア提供者の観点から臨床活動を捉える。

■エビデンスに基づくケアを必要に応じて患者に提供する

PCBH モデルにおいて，BHC は「来る者拒まず」のジェネラリストとして定義されることになる。すなわち，BHC の勤務日には，クリニックで最も若い患者から最も年配の患者までやって来るのである。他のグループを除外し，特定の年齢層に重点を置くトレーニングを受けてきた BHC にとって，これはストレスを感じる状況であろう。BHC にとっては，考えられるすべ

ての（条件と年齢層のための）経験的に支持された治療法を事前にマスターしておくことよりも，もっと重要なことがある。つまり，BHCにとっては，プライマリーケアの同僚たちから学ぶことや，エビデンスに基づくアプローチに関して，プライマリーケア環境で働いている者らしく「その都度，迅速に」学ぶことへのコミットメントが重要である。

　プライマリーケア環境での行動医療サービスの必要性はかなり大きい。そのため，BHCはできるだけ多くの患者と家族に対してサービスを拡大できるような診療スタイルに切り替える必要がある。骨の折れることであるが必要とされる診療スタイルの例としては，短時間で的を絞って診察を行う，フォローアップの来談回数を減らす，または，行動変容プランのサポートを継続できるようプライマリーケア提供者に協力を仰ぐことなどが挙げられる。BHCが患者を診察する時間は，通常は15〜30分間である。1日8時間の典型的な診療では，BHCは1日に12〜15人の患者を診ることになる。グループ診療では，この人数は30〜40人にまで跳ね上がり，参加者すべてを表に記録することになるだろう。平均するとBHCは2〜3回のフォローアップを行う。しかし，体重超過の子どもや妊娠性糖尿病を有している妊婦など，特定の集団のためのグループないしはクラスでのサービスを通じて，より集中的にコンタクトをとることもある。

　BHCは広範な心理社会的面接を含めた診断重視の典型的な面接を実施するのではなく，提供者と患者が特定した当該の問題を検討するにとどめる。たとえば，あるプライマリーケア提供者からの紹介で，10代の若者が不登校のコンサルテーションを受けるために来談したとする。その際に，BHCはその患者が喫煙していることを知った。時間的制約により，患者とケア提供者の関係を優先するのであれば，この場合，BHCは不登校に焦点を当てなければならない。しかしBHCが，ケア提供者に患者の喫煙問題に取り組むよう提案したり，その健康リスク行動をターゲットにするコンサルテーションを患者に紹介したりすることは可能である。

　面接用のテンプレート（**表11-1を参照**）を用いると，当該の問題の機能分析を完成させられるとともに，患者が現在行っているコーピング方略の有効性を効果的に評価することができるだろう。時間的な制約により，即日の紹

表11-1　初回の行動医療コンサルティングのための面接テンプレート

プライマリーケア提供者＿＿＿＿＿＿＿＿＿＿＿＿＿＿＿＿

当該の問題／疑問／懸案事項に関する機能分析

＿＿＿＿＿＿＿＿＿＿＿＿＿＿＿＿＿＿＿＿＿＿＿＿＿＿＿

ターゲット行動（頻度，持続時間）＿＿＿＿＿＿＿＿＿＿＿＿＿＿＿＿＿＿
先行事象＿＿＿＿＿＿＿＿＿＿＿＿＿＿＿＿＿＿＿＿＿＿＿＿＿＿＿＿＿
結果＿＿＿＿＿＿＿＿＿＿＿＿＿＿＿＿＿＿＿＿＿＿＿＿＿＿＿＿＿＿＿

回避された感情／思考／感覚＿＿＿＿＿＿＿＿＿＿＿＿＿＿＿＿＿＿＿＿

回避戦略（短期的結果と長期的な結果を記入）
　1. ＿＿＿＿＿＿＿＿＿＿＿＿＿＿＿＿＿＿＿＿＿＿＿＿＿＿＿＿＿
　2. ＿＿＿＿＿＿＿＿＿＿＿＿＿＿＿＿＿＿＿＿＿＿＿＿＿＿＿＿＿

重要な人生の価値＿＿＿＿＿＿＿＿＿＿＿＿＿＿＿＿＿＿＿＿＿＿＿＿＿

価値づけられた方向から見た回避方略の有効性
＿＿＿＿＿＿＿＿＿＿＿＿＿＿＿＿＿＿＿＿＿＿＿＿＿＿＿＿＿＿＿＿＿

マインドフルネス・スキル
＿＿＿＿＿＿＿＿＿＿＿＿＿＿＿＿＿＿＿＿＿＿＿＿＿＿＿＿＿＿＿＿＿

健康的なライフスタイル行動
- 家族
- 学校／成績
- 睡眠／運動
- 友人
- 仕事／キャリアの方向性
- ドラッグ／アルコール／食物の誤用

プラン（例：患者が毎日，母親と一緒に「空に浮かぶ雲」エクササイズをするなど）
＿＿＿＿＿＿＿＿＿＿＿＿＿＿＿＿＿＿＿＿＿＿＿＿＿＿＿＿＿＿＿＿＿

アドバイス＿＿＿＿＿＿＿＿＿＿＿＿＿＿＿＿＿＿＿＿＿＿＿＿＿＿＿＿

患者／家族へ（例：週1回の家族会議で，価値への焦点を高めるために家族でゲームをする，など）
＿＿＿＿＿＿＿＿＿＿＿＿＿＿＿＿＿＿＿＿＿＿＿＿＿＿＿＿＿＿＿＿＿

プライマリーケア提供者へ（例：患者と家族に対して，2週間のフォローアップ中に，提案されたエクササイズ／ゲームの実施状況について尋ね，サポートしてくださるようお願いいたします，など）。
＿＿＿＿＿＿＿＿＿＿＿＿＿＿＿＿＿＿＿＿＿＿＿＿＿＿＿＿＿＿＿＿＿

介にすぐに応じられるようにするためには，時間効率のよい面接法だけでなく，サポートを継続するためになるべく早く患者をケア提供者へと返していくというウィリングネスも必要である。ACTやその他の行動的介入を，医師やスタッフが使い勝手のよいように作り替える能力がなければ，BHCはその日の予約枠を取り払って，より多くの患者を診る羽目になるだろう。

　BHCを始めたばかりの人は，平均で4回以下の接触をもって患者のケアを完了することに難しさを覚えることが多い。したがって，BHCはこの統計データを記録して，自身の診療を評価し，形づくっていくために利用しなければならない。高リスクの患者には3回以上のフォローアップが妥当な場合もあるが，1回のコンサルテーション，もしくは初回のコンサルテーションと1回のフォローアップで有益であることが多い。厄介な状況（親との分離の間に子どもの排泄スキルが退行したなど）については，特定のスキル（マインドフルネスなど）の使い方を身につけることに焦点を当てた診療を1回行えば十分であろう。BHCは原則として，さらなる介入が必要な場合にのみ戻ってくるよう患者に勧める。あるいは，医療提供者と同じく，将来必要が生じたら戻ってくるようにとだけ勧める。

■コンサルタントの役割を担う

　プライマリーケアでは，BHCはコンサルタントの役割を果たす。そのためにBHCは，ケア提供者と患者およびその家族との関係を優先するよう努め，常に尊重しなければならない。家庭医療提供者は，赤ん坊の出産に立ち会うことが多いため，この関係はたいていの場合，患者の出生時から始まる。それゆえプライマリーケア提供者が患者と家族に関する情報を豊富に持っていることが多い。そのため，BHCはこのことを認め，情報を活用した方が賢明である。医療提供者から，一時的にBHCを参加させることを勧められれば，ほとんどの家族は受け入れる。プライマリーケア提供者による紹介の際には，行動変容を専門とするプライマリーケア・チームの他のメンバーに診てもらうことを，プライマリーケア提供者があらかじめ子どもと親に話しておくと，家族は受け入れやすいようである。

　BHCはコンサルタントとして，患者と小児プライマリーケア提供者の双

第 11 章　小児プライマリーケアにアクセプタンス＆コミットメント・セラピーを組み込む

方に対してアドバイスを行う。BHC としてやりがいのある課題の一つは，（ACT の介入を含めた）自分の提案を伝える方法を模索することにある。すなわち，提供者が現在と将来のさまざまな患者に対して介入法をいかに調整していくかを理解できるように，わかりやすく，かつ深みのあるアドバイスを行う。たとえば，ある BHC は社会不安のある 7 年生の女子に対して，さまざまな思考（自身の社会的スキルのなさや周囲から見た魅力などについて）を抱くことは，1 杯のスープの中に数種類の野菜が入っているようなものであると伝えることにして，①漂っているものをただ眺める，②マインドがそれらをどのように評価しているか（「私はかわいいと考えるのは"良い思考"だ」「ポテトは"おいしい"」「声が震えるのは"まずい"」「オクラは"すごくまずい"」）に気づく，そして③予定していた対人的なやりとりについて尻込みせず，スープ／マインドをあるがままにしておく，というように教えるかもしれない。求められるわかりやすさと必要とされる深さとの間でバランスをとることができるように，BHC はプライマリーケア提供者にさまざまな教育の機会を与えなければならない。当然のことながら，このような教育的なやりとりは，来談した患者に対して具体的だが簡潔なフィードバックを提供することから始まる。理想を言えば，このフィードバックは患者が BHC を紹介されて利用するその日に与えられるのが望ましい。というのも，ケア提供者を教育するにはそれが最適のタイミングだからである。

　BHC がカルテを使ってアドバイスを伝え，プライマリーケア提供者にACT 介入について教えることも可能である。SOAP のフォーマット――主観（Subjective）・客観（Objective）・アセスメント・プラン（Assessment Plan）――は，プライマリーケアで広く用いられているものであり，BHC はこのフォーマットを出発点として用いることができる。その際には，記載は 1 ページに収まるようにするべきである。簡潔に記述した方がケア提供者にメモを読んでもらいやすい。「プラン」の項目を具体的にすることで，ケア提供者のサポート能力が高まり，BHC 主導の介入の影響力が増すことにつながる。SOAP の記入例を**表 11-2** に示す。

　多くの医療提供者は，カルテで言及されている具体的な介入について，説明を求めるだろう。そこで，ケア提供者が患者に介入する際，行動的技法を

表11-2　SOAPの記入例

自覚症状

　ラモス＝ディアス医師からのコンサルテーションへの紹介である。ラテン系アメリカ人の8歳の男児。睡眠障害と心的外傷性ストレスを有している。6日前，ダンスホールで警備員が撃ったスタンガンの狙いが外れ，誤って患者の背中に当たった。患者は両親がダンスをしている間，入り口近くのテーブルで兄と一緒に遊んでいた。彼は病院に搬送されて救急措置を受け，現在は身体的には回復している。その事故以来，患者は外出時に過度に警戒し，警備員や警官を目にすると動揺するようになった。寝付きは悪い。患者は悪夢で夜中に目が覚めると言い，悪夢の中には事故に関するものもあった。患者は事故について話したがらず，事故後は腹痛と「少し気分がすぐれない」ことを理由に学校を2日間休んだ。学校の成績は中の上であり，学校生活と友だちに会うことが好きである。両親，兄，教師，友人とはうまくやっている。ぜんそくの持病がある。

他覚所見

　患者の母親は本日，小児症状チェックリストに回答した。総合点は21点であり，深刻な心理社会的機能不全を示唆している。患者は診察の間ずっと玩具で遊んでおり，事故について質問してもうなずくだけだった。

評価／プラン

　睡眠障害と心的外傷性ストレス障害がみられる。患者とその母親は，今この瞬間を体験するスキルを高めるために「過去－現在－未来エクササイズ」を学習すると共に，過度の警戒を軽減するために「ラグドール・リラクセーション・エクササイズ」を学習する。これらのエクササイズを1日に数回行う。就寝時にはラグドール・リラクセーションエクササイズを実践し，母親は求められたら患者の背中を軽くマッサージする。ラモス＝ディアス医師は，患者を週1回診察して，腹痛があっても継続的に登校できるようにサポートするとよいだろう。

柔軟に適用できるように，BHCが追加のトレーニングを提供すると有用であることが多い。ACTやその他の行動的技法を医療提供者に教えるうえで，考えられる他の手段としては，昼食時間に行うプレゼンテーションや資料の提供などが挙げられる。よく用いられる介入について，詳細な説明や具体例を1ページのニュースレターにまとめると，大半の小児科医に喜ばれるだろう。また，ACTについて章ごとに短くまとめたものなら，多くの人に読んでもらえるだろう。プライマリーケア提供者がいったん基本を身につければ，診療の文脈にふさわしい新しいメタファーを作り出せるようになるかもしれない。トレーニングプログラムを通じて，ACTを体験する機会を提供することによって，ケア提供者とスタッフはACT概念に対する理解を深め，

第11章 小児プライマリーケアにアクセプタンス&コミットメント・セラピーを組み込む

ACT方略を行使する能力を高められるだろう。

■集団健康モデルでの実践

　集団ベースのケアの原則の背景には，PCBHモデルの理論が多く見受けられる。しかしながら，それはプライマリーケアの現場に入っていこうとするBHCにとっては見慣れないものばかりである。伝統的なメンタルヘルスに関する治療では，典型的と言える症例モデルと集団健康モデルとで，その目標は異なっている。集団ベースのケアは予防と救急ケアに対してのみならず，慢性疾患のマネジメントという増大しつつある問題に対しても組織的アプローチを促す（Lipkin & Lybrand, 1982）。たとえば，このモデルに基づく介入によって，ケア提供者は特定の介入プログラムをBHCに求める前に，スクリーニングによって特定の問題（家庭や学校での行動上の問題）を抱える集団（ADHDのある6～12歳の子どもなど）を的確に特定できるようになるかもしれない。あるいは，関連のある医学的問題（自動車事故によるケガ）の発生率を低下させたい場合には，ある集団（10代の若者）に対して，集団健康プログラムとして教育的情報（アルコールやドラッグによる健康上のリスク，シートベルトの使用など）を広めることが必要とされる可能性がある。影響力の大きい問題（注意欠陥障害や行為障害のある10代と親との関係など）のためのプログラムも，集団を対象とすることで効果を発揮する。

　選抜された少数の人々に集中的なサービスを提供するのではなく，限られた数のサービスを集団内の多くの人が利用できるようにするアプローチが集団ケアの特徴である。的を絞った集中的な介入は少数の限られた人にとっては大きな助けとなるが，集団の中で助けを求めている人の大多数は，そのような特定をされず，十分なサービスを受けられなくなる。すると結果的に，そういった人々が集団全体の医療負担を増やし，貴重な医療リソースが使い果たされることになってしまう。このような点を考慮して，集団ベースのアプローチでは，多くの人たちの小さな改善が集団全体の健康を向上させることを期待して，より限られたやり方であっても，それが集団のより多くのメンバーに行き渡るように試みるのである。非常に根本的な意味で言えば，このアプローチは，限りある医療ケア資源をできるだけ多くの集団の利益とす

るのに最適な方法を作り出すにあたって,利用可能な研究を探し求めていると言える。

　ACT-PC 集団プログラムは多くの場合,特定のターゲット集団についての具体的な指示がケア提供者に与えられる「クリニカルパス（診療スケジュール）」に組み込むことが可能である。Robinson (2005) は,プライマリーケアで頻繁に見られる問題に関して,集団ベースのケアを考案する枠組みを提唱すると共に,うつ病などの問題へのプライマリーケアでの適用例を示している（Robinson, 2003）。*Behavioral Health as Primary Care: Beyond Efficacy to Effectiveness* (Cummings, O'Donohue, & Ferguson, 2003) には,この点に関して有益な情報が記載されている。Rivo (1998) でも集団ケアについて端的にまとめられている。

患者と家族のための ACT-PC コンサルテーション・サービス

　小児プライマリーケアにおける特定の集団に焦点を当て,それに対する支援方法の開発と維持に関する提言をもって,本章を締めくくることにしたい。子どもや家族,小児医療提供者にとって,ACT の方略と概念は,その成果を高める期待がある。しかし,ACT が提案する技術は,時間的な制約や提供者の関心度に応じた修正を行ったうえで適用されなければならない。以下の 6 つの原則は,BHC がプライマリーケアで ACT を使用する際に,創意工夫して効果を発揮するのを手助けすることになるだろう。ACT の教材を作成し,それをプライマリーケアで適用する際には,これらの原則を用いるとよい。

1. 幅広く適用できる教材を開発する。
2. 携帯できる教材を開発する。
3. 15 分以内で説明して使用できる教材を開発する。
4. ケア提供者に ACT の介入をわかりやすく示す教材を開発する。
5. 個人と集団の環境で役立つ教材を開発する。
6. ACT の視点を反映し,その環境で実施可能な概念を測定する。

それぞれの原則について，以下に例を挙げて説明する。最もすぐれたACTの小児プライマリーケア版は，BHCと小児医療提供者の連携から生み出されると言える。この節で挙げる例もチームワークの中から案出されたものである。

■ 幅広く適用できる教材を開発する

プライマリーケアでは，ほとんど時間をかけられない。そのため，可能性のあるあらゆる訴えについて別々に資料を使っていては，慌ただしいスケジュールの中で，今この瞬間にあろうとするBHCの努力の妨げとなってしまうだろう。さらに，プライマリーケア提供者は，すべてを包括するような少数の資料を用いることが多い。我々はこの基準にしたがって「人と城」エクササイズの教材を作成した（**エクササイズ1**を参照）。事前に準備された教材によって，図解によるアプローチが後押しされるだけでなく，視覚的にサポートしながら，ACTの中核プロセスの多くをケア提供者と子どもに示すことができる。「人と城」エクササイズに関する以下の説明は，10歳の男子との会話をもとにしている。

　さて，この男の子の名前は"勇者"［子どもが気に入っているゲームやアニメなどのキャラクター名］にしよう。彼も君と同じように，「そんなの大嫌いだ」とかいう考えを頭の中にもっている。そういう考えをここに書いてみよう［セクションⅠ：望まない思考と感情］。勇者はそういうことを考えたときにどうすると思う？［この質問によって，その子どもの体験の回避の仕方を探る］。それをここに書いてみよう［セクションⅡ：回避の方法：効果がある？／犠牲となる？］。しばらくの間このことについて話し合おう——君が望むような効果があるかどうか考えてみようね。
　ここでマインド，ボディー，スピリットのお城を見てみよう。これは最高の夢と希望が住む城だ。夢と希望は人生で本当に大切なことだよね。たとえば友だちをつくる，家族と仲良くする，勉強する，探検するのと同じくらいにね。君と勇者の城には何があるだろうか？　ここに書いてみよう［セクションⅢ：マインド，ボディー，スピリットの城］。

エクササイズ 1

「人と城」エクササイズ

I．望まない思考と感情
1. ＿＿＿＿＿＿＿＿＿＿＿＿＿＿＿＿＿
2. ＿＿＿＿＿＿＿＿＿＿＿＿＿＿＿＿＿
3. ＿＿＿＿＿＿＿＿＿＿＿＿＿＿＿＿＿

III．マインド，ボディー，スピリットの城（そこには何がありますか？）
1. ＿＿＿＿＿＿＿＿＿＿＿＿＿＿＿
2. ＿＿＿＿＿＿＿＿＿＿＿＿＿＿＿
3. ＿＿＿＿＿＿＿＿＿＿＿＿＿＿＿

II．回避の方法（効果がある？／犠牲となる？）
1. ＿＿＿＿＿＿＿＿＿＿＿＿＿＿＿
2. ＿＿＿＿＿＿＿＿＿＿＿＿＿＿＿
3. ＿＿＿＿＿＿＿＿＿＿＿＿＿＿＿

IV．知　恵
1. ＿＿＿＿＿＿＿＿＿＿　2. ＿＿＿＿＿＿＿＿＿＿
3. ＿＿＿＿＿＿＿＿＿＿　4. ＿＿＿＿＿＿＿＿＿＿

　今度はこの道を見て。勇者が城を目指して進む道だと考えてみよう。時にはこの箱の中にあるもの［II．回避の方法］がふいに現れて，道をふさぐこともある。これらのものを一つずつ見ていこう。そして，君のためにこれらのことをするかどうかを判断することにしよう。○○をすることは，たとえば5～10分くらいの短時間では，勇者のためになるだろうか？　そうする

ことで，長い目で見てどんな犠牲を払うだろうか？［行く手を妨げる可能性のある各項目について，BHC は患者の反応をメモにとりつづけ，各項目の短期的・長期的な効果についてまとめる。］

　さて，これはいろいろ混じり合った状況のようだね［効果のある回避行動もあれば，効果のない回避行動もあるのが普通である］。このような状況では，勇者が城に向かって旅をするのは難しい。彼は旅の途中で障害物に足止めされて，城に行く気が失せてしまうだろう。私にいい考えがある。少年，道，障害物，城をすべてひとまとめに円で囲んだ。どのみち，どれも君自身のことなんだから［BHC は図全体を円で囲む］。そして，嫌な考え，気持ち，障害があっても君と勇者が城に向かって進むために役に立ちそうな知恵を教えよう。これらの嫌なことをページの一番下に書いたら，本日の知恵を教えてあげよう。

　BHC はストーリーの細部を子どもに合わせて作り替えることができる。もし可能であれば，望ましくない私的出来事を子どもが体験し，探求するウィリングネスを高めることができるように，子どものお気に入りのキャラクターを使うとよいだろう。また，子どもに合わせて，エクササイズの名前を付けることもできる。名前の例として，「勇敢な子ども」「勇者の少年」「がんばれ女の子」などがある。

　「人と城」エクササイズの変形版として，「王冠をかぶった子ども」（**エクササイズ 2** を参照）がある。視覚的な手がかりは王冠をかぶった人の形だけである。BHC はまず子どもに，王冠にはその子を導いてくれる宝石がついていると教える。その宝石は，子どもが学校や家庭で最高の瞬間に自分がどうありたいかを視覚化するのに用いることができる。まず，セクションⅠ「あなたの王冠にはどんな宝石がついていますか？」で，BHC はその宝石を表す言葉やフレーズを書きとめるとよい。そのようにして，子どもが内面，すなわち頭の中に抱いているもの，子どもが排除ないしは無視したいと思っている思考や感情を視覚化するのを手助けする。次に，セクションⅡ「あなたが嫌いな考えや気持ちは何ですか？」での子どもの反応を記録する。時間が許せば，セクションⅢ「あなたはどうやってそれを避けようとしますか？」

エクササイズ *2*

王冠をかぶった子ども

Ⅰ．あなたの王冠にはどんな宝石がついていますか？
1. _____
2. _____
3. _____

Ⅱ．あなたが嫌いな考えや気持ちは何ですか？
1. _____
2. _____
3. _____

Ⅲ．あなたはどうやってそれを避けようとしますか？
1. _____
2. _____
3. _____

Ⅳ．どうしたら王冠の宝石を輝かせることができるでしょうか？
1. _____
2. _____
3. _____

に進んで子どもの反応を見てから，コントロールが利くときと利かないときがある（氷を手に持って，それを溶かさないようにするときなど）ことについて，子どもと話し合うこともできる。

　望まない私的な出来事へのウィリングネスとアクセプタンスを，子どもがさらに高められるように，ウィリングネス方略も用いる。たとえば，BHC

は子どもと一緒に頭の中から思考ないしはイメージを取り出し，それをそっと手にのせて，手の中でどのような感触がするか，そして心や頭の中ではどうかを観察することを提案するかもしれない。そのようなウィリングネス・エクササイズの中では，BHCと子どもは「手の中の思考」を通じて，自分が現在抱いている思考と感情を交代で相手と共有する。また，子どもが宝石を毎日さらに輝かせるには，どんなことが役立つかを話し合う（そして，セクションⅣ「どうしたら王冠の宝石を輝かせることができるでしょうか？」の答えを書かせる）こともある。「人と城」エクササイズの場合と同じく，アクセプタンスのモデルを示す手段として，子どもと望ましくない私的な出来事，知恵（あるいは子どもが学習することに同意したスキル）とを円で囲んでもよい。

■携帯できる教材を開発する

　配付資料はプライマリーケア提供者がACTを継続的に学習し，適用するのに役立つだろう。とはいえ，配付資料によって仕事の流れが停滞してしまう可能性もある。BHCはその日に来談した患者と共に診察室を慌ただしく出入りするので，配付資料をすぐに手に取ることができるとは限らない。それと同じくケア提供者も，心理学的介入が有効だと思われる子どもに対して，配付資料を使う時間がなかったり，使うのを忘れたりしてしまうかもしれない。できることなら，ケアの場にある素材を必要に応じて工夫して使用し，ACT介入の役に立つ資料を作るのが望ましい。たとえば，「人と城」と「王冠をかぶった子ども」を，診察室の机に敷く紙のテーブルシートや処方箋つづりに描いてもよい。こういった題材を描き出すことをきっかけとして，細部（背の高さはどれくらいか，どのような表情を浮かべているか，どのような髪か，など）を子どもに描かせることができる。

　さらに，BHCとプライマリーケア提供者は，診察室にある素材を使って重要な概念を患者に示すことができる。たとえば，問題のあるやり方で怒りを表現する思春期の子どもにフュージョンの概念を示すために，BHCは鼻持ちならない人物の絵をコンピューターで描いたりするかもしれない。患者が学校で他の生徒に殴りかかろうとしたら，コンピューターの画面の人は何と言うだろうかと患者に尋ねる。BHCは子どもに脱フュージョン技法を教

えてから，開いたラップトップを持っている子どもがスクリーンに映し出された先ほどの質問に答えているところを絵に描いてもよい。クリニックを次に受診するまでの間に練習しなければならないことを思い出させるリマインダーとして，こういった絵による補助教材を患者に与えることもできる。絵による補助教材はまた，BHCによる介入を短期ケア提供者がすぐにサポートできるように用いることもできる。

■ 15分ルールに合致する教材を開発する

　BHCは初回の受診時に，文脈的面接に10分，機能分析の実施と介入の展開に15分かける。文脈的面接の目的は，患者の生活の一面を切り出して，患者の基本的な苦しみのありさまを明らかにすることである。そこでは患者がだれと一緒に，どこに住んでいるか，どこの学校に通い，そこでどのような体験をしているか，自由時間には何を楽しんでいるか，友人との付き合いや健康維持行動のレパートリーはどうかといった質問がされるだろう。時間がない場合には，BHCは文脈的面接の部分を省略して，機能分析や介入に直接入ることもある。フォローアップ・セッションで患者を診る時間は通常30分はとれず，15〜20分になってしまう。したがって，ACTの資料はすべて15分以内で使用できるものでなければならない。また，5分間の補足バージョンを作成しておくことも賢明である。なぜなら，ケア提供者がそれを利用する可能性が高いからである。

　小児プライマリーケア用「ダーツの的」エクササイズ（図11-1を参照）はACT介入の一例である。機能分析と介入が組み込まれているため，プライマリーケア提供者への5分バージョンへの適用も可能である（Lundgren & Robinson, 2007を参照）。これは非常に用途の広いアプローチであり，子ども・10代の若者だけでなく，親にも容易に用いることができる。このアプローチでは，まず，BHCはダーツの的を描き（あるいは図11-1のような下書きフォームを用いる），的の中心が子どもにとって一番大切な夢を表していることを説明する。どのようなものかを少し説明したら，子どもには，たとえば的から矢が逸れてしまうことのように，どのようなことが自分の矢が的の中心に達するのを妨げるかを尋ねる。それから，的に一直線に向かう矢の軌跡

図11-1 小児プライマリーケア用「ダーツの的」エクササイズ

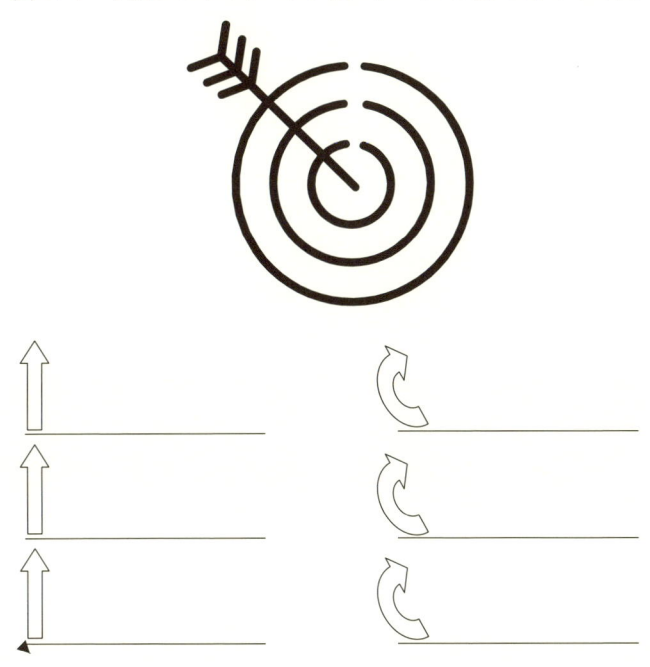

を表すことができるような目標を，患者に1〜3つ設定させるとよい。このアプローチは，患者が進歩を記録するのを手助けするとともに，患者と家族が小児プライマリーケア提供者のもとを再受診したときにケアを継続できるようにするものである。以下の会話は，ホラー映画を観てから一人でベッドで寝るのが怖くなってしまった7歳の女児に「ダーツの的」エクササイズを使用した例である。

BHC ダーツ盤を見たことはある？ こんなふうになっているんだ——円が集まっていて，ある円は別の円より大きい。的の中心は「雄牛の目」（ブルズ・アイ）といって，ここに矢を射ると一番高い得点になる。的の中心が君の人生で何より大切な体験や夢を表しているとしよう。君が心から大切に思うものは何かな？

子ども ええと，算数が得意になりたいってこと。

BHC　いいね，ここに書きとめるよ。他に大切なことはある？　的の真ん中よりも少し外側の円に入るようなことだよ。
子ども　友だちを作ることかな？
BHC　それはとても大事なことかもしれないね。ここに書いておこう。

　BHCはこの調子で続けて，3～4つの価値を特定する。それから子どもに，現時点で追求したい価値を一つ決めさせる。この患者は「算数が得意になること」を選んだ。

BHC　さてと。とりあえずの目標は「算数が得意になる」だね。的を外してしまうのはなぜだと思う？
子ども　矢を投げるのがヘタだから？　それとも，矢がどこか悪いのかな。
BHC　どうしてだと思う？
子ども　私はあんまり強くないし，疲れているからよ。
BHC　それはどうして？
子ども　モンスターが怖くて，よく眠れないの。
BHC　モンスターは怖いよね。モンスターのことが頭に浮かんだら，どうするの？
子ども　ママの部屋に行くんだけど，すぐにベッドに連れ戻されちゃう。
BHC　モンスターのことを考えながらベッドの中でリラックスするのは，きっと難しいだろうね。
子ども　そうなの。すごく大変。そんなの私にはできないから，ママの部屋の前で寝ちゃうの。それでもやっぱり怖いんだ。

　BHCはこのとき，モンスターと回避方略の有効性について，さらに詳しく調べるようにする。間髪を入れずに子どもにこう尋ねることもできる。「もっと算数が得意になるために，どんなふうにモンスターを恐がったらよいかを学ぶウィリングネスが君にはあるかな？」。子どもにウィリングネスがある場合は，子どもが新しいスキルを伸ばす手助けや，夜のモンスターのイメージがもつ機能を変化させるのを助けることができる。たとえば，モ

ンスターをおとなしくさせるには助けが必要なときもある、と言って子どもに協力を求め、モンスターが一晩中おとなしく眠っていられるような方法を見つけようとするかもしれない。歌を歌ったり、毛布をかけてやったりするのはどうだろうか。あるいは、子どもはただ「しーっ。静かにする時間だよ」とだけ言って、お気に入りの子守歌をそっと口ずさむかもしれない。たとえ、BHCには3つの価値、3つの回避方略、1つの目標を見いだす時間があったとしても、医療提供者は多忙なため、価値・回避方略・目標について1つずつを特定するという形で簡略化することもある。いずれの状況でも、ケア提供者は、患者がよく眠ることができて、学校でもっとうまくやる方向に向かうのを助けるような、いくつかのスキルを教えることになるだろう。

■ わかりやすい資料を作成する

　ACT介入をわかりやすいものにするには、ACTの概念を十分にマスターすることに加えて、小児プライマリーケア提供者の理解が必要となる。それは、中核プロセスを取り上げて、提供者にとって使いやすいものにするという考え方である。中核プロセスに用例が付された短いリストがあれば、ケア提供者は中核プロセスを容易に理解できるようになり、独自の工夫を施せる。その一例として、プライマリーケア提供者が「人と城」エクササイズを青少年向けに改良するために、城を目指して進むために必要なツールを旅行カバンに詰めるよう提案するというやり方が挙げられる。洗練された描写と的確かつ簡潔な介入によって、ケア提供者はACTの概念を巧みに活用し、それをさらに拡張することができる。ケア提供者の創意工夫に応える形で、BHCはダーツの的の絵と共にダーツのツールのリストを作成することになる。このリストにはACTの中核概念の大半が具体的に示されている。

- 「ダーツのかご」は、ウィリングネスの概念と、人生を意識的に生きるうえでその概念が果たす役割を、患者と家族のメンバーに教えるためのメタファーとして使うことができる。「ウィリングネスのかご」には、さまざまなダーツが入っており、患者が回避パターンを認識し、観察者としての自己を発達させ、今ここにいることを学び、価値を明確にし、

価値づけられた方向を選ぶうえで役に立つ。
- 「**今ここにいるダーツ**」は，コントロール方略とウィリングネスの違いを子どもが区別するための頼みの綱として役に立つ。「今ここにいるダーツ」を使えば，今ここにいようと意図しながら呼吸をすることができるようになる。
- 「**宝石のダーツ**」は価値を明確化するワークを表すために用いられる。日常生活の中でフュージョンと回避パターンが現れたときに，患者と家族は「私は今，どのような価値を目指そうとしているのか」などと問うことができるようになる。
- 「**私はあなたを見ていますダーツ**」は，計画的なエクスポージャー課題で体験する不快で苦痛な内的出来事を受け入れるスキルと関わっている。それは，おびえた子犬を抱きしめるときのように，困難な体験を優しく受け止めて，計画した方向性で行動しつづけることを患者と家族に教えることである。
- 「**バナナを矢にするダーツ**」は，BHCがフュージョンと脱フュージョンを教える際に役に立つ。それは，思考と感情はダーツの矢をかなり強く引っ張ることがあるために，矢を投げる人は自分が矢を持っていることを忘れてしまう，というものである。またBHCは，疑われることのないルール（「舗道の継ぎ目を踏むと母親の背骨が折れる」という迷信など）に従うか，自分の体験に合わせるかというテーマを取り上げてもよい。思考は思考であって，言葉の集まりであることを患者は知ることになる。思考は我々が生きる道を見守るのに常に役に立っているとは限らないので，どのようなときに思考が生じるのかに注意を向ける必要がある。我々がふとしたことから知るルール（「ダーツの矢はバナナだ」）は，我々がそれをあまり信じていない場合には，矢を投げるのに役に立たないだろう。時には自身の直接的な体験によく注意を払うことが，厄介な状況から抜け出す唯一の手段になることもある。たとえ「ダーツの矢はバナナだ」と思っていても，それを手に取り，目指す方向に投げることはできる。
- 「**雨の中を運転するダーツ**」は行動へのコミットメントを表している。

ダーツを投げることがきわめて難しいときもあることを,これを通じて説明することができる。そして,降り注ぐ雨が目にしみるようなときでも,ダーツ盤に狙いを定めて矢を投げることに集中する方法を患者と家族が見いだすのを手助けすることができる。

■個人とグループで利用できる資料を作成する

　プライマリーケアでは,集団ベースのケアを常に視野に入れておくことが重要である。そのため,グループやクラスがBHCの診療で最終的に重要な役割を果たす。BHCは,はじめのうちは「来る者拒まず」の立場で,患者を診る。しかし,すぐに診察を拡大して,クリニカルパスを協力して打ち立てることを通じて,集団とその成員がとる行動を特定しようとすることになるだろう。それらの中には,BHCが指導するクラスやグループに患者を参加させることも含まれる。たとえば,ケア提供者が糖尿病のある小児患者とその親に,BHCが指導する月1回のサポートグループや教育講座に参加するよう提案するようなクリニカルパスもあるだろう。あるいは,そのケア提供者の名簿にある患者に対して,グループでの医療ケアを提供できるように,BHCがプライマリーケア提供者と共に,月1回のクラスを指導することになるかもしれない。クラスでは,薬の効果と副作用の評価とあわせて,焦点と集中力の改善のためにマインドフルネスのようなACT介入が実施される。ケア提供者がBHCのツールを数多く学ぶうえで,グループやクラスは絶好の機会である。さらに,個人へのコンサルティングとグループでの文脈で用いられる資料とが部分的に重なる際には,最も学習が促進されるだろう。たとえば,「ダーツの的」アプローチは,子ども・青少年,親,家族のグループ,知らない者同士の患者グループに適用すると大変うまくいくだろう。

■実施可能な手段を用いてACTの概念を測定する

　プライマリーケアで評価が重要であることは,特定医療の場合と変わらない。プライマリーケアで最も優先されるルールは,評価尺度は実施可能なものでなければならないというものである。これはすなわち,准看護師にとってはマネジメントとスコア判定を5分以内で済ませなければならないという

ことを意味している。健康に関連する生活の質を簡潔に評価するという方法は，PCBH の使命と一致すると同時に ACT の治療成果を反映しやすいと言える。どのような評価尺度を選んだ場合でも，比較ができるように，BHC のすべての受診において当該尺度が採用されていることが重要となる。患者が改善を示したときには，機能上の効果を引き続きサポートできるよう，BHC は患者をプライマリーケア提供者のもとに返さなければならない。

ACT-PC 集団健康プログラム

先に述べたように，集団ベースの医療ケアは BHC の臨床活動の中で重点的に取り組むべきものである。集団に焦点を当てた ACT-PC プログラムを作成するための 8 つのガイドラインを以下に挙げる。

1. 子ども・若者・家族の集団について関心を共有する同僚とグループを作る。
2. 問題となっている集団と，その集団に対する現在の医療アプローチを記述する。
3. ターゲット集団の健康問題に影響を及ぼしうる ACT プロセスを記述し，健康状態を改善する ACT 方略を見いだす。
4. ターゲット集団の構成員を体系的に特定する手法を作成する。
5. ターゲット集団の特定の構成員を追跡し，治療成果を評価する手法を選択する。
6. 選択した尺度を用いて，ターゲット集団から抽出された対象者に現在の実践の成果を評価する。
7. 特定のクリニック環境で実施可能で，医療的資源をより活用できそうな最新の実験成果や，臨床エビデンスに基づいて ACT-PC 介入を計画する。
8. 必要に応じて引き続き修正を施しながら実行を続け，成果を記録する。

この項では，これらのステップを用いて，プログラムを作成する一例とし

て，小児肥満の予防という問題を取り上げたい。この問題を取り上げた理由は，大半の小児医療提供者にとってインパクトが強く関心が高い問題であるためである。

肥満度指数（BMI値）が同年齢の95パーセンタイルを超えている子ども・青少年は，肥満と見なされる（Ogden, Flegal, Carroll, & Johnson, 2002）。2004年，体力とスポーツに関する大統領諮問機関は，子ども・青少年の15％以上が肥満に該当し，これは若年層の約900万人に相当すると報告した。さらに，2～5歳の子どもの10％が過体重であるとされた。この値は，25年前に特定された肥満の子ども・青少年のほぼ3倍にのぼる（Ogden et al., 2002）。

肥満の子どもは，思春期と成人期を通じて肥満になるリスクが高い。肥満の子どもには心血管疾患や脳卒中，腎臓病，四肢欠損，失明（Hannon, Rao, & Arslanian, 2005），生活の質や心理社会的機能の低下（Williams, Wake, Hesketh, Maher, & Waters, 2005）など，さまざまな健康問題のリスクがある。北米小児糖尿病センターは，子どもの間で2型糖尿病が驚異的な増加を見せていること，そしてそれが小児肥満の増加と関連していることを報告している（Botero & Wolfsdorf, 2005）。たくさんの子どもの健康を改善するため，肥満に関連する数多くの疾患を治療するコストを削減するために，児童期の肥満を予防する試みが早急に求められている（Wilson, 1994；Yanovski & Yanovski, 2003）。

■小児肥満の予防

この節では，プライマリーケア環境でACTと合致したケアを提供し，評価するための8つのステップについて説明する。以下に挙げるモデルは幅広く適用できるものである。しかし，小児肥満は公衆衛生との関連性が高いことから，一つの例として用いる。

ステップ1：関心を共有する同僚とグループを作る

上述したような肥満に関する簡潔な文献レビューと参照リストは，私がBHCサービスを提供しているワシントン州のあるクリニック（地元では大きなクリニックであるYakima Valley Farm Workers Clinic）の医療提供者に配布したものである。この他に，強く関心を示した人に対して，クリニック小児肥満予

防(C-COP)委員会への入会を要請することとした。すると，小児科医2人，看護師2人とBHCが，C-COP委員会のメンバーになることに興味を示した。看護師のうち1人はクリニックの看護部長であり，委員会の議長を務めることに同意してくれた。

ステップ2：問題の集団とその集団に対する現在の医療アプローチを記述する

C-COP委員会を結成した後で，我々は臨床経験と実証研究を活かして，高リスク集団の参入基準を定めることとした。年齢，性別，人種，健康リスク行動といった患者の特性を考慮するとともに，ターゲット集団の構成員が通常受けるサービスを明確にするために質問紙調査を作成した。その結果，次のように高リスク集団を定義することとした。

> 子どもを1歳児健康診断に連れてくる母親で，スクリーニングにおいて以下のリスク要因のうち2つ以上が陽性である人は，子どもが肥満児となるリスクが高いと定義した。①ヒスパニック系ないしはアフリカ系アメリカ人であること。②その1歳児を妊娠する前に過体重であったこと。③妊娠中に喫煙していた，ないしは現在喫煙していること。④子どもが1歳になるまでの1年間で，平均週10時間以上働いていること。⑤1歳児に母乳を与えた期間が2ヵ月未満であること。

これらのリスク要因が将来にわたって，新しい小児肥満の症例を特定するのにどの程度有用であったかはわかりかねる。しかし，先行研究では，これらの要因は健康問題について支援と指導を必要とする母親を特定するのに有益であることが示唆されている(Salsberry & Reagan, 2005)。たとえば，母親が子どもに健康を保つ行動をもたらしたり，そのようなモデルを示したりするといったように，母親のライフスタイル行動がほんの少し改善されるだけでも，それは子どものためになるだろう。

また，調査結果からは，これらの母親が我々のクリニックで受けてきたサービスの量とタイプには，非常に大きなばらつきがあることが示された。ケア提供者の中には，子どもの健康診断で必要とされる質問以外の質問も

しているとする者もいたが，大半の提供者はそうではなかった．文献で示唆されているようなリスクに関する質問をする提供者も少しは見られたが，大半の提供者は子どもが太りすぎの場合にのみ栄養に関するカウンセリングを行っていた．

ステップ3：ACTの重要なプロセスと方略を記述する

行動分析学の観点からすれば，ACTの介入は，摂食，過食，身体を動かさないといった行動に条件づけられた内的・外的要因を母親が特定する助けとなるだろう．赤ん坊が成長し幼児になり，思春期に入るにつれて，母親は，自分自身と子どもに望む健康の質や体型に関して，価値を明確化するエクササイズによる恩恵が得られるようになる．価値に焦点を合わせ，不快な内的出来事（ネガティブな評価への恐れ，羞恥心など）や外的な出来事（他人からの批判，赤ん坊が泣くという行動など）にマインドフルになって受け容れるためのスキルを高めることで，母親は日常生活で機能的になると共に，過食して身体を動かさない（喫煙を含む）という連鎖を断ち切り，肥満を生む家庭環境に持続可能な変化を起こすことができるようになる．ACTの見地から体重超過を治療することには，引き金となる要因（感情など）の文脈と，不健康な行動の機能（母親が自分をなぐさめたり退屈な気持ちを和らげたりするために過食する．親子が対立しないで苦痛を少なくするために，子どもに食べさせすぎるなど）に焦点を当てることが含まれる．

ステップ4：ターゲット集団の構成員を体系的に特定する手法を作成する

スクリーニングと患者を特定するプロセスでは，「どのように」「いつ」「だれが」という側面を明確にすることが重要となる．我々のプログラムでは，以下のような要領になっている．

看護スタッフは1歳児健診を開始するにあたって，肥満リスクに関する質問と，その回答を採点するトレーニングを受ける．スクリーニングが陽性の場合には，看護助手がBHCを呼ぶ．BHCは子どもの健診を行うなかで，初期的な介入を実施する．看護助手はリスクアセスメントの

結果を示したカルテを電子カルテに入力し，この結果をプライマリーケア提供者に口頭で伝えることとする。

ステップ5：成果を評価して追跡するための手法を選択する

多くのプライマリーケア・クリニックには，登録データの作成を支援する電子カルテがある。それは特定の患者集団のリストであるが，その集団に対する成果を改善するような現在の取り組みを後押しするものでもある。C-COP 委員会は，児童期に肥満になるリスクのある乳児をもつ母親の登録データを作成することを決定した。この登録によって，子どもと母親のBMI 値，母親の喫煙，母親の1週間あたりの労働時間などの重要なリスク変数を追跡することが可能となった。また，我々は ACT 特有のプロセス評価（2項目の価値の明確化尺度，2項目の価値の一貫性尺度，3項目のマインドフルネス尺度）を記入することに加えて，推奨されている ACT-PC 介入への子どもと母親の4回の参加についてと，BHC による年1回のフォローアップの電話についてもカルテに記録している。年1回の乳幼児健診の一環としてこれらのデータは収集されることになる。

ステップ6：選択した尺度を用いて，ターゲット集団から抽出された対象者の現在の実践の成果を評価する

ACT-PC プログラムについてさらに情報を得るために，C-COP 委員会では介入を受けていないターゲット集団の患者の中から，少数の対象者を無作為に抽出することにしている。つまり，ACT-PC ではなく，標準的な「通常治療」を受けた人における成果を評価するために，選択した評価尺度をこれらの患者に対して実施するのである。C-COP 委員会では，1歳児健診で陽性結果が出た12人の患者に，通常のケアを受けてもらうことにした。これらの患者は6ヵ月後に評価を受け，アセスメント後に，ACT-PC 介入全般への参加が打診されることになる。このアプローチによって，委員会は介入の初期の影響について，さらなる情報を得ることが可能となった。

ステップ7：実施可能で医療的資源が活用できそうなACT-PC介入を計画する

フュージョンと体験の回避は，摂食に関わる行動パターンや活動レベル，ストレスへの反応に現れると想定されたため，4回の介入，年1回のBHCによる電話でのフォローアップが，以下の目的で計画された。すなわち，①患者のマインドフルネス・スキルの使用を増やすこと，②子育てと健康に関わる価値をさらに明確化すること，③親が自ら選んだ価値に沿った行動を増やすことである。

ステップ8：必要に応じて引き続き修正を施しながら実行を続け，成果を記録する

ステップ6で述べたように，C-COP委員会では，患者とその母親が乳幼児健診のために年1回クリニックを訪れる際に，評価を行うことを計画している。また，新しいプログラムが始まる前の12～18ヵ月の間に1歳児健診を受けた子どものグループについてケアにかかったコストを調べ，最初の年にプログラムを受けたグループにかかったケアのコストと比較することも決定された。この計画では，この新しいサービスの提供にかかるコストが，医療サービスの利用の減少によって相殺されるかどうかを見るために，医療サービスのコストが5年間にわたって調査されることとなった。

結　論

プライマリーケアにおいて，ACTセラピストは，小児患者とその家族の成果を向上させるための多くの機会を有することになる。サービスは個人レベルでのコンサルテーションから，特定の小児集団全員に対するケアを改善するためのプログラムの開発にまで及ぶ。大半の子どもや若者は専門的な行動医療サービスを一度も受けたことはない。しかしながら，その100％近くがプライマリーケアを求めている。多くの人たちのために変化を起こさせることに価値を置くACTセラピストは，プライマリーケアでのキャリアを検討したいと思うことだろう。無論，これは一筋縄ではいかない取り組みである。環境に制約があるということは，診療のスタイルに多大な要求が課さ

れることを意味しており,新人BHCの多くは変化を起こすのに苦労することになる。しかし,プライマリーケアで子どものために全力を注いでいるACTセラピストのコミュニティは確かに存在しており——それは増大しつつある——彼らはそこで行動医療サービスの新しい提供者を支援し,導くことができるのだ。

引用文献

Botero, D., & Wolfsdorf, J. I. (2005). Diabetes mellitus in children and adolescents. *Archives of Medical Research*, 36, 281-290.

Cummings, N., O'Donohue, W., & Ferguson, K. (Eds.). (2003). *Behavioral health as primary care: Beyond efficacy to effectiveness.* Reno, NV: Context Press.

Donaldson, M. S., Yordy, K. D., Lohr, K. N., & Vanselow, N. A. (Eds.). (1996). *Primary care: America's health in a new era.* Washington, DC: National Academies Press.

Gatchel, R. J., & Oordt, M. S. (2003). *Clinical health psychology and primary care: Practical advice and clinical guidance for successful collaboration.* Washington DC: American Psychological Association.

Hannon, T. S., Rao, G., & Arslanian, S. A. (2005). Childhood obesity and type 2 diabetes mellitus. *Pediatrics*, 116, 473-480.

Hayes, S. C., Strosahl, K. D., & Wilson, K. G. (1999). Acceptance and commitment therapy: An experiential approach to behavior change. New York: Guilford.

Katon, W., Robinson, P., Von Korff, M., Lin, E., Bush, T., Ludman, et al. (1996). A multifaceted intervention to improve treatment of depression in primary care. *Archives of General Psychiatry*, 53, 924-932.

Lipkin, M., & Lybrand, W. A. (Eds.). (1982). *Population-based medicine.* New York: Praeger.

Lundgren, T., & Robinson, P. (2007). The BULLI-PC: *Bringing value-driven behavior change to primary care patient education materials.* Manuscript in preparation.

Ogden, C. L., Flegal, K. M., Carroll, M. G., & Johnson, C. L. (2002). Prevalence and trends in overweight among US children and adolescents. *Journal of the American Medical Association*, 288, 1728-1732.

President's Council on Physical Fitness and Sports. (2004). Seeing ourselves through the obesity epidemic. *Research Digest*, 5, 1-8.

Rivo, M. L. (1998). It's time to start practicing population-based health care. *Family Practice Management*, 5, 37-46.

Robinson, P. (1996). *Living life well: New strategies for hard times.* Reno, NV: Context Press.

Robinson, P. (2003). Implementing a primary care depression critical pathway. In N.

第 11 章　小児プライマリーケアにアクセプタンス＆コミットメント・セラピーを組み込む

Cummings, W. O'Donohoe, & K. Ferguson (Eds.), *Behavioral health as primary care: Beyond efficacy to effectiveness* (pp. 69-94). Reno, NV: Context Press.

Robinson, P. (2005). Adapting empirically supported treatments to the primary care setting: A template for success. In W. T. O'Donohue, M. R. Byrd, N. A. Cummings, & D. A. Henderson (Eds.), *Behavioral integrative care: Treatments that work in the primary care setting* (pp. 3-72). New York: Brunner-Routledge.

Robinson, P., & Hayes, S. (1997). Psychological acceptance strategies for the primary care setting. In J. Cummings, N. Cummings, & J. Johnson (Eds.), *Behavioral health in primary care: A guide for clinical integration*. Madison, CT: Psychosocial Press.

Robinson, P., & Reiter, J. T. (2007). *Behavioral consultation in primary care: A guide to integrating services*. New York: Springer.

Robinson, P., Wischman, C., & Del Vento, A. (1996). *Treating depression in primary care: A manual for primary care and mental health providers*. Reno, NV: Context Press.

Salsberry, P. J., & Reagan, P. B. (2005). Dynamics of early childhood overweight. *Pediatrics*, 116, 1329-1338.

Strosahl, K. (1996a). Primary mental health care: A new paradigm for achieving health and behavioral health integration. *Behavioral Healthcare Tomorrow*, 5, 93-96.

Strosahl, K. (1996b). Confessions of a behavior therapist in primary care: The odyssey and the ecstasy. *Cognitive and Behavioral Practice*, 3, 1-28.

Strosahl, K. (1997). Building primary care behavioral health systems that work: A compass and a horizon. In N. A. Cummings, J. L. Cummings, & J. N. Johnson (Eds.), *Behavioral health in primary care: A guide for clinical integration* (pp. 37-68). Madison, CT: Psychosocial Press.

Strosahl, K. (1998). Integrating behavioral health and primary care services: The primary mental health model. In A. Blount (Ed.), *Integrated primary care: The tuture of medical and mental health collaboration* (pp. 139-166). New York: W. W. Norton.

Strosahl, K., & Robinson, P. (2007). The primary care behavioral health model: Applications to prevention, acute care and chronic condition management. In R. Kessler (Ed.), *Case studies in integrated care*. Manuscript in preparation.

Williams, J., Wake, M., Hesketh, K., Maher, E., & Waters, E. (2005). Health-related quality of life for overweight and obese children. *Journal of the American Medical Association*, 293, 70-76.

Wilson, G. T. (1994). Behavioral treatment of childhood obesity: Theoretical and practical implications. *Health Psychology*, 13, 373-383.

Yanovski, J. A., & Yanovski, S. Z. (2003). Treatment of pediatric and adolescent obesity. *Health Psychology*, 13, 373-383.

第12章
学校でのアクセプタンス推進に行動コンサルタントが果たす役割

レスリー・J・ロジャーズ

エイミー・R・マレル

キャスリン・アダムズ

ケリー・G・ウィルソン

　我々は皆，置かれている状況や抱えている問題がどうであれ，完全かつ完璧な一つの存在である（Murrell, 2006）。これは学校での我々の取り組みを導き，本章でその取り組みをまとめるうえでの大前提である。教育現場における我々の取り組みはどれもみな，個人とその行動を誠実に認めるところから導かれてきたものであり，行動の機能を評価することと，人々が生活し活動する文脈の中でマインドフルになることに重点が置かれている。我々は，人々が幸せに暮らすこと，そして自分が他者と向き合い他者と共にあるうえでの困難にかかわらず，意義と統合性と尊厳をもって生きられるような文脈を生み出す価値というものを大切にしている。自分自身やクライエント，教師，学校長，親のため，そして我々の取り組みに影響を受けるすべての人たちのために，そのような文脈を生み出そうと努力しているのだ。そして，我々は学校での取り組みに着手する前に，この使命やそれに近いことを明確に伝えることにしている。加えて，他者とのあらゆる交流の中で，これらの理想をしっかりと守るようにしている。本章はこれらの価値に沿って，子どもと子どもをサポートする人々に変化をもたらすこと，ならびに，このような環境

と視点を教育現場で育むことについて論じることとしたい。我々がこれ以降のページで目指すのは，①個人とその文脈を十分に認めること，②気づきを広げ，治療が困難なクライエントに接するときや，教師・学校管理者・親をトレーニングするときに，アクセプタンスとマインドフルネスに基づく技法をさらに効果的に実行するための臨床スキルを高めることである。

学校文脈での配慮

　学校での取り組みを始めるにあたって，我々の取り組みを進めるのは難しいだろうと警告する人々もいた。彼らは，我々が悲惨な状況を目の当たりにするだろう，そして腹立たしい人々に出会うだろうと言うのである。そのように酷い治療条件で，心理的に今ここにいることや，クライエントに関わることが，いかに難しいかを語るのだった。そして，彼らが正しかったことを，我々はまもなく知ることとなった。そのような状況では，心理的に今ここにいること，そして思考・評価・感情・判断を保ちつづけることは難しかったのである。我々がコンサルテーションを行った学校では，貧困と困窮とをたえず思い知らされることとなった。壁にカビが生えた教室で子どもたちが学ぶのを目にすることや，備品が不足していたり虫やネズミがはびこっていたりする教室でコンサルテーションをするといったことは，日常茶飯事であった。給食が1日で唯一の食事だという子どももいた。

　コンサルタントとして，そのような嘆かわしい状況を目の当たりにして悲しみに圧倒されてしまうのは造作ないことだった。我々はこの悲しみに対して，文脈のすべての側面を十分に調べたり認めたりせずに，目を背け，その環境のある側面を変えることができればよいのにと思っていた。時には実際に目を背けることもあった。また，自分の自由になる時間をすべて費やして，子どもとその家族のためにもっと資源を集めたいという思いに駆られることもあった。それは臨床家としての立派な務めであるという気がしたのだ。たしかに，貧困状態に対処する必要があることは明らかだった。しかし，それは我々の主たる務めではなく，そのような課題に取り組むときには心からマインドフルになれないことはわかっていた。そこで我々はクライエントを治

療するのではなく，我々自身の望ましくない思考や感情に注意を払い，それを軽減しようとした。

　やがて，速やかに資源を集めてシステムを変化させようとするアプローチでは，個人とその状況を認める力を育むことはできないということもわかってきた。また，データが不十分だったこともあり，このような反応のせいで，我々は個人とその環境に関する誤った結論に飛びついてしまうことにもなった。その結果，行動プランの成果は上がらず，この一般的なアプローチは，我々が臨床家として選んだ価値とかみ合わなかった。我々は経験を積むにつれて，変化の必要性に基づいた問いではなく，子どもと文脈を認めることや，より幅広い気づきにつながるような臨床的に重要な問いを自問するようになった。そして，文脈に立ち入ったり，前述したような状況にいるクライエントに働きかけたりするときには，以下の質問やそれに似たような質問を自分自身，教師，学校の管理職，親に問いかけることが有効であるということを見いだしたのである。

- その部屋には他にどんなことや物があるか。
- 子どもの側面や文脈について，他に見落としていることはないか。
- この子どもは自由時間に何をするのが好きか。
- 子どもの好きな色は何か。
- 子どもの夢は何か。
- 調子のよい日の子どもの顔色はどうか。調子が悪いときはどうだろうか。

　これらの質問をする際には，こうあるべきと我々が考えているようにではなく，あるがままに，文脈を徹底的に理解して認めるように努めた。

　学校現場で，個人を認めるという目標を達成するにあたって，人は人生で望む方向に進むために必要となるあらゆるものをすでに持っているのだと仮定した。一人ひとりの子どもや教師や親と交流する前に，彼らが完全で完璧な一人の人間であるということを念頭に置き，それにふさわしいやり方で彼らに接することにしたのだ。臨床家としての我々の仕事は，クライエントが学業や私生活で望む方向へ進むのを手助けすることである。すべての個人が

一人の人間として完全で完璧な存在として認められ，そのように扱われる文脈を作り出すことに我々がコミットし，そのために努力したところ，驚くべきことが起こった。従順でない子どもたちが優秀な成績をおさめるようになったのだ。すると，以前は子どもを支援することに抵抗を示していた教師や学校長が，治療計画に積極的に参加しはじめるようになった。マインドフルネス方略を教師に紹介すると，特定の生徒へのえこひいきが減るのを目の当たりにした。子どもとその学業成績について厳しすぎる親や無関心だった親が，子どもに対してより支援的になった。そして，自分の関心事や価値を表に出すことのなかった子どもが，それを口にしはじめたのだ。それとは逆に，出来損ない，役立たず，怒りっぽい，手厳しい，取るに足らない者として扱われると，人間は通常，物理的ないしは心理的にその状況から逃げ出したり，何らかの形で仕返しをしたり，その予想通りに振る舞ったりするということを知ることになった。

全体的で完全で完璧なスタンス

　人が完全で完璧な一つの存在として認められ，そのように扱われる文脈を作り出せば，彼らがめざましい働きをする可能性は著しく大きくなる。我々は，その人たちに賭けることで，その人たちが不利な条件をひっくり返すことができることを目の当たりにした。学校でこのようなことが起こる可能性を高めるためには，相手がこうする必要があるとかこうすべきだといった判断と評価をいつも脇に置いておく必要があった。また，相手に対して，あなたの世界で生きるのはどういう感じなのかを教えてほしいと繰り返した。Brown & Ryan (2003) によるマインドフルネスの定義にしたがって，我々はいつも現在の体験に自分自身を同調させるようにし，その間はずっと，変えようとするのではなく，体験の具体的な側面に対して繊細でいるようにした。とはいえ，常にマインドフルでありつづけることや，体験のあらゆる側面に注意を向けることを試されるようなときもあった。
　たえず進展している学校という背景の中では，この前提でトレーニングを行い，実行することは困難だと気がつくことはしょっちゅうある。行動プラ

ンが途中で挫折することがあった。教師の中には過度に批判的で，自分が教育しようとする子どもたちを恐れている人さえいたのだ。クライエントの子どもたちが治療契約を守らないこともあった。教師とクライエントのさまざまな要求をすべてうまくさばくことは，コンサルタントにとって精根尽き果てるとまでいかないにせよ，いら立つようなことかもしれない。過度に手厳しい教師が退職すればよいのにとか，クライエントの子どもにある程度の精神的ないしは行動的な気づきがあって，困難と無縁でいられればよいのにと思うときもあった。それどころか，学校システムの中で臨床家であろうとするのは困難だとか，ほとんど不可能に近いことだという現実を思い知らされることすらあった。我々は，教師，親，子どもないしは学校システムが我々の治療プランに協力してそれに従ってくれさえすれば，ストレスを感じずに仕事ができるのにと思っていたのだ。

学校システムなどの人間を相手にする文脈で我々が体験することを，B. F. Skinner は 1948 年に予示していた。我々が学校で苦労したようなことを，Skinner は以下の引用部分で的確に描き出している。

> 出来るだけ素朴な言い方をすれば，相手ではなく自分の行動を変えるということですね。「コントロール」という言葉が一番よく当たっていると私は考えていますが，人間の行動をコントロールすることですね。私が実験を始めた頃は，また，他人を支配したいという利己的な，気狂いじみた要求がありました。私は今でも，予想が当たらなかった時にいつも感じたあの怒りを思い出すことが出来ます。私は実験の被験体に向かって，「やれ，畜生，お前のやる筈になっている通りにやれ。」と叫ぶことも許されました。しかし結局，私は悟りました。彼らはいつも正しいということがわかったのです。彼らはいつもするべき行動をしていたのです。間違っているのは私でした。誤った予想を立てたのは私だったのです。（Skinner, 1976, p. 271）

ここで Skinner は，生活し，学習し，教育するという文脈における有機体とその行動について，大いに認めている。我々は，先の引用箇所は，有機体

のすべての行動は，どのような文脈でも全体的で完全で完璧であると述べていると解釈している。生徒・教師・臨床家がこの見地に立つことを手助けすることは，我々の仕事の一環である。行動は本来機能的なものであり，有機体の具体的なニーズに合致した文脈でなされるものである。同様に，行動は時としてフラストレーションを引き起こしたり，気持ちをかき乱したりもする。また，望ましい成果を得るうえで役に立たないこともある。

　我々はコンサルテーションのときには，Skinnerの言葉の中でも「お前のやる筈になっている通りにやれ」に特に留意するようにしている。たしかに，他人の行動を変化させたくなることもある。臨床家かコンサルタントであれ，教師であれ皆，他人に行動変容を強いることに関係していると言える。「あの教師が私の行動プランに従ってくれさえすれば」「先生はこの子のことを誤解している」「あの教師（または校長）はただ理解していないだけだ」「私のクライエントがかわいそうだ」「私のクライエントに行動プランを守らせてください」「これはつらすぎる」「私のクライエントがまたトラブルに巻き込まれないようにしてください」「あの子は教育不可能だ」「やめだ！」といった思考はどれもみな，学校現場で教育的・心理的サービスを提供する際に我々が体験したり，我々の身に起こったりしたことである。躍起になって教師を黙らせたり，教師が間違っていると証明したりしようとしたこともあった。クライエントの子どもについての教師の心理的な体験を変化させようとしたこともある。資格を有するメンタルヘルス専門家のような視点で，教師が精神病理を見てくれたら，ささいな行動のせいで子どもをえこひいきしたり排除したりすることは二度とないだろうと考えて，我々は教師を「教育」しようとしたのだ。Skinnerのように，教師と共に試行錯誤を繰り返しているうちに，実は我々の予測が間違っているのだということに気がついた。我々の行動プランとコンサルテーションは，教師と学校管理職が生活したり働いたりしている文脈に関する考え方を変えさせようとするものだった。我々はクライエントの子ども，我々臨床家，そして心理学について彼らがもっている考えを変えようとしていたのである。教師が自分の体験に関する考え方を変えることができないと，我々は躍起になって自分の考えを押しつけようとした。そして，我々は彼らを「悪者にする」か，さもなければただ

単に見放していたのである。不公平や苦痛や資源の不足が蔓延しているような教育組織では，こういった選択肢はことごとく失敗に終わった。我々は初期の失敗から学び，教師による口頭の体験報告をデータとして扱い，我々の行動・治療計画にそれを組み入れる必要があることを認識した。我々は，自分たちが有益な存在になるために必要なものすべてを彼らが持ち合わせていると考えて，彼らに接するようになった。つまり，完全で完璧な一人の人間として彼らを扱うようになったのである。

人間を完全で完璧な一人の存在と見なすというのは途方もなく難しいことである。その人に壮絶な過去があったり，出来損ない，欠陥がある，何かが不足していると思わせるような振る舞いをしたりする場合には，特にそうである。そのようにいわゆる「出来損ない」と考えられる人間の行動に対しては，我々も他の人たち（教師，親，管理職，学校カウンセラーなど）もたいていの場合それ相応のやり方で応じるということがわかった。我々は傷つくことを回避するための行動をとっていたのだ。つまり，自己弁護を行っていたのである。他人の間違った考えや記憶を消し去ろうとすることによって，その人の痛みを緩和しようとしていた。他人の話を聞くのをやめることもあった。このような逃避メカニズムは結局のところほとんど役に立たず，我々はそれが原因で，状況に対処するために有益となる可能性があった環境の重要な側面を見逃すこととなった。

我々はクライエントに焦点を合わせるのではなく，自分が有能であり立派であるとアピールすることに時間を費やしていた。「公正な世界」の仮説に従う場合，良いことは良い人に起こり，悪いことは悪い人に起こるという誤った信念を人々（臨床的コンサルタントも含む）は抱きやすくなる（Fiske & Taylor, 1991）。この仮説にしたがって，我々は「良い人」であろうとすることに努力の大半を費やした。有能で立派で善良な人間だけが他人から尊敬され，大切に扱われるという誤った考えを我々は抱いていたのである。そして，不満を抱いたり他人に傷つけられたと感じたりしたときには，その状況を変化させて厄介な相手から距離を置こうとすることに多くの時間を費やしていた。自分自身を改善したり変化させたりすれば，二度と粗末に扱われずにすむだろうと思っていたのだ。

このようにして自己概念と自己呈示をたえず修正し，それに注意を向けるのは，代償を伴うことであった。社会的な交流や，学校での仕事が妨げられたのである。自分の有能さと値打ちをたえず示そうとしたせいで，相手の苦痛の文脈と，その文脈と自分の関わりに注意を向ける能力が低下してしまっていた。我々は目の前の文脈にある随伴性に対して効果的に反応せず，自分自身や他人が無価値であるとか不適切であるというようなネガティブな思考に対して，あるいは自分自身・教師・児童生徒・親・管理職がどのように生きて行動するべきかという筋書きに対して，行動的に反応したのである。
　このやり方で反応することが，完全で完璧な一人の人間を育むのを妨げているということに我々は気がついた。我々が自分たちの力を示そうとすると，相手もそれに対して自らの力を示す行動に出る。自分がどれほど頭が良いかを，コンサルタントである我々が難解な専門用語を使って教師に提示すると，教師も同じやり方で応じる可能性が高いということを目の当たりにした。教師は自分の権威を主張したり，自分の職務を正しく実行する理由を示そうとしたりするのだった。このようなやりとりは効果がないだけでなく，学校での臨床家の主要な職務からも逸脱していた。
　我々がそこにいるのは，コンサルタントとして教師・子ども・親・管理職を助けるためである。我々の仕事は，自分の知性を見せびらかしたり，自分の才能を他人に認めさせたりすることではない。我々の経験上，我々が「専門家」としての自分自身を守る必要性を脇に置くウィリングネスがあれば，教師やクライエントが仕返しをしたり，逃げたり，間違った行動をとったりする可能性は低くなると言える。相手に対してアクセプタンスとマインドフルネスの態度をとると，同盟関係を築くことが容易になり，不快な状況の中で臨床的・教育的に望ましい行動のモデルを示しやすくなった。クライエントの行動，教師の悩み，管理職の不満に対して，我々が開かれた受容的な態度のモデルを示すと，我々の治療プランはより開かれた形で受け入れられることとなった。嫌悪的な認知と感情が引き起こされるような文脈の中で，教師・クライエント・管理職・親に最大の利益をもたらすために，我々は臨床家として，自分自身と他人に対して大いにアクセプタンスを用いるというウィリングネスを持たなければならなかった。このタイプの受容的態度のモ

デルを示すことは，我々が学校で関わる人々に対して，深刻な困難を抱える子どもにもっと受容的になるよう示すことにもつながったのである。

■ 安全行動をとる

　Hayes（2004）によれば，アクセプタンスとは今この瞬間の体験を積極的かつ非断定的に受け入れることである。そのとき人は抑圧の際によく現れる安全行動をとらずに，思考・感情・身体感覚を直接的に体験するウィリングネスをもっていると言える。我々は望ましくない体験を抑圧しようとして，しばしば安全行動をとる。教師・クライエント・管理職・他の臨床家が同じことをするのも我々は見てきた。その例をいくつか挙げるなら，頭の良さを見せつける，忙しそうにする，無関心に振る舞う，他人の問題を解決することによってその人を変えようとする，黙っている，自分や他人の能力を否定する，自分や他人をまるで欠陥があるかのように扱う，あまり難しくない課題を選ぶなどがある。これらの行動はどれもみな，苦痛を伴う思考や感情，嫌悪的な社会的やりとりを体験することから，我々自身や我々が大切に思う人々を隔離する役割を果たしていた。さらに，これらの行動は，出来損ないだとか欠陥があるなどと感じることを回避する方略として利用されることが多いことがわかった。しかし時には，文脈によっては，目標を達成するためにこれらの安全行動をとることが適切で必要なこともあるのだ。以下にその例を挙げる。

　　小学校の体育館で，子どもに手を貸しながら，社会的スキルを改善させようとしているところをイメージしてください。すると，体育館の向こう側から，あなたの知らない幼稚園の教師が自分のクラスの子どもを引き連れてやって来ています。20人の子どもがその教師の後に続き，一列になって着々と進んでいます。列をまっすぐに保とうと一生懸命です。列の後ろには小さな男の子がいて，遅れずについていこうと必死になっていました。しかし，体育館の隅にクリスマスツリーがあって色とりどりの電飾が光っているのに目を止めます。その男の子は口をぽかんと開け，純粋な驚きと興奮に駆られて立ち止まり，ツリーをじっと見つめます。あなたはその様子を見て心

を打たれ，どうしてそんなに無心に見とれていられるのだろうかと思います。なんて完璧な瞬間なのでしょうか……。その子どものおかげで，あなたは自分がなぜ子どもに関わる仕事をしているのかを思い出します——けれどもそれは，教師が割り込んでくるまでの話でした。その教師は彼が落ちこぼれていて，自分の足手まといになることに気づいていました。教師は行進を止め，その子どもに歩み寄って，叱責しはじめます。教師が男の子に向かって怒鳴る声が，体育館の向こう側から聞こえてきます。教師は矢継ぎ早に質問と命令を浴びせているのです。「どうして列を離れたの？　なぜ？　答えなさい。あなたは私たちを待たせているのですよ！　どうして答えないの？」その子どもは驚いて口がきけずにいるようです。一言も答えないのです。教師は子どもを怒鳴りながら，あなたの方を見ます。

あなたは怒りではらわたが煮えくり返る思いであろう。それにもかかわらず，何も口にしない。その代わりに，無表情に見えるようにと無言で祈ることになる。つまり，あなたは安全行動をとるのだが，この状況ではそうするべきだからである。あなたは学校という文脈におけるコンサルタントとして教師や管理職との交流を重ねるうちに，いつでも好きなことを遠慮なく口にできるわけではないことを知っている。あなたがそこでするべき仕事があるのなら，怒りを抑えて表に出さないようにする必要がある。あなたはクライエントとは社会的スキルを教える契約を結んでいるが，この教師とは仕事の契約を結んでいない。それゆえ，ここで怒りを抑えて安全行動をとるのは適切なことである。あなたは自分のクライエントとのセッションを終わりにしてしまったり，教師と口論したりすることはなかった。もしあなたが怒りを口にしていたら，事態は悪化して，学校の管理職からひんしゅくを買っただろう。

　安全行動を「せねばならない」こととして行う場合には，問題が生じる可能性がある。我々はこれを「ねばならない病」と呼んでいる。たとえば，アルコール依存症のある人は，不快な心理的・身体的苦痛を回避するために飲酒をせねばならない。強迫性障害のある人は，不快な思考や身体感覚を回避するために，数を数えたり，洗浄したり，同じ行動を繰り返したりせねばな

らない。そして，セラピストは専門家であらねばならない。つまり，賢くあらねばならないし，クライエントを苦痛から救わねばならない。また，クライエントを支援できないという心理的な苦痛を感じることを避けるために，状況を改善せねばならないのである。これらの例はどれもみな，高いレベルでの行動の非柔軟性を特徴としている。

　あなたが中学校のセラピストをしているところをイメージしてください。ある教師と新たなクライエントの子どもが，あなたのオフィスにやって来ます。新しく来談したその子は，12歳のアフリカ系アメリカ人の女の子です。彼女が教師と共に部屋に入ってきたとき，彼女はあなたと一緒にいるのを恐れているとあなたは察しました。あなたの思った通り，その子は出て行こうとするのですが，教師が彼女の両肩をつかみ，彼女を助けるために子の人はここにいるのだと言って安心させようとしています。少女はあなたと二人きりになって向かい合うと，すぐに床に目を落とします。目に見えるほど震え，涙をこぼしています。あなたは彼女を怖がらせてしまうのではないかと不安で動けません。とりあえず子どもに自己紹介をして，自分がなぜここにいるのかを説明します。子どもは何も言わずに震えつづけており，さらに涙を流します。あなたはこの少女が部屋にいることに苦痛を感じるかもしれません。
　それから，その子どもは顔を上げずにこう言いました。「ものすごく気分が悪いの。これで気持ちが楽になると先生は言うけど，何をしたって私の気持ちが楽になるはずがないわ」。それから彼女は性的虐待を受けていたことを打ち明けます。彼女の話では，物心ついてからずっと，母親によってドラッグと引き換えに男に売春をさせられていたと言います。先月，保健福祉省がそれを知って，ついに彼女と妹を家から連れ出しました。それから妹とは会っておらず，妹がいなくてひどく寂しいという話をしながら，涙が彼女のほおを伝います。なぜ妹と話をさせてくれないのか，彼女には理解できません。彼女にとって妹がすべてだったのです。彼女は2歳のときに，熱したヘアアイロンを男に押し当てられたことや，時には母親も同じ部屋にいるときに見知らぬ男にレイプされたことを語ります。

その少女が自分の身の上を語っている間，あなたの頭の中では「こんな体験を子どもがしていいはずがない」「私はどうやってこれを解決したらよいのだろう？」「私には何ができるのだろう？」といった考えがよぎります。それ以上詳しい話は聞きたくないとあなたは思います。この話はあなたにとって吐き気を催すようなものです。自分が最悪な気分でいるときに子どもの気持ちを楽にすることなどできません。子どもが何か言うたびに，あなたは「何もかも大丈夫」と言って安心させようとします。すると子どもは余計に泣いてしまいます。そして話すのをやめました。あなたはそれが自分の務めなので，「どうしたの？」とためらいがちに少女に尋ねます。彼女が次に何を言い出すのか，あなたは気が気ではありません。少女はますます泣いてこう言います。「でも，私は大丈夫じゃない。みんなが私に大丈夫だよって言うの。でも私には大丈夫だっていう気がしない。あなたも他のみんなと同じね。私のことをわかってくれないのよ」。あなたは，やってしまったと思いました。

　クライエントをなだめて，不快な内容には耳を傾けないという安全行動をとったために，あなたは自分の務めを果たしてクライエントのために望ましい変化を起こすことができなかった。セッションの後であなたの心は乱れ，次のように自問する。「もし私があの子の話を聞かず，あるがままの彼女を知ろうとしなければ，いったいだれがそうするだろうか？」。その子どもの話は聞くに耐えないほど痛ましいものであるために，子どもと関わる人々がだれ一人として耳を傾けたがらないことを，あなたはアセスメントを通じて知った。しかし，臨床家として，クライエントの身になって話を聞くことができなかったもう一人に，はたしてあなたはなりたいだろうか。あなたが話を聞かないならば，彼女がますます孤独を感じるのはもちろんのこと，彼女が生活している文脈の重要な側面をあなたは見逃すことにもなる。あなたの治療や行動のプランはそれでどこまで正確なものになるだろうか。あなたがこのケースの評価に行き詰まり，内容を見落とすとしたら，あなたは彼女のためにどのような変化を起こせるだろうか。

　ここまでで示した2つのシナリオでは，安全行動が果たす機能はそれぞれ

異なっていた。最初のシナリオでは，安全行動は臨床家がセッションの目標と学校での取り組みを遂行する助けとなった。口論を回避することによって，臨床家はクライエントへの働きかけを継続することができ，教師との今後の連携に支障が出る可能性を抑えた。2つ目のシナリオでは，臨床家は安全行動をとることで，クライエントが報告する不快な内容を多少は遮断することが許された。不快な話の内容を遮断することが，方略として必ずしも間違っていたり効果がなかったりするわけではない。とはいえ，この文脈では，臨床家のクライエントへのコミットメント，つまり彼女の話を聞くことに支障を来たしている。安全行動が目標達成を推進するかどうかを的確に判断するために，臨床家は第1に，自分の行動がコミットメントに一致しているかどうかを確認するか，もしくは自分自身とクライエントのために契約を結ぶべきである。第2に，臨床家は効果的ではない安全行動を進んで捨て去らなければならない。

■困難な状況で安全行動をやめる──文脈を設定する

我々の意見では，まずやめるべき問題行動として，「大きく見せる」というものがある。これには知的に相手をからかうことが含まれ，それは通常は自分自身の能力のなさや不安（いわゆる「自信のなさ」）を隠す必要性から生じる。相手に対し，難解な言葉や複雑な専門用語を使うことによって，相手も同じように反応するような状況が生じるのはよくあることだ。心理学の専門用語を使って教師に話をすると，教師の側も自分の知性をひけらかすか（「大きく見せる」），あらぬ方をぼんやりと見ながらうなずく（「自信のなさ」）という形で反応することが多い。教師はこのとき臨床家／コンサルタントの話に注意を向ける代わりに，安全行動をとることで行動的に反応しているのである。教師がコンサルタントに腹を立てたり，動揺したり，自分を愚かだと感じたり，不安や自信のなさを覚えたりするときには，相手の話を聞かない，小さくなる，忙しそうにするといった安全行動に出ることが多い。このようなタイプのやりとりの後では，たいていの場合，教師は特定のクライエントに関する概要や我々が実行しようとしている行動プランの詳細を含めて，相手の話していた内容を繰り返せないということに気づいた。教師が我々の

クライエントにサービスを提供していることや，我々の治療プランを実行するうえで重要な役割を果たすことを考えると，これは憂慮すべき事態である。したがって，我々の取り組みの中では，それとは異なるスタンスがモデルとして示されている。

　いくつかの理由から，コンサルタントとクライエント双方の体験に関して，教師が自ら進んで率直で正直に話ができるような文脈を作り出すことが重要であると言える。第1に，臨床家の仕事は，人々のために変化を起こすことである。教師を困らせているのなら，我々は自分の職務へのコミットメントに逆らっているということだろう。第2に，臨床家は教師に対して治療プランと行動マネジメントへの協力を仰ぐが，これはたいていの場合，困難な課題である。コミュニケーションには率直さと正直さがなければならない。行動プランに対して批判的なフィードバックを率直に示してもよいと教師が思えることが必要なのだ。第3に，臨床家ないしは臨床家をめぐる状況がどこまでネガティブなものかという問題は，教室の中や教師と生徒の関係にまで持ち込まれる可能性がある。したがって，もし教師があなたの行動プランを実行していて，あなたをどれほど嫌いかを考えているとしたら，教師が接する子どもにもその影響が及ぶだろう。

　我々はこのネガティブな影響を何度か目にしたことがあり，印象管理するような方略を減らすことで，情報をより効果的に伝達できるということが今ではわかっている。そのため，この章では専門用語は使わない。たくさんの人が読む本を書くときには，過度に知的で洗練された印象を与えたくなるものだが，そのようにすれば，一般の人々やメンタルヘルスを専門とする人々のためにこの技法を指導してきたやり方から逸脱してしまうことになる。この対話を続けていくうえで，我々は自身の挫折や至らない部分，うまくいったことについて，率直に語ることにする。それは，これらの体験は互いに矛盾するのではなく共存することが可能なのだということを，読者であるあなたと教師と親に伝えるための第一歩なのである。このようなスタンスをとることは，精神病理に関して効果的に伝え，考える方法はもちろんのこと，非常に厳しい状況ですばらしい成果を期待するにはどうしたらよいかを学校関係者に教えるための第一歩にもなる。

■目的を定め,ふたたび目標とつながる

　理論的な見地からいうと,我々は自らの使命を作り出し,明確に表明することを通して,この教材を用いる際に我々に寄せられる期待とあなた自身の行動に関する期待を形づくろうと試みている。我々は読者であるあなたに,我々の由来する文脈を考察してほしいと思っているだけでなく,我々自身の行動だけでなく学校関係者の行動についても見込まれる機能を考えてみてほしいと思っている。第一に,学校管理者や子ども,教師とコンタクトをとる前に,コンサルテーションの目的についてマインドフルになる必要がある。たいていの場合は,教師と関わる以前に,我々はさまざまな感情や思考を経験していた。そういった感情は,ふたたび停学になったり罰せられたりした子どもに対する怒りから,子どもが現在体験している家庭や社会の状況に対する悲しみにまで及んでいた。行動プランの目標をうまく達成できない教師やクライエントの子どもに対して,我々はネガティブな思考を抱くことも多かった。我々がこれらの思考や感情を抑圧しようとすると,教育の場での随伴性に気づく能力が低下していたのだ。

　したがって,ネガティブな体験が生じたときには,我々は気分を良くしようとはせずに自分自身に集中する。そもそも自分が学校で活動しているのはなぜかを思い出そうとするのだ。ネガティブな感情と嫌悪的な認知は,価値を示す重要なデータとして扱うことにしている。学校に入っていく前に,自分はなぜその学校に入ろうとしているのか,特定のクライエントのために働いているのはなぜか,そもそもなぜこの分野で活動しているのかということを,自らに問いかける。これらの質問は,安全行動をとったり,自分の能力を証明したりする以外の目的で,自分は学校にいるのだということを思い出すのに役に立つ。どのみち,大半の行動的コンサルタントは前述の質問に対して,「良さそうに見えるから」「あらゆる点で正しいから」などと答えはしないだろう。我々はこれと同じやり方で他のネガティブな内容を扱い,同じような質問をする。臨床家も教師も「人を助けるため」と答える人がほとんどだろう。自分自身に集中した後で,我々は仕事にとりかかる。我々は学校スタッフとの最初のやりとりの中で,自分たちがなぜ学校にいるのかを説明する。また,我々と共に働くのはどういうことなのか,このプロセスのプラ

ス面とマイナス面は何かということも述べる。このように手の内を見せることによって，我々は教師に臨床家との付き合い方を教えるのはもちろんのこと，厄介な内容や相手（コンサルタント，管理職，親，生徒など）との関わりを教師に教える第一歩も踏み出すのである。

■教師とコンサルタントの安全行動にしばし立ち戻る

何か重要なことをしているかのようにコンサルタントが振る舞うことで，教師が治療計画に関してコンサルタントと率直に話し合える可能性は高くなる。安全行動に関するくだりで述べたように，教師は行動プランの実行には同意しても，そのプランをやり通せないことがよくある。その結果，児童生徒が所定のサービスを受けられなくなってしまう。このタイプのコミュニケーション行動をモデルとして示すことで，教師がコンサルタントと率直にコミュニケーションができるような状況を整えられるようになり，それがより効果的な治療プランにつながる。教師や管理職や親と初めて顔を合わせる日には，我々は以下のように言うことにしている。

　こんにちは，ベスと言います。私はセラピストで，○○［学区での役割を説明する］をしています。市役所［ないしは別の委託元］からの紹介で来ました。あなたのクラスに困難を抱えている子どもがいると伺っています。

話の途中で一息ついて，教師がうなずくなどの言語的・身体的反応を待つとよいことに我々は気づいた。コンサルタントが教師の反応を待たなかったり，教師からの同意を受け取らなかったりすると，契約は成立しない。契約は成功のためには欠かせない。これがないと，教師が治療プランを効果的に実行できなかったり，プランをなし崩しにしたりすることがわかっている。教師が同意して，その難しさをただちに説明しはじめた場合には，臨床家は教師が懸念を表明した後か，教師の反応が一息ついたときに，そっと話を遮るとよいだろう。もし教師が話をどんどん進めていくのであれば，我々はせわしない話に反応しないよう努める。そこで反応してしまうと，お互いにせわしなく話しつづけるだけになるからである。その代わりに，ゆっくり

と礼儀正しく相手の話に応じるとよい．臨床家は教師や状況に関して，自分が不快な感情や認知をもっていることに気づくこともある．教師の話をすぐに遮りたくなったり，教師の考えを変えたいと思ったりしたら，深呼吸をして「教師に対する私の反応は，自分の苦痛を楽にするためのものだろうか」と自分に問いかけるとよいだろう．そして，子どもに関するデータを集めるためにここにいるのだと，自分に言い聞かせる．そうすれば教師は，子どもと自分自身のデータを提供してくれるだろう．教師は子どもの文脈のもう一つの側面であり，正しく評価すべきなのである．教師が話のペースを落とすまでは，できれば黙ってこの態度を保った方が賢明である．教師が話のペースを落とさない場合には，最後まで話をさせてから教師の懸念を認証する．また，教師の報告が角々しいものだったり，子どもに対して厳しすぎるものだったりする場合には，我々は教師の体験をもとに話をするのを避けることにしている．教師の報告は子どもを治療し，支援するためのデータとなる．教師が同じような不満を繰り返し報告する場合には，臨床家は「その子にひどくイライラさせられるのですね．あなたのお役に立てることなら何でもしますよ」などと答えるだろう．教師がなおも不平不満を訴える場合には，ちゃんと話を聞いてもらえたと教師が思うまで，臨床家は教師の懸念に繰り返し言及する．それから臨床家は次のような言葉を口にする．

　私が仕事を始める前に，私がここにいるのは先生のお手伝いをするためだということを，あらかじめお伝えしておこうと思います．子どもを相手にしているとよくあることですが，子どもが良くなるより前に事態が悪化することがあります．それでも私は先生のために精一杯努力することをお約束します．それに，子どものためにも一生懸命がんばります．とはいえ，時には行動プランや治療プランよりも先走ってしまうこともあります．先生のお仕事にもうっかり踏み込んでしまうかもしれません．悪気はないのです．私のすることがお気に召さないとか，同意できないという場合には，いつでもすぐにお知らせください．この教室は先生のクラスですから，私はそれを尊重するつもりです．先生のクラス［ないしは学校］には合わなかったり，先生の気分を害してしまったりするような計画を私が立てている場合には，効果的

ではないものの可能性が高いので，どうかご指摘ください。必ず受け止めるようにいたします。
　［これに続く言葉は，あなたの弱さや，あなたがだれかと一緒に仕事をするときによく言われる不平不満でいっぱいになるかもしれない］
　私はときどき，自分自身についての説明が不十分だったり，質問に答えずに一言で済ませてしまったりする傾向があります。だから，もし先生が私の言っていることを理解するのが難しいと感じたときには，それはたぶん先生ではなく私のせいなのです。改善するためにしなければならないことは，何でもやるつもりです。私と一緒にやっていただけるでしょうか？　私は先生のために何ができるでしょうか？　この子のために私がしなければならないことは何だと思いますか？

　相手に自分を表現する際によく使われるやり方としては，少なくとも専門家が部屋を去るまでは，いつもと違う意見を言ったり，本来の自分の信念に反するような振る舞いをしたりするというものがある。教師はときどきこの手を使う。教師にとって専門家とは，学校長や教育委員会の委員，メンタルヘルス・コンサルタントなどの権威者のことを表す。要するに専門家とは，教師を値踏みしたり，彼らの仕事に何らかの影響を及ぼしたりする人のことである。教師は目下のやりとりについてネガティブに考えたり，行動や治療のプランに腹を立てたり，コンサルタントに同意しなかったりしているにもかかわらず，否定的な評価をされるのが不安で何も言わないこともある。結局のところ，評価されることが好きな人などだれもいないのである。ここで少し時間をとって，あなたが最後にだれかに評価されたときのことについて考えてみよう。以下のことを自分自身に問いかけてみてほしい。

- だれに評価されたのか。
- 何について評価されたのか。
- フィードバックを受けるために部屋に入るとき，どのような気持ちがしたか。
- フィードバックを受けている間，どのような思考や懸念が頭に浮かんだか。

臨床家あるいはメンタルヘルスのコンサルタントとしては，次のような疑問をもつかもしれない。「なぜ先生たちは，私にどう思われているのかを気にするのだろうか。私が上司ではないことを知っているはずなのに」。あなたがそう思うのも無理はない。しかしながら，教師がしばしば我々に報告することだが，教師は子どもについて外部からの支援を仰ぐまでの間に，自分は教師失格だと感じ，子どもや同僚の教師や管理職に対して自分の失敗を公然と認めているような気がしているのである。大半の教師は，子どもをあなたに紹介する前に，子どもの学習を支援したり，教室での問題行動を減らしたりしようとして，さまざまな介入を試みている。彼らは子どものために最善を尽くしたが，進展はほとんどないか，皆無であったのだ。この「失敗」の結果として，行動の専門家ないしは心理学の専門家がフィードバックを提供するためにやって来たのである。そして，教師の仕事をさらに面倒にするリスクがあるにもかかわらず，専門家が教室の主導権を握ろうとすることさえあるかもしれないのだ。

■ 安心感を育むうえでコンサルタントが果たす役割

助けを求めている人があなたのことをどう考えるかについて，考えてみることは重要である。社交的なやりとりや仕事上のやりとりがうまくいったと思っていても，結局は他人の意見が自分とは異なるということがわかったにすぎないという人が，いったいどれほどたくさんいるだろうか。たとえば，あなたの方では相手が自分の助けを求めていると思っていたのに，相手はそもそもあなたが手をさしのべたことに腹を立てていたことを，あなたは後に知ることとなったとする。あるいは，おそらくなお悪いことに，あなたの努力は役に立たなかったとしよう。その後，あなたはふと，こんなことを考えるかもしれない。「どうしてあんなことを見逃したんだろう？　私の支援が役に立たず，効果的ではなく，歓迎されていないということが，どうしてわからなかったのだろうか」。我々は生身の人間なので，自分の努力と他人の行動に関する認識について帰属の誤りを犯すことがよくある。たとえば，教師がある子どもについて，教育できない，まともではない，精神的におかしい，愚かだなどと評する場合には，我々臨床家は教師が，意地悪で，陰険で，

役立たずといった気質をもっていると憶測する傾向がある。臨床家が行動の柔軟性をもっていなければ，教師についての価値判断に基づいて，実際にその教師を意地悪で陰険で役に立たない人間として扱う反応を見せるだろう。

　社会心理学では，他人の行動の意図や性格について判断を誤る例が数多く示されている。我々は生身の人間なので，文脈や社会的交流の中で価値ある側面を見落とすことがよくある。学校で何を目にするか，他人が自分をどのように見ているかということに影響を及ぼす変数について意識することは，臨床家にとって不可欠である。人はいったんある種の期待や意見をもつと，それにしたがって相手を扱うようになる。さらに悪いことに，ある人物や状況，現象に対する態度をいったん決めてしまうと，毎日の行動や日課をこなしながらそれを変化させるのはかなり難しくなる（Kenrick, Neuberg, & Cialdini, 2005）。我々はそれぞれの課題や関わる相手について，検討したり深く考えたりすることに不必要に時間を費やすことはせずに，相手の性格について空欄になっている部分を自分たちの学習歴・社会的スクリプト・期待からの情報によって埋めていく。人々・状況・事物に対するこれらの期待が，日常的に我々の行動を方向づける。その結果，我々は他人・場所・物に関する貴重なデータを見落として，それにしたがって相手を扱うのである。

　自分の期待と他人の期待が，対人交流にどのような影響を及ぼすかを認識することは重要である。ネガティブないしはポジティブな期待にしたがって相手を扱うと，相手はその期待を裏づけるような反応を示す傾向がある（Rosenthal, 2002）。教育場面やそれ以外の場面を含むさまざまな状況で，成人，子ども，動物を対象とした400件以上の研究が，期待によるこれらの影響を証明している（Gurland & Grolnick, 2003；Rosenthal, 2002）。教育的環境における研究では，教師の期待が教室環境での子どもの成績に影響を及ぼすことが証明されている（Rosenthal, 2002；Madon et al., 2001；Weinstein, Marshall, Sharp, & Botkin, 1987；Raudenbush, 1984）。

　人がポジティブないしはネガティブな期待をもつ文脈は，さまざまな要因に左右される（Harris & Rosenthal, 1985）。この研究で取り上げられた一つの変数が，教育風土という変数である。メタ分析によって，ポジティブな教育風土で教育された生徒はよい成果を示すことが示されている。一方，課題志向

性と批判は,もしあったとしても生徒の成果にほとんど影響しないとされている (Harris & Rosenthal, 1985)。個人とその社会的相互作用について,ネガティブな期待の悪影響を抑えるのに十分なほどポジティブな成果を得るためには,ほほ笑みかける,物理的に近づく,関わりを長くする,頻繁に関わる,アイコンタクトを増やす,ほめ言葉をかける,あまりネガティブではない風土を作るといった非言語行動がどれもみな必要であることがわかっている (Harris & Rosenthal, 1985)。学校では,教師が子どもの成功を期待するときには,頻繁にほほ笑みかけ,接近してやりとりをして,子どもの成果をほめてやるだろう。これが生徒のパフォーマンスにポジティブな影響を及ぼすのである。生徒の成果に教師の期待が与える影響を考えると,そうした期待の中に全体的で完全で完璧なものをはぐくむ必要があると言える。以下に述べる状況は,交流に影響を及ぼすネガティブな期待の一例である。

あなたはジョンソン先生と一緒に仕事をしていて,彼はデイビッドという子どもとの関わりに困難を感じています。デイビッドは以前から反抗的な生徒であり,第一に見られる問題は攻撃性と課題の拒否です。授業中,ジョンソン先生や同級生に敵対的なことを言うことがよくあります。ジョンソン先生はさまざまな行動プランとカウンセリングを含めて,各種の介入を試みてきました。しかし,これらの介入では,デイビッドの行動とジョンソン先生のいら立ちに歯止めをかける効果はありませんでした。あなたが到着すると,ジョンソン先生はあなたに向かって,デイビッドを教育することは不可能であり,彼は教育を受けることに興味がないのだと報告します。できるだけデイビッドを無視しようとしていること,彼が退学になるのは時間の問題でしかないことを,先生は話します。行動を減らせば,ジョンソン先生とデイビッドとのやりとりの頻度は減ります。デイビッドが授業中に課題を拒否する行動は増えており,学業成績は低下していました。ジョンソン先生は今ではもう,成績を上げるために必要な行動のシェイピングを支援していません。あなたはジョンソン先生と話をして,デイビッドを観察した後で,デイビッドの行動の機能は相手の注意を引くことだと判断します。あなたはジョンソン先生に対して,デイビッドの問題の根本的な原因は生得的なものでは

なく，学業課題とそれ以外の課題の両方に配慮した自然な環境的支援と行動プランによって，調整が可能であることを示唆します。

　期待に関する前述の研究結果に関連して，セラピストとクライエントの治療同盟の質が治療成果に影響を及ぼすことが明らかになっている（Martin, Garske, & Davis, 2000）。セラピストと良好な同盟を結ぶことは，心理療法における成果ではある程度，一貫性のある予測因子となることが明らかにされている（Horvath & Symonds, 1991；Martin, Garske, & Davis, 2000）。さまざまな臨床サンプルにおいて，クライエントとセラピストの初期の同盟関係が心理療法の成果の向上と関連していることがわかっている（Barber, Connolly, Crits-Christoph, Gladis, & Siqueland, 2000）。同盟は教師の仕事への満足度と，感情や行動の障害を抱える子どもと関わりつづけることへの教師の選択にも影響を及ぼすことが示されている（George, George, Gersten, & Groesnick, 1995）。また，教育現場で管理職が教師をサポートすることによって，離職率と職業上の苦痛の両方が低下することがわかっている（Billingsley, 2004；George et al., 1995）。Georgeら（1995）も，離職した教師は生徒の親と地域の機関からのサポートがかなり少ないと感じていたことを明らかにしている。組織の性質と学校の条件を調べるために Ingersoll（2001）が実施した最近の研究では，教師の全般的な離職率は，以下の変数に関する個人的な体験の影響を受けることを示唆する結果が得られた。その変数とは，管理職からのサポート，生徒の素行の問題，方策の決定への関与が限られていること，そしてそれほど関連は強くはないが給与が低いことである。さまざまな集団とそのパフォーマンスに期待・治療同盟・管理職のサポートが及ぼす影響は大きいので，メンタルヘルスの実践家が教育現場で他の人々と関わるときには，これらの変数にマインドフルになることがきわめて重要である。

　したがって，教師・管理職・子どもが活動している文脈に関して総合的な理解を深めることが重要であると言える。文脈に対してマインドフルであることを追求しつづけるために，我々はカウンセリングの際にまず以下のことを自問することにしている。

- 今，私がこの教師の立場だったら，どのように感じるだろうか。
- 生徒に対して私がこの教師と同じような感情を抱いたとしたら，同じように反応するだろうか。
- いら立ちを感じたら，私はどうするだろうか。
- 私は子どもに向かって大声を上げるだろうか。
- 私はどのような行動で応じるだろうか。
- 今，私がこの管理職の立場だったら，どのような感じだろうか。
- 同じような状況で同じように反応するだろうか。
- 今，私がこの子どもの立場だったら，どのような感じだろうか。
- この子どもと同じような目で教師を見るだろうか。
- 教師が自分を大きく見せていると感じたら，私はどうするだろうか。

我々は学校で接する他の人々に関しても同じ問いを立てることにしている。

現在の教育的文脈を認める

　昔から学校の唯一の目的は，子どもを教育することである。教師は子どもの教育における主たる提供者として，発達障害があって特別支援教育の必要がある子どものために，若干の修正を加えながら通常の教育カリキュラムを教える訓練を受けている。2002年のNCLB法（No Child Left Behind Act）とメンタルヘルスが普及するなかでの現在の傾向の結果として，教師は，生徒数が多いにもかかわらず，人手が足りない学校と教室で働きながら，受けてきた訓練以上のことを求められることが多い。これが教室でのさまざまな問題を引き起こし，子どもと教師が直面するストレスの一因となっていた。

　子どものメンタルヘルスに関する公衆衛生局長官審議会の報告は，米国の子どもにとってメンタルヘルスの第一の提供元が学校であることを明らかにしている（U.S. Public Health Service, 1999）。メンタルヘルスのサービスを受ける子どもの約70％は，教育システムを通じてサービスを受ける（Burns et al., 1995）。子どもの5人に1人，つまり米国の若者の21％が（U.S. Public Health Service, 1999；Lahey et al., 1996），診断可能な精神疾患ないしは嗜癖障害の診断基

準を満たしているため，教育関係者と学校管理職には高い要求が課されている。25人学級では，DSM-IVの何らかのタイプの障害の診断基準を満たす子どもが5人はいる計算になる。教師にとってほとんど馴染みのない精神疾患は数多くある。一部の障害（注意欠陥・多動性障害，感情障害，特定の恐怖症など）は，児童期にかなりよく見られるが，子どもによって症状が大きく異なることもある。それゆえ教師は，ほとんどあるいはまったく訓練を受けていないような多種多様な方法で，授業と教室運営を調整しなければならないという大変困難な重責を担うことになっているかもしれない。

　NCLB法が成立するまでは，学校システムを通じたメンタルヘルス・サービスの提供は，目前にある教室の文脈への影響は限られており，教師への意味合いも微々たるものだった。NCLB法が可決されると，どのような障害があるにせよ，すべての子どもの成績向上について，教師と学校の責任が増すこととなった。現在では，すべての子どもが学業的に十分なレベルで学んでいることを，教師と学校管理職が証明しなければならないのである。また，どんな犠牲を払ってでも，必要十分な学習上のサポートを提供しなければならない。学校が提供するサポートには，行動上の問題をターゲットとするものから成績に関連した心理的問題を扱ったものまでさまざまである。これらの問題領域に対する配慮は，注意欠陥・多動性障害（ADHD）のある子どものために試験時間を延長することから，行動と感情の暴発を抑えるために一対一の支援を行うというものにまで及んでいる。

　教室もNCLB法の影響を受けてきた。多くの教室が今ではインクルージョンに基づくモデルへと移行し，特別支援学級の子どもが通常学級の子どもと肩を並べて授業を受けている。さらに，特別支援学級に通級している子どもも，通常学級の子どもと同じ試験を受け，大概は通常学級の生徒と同じ量の課題を与えられることになる。これらのサービスを必要とする子どもをどう見極めるかは，現時点では概して，子どもが教室でうまくやっていくために心理的ないしは行動的に必要なものは何かを，教師や学校が認識して特定する能力にかかっている。教師は子どもを教えることにかけては専門家だが，一般的に，精神障害に関する訓練を受けた機会は乏しく，知識を得られることはほとんどない。それゆえ，学業上の成功を確実にするための適切な行動

プランおよび治療計画を立てることになると，学校と教師は途方に暮れてしまうことが多い。

学校では教師は障害のある子どもを，特別支援教育を受けていない子どもたちと同じようには扱いたがらないものだということに，我々は気がついた。その代わりに教師は，障害のある子どもには不足や欠陥があるので通常学級には属さないと考えて，甘やかしすぎることがある。我々は，時には教師がもっと思いやりをもってこれらの子どもを扱ってくれればよいのにと思い，「私が見ているように彼らが子どもたちを見ることさえできれば，万事うまくいくだろうに」と考えていた。だが，我々が見たところでは，教師が子どもや診断を恐れるのは無理もないことである。

　あなたが最初に担当したクライエントのことを思い出してください。そのクライエントに会いに行くとき，どのような感じがしましたか？　どのような思考や懸念を抱きましたか？　部屋にいるとき，どのような気持ちでしたか？　心配でしたか？　境界性パーソナリティ障害があるとされているクライエントが，明日あなたのオフィスを訪れることになっているとします。あなたが彼女に数学を1時間教えてからテストをして，間違ったところを直すことになるとしましょう。どんな気持ちがするでしょうか？　これを1日に1時間，週5日やらなければならないとしたらどうでしょうか？　あなたは今，どのような思考と感情を抱いていますか？　クライエントに4〜6つの科目（国語，算数，書き取りなど）を1日に6時間，週に5日教えなければならないとしたらどうでしょう？　それが1日に6時間，週に5日，1年で9ヵ月だとしたら？　その状況についてあなたはどう思いますか？　このクライエントは，9ヵ月後にはその学年のレベルかそれ以上の成績をとらなければならず，NCLB法があるために，あなたが教える6科目で落第するわけにはいかないことを，頭に入れておいてください。もしこの子が落第したら，あなたの上司と生徒の両親があなたと話し合わなければなりません。今，どのような考えが浮かびましたか？　何か気がかりなことはありますか？

さてここで，自分が教師になったところをイメージしてみよう。教師の

身になってみると,どのような感じだろうか。現在の文脈では,どのようなことが要求されるだろうか。その要求にあなたはどのように応えるだろうか。普通は,教師をいら立たせる教室の前に自分が立っている場面を想像するものである。そのクラスを見回して,子どもたちの行動を観察していると,どのようなことが頭に浮かぶだろうか,と我々は自問する。臨床家である我々も,イライラしたり,教師と同じような気持ちになったりするのだろうか。そうだとしたら,これらの懸念を和らげるようなプランを立てたり,アドバイスをしたりする。教師とうまく関係がとれない場合には,その教師の苦痛を緩和するには何が最も良い方法かを,教師に尋ねてみるとよいだろう。「自分のクラスのことで腹を立てたり,イライラがたまったり,カッカしているときに,あなたはどうやってうまくものごとを進めますか?」「来る日も来る日もあなたが教室に戻ってくるのはなぜですか?」などという質問をする。質問の答えに応じて,教師から自己報告に基づく形で,教室に毎日通うための強化と教師が接触できるようにするプランを作成する。たとえば,「変化を起こしたい」と教師が答えるのであれば,教師に対して自分のクラスを見回し,特定の子どもにとって以前は不可能であったにもかかわらず,それを変えることができた例を挙げてみるよう促すとよいだろう。子どもを変えた例を教師が思いつかない場合には,我々は通常「先生はこのクラスでどうやったら変化を起こすことができるでしょうか? そのために私たちは何をする必要がありますか?」などと質問する。

　あなたが通常学級の4年生の担任だとしましょう。あなたは自分のクラスで25人の子どもを受け持っています。学期の初めに生徒の名簿を渡されます。25人の子どもたちのうち4人は,心理的な障害や学習的な障害をもっているので配慮が必要です。その4人のうち3人には,あなたがまったく知らない診断がついています。この子どもたちは年度末までに,合格点以上に達していなければなりません。次のような考えがあなたの頭をよぎります。「この子が薬を飲んでいるといいのだが」「この子どもたち全員を来年までに何とかするには,どうしたらいいだろう?」。あなたは教壇に立って,教室にいる面々を眺め,疑問を抱きます。「例の子どもたちはだれだろ

う？　彼らを助けるにはどうしたらいいのだろうか？」

　特別支援教育であれ通常教育であれ，すべての生徒のニーズを満たすことは，教師にしてみればとてつもない課題に見えるかもしれない。教師の中には，環境的サポートがないことを心配し，自分の行動レパートリーに疑問を抱き，押しつぶされそうな感じがする人もいる。しかしながら，我々が一緒に仕事をした教師の中には，変化を起こすためには「義務ではなく愛情が勝って」いなければならないと言って，障害のある生徒をもっと受け持ちたいと望む教師もいた。この例から，特定の文脈（教室など）における体験に関して，教師に尋ねる必要性が浮き彫りになる。我々はコンサルタントとして，子どもと管理職，親に対して同じように質問する。文脈が違えば答えも違うのだから，質問することは必須である。

　ここで，前述した教師がまだ名簿を見ながら教壇に立っているところを想像してみてほしい。その日にコンサルタントがやって来て，ADHDのある子どものための行動プランを教師に渡すのだが，それは同級生と他の大人たちの注意を惹こうとして行動するという，その子どもの問題に対処するためのプランである。行動コンサルタントは，そのプランはとてもシンプルで，ADHDのある子どもの大半に効果があると考えている。彼はそれを教師に簡単に説明すると去っていったとしよう。あなたはこの教師がどのような気持ちでいると思うだろうか。次の節でこの点を考察していく。

■教師との効果的な連携

　このシナリオの教師を助けるために，コンサルタントは教師をサポートしながら子どもに働きかけることになるだろう。教師のニーズを満たす際には，子どもへの関わりが直接的であれ間接的であれ，行動プランを教師自ら書くことが多いことに我々は気づいた。望ましくない行動・体験・思考へのアクセプタンスとマインドフルネスを教師に教えることに時間を割く場合には，結局は教師が我々のプランを書き上げてくれることが多い。教師は子どもの精神病理に対する我々の反応を模倣する。その利点として，教師が心理的問題や行動的問題に関して，我々と同じような考えをもつに至るという点

が挙げられる。クライエントとなる子どもの行動化の一因となったり，それを増加させたりするような教室での行動を教師がとる可能性は低くなるだろう。そして，自然なサポートに関して環境を評価する方法と，教師自身と生徒の両方の行動について適切な機能分析を行う方法を，教師は学ぶことになるだろう。我々がこのようにしてサービスを提供することは，教師の長期的な行動変化につながるうえに，学校で子どもに心理的サービスを提供する際には，最も効果的なやり方でもある。我々が教師と連携する際には，教師の行動の機能を見きわめる時間を十分にとり，教師の強化アセスメントも実施することにしている。臨床家が自問すると特に効果的な質問は，以下の通りである。

- 教師が生徒を指導する際にとる主な手法は何か。
- この手法を用いるのはなぜか。
- 我々が実行できる介入の中で，教師の指導スタイルに最も合うタイプのものは何か。

我々はまだ生徒を個別的に見ている。しかしながら，子どもがサービスの提供を受ける可能性を高めるために，我々はまず教師とその他の学校スタッフと連携することになる。子どもに懲罰を科すことは，我々の計画の妨げになることが多い。教師がたびたび子どものことで報告書を書いたり，罰したりしているのであれば，学校が嫌な場所となってしまい，その子どもが学校に来る可能性は著しく低下するだろう。ある学校では，授業に出席することをひどく嫌がって，たくさんの生徒が授業をサボっていた。サボる生徒が多かったため，その学校では「校内放送で生徒を呼び出さない」方針をとった。管理職や教師が生徒を捜している場合でも，授業を甚だしく妨げることを理由に，生徒の呼び出しをしないことにした。退学と体罰も，我々のクライエントの治療を妨げる。子どもは学校で罰として叩かれた日には，我々臨床家と話をしたがらない。それは我々もまた「何があったの？」と子どもに尋ねる身近な大人の一人だからである。行動プランや治療計画が学校で子どもに対して効果を上げるには，教師や管理職の嫌悪的な行動の機能を理解するこ

III アクセプタンスとマインドフルネスをより大きな社会的文脈へ組み込む

とが欠かせない。

　あなたが南部の小さな地方の町にある中学校で，コンサルタントをしているとしましょう。あなたはスミス先生から呼ばれました。その先生はノアという12歳の白人男児を受け持っていますが，この子はいつかきっと連続殺人鬼になると先生は断言しているのです。スミス先生の話では，ノアは全身黒ずくめの服装をして，「怒りの」音楽を聴き，教師の言うことをまったく聞きません。ノアとの不快な出来事の証拠としてスミス先生がさらに言うには，ノアはこの1ヵ月だけで8回も報告書を書かれたそうです。スミス先生がノアについて話しているときには，ノアとその家族に対して見るからに腹を立てていることが，あなたにはわかります。ノアの教室での素行と成績の悪さに，スミス先生はとても頭にきていました。それから15分間，スミス先生はノアの手に負えない行動の具体例を挙げていきます。あなたは先生との面談が終わってから，ノアの記録に目を通します。記録を調べてわかったのですが，8つの報告書のうち6つは服装規定違反についてスミス先生が書いたものでした。靴紐を結んでいないことからシャツをきちんとズボンの中に入れていないことまでが，違反として取り上げられていました。7つの報告書のうち3つを見て，あなたはノアが服装規定違反のために体罰を受けた（叩かれるなど）ことを知ります。記録に目を通した後で，あなたはノアに関わる他の教師たちと面談をします。その教師たちは皆，ノアを聡明で感じが良く非常に優秀な生徒であり，スミス先生の授業を除いて他の授業の成績は良いと見なしていることが，面談からわかります。その教師たちによれば，スミス先生はノアに厳しすぎるのであって，「ノアが気にくわないので，報告書を書く理由を探している」というのです。記録を調べ，教師たちと面談した後で，あなたはふたたびスミス先生と話します。あなたは穏やかな口調で，他の教師たちはノアに手こずっていないこと，報告書は必ずしもノアの行動に問題があるのではなく，服装に問題があることを主に示していることを告げます。スミス先生を助けるために自分は何をしたらよいかと尋ねますが，先生は「何もありません」と素っ気なく答えて行ってしまいました。

我々はこのような状況で，スミス先生が話している内容に応じるために，次のうち1つないしは複数を組み合わせて行おうとした。①我々の助けが必要であることを，スミス先生に納得してもらう。②スミス先生に素っ気なく，おそらく厭味なコメントも付け加えて，ノアへの接し方が理不尽だと思っていることを伝える。③スミス先生と別れた後に，先生の前では非の打ち所がないように振る舞うように，ノアによく言い含める。④スミス先生と別れた後に，管理職に実情を告げに行く。あるいは，スミス先生が仕事をしている文脈を分析して，行動の機能を判断するかもしれない。我々は逃避，注意引き，感覚刺激や具体的な強化子を得るといった可能性のある機能について考察する。我々はこれらの機能に対処するための行動プランや治療計画を立てることによって，スミス先生が報告書を書くという行動を減らそうと試みた。

　我々の経験からは，我々がただちに教室に入ってノアのための行動プランを立てるよりも，これらの機能に対処した方が，スミス先生の不満はおそらく減るだろうと考えられる。必要に応じて，後からノアのための行動プランを立てるのである。しかし，我々が最初に教室に入るときには，教師が何を必要としているか，あるいは最も不満がたまることは何か，それはなぜかということを，教師に必ず尋ねることにしている。スミス先生の場合，ノアが何をしようがおかまいなしに，彼について報告書を書いているのは明らかである。口頭と文書の両方の報告からわかるように，ノアが「服装が不適切であり，他の子どもとは見た目が違う」ことの方が，スミス先生にとっては頭にくるのであって，それが彼女を脅かしているのかもしれない。脅かされているという感情に反応してスミス先生がとっている報告書作成という行動には，望ましくない刺激（ノアの服装をめぐる不快感）から逃れる機能がある。そこで我々はコンサルタントとしてスミス先生との時間を設け，逃避行動（生徒の報告書を書いたり，生徒を追い出したりするなど）に先行する事象（判断，不快感など）を指摘する。我々がとりあえず仮定するのは，スミス先生には，重大な行動とささいな行動の両方について生徒の報告書を書くという逃避維持行動が，以前からあったのではないかということである。そして，彼女が書いた報告書に目を通し，一番厄介なのはどのようなタイプの行動や生徒かを彼女に尋ねる。さらに，スミス先生に対して，生徒と自分の仕事を強化し

ているものを見いだすよう促す。

　すなわち，我々臨床家の仕事は，スミス先生が何のために働いているのかを明らかにして，彼女を強化するプランを立てることである。それと同時に，スミス先生の問題のある逃避行動（ノアを職員室に送るなど）を減らすために，今までとは違うやり方でノアと交流するように先生に働きかける。つまり，文脈的変数とそれが生徒に及ぼす影響に対してマインドフルになることをスミス先生に教えると共に，先生の存在がノアの行動に及ぼす機能に関する仮説を立てるのである。この事例では，ノアが部屋に入ってくるときにスミス先生が注意を払う唯一の文脈の側面はノアの服装である。ここで我々は先生に対して，ノアの服装に関わる質問とそれとは無関係な質問をして，さらに広い文脈でノアを認められるように取り組んでいく。質問の例としては，「彼のお気に入りの色は何だと思いますか？」「その手の服を着ていることについて，彼が今までいじめられたことがあると思いますか？」などがある。

　このようにしてスミス先生に働きかけることには，いくつかの利点がある。第1に，これは彼女の懸念を直接的に扱っている。生徒が行動プランに従うのをあなたが待ったり，それを望んだりする必要はない。第2に，我々はスミス先生についての機能分析を実施することによって，他の生徒を見るときに彼女にとってほしいと思う望ましい行動のモデルを示し，その行動を教えることにつながる。我々が学校で共に働く教師と学校関係者に最終的に望むのは，あらゆる行動に機能があるという点で，子どもを完全で完璧な一つの存在として認められるようになることである。

結　論

　特定の文脈にある個人とその行動を開かれた受容的な態度で認めるということは，臨床家としてたいていの場合は困難なことであり，また訓練を要することである。しかし，この姿勢をとることは不可能ではない。自分自身の行動とその行動を遂行する文脈にマインドフルになることによって，臨床家はより正確な治療計画や行動プランを作成するとともに，心理的問題にアプローチして対処する方法のモデルを示すことになるだろう。臨床家がこの

姿勢をとる場合には，教師・親・管理職が心理的機能不全を正しく評価して，子どもにより良い支援となるような方法で反応できる可能性が著しく高まることがわかった。望ましくない行動や望ましくない生徒は，完全で完璧な一存在ではなく，変化させるか追放するべきだという意見が学校現場では広く見られるため，このように認めることについて教えることは重要なことである。我々が臨床家として，問題行動に取り組んだり症状を取り除く方略をとったりすると，実際には破壊的行動や不完全な見通しを持続させることになる。どのようなときに自分がこのやり方で扱われているのか，それが言葉で認められているか否かについて，生徒・教師・臨床家・親・管理職は察している。我々の行動は，顕在的であれ潜在的であれ，我々の真意を伝えるものである。学校では，生徒が毎日のように退学や停学の処分，効果的ではない懲罰を受け，無視されている。教師もまた説教され，無視され，はねつけられている。その結果，彼らはそのように自分を扱う人々に対して，同じやり方で応じるのである。

我々は読者に対して，学校で活動するときには子ども・教師・親・管理職の行動の機能に注意を向けるように勧めたい。Skinnerと，我々の臨床的スタンスの根底にある前提に従うなら，学校で行われる行動は不快なものであれ，好ましいものであれ，すべてそうあるべきである。アクセプタンスとマインドフルネスの技法を用いる場合には，このような見地から，行動的困難と心理的困難を認め，治療することを，教師・管理職・臨床家・親に教えることが非常に重要である。

引用文献

Barber, J. P., Connolly, M. B., Crits-Christoph, P., Gladis, L., & Siqueland, L. (2000). Alliance predicts patient's outcome beyond in-treatment change in symptoms. *Journal of Consulting and Clinical Psychology*, 68, 1027-1032.

Billingsley, B. (2004). Special education teacher retention and attrition: A critical analysis of the research literature. *Journal of Special Education*, 38, 39-55.

Brown, K., & Ryan, R. (2003). The benefits of being present: Mindfulness and its role in psychological well-being. *Journal of Personality and Social Psychology*, 84, 822-848.

Burns, B. J., Costello, E. J., Angold, A., Tweed, D., Stangl, D., Farmer, E. M., et al. (1995). Children's mental health service use across service sectors. *Health Affairs*, 14, 147-160.

Fiske, S. T., & Taylor, S. E. (1991). *Social cognition* (2nd ed.). New York: McGraw-Hill.

George, N. L., George, M. R., Gersten, R., & Groesnick, J. K. (1995). An exploratory study of teachers with students with emotional and behavioral disorders. *Remedial and Special Education*, 16, 227-236.

Gurland, S. T., & Grolnick, W. S. (2003). Children's expectancies and perceptions of adults: Effects on rapport. *Child Development*, 74, 1212-1224.

Harris, M. J., & Rosenthal, R. (1985). Mediation of interpersonal expectancy effects: 31 meta-analyses. *Psychological Bulletin*, 97, 363-386.

Hayes, S. C. (2004). Acceptance and commitment therapy and the new behavior therapies: Mindfulness, acceptance, and relationship. In S. C. Hayes, V. M. Follette, & M. M. Linehan, (Eds.), *Mindfulness and acceptance: Expanding the cognitive-behavioral tradition* (pp. 1-29). New York: Guilford.（S. C. ヘイズ，V. M. フォレット，M. M. リネハン編著『マインドフルネス&アクセプタンス——認知行動療法の新次元』春木豊監修，武藤崇ほか監修，ブレーン出版，2005年）

Horvath, A. O., & Symonds, B. D. (1991). Relation between working alliance and outcome in psychotherapy: A meta-analysis. *Journal of Counseling Psychology*, 38, 139-149.

Ingersoll, R. M. (2001). Teacher turnover and teacher shortages: An organizational analysis. *American Educational Research Journal*, 38, 499-534.

Kenrick, D. T., Neuberg, S. L., & Cialdini, R. B. (2005). *Social psychology: Unraveling the mystery* (3rd ed.). Boston: Pearson Education Group.

Lahey B. B., Flagg, E. W., Bird, H. R., Schwab-Stone, M. E., Canino, G., Dulcan, M. K., et al. (1996). The NIMH methods for the epidemiology of child and adolescent mental disorders (MECA) study: Background and methodology. *Journal of theAmerican Academy of Child and Adolescent Psychiatry*, 35, 855-864.

Madon, S., Smith, A., Jussim, L., Russell, D. W., Eccles, J., Palumbo, P., et al. (2001). Am I as you see me or do you see me as I am? Self-fulfilling prophecies and selfverification. *Personality and Social Psychology Bulletin*, 27, 1214.

Martin, D. J., Garske, J. P., & Davis, M. K. (2000). Relation of the therapeutic alliance with outcome and other variables: A meta-analytic review. *Journal of Consulting and Clinical Psychology*, 68, 438-450.

Murrell, A. R. (2006, July). *It is what it is: Appreciating whole, complete, and perfect in ourselves, our clients, our work, and each other*. Address presented at the Second World Conference on Acceptance and Commitment Therapy, Relational Frame Theory, and Contextual Behavioral Science, London, England.

Raudenbush, S. W. (1984). Magnitude of teacher expectancy effects on pupil IQ as a function of the credibility of expectancy induction: A synthesis of findings from 18 experiments.

Journal of Educational Psychology, 76, 85-97.

Rosenthal, R. (2002). Covert communications in classrooms, clinics, courtrooms, and cubicles. *American Psychologist*, 57, 839-849.

Skinner, B. F. (1976). *Walden two*. New York: MacMillian. (B. F. スキナー『ウォールデン・ツー——森の生活　心理学的ユートピア』[新装版] 津木保訳．誠信書房．1983 年)

U.S. Public Health Service. (1999). *Report of the surgeon general's conference on children's mental health: A national section agenda*. Washington, DC: U.S. Department of Health and Human Services. Retrieved February 13, 2007, from www.surgeongeneral.gov/library/mentalhealth/toc.html.

Weinstein, R. S., Marshall, H. H., Sharp, L., & Botkin, M. (1987). Pygmalion and the student: Age and classroom differences in children's awareness of teacher expectations. *Child Development*, 58, 1079-1093.

新たなフェーズのための「福袋」

監修者あとがきにかえて

　「この本を一言で表現してください」と言われたら，「そうですね……，『福袋』といったところでしょうか」と答えることになるでしょう。というのも，本書には，認知／行動療法の「第3世代」と呼ばれる，アクセプタンス＆コミットメント・セラピー（ACT），弁証法的行動療法（DBT），マインドフルネス認知療法（MBCT），そしてマインドフルネス・ストレス低減法（MBSR）といったトリートメント・モデル（ABC順に列挙）が，すべて取り上げられているだけでなく，そのトリートメントのクライエント（対象者）が「子どもと青少年（10代の人たち）」に特化された内容となっているからです。そして，その症状や問題も，不安，慢性疼痛，パーソナリティ（特に，ボーダーライン），外在化障害，摂食障害など多岐にわたり，さらには，子育て，プライマリーケア，学校でのコンサルテーションといったさまざまな援助サービスの文脈における配慮についても，多くのページが割かれているからです。

　振り返れば，2005年秋に，マインドフルネス・ブームのきっかけの一つとなった『マインドフルネス＆アクセプタンス──認知行動療法の新次元』（春木豊監修，武藤崇・伊藤義徳・杉浦義典監訳）という翻訳書（原著は，Hayes, Follette, & Linehan (2004) *"Mindfulness and acceptance: Expanding the cognitive and behavioral tradition."* New York: Guilford Press.）が公刊されてから，8年が経過しようとしています。この8年間で，認知／行動療法の「第3世代」に関する主要文献翻訳され，日本人によるワークショップも定期的にかつ多種多様に開くろようになりました。つまり，「導入」のフェーズはほぼ完了したとよいかもしれません。

今後は，実質的な「使用や浸透」のフェーズに突入することになります。そこでは，文化的な違いばかりではなく，クライエントの発達・生活状況，問題行動の形態と機能，そして援助文脈の違いによって生じる「きめの細やかな配慮事項」を同定していくことになるでしょう。まさに「お楽しみは，これからだ」という状況にある，と言ってもよいのではないでしょうか。
　まずは，本書が，読者の皆様の「福袋」（しかも「買ってよかったぁ」と思えるような……）となることを期待してやみません。

2013 年 5 月

　　　　　　　　　　　　　　　　　　　　　　　　　　　武藤　崇

索　引

アルファベット

LIFE エクササイズ　268-269
　価値に関する—　288-289
　自慈心と赦しに関する—　294
　盾と仮面に関する—　276
　マインドフルな食事に関する—　284
　メディアのメッセージに関する—　280

あ　行

アクセプタンス　34, 65, 329
　外在化障害と—　242-246
　セラピストによるモデリング　245
　慢性疼痛と—　147-148
　赦しと—　290
アクセプタンス＆コミットメント・セラピー（ACT）　14, 33-37, 139-157, 265-295
　ACT ヘルス・プログラム　269-294
　DBT との比較　45-46
　LIFE エクササイズ　268-269
　介入のスタンス　241-242
　自慈心と赦し　290-294
　中核的な構成要素　65-66
　マインドフルネス　34, 65, 149-151, 280-284

アクセプタンス＆マインドフルネス・ワーク
　MBCT と—　43
　MBSR と—　41
　子育てと—　47-51
　自慈心と赦し　290-294
　集団差と—　25
　小児集団と—　82, 147-151
　体験の回避と—　64-66
　慢性疼痛と—　129-131, 147-151
アセスメント／評価　22, 52, 67-84
　ACT による治療　353-354
　価値に沿った活動　75-76
　活動の方向づけ　72
　感情調節　72-74
　機能的—　135-137
　行動的—　133-139
　子どもと青少年の—　76-80, 82
　自己報告式尺度　22
　尺度一覧　68-69
　尺度の開発　83-84
　小児慢性疼痛　133-139
　心理的柔軟性　74-75
　成人向け尺度　68-76
　体験の回避　70-72
　マインドフルネス　68-70
安全行動　370-376
　とる　370-374
　やめる　374-376

痛み
　ACT による介入　139-157
　エビデンスに基づく治療　129-131
　機能分析　135-137
　（一に関する）教育　135
　苦悩耐性と一　181-182
　行動的アセスメント　133-139
　定義　127
　→「慢性疼痛」も参照
今この瞬間との接触　65，248-249
うつ
　MBSR の実践と一　218-219
　アセスメント　71
　不安と一　217-218
エクスポージャー
　価値に基づく一　149-151
　マインドフルネスと一　149-151，281-285
親
　（一との）ACT ワーク　151-153，239-240
　MBCT-C と一の関与　99
　アクセプタンス　47-51
　外在化障害と一　234-236，239-240
　（一のための）行動的ペアレント・トレーニング　51，227，301，308-311，314-321
　コーチとしての一　154-155
　（一の）個人的視点　304-306，311-314
　子どものための MBSR と一　215-219
　（一向けに）修正された DBT　164-173
　小児慢性疼痛と一　134-135，151-157
　体験の回避　81-83，236
　ナラティブ再構築　84，301，314-323
　（一のための）評価尺度　80-82
　マインドフルネス　47-51，301-303，306-321

　リクルーティング方略と一　155-157

か 行

外在化障害　227-257
　（一への）ACT の使用　235-257
　アクセプタンスと一　242-246
　「今ここに留まる」エクササイズ　248-249
　価値と一　253-255
　活動へのコミットメントと一　255-256
　関係フレーム理論と一　229-236
　機能分析　237-238
　（一のある）子どもの親　234-236，239-240
　心理的非柔軟性と一　233-235
　脱フュージョンと一　246-248
　治療の概要　227-229
　文脈としての自己と一　250-253
　（一のある）若者の特徴　234
介入のスタンス　241-242
学習
　多様な感覚を用いた一　99
　マインドフルネス一　187
家族
　（一向けの）DBT の改良　164-173
　MBCT-C と一の関与　99
　（一向けの）MBSR プログラム　215-219
　小児慢性疼痛と一　134-135，151-157
　認証体験　134-135
　→「親」も参照
価値
　ACT と一　66，139-143，253-255，284-290
　LIFE エクササイズ　288-291

アセスメント 75
(一に基づく) エクスポージャー
　149-151
外在化障害と— 253-255
小児疼痛と— 139-143
青少年と— 284-290
目標と— 253
学校現場 362-394
MBCT-C と— 101
MBSR と— 222-223
安全行動 370-376
価値判断 380-381
関連する質問 383-384, 389
(一で) 期待が及ぼす影響 381
(一での) コミュニケーション 377-380
(一での) 困難 365-370
治療同盟 383, 388-392
特別支援教育 384-388
配慮 363-365
文脈の設定 374-375
メンタルヘルス・サービス 384-386
目標とふたたびつながる 376-377
関係フレーム理論 (RFT) 45, 229-236
行動的非柔軟性と— 232-236
説明 229-231
感情／情動
MBSR の実践と— 207-209, 218
気づく 102-103
賢明な心と— 184-185
小児疼痛と— 128
一調節の測定 72-74
表出 21-22
危機サバイバル・スキル 183
機能分析
外在化障害の— 237-238
慢性疼痛の— 135-138

教育
痛みの— 135
特別支援— 384-388
マインドフルネス— 197, 222-223
→「学校現場」も参照
境界性パーソナリティ障害 (BPD) 37
青少年における診断 165
弁証法的行動療法 161-162
教室環境
MBCT-C と— 99-101
NCLB 法と— 384-386
(一で) 期待が及ぼす影響 381
マインドフルネスを教える 222-223
→「学校現場」も参照
言語ルール 232
賢明な心 38, 184-185
—に達するためのマインドフルネス・スキル 190-192
—を教えるためのエクササイズ 185-188
行動医療コンサルタント (BHC) 332-359
ACT-PC 適用のためのガイドライン 335-342
SOAP フォーマット 339-340
教材開発の原則 343-354
コンサルタントとしての役割 339-341
集団健康プログラムと— 341-342, 354-359
面接テンプレート 337
行動的ペアレント・トレーニング (BPT) 51, 227, 301
限界 308-311
ナラティブ再構築セラピー (NRT) と— 314-321
マインドフルネスと— 314-321

行動の非柔軟性　232-236
子ども
　　（―のための）ACT　35-37, 139-157, 240-257
　　（―のための）MBCT　43-45, 97-106
　　（―のための）MBSR　41, 195-224
　　外在化障害　227-257
　　気質　309
　　主権を尊重する　47-48
　　小児集団と―　82, 127-158
　　初心　32
　　肥満　355-359
　　（―向けの）評価尺度　76-80, 82
　　不安障害　92-108
　　マインドフルネス　93-97, 104-122, 195-224
　　慢性疼痛　127-158
　　臨床上の問題　18-26
子どものためのマインドフルネス認知療法（MBCT-C）　43-45, 93, 97-106
　　MBCTの修正　43-45, 97-101
　　構造的・論理的修正　99-101
　　初期評価　96-97
　　セッションプログラムの概要　98
　　発達に合わせた修正　97-99
　　ホームワークの重要性　104
　　マインドフルネスの妨害要因　104-106
　　目標と方略　101-106
子どもの肥満　355-359
　　予防　355
　　予防に向けたステップ　355-359
　　リスク要因　355

さ 行

思考
　　過去志向と未来志向の―　103
　　気づく　102-103
　　賢明な心と―　184-185
　　マインドフルネス　210-211
自慈心　290-294
小児集団
　　ACTの使用　127-158, 327-360
　　集団健康モデルと―　341-342, 354-359
　　肥満の子どもと―　355
　　マインドフルネスとアクセプタンス　82
　　慢性疼痛　127-158
　　→「子ども」「青少年」も参照
小児プライマリーケア　327-360
　　ACT-PC手法と―　332-354
　　PCBHモデルと―　332-342
　　エビデンスに基づくアプローチ　335-338
　　教材の開発　343-353
　　行動医療コンサルタント　332-359
　　サービス　329-330
　　使命　329-330
　　集団健康プログラムと―　341-342, 354-359
　　小児肥満と―　355-359
　　提供者　329-330
小児慢性疼痛　127-158
　　（―のための）ACTによる介入　139-157
　　エビデンスに基づく治療　129-131
　　親と―　151-157
　　機能分析　135-138

行動医学的アプローチ　131-133
　　行動的アセスメント　133-139
　　有病率　128
心理的柔軟性
　　外在化障害と―　234
　　子どもと青少年向けアセスメント
　　　78-79
　　成人向けアセスメント　74-75
　　定義　266
　　特徴　328
心理的非柔軟性　74-75, 78-79, 233-235
「すること」スキル　190
青少年
　　(―のための) ACT　35-37, 139-157,
　　　240-257, 267-295
　　境界性パーソナリティ障害の診断
　　　165
　　(―のための) アクセプタンス方略
　　　175-192
　　(―向けの) エクスポージャー・エク
　　　ササイズ　283
　　親との対立　50
　　外在化障害　227-257
　　(―向けに) 改良された DBT　39-41
　　価値への取り組み　284-290
　　苦悩耐性スキル　181-184
　　自慈心と赦し　290-294
　　小児集団と―　82, 127-158
　　「絶望から始めよう」　272-276
　　体重の問題　263-265
　　脱フュージョン　276-280
　　認証スキル　175-181
　　肥満　355-359
　　(―向けの) 評価尺度　76-80, 82
　　不安障害　92-108
　　ヘルスプロモーション　271-273

　　ボディーイメージ　262-263, 269-270
　　マインドフルネス・スキル　93-97,
　　　184-192, 280-284
　　慢性疼痛　127-158
　　メタファー　173-174, 185, 282
　　メディア "クリティカル・シンキン
　　　グ"・スキル　271
　　臨床上の問題　18-26
　　→「子ども」も参照
責任　275-276
摂食
　　青少年における―　263-265
　　摂食障害　263-264
　　マインドフルに食べる　113-114,
　　　206-207, 282-283
「絶望から始めよう」　143-147
　　患者のジレンマと―　145
　　小児疼痛と―　143-147
　　図解　275
　　青少年と―　272-276

た　行

体験の回避　34, 63-64, 265, 328
　　アセスメント　70-72, 82
　　外在化障害と―　233
　　子育てと―　81-82, 236
　　マインドフルネスと―　64
第 3 世代の行動療法　31-32
　　アクセプタンス&コミットメント・
　　　セラピー (ACT)　33-37
　　各療法の類似と相違　45-46
　　弁証法的行動療法 (DBT)　37-41
　　マインドフルネス・ストレス低減法
　　　(MBSR)　41-42
　　マインドフルネス認知療法 (MBCT)

43-45
脱中心化　96
脱フュージョン　65，329
　　外在化障害と―　246-248
　　青少年と―　276-280
　　慢性疼痛と―　147-148
　　メディアのメッセージと―　280-281
　　→「認知的フュージョン」も参照
注意
　　MBSR トレーニングと―　216-219
　　子どもの注意力　97
　　不安障害と―　95
　　マインドフルネスと―　124，186
　　注意欠陥・多動性障害（ADHD）　231，
　　　234，241，251，254，256
　　→「外在化障害」も参照
注意ネットワーク課題　216-219
治療関係　18
治療同盟　383

な　行

ナラティブ再構築セラピー（NRT）　51，
　　301，314-323
認証　175-181
　　徹底的な誠実さと―　179
　　ロールプレイ　180-181
認知
　　行動的アプローチ　229-236
　　プロセスと内容　62-64
認知行動療法（CBT）　15，43
　　外在化障害と―　227-229
　　慢性疼痛管理と―　129
認知的フュージョン　265-266，328-329
　　外在化障害と―　232
　　子育てと―　49-50

慢性疼痛と―　131
　　→「脱フュージョン」も参照
認知療法（CT）　95-96
年齢への配慮
　　MBCT-C と―　100
　　マインドフルネスと―　197-199

は　行

発達過程
　　DBT の改良と―　165-166
　　MBCT-C の改良と―　97-98
　　ルールに従うことと―　19
肥満度指数（BMI）　355
プライマリーケア
　　ACT　332-354
　　エビデンスに基づく―　335-338
　　行動医療モデル　332-342
　　集団健康モデルと―　341-342，354-
　　　359
　　定義　329-330
　　→「小児プライマリーケア」も参照
プライマリーケア行動医療（PCBH）モデ
　　ル　327，332-342
　　ACT-PC 手法と―　332-342
　　開発　332
プライマリーケアにおけるアクセプタン
　　ス＆コミットメント・セラピー
　　（ACT-PC）　332-342
　　患者と家族のためのコンサルテー
　　　ション・サービス　342-354
　　実施ガイドライン　335-342
　　集団健康プログラム　354-359
文化の変化　24
文脈としての自己　65，250-253

弁証法的行動療法（DBT）　14，37-41，161-193
　　ACTとの比較　45-46
　　アクセプタンスとマインドフルネス　38-39，163-164，175-192
　　概要　162-164
　　家族のダイナミクスと―　168-170
　　境界性パーソナリティ障害と―　161-162
　　苦悩耐性　181-184
　　コミットメント方略　167-168
　　スキル・トレーニング　172-173
　　スタイル方略　170-172
　　青少年向けの改良　39-41，164-192
　　他の治療法との違い　163-164
　　中心的な弁証法　31
　　認証方略　175-181
　　弁証法的思考　173-174
　　マインドフルネス　15-17，184-192
ホームワーク／自宅練習
　　MBCT-Cと―　104
　　MBSRと―　211-214，218
ボディーイメージ
　　ACTヘルス・プログラムと―　268-294
　　価値への取り組みと―　284-290
　　自慈心と赦しと―　290-294
　　心理教育　271-272
　　青少年と―　262-263，269-270
　　「絶望から始めよう」と―　272-276
　　脱フュージョンと―　276-280
　　マインドフルネスと―　280-284
　　メディアのメッセージと―　271，280-281

ま・や・ら行

マインドフルネス
　　ACTと―　34，65，149-151
　　DBTと―　38-39，46，163，184-192
　　MBCTと―　43，46
　　MBSRと―　41，46，195-224
　　アセスメント　22-23，68-70
　　今この瞬間に実践する　106-108
　　エクスポージャー療法との併用　149-151，280-284
　　嗅覚と―　121-122
　　賢明な心と―　184-185，190
　　呼吸と―　109-111
　　行動的ペアレント・トレーニングと―　308-311，314-321
　　五感を通じた習得　108-122
　　子育て（ペアレンティング）と―　47-51，301-303，306-321
　　子どもと―　32，93-97，104-122，194-224
　　子どもに教える　197-199
　　視覚と―　117-119
　　「静かなところ」と―　199-201
　　自宅練習　211-214，218
　　視点の転換と―　311-314
　　小児集団と―　82，149-151
　　初心と―　32
　　触覚と―　119-121
　　身体感覚と―　111-112
　　青少年と―　281-284
　　体験の回避と―　64-66
　　食べることと―　113-114，206-207，282-283
　　注意と―　124，186
　　聴覚と―　114-117

定義　16-17, 30, 93-94
ナラティブ再構築セラピーと―　314-323
年齢に合わせた―　197-199
不安と―　93-97, 106-108
妨害要因　104-106
慢性疼痛と―　149-151
(―を促す)メタファー　282
メディアのメッセージと―　280-281
メンタルヘルスと―　94, 124
→「アクセプタンス&マインドフルネス・ワーク」も参照

マインドフルネス・ストレス低減法（MBSR）　14, 41-42, 195-224
アクセプタンス　41
エクササイズと実践　206-215
家族向けプログラム　215-219
学校環境　222-223
コースの概要　200-206
子ども向けの修正　41-42, 195-224
自宅練習　211-214
調査研究　215-219
マインドフルネス　16, 41, 195-197

マインドフルネス認知療法（MBCT）　14, 43-45
アクセプタンスとマインドフルネス　43
子ども向けの改良　43-45, 97-101
認知理論と―　95-96

慢性疼痛　127-158
(―のための)ACTによる介入　139-157
エビデンスに基づく治療　129-131
機能分析　135-138
行動医学的アプローチ　131-133
行動的アセスメント　133-139
(―のある)子どもの親　151-157

有病率　128
瞑想（マインドフルネス―）　306-308, 311-314
メタ認知的機能　218
メタファー
価値への取り組み　285
自慈心と赦し　292-294
小児プライマリーケア　351-353
弁証法的思考の―　173-174, 185
マインドフルネス・トレーニング　282
メンタルヘルス
ACTの手法と―　235
学校現場と―　384-385
マインドフルネスと―　94, 124
目標
ACT治療の―　328
MBCT-C治療の―　101-106
価値と―　253
疼痛管理　138-139
「やり方」スキル　191
ルール（言語の―）　19, 232

■執筆者紹介（［　］内は執筆章）

キャスリン・アダムズ（Catherine Adams, MA）ミシシッピ大学　［12］
エリン・R・バーネット（Erin R. Barnett, MA）ミズーリ大学　［9］
クリストファー・S・バーリン（Kristoffer S. Berlin, Ph.D.）ブラウン大学医学部　［8］
カースティン・K・ブロンキスト（Kerstin K. Blomquist, MS）バンダービルト大学　［9］
ダニエル・シェロン（Daniel Cheron, MA）ボストン大学不安関連障害センター　［3］
リサ・W・コイン（Lisa W. Coyne, Ph.D.）サフォーク大学心理学部　［3］
ジル・T・エーレンレイク（Jill T. Ehrenreich, Ph.D.）ボストン大学不安関連障害センター　［3］
アニック・ジェバース（Anik Gevers, BA）ミズーリ大学　［9］
フィリップ・ゴールディン（Philippe Goldin, Ph.D.）スタンフォード大学　［7］
ローリー・A・グレコ（Laurie A. Greco, Ph.D.）ミズーリ大学　［1，5，9］
スティーブン・C・ヘイズ（Steven C. Hayes, Ph.D.）ネバダ大学　［1，8］
ジェイ・インディック（Jay Indik, MSW）ノーザンプトン，子どもと家族のためのカッチンズ・プログラム，プログラムディレクター　［6］
クリスティーナ・M・ラーソン（Christina M. Larson, BA）ノーステキサス大学　［2］
ジェニファー・リー（Jennifer Lee, Ph.D.）コロンビア大学教育学大学院　［4］
エイミー・R・マレル（Amy R. Murrell, Ph.D.）ノーステキサス大学　［2，12］
カレン・M・オブライエン（Karen M. O'Brien, BA）ノーステキサス大学　［2］
パトリシア・J・ロビンソン（Patricia J. Robinson, Ph.D.）ワシントン州ジラ，Mountainview Consulting Group, Inc.　［11］
レスリー・J・ロジャーズ（Leslie J. Rogers, MA）ミシシッピ大学　［12］
キャスリン・ロウィンスキー（Katherine Rowinski, BS）テネシー大学　［10］
ローズマリー・ロイ（Rosemary Roy, MSW）ノーザンプトン，ServiceNet Inc. 大人と青少年の弁証法的行動療法プログラム・マネージャー　［6］
エイミー・ザルツマン（Amy Saltzman, MD）カリフォルニア州メンローパーク，Still Quiet Place（静かなところ）主宰　［7］
ランディ・J・センプル（Randye J. Semple, Ph.D.）コロンビア大学医学部　［4］
マイケル・P・トゥーヒグ（Michael P. Twohig, Ph.D.）ユタ州立大学　［8］
ロバート・ウォーラー（Robert Wahler, Ph.D.）テネシー大学　［10］
リカード・K・ウィックセル（Rikard K. Wicksell, MS）ストックホルム，アストリッド・リンドグレーン子ども病院／カロリンスカ研究所臨床神経科学部　［5］
キース・ウィリアムズ（Keith Williams, BS）テネシー大学　［10］
ケリー・G・ウィルソン（Kelly G. Wilson, Ph.D.）ミシシッピ大学　［12］
クリステン・A・ウッドベリー（Kristen A. Woodberry, MSW, MA）ハーバード大学臨床心理学部博士課程　［6］

◆編著者略歴
ローリー・A・グレコ（Laurie A. Greco, Ph.D.）
ミズーリ大学准教授（心理学）。臨床心理学者，臨床心理士。子ども・青少年とその家族との臨床経験は 10 年以上に及ぶ。今までに執筆した論文や本への寄稿論文は 20 本以上，学会発表は 80 回を超える。過去 5 年間で，アクセプタンス＆コミットメント・セラピーおよび行動的ペアレント・トレーニングと密接な関わりのあるテーマについて，国内および国際的なレベルでおよそ 40 のワークショップと専門的トレーニングを実施してきた。ミズーリ州セントルイス在住。

スティーブン・C・ヘイズ（Steven C. Hayes, Ph.D.）
ネバダ大学教授（心理学）でアクセプタンス＆コミットメント・セラピー（ACT）の創始者。*Get Out of Your Mind and into Your Life*（『「あなた」の人生をはじめるためのワークブック――「こころ」との新しいつきあい方　アクセプタンス＆コミットメント』武藤崇ほか訳，ブレーン出版，2008 年）をはじめとする著書を 32 冊，学術論文を 400 本以上執筆している。言語と認知を機能的に解明し，この観点を予防と介入に適用する仕事に専念している。ネバダ州リノ在住。

◆監訳者略歴
伊藤義徳（いとう・よしのり）
琉球大学教育学部准教授。臨床心理士。2003 年，早稲田大学大学院人間科学研究科後期博士課程修了。専門は認知行動療法，認知臨床心理学，マインドフルネストレーニング，被害者支援。主な著書に『マインドフルネス＆アクセプタンス――認知行動療法の新次元』（監訳，ブレーン出版，2005 年），『セラピストのためのセルフトレーニング技術』（共著，文光堂，2013 年刊行予定）など。

石川信一（いしかわ・しんいち）
同志社大学心理学部准教授。臨床心理士。博士（臨床心理学）。2005 年，北海道医療大学心理科学研究科博士後期課程中退。宮崎大学教育文化学部専任講師，フルブライト研究員（Swarthmore College）を経て，2011 年より現職。著書に『児童の不安障害に対する認知行動療法』（風間書房，2010 年），『学校でできる認知行動療法――子どもの抑うつ予防プログラム［小学校編］』（共著，日本評論社，2013 年），『不安障害の臨床心理学』（分担執筆，東京大学出版会，2006 年）など。

三田村仰（みたむら・たかし）
京都文教大学臨床心理学部講師。臨床心理士，産業カウンセラー。2009 年，関西学院大学大学院文学研究科博士課程単位取得退学，2011 年に博士号（心理学）取得。専門はアクセプタンス＆コミットメント・セラピー（ACT），応用行動分析学，アサーション・トレーニング。著書に『ACT ハンドブック――臨床行動分析によるマインドフルなアプローチ』（分担執筆，星和書店，2011 年），など。訳書に『不安障害のための ACT――実践家のための構造化マニュアル』（星和書店，2012 年）。

◆訳者略歴
小川真弓（おがわ・まゆみ）
1971 年生まれ。翻訳者。中央大学卒業。主な訳書に『家庭と学校ですぐに役立つ感情を爆発させる子どもへの接し方』（明石書店，2011 年）、『ADHD のある子のやる気を引き出すペアレントトレーニング』（明石書店，2012 年）などがある。

◆監修者略歴

武藤　崇（むとう・たかし）
同志社大学心理学部教授，同志社大学実証に基づく心理トリートメントセンター・センター長，臨床心理士。1998 年，筑波大学大学院博士課程心身障害研究科修了，博士（心身障害学）。筑波大学心身障害学系技官・助手，立命館大学文学部助教授・准教授を経て，2010 年から現職。また 2007～2008 年，ネバダ大学リノ校心理学部客員研究教授（ACT の主唱者である S. C. ヘイズ博士の研究室に所属）。著書に，『ACT ハンドブック——臨床行動分析によるマインドフルなアプローチ』（星和書店，2011 年）ほか。

子どもと青少年のためのマインドフルネス＆アクセプタンス
新世代の認知／行動療法実践ガイド

2013 年 7 月 25 日　初版第 1 刷発行

編著者	ローリー・A・グレコ
	スティーブン・C・ヘイズ
監修者	武藤　崇
監訳者	伊藤義徳
	石川信一
	三田村仰
発行者	石井昭男
発行所	株式会社明石書店

〒101-0021 東京都千代田区外神田 6-9-5
電話　03（5818）1171
FAX　03（5818）1174
振替　00100-7-24505
http://www.akashi.co.jp/

装丁	明石書店デザイン室
印刷	株式会社文化カラー印刷
製本	協栄製本株式会社

定価はカバーに表示してあります。

ISBN978-4-7503-3856-9

応用行動分析学

ジョン・O・クーパー、ティモシー・E・ヘロン、ウィリアム・L・ヒューワード著　中野良顯訳
●18000円

怒りのセルフコントロール　感情への気づきから効果的コミュニケーションスキルまで

マシュー・マッケイ、ピーター・D・ロジャーズ、ジュディス・マッケイ著　榊原洋一、小野次朗監修　新里健、足立佳美監訳　坂本輝世訳
●2200円

感情を爆発させる子どもへの接し方　DBT（弁証法的行動療法）スキルで感情と攻撃性をコントロールする方法

パット・ハーヴェイ、ジェニスA・ペンツォ著　石井朝子監訳　小川真弓訳
●2500円

おこりんぼうさんのペアレント・トレーニング　子どもの問題行動をコントロールする方法

ジェド・ベイカー著　竹迫仁子訳
●1800円

家族が変わる　子育てが変わる　コミュニケーションのヒント　子どもの生きる力を育てる

岡田隆介著
●1600円

ワークブック　アトウッド博士の〈感情を見つけにいこう〉①怒りのコントロール　アスペルガー症候群のある子どものための認知行動療法プログラム

トニー・アトウッド著　辻井正次監訳　東海明子訳
●1200円

ワークブック　アトウッド博士の〈感情を見つけにいこう〉②不安のコントロール　アスペルガー症候群のある子どものための認知行動療法プログラム

トニー・アトウッド著　辻井正次監訳　東海明子訳
●1200円

アトウッド博士の自閉症スペクトラム障害の子どもの理解と支援　どうしてクリスはそんなことをするの？

トニー・アトウッド著　内山登紀夫監修　八木由里子訳
●1600円

体感絵本　妖怪セラピー　心がふわっと楽になるナラティブ・アプローチ入門

芥子川ミカ著
●1800円

心理臨床を見直す"介在"療法　対人援助の新しい視点

衣斐哲臣編
●2800円

ウィニコットがひらく豊かな心理臨床　「ほどよい関係性」に基づく実践体験論

明石ライブラリー149　川上範夫著
●3500円

臨床現場で使える　思春期心理療法の治療計画

アーサー・E・ヨングスマ・ジュニア、L・マーク・ピーターソン、ウィリアム・P・マキニス著　田中康雄監修　西川美樹訳
●5500円

自閉症治療の臨床マニュアル

エリック・ホランダー、エヴドキア・アナグノストウ著　岡田章監訳
●4800円

自閉症スペクトラムの青少年のソーシャルスキル実践プログラム　社会的自立に向けた療育・支援ツール

ジャネット・マカフィー著　萩原拓監修　古賀祥子訳
●2800円

反社会的行動のある子どものリスク・アセスメント・リスト

チャイルド・ディベロップメント・インスティテュート編　本多隆司監訳　ASB研究会訳
少年用EARL20B　●3500円
少女用EARL21G

パートナー間のこじれた関係を修復する11のステップ　DBT（弁証法的行動療法）で身につける感情コントロール・対人関係スキル

アラン・E・フォレンゼティ著　石井朝子監訳　西川美樹訳
●2600円

〈価格は本体価格です〉

イラスト版 子どもの認知行動療法

著：ドーン・ヒューブナー　絵：ボニー・マシューズ
訳：上田勢子　【全6巻】　B5判変形　◎各1500円

《6〜12歳の子ども対象　セルフヘルプ用ガイドブック》

子どもによく見られる問題をテーマとして、子どもが自分の状態をどのように受け止めればよいのか、ユーモアあふれるたとえを用いて、子どもの目線で語っています。問題への対処方法も、世界的に注目を集める認知行動療法に基づき、親しみやすいイラストと文章でわかりやすく紹介。絵本のように楽しく読み進めながら、すぐに実行に移せる実践的技法が満載のシリーズです。保護者、教師、セラピスト、必読の書。

① だいじょうぶ　自分でできる
心配の追いはらい方ワークブック

② だいじょうぶ　自分でできる
怒りの消火法ワークブック

③ だいじょうぶ　自分でできる
こだわり頭[強迫性障害]のほぐし方ワークブック

④ だいじょうぶ　自分でできる
後ろ向きな考えの飛びこえ方ワークブック

⑤ だいじょうぶ　自分でできる
眠れない夜とさよならする方法ワークブック

⑥ だいじょうぶ　自分でできる
悪いくせのカギのはずし方ワークブック

〈価格は本体価格です〉

不安・恐れ・心配から自由になる マインドフルネス・ワークブック
豊かな人生を築くための アクセプタンス&コミットメント・セラピー(ACT)

ジョン・P・フォーサイス、ゲオルグ・H・アイファート 著
熊野宏昭、奈良元壽 監訳

■B5判／並製／288頁 ◎3000円

ACT（アクセプタンス&コミットメント・セラピー）を導入したセルフヘルプ・ワークブック。「マインドフルネス」のキーコンセプト「恐怖や不安を避けて生きること」に実践できる様々なエクササイズで、不安・恐れといった思考や感情の罠にかからずに自分の人生を歩む力を身につける。

● 内容構成 ●

PART1　新たな旅の準備をしましょう
1 いつもと違う結果を得るために新たな道を選びましょう／2 あなたは一人ではありません――不安と不安障害を理解する／3 問題の核心に「恐怖や不安を避けて生きること」と向き合う／4 不安と不安障害にまつわる俗説／5 過去の俗説を捨て、新たな道を切りひらこう

PART2　新たな旅を始めましょう
6 人生に責任をもつコストと向き合う／7 不安に対処することと充実した人生を送ることのどちらが大切か／8 解決策は不安との闘いをやめること／9 自分の選択・行動・運命をコントロールする／10 マインドフルなアクセプタンスとともに人生に熱中する／11 マインドフルなアクセプタンスを学ぶ

PART3　自分の人生を取り戻して生きていきましょう
12 自分の人生をコントロールする／13 あなたにとっての価値を見つける／14 マインドフルなアクセプタンスとともに不安に向き合う準備をする／15 マインドフルな不安に思いやりを向ける／16 ありのままの自分でいることに満足する／17 判断するマインドとともにもにいることに満足する／18 価値ある人生に向かって／19 あきらめずにやり抜く

うつと不安のマインドフルネス・セルフヘルプブック
人生を積極的に生きるための DBT(弁証法的行動療法)入門

トーマス・マーラ 著
永田利彦 監訳　坂本律 訳

■B5判／304頁 ◎2800円

不安障害とうつ病が混在する人に向けたDBT（弁証法的行動療法）によるセルフヘルプブック。感情を制御して、感情を恐れることなく向き合い、アイデンティティに対する自覚を高め、判断力を培い、観察力を研ぎ澄まし、人生に対する危機感を抑える援助をする。

● 内容構成 ●

第1章　不安とうつが混ざり合って同時にある／不安とうつが混在する理由

第2章　不安とうつの弁証法――対立／不安とうつが混ざり合って同時にある場合の弁証法／ほか

第3章　感情を抱く権利の否定――感情をとらえる／感情の妥当性の否定／ほか

第4章　私はどこかおかしいに違いない――感情面の問題／精神疾患に対する偏見／ほか

第5章　意義を生み出す――意義を生み出す理由／あなたにとっての意義のあること／ほか

第6章　マインドフルネススキル――名前をつけるという衝動／マインドフルネスとは何か？／ほか

第7章　感情制御スキル――感情を受け止める／前に進む／感情理論／ほか

第8章　苦痛がやまない場合――効果的な対処法／ほか

第9章　戦略的に行動するスキル――切迫感と時機／ほか

〈価格は本体価格です〉